职业人培养实用教材系列
普通高等学校“互联网+”立体化教材

U0837706

# 大学体育

总主编　孙建忠
主　编　周　桐　习良宇

北京体育大学出版社

策划编辑：王　健
责任编辑：周学政
责任校对：谢占伟
版式设计：沈小峰

图书在版编目（CIP）数据

大学体育 / 《大学体育》编委会编 . -- 北京 : 北京体育大学出版社 , 2019.12
ISBN 978-7-5644-3289-8

Ⅰ . ①大… Ⅱ . ①大… Ⅲ . ①体育－高等学校－教材 Ⅳ . ① G807.4

中国版本图书馆 CIP 数据核字 (2020) 第 010279 号

大学体育　　《大学体育》编委会　编

出版发行：北京体育大学出版社
地　　址：北京市海淀区农大南路 1 号院 2 号楼 4 层办公 B-421
邮　　编：100084
网　　址：http://cbs.bsu.edu.cn
发 行 部：010-62989320
邮 购 部：北京体育大学出版社读者服务部 010-62989432
印　　刷：北京昌联印刷有限公司
开　　本：787mm × 1092mm　1/16
成品尺寸：185mm × 260mm
印　　张：22.5
字　　数：519 千字
版　　次：2019 年 12 月第 1 版
印　　次：2023年 8 月第 4 次印刷
定　　价：38.00 元

# 《大学体育》编写委员会

**总主编** 孙建忠
**主　编** 周　桐　刁良宇
**副主编** 沈　钢　钱晓明　侯志广
王建梅　刘丽亚

# 前言

《中共中央国务院关于加强青少年体育增强青少年体质的意见》指出:“广大青少年身心健康、体魄强健、意志坚强、充满活力，是一个民族旺盛生命力的体现，是社会文明进步的标志；青少年的体质健康水平不仅关系个人健康成长和幸福生活，而且关系整个民族健康素质，关系我国人才培养的质量”；要求认真落实“全面实施《国家学生体质健康标准》，把健康素质作为评价学生全面健康发展的重要指标；广泛开展‘全国亿万学生阳光体育运动’；确保学生每天锻炼一小时”等各项措施。教育部印发的《关于进一步加强高等学校体育工作的意见》指出:“要大力宣扬‘每天锻炼一小时，健康工作50年，幸福生活一辈子’这一具有时代特征的口号，以此不断增强广大青少年学生的体育意识，激励他们积极参加体育锻炼。”

我们根据以上的文件精神和《全国普通高等学校体育课程教学指导纲要》的要求，认真总结高校体育教学的现状，遵循体育课程建设的客观规律，编写了这本集运动实践、健康理论于一体的《大学体育》。

本书以增强学生体质为宗旨，以培养学生体育意识、掌握体育锻炼方法、提高运动能力、培养锻炼习惯为主线，体现人本主义特征，将体育、娱乐、健康有机地融为一体，以“健康第一”为指导思想，引导青年学生主动接受体育教育，在欢愉中享受体育。

全书共分为体育基础理论篇、运动技能学练篇和运动技能拓展篇，共22章。

体育基础理论篇：体育基础理论是学生进行科学体育锻炼的前提。本篇系统介绍了体育的概念与功能、健康的概念、健康的测量与评价、体育对健康的影响、营养与健康、体育锻炼的原则与方法、运动处方和体育保健等基础理论知识。

运动技能学练篇：掌握一定的运动技能是学生增强体质、促进健康的手段。本篇介绍了有广泛群众基础，又有良好锻炼价值的运动项目，培养学生锻炼意识与习惯的形成，提高其运动能力，主要内容有篮球、足球、排球、乒乓球、羽毛球、网球、游泳和传统武术等。

运动技能拓展篇：时尚运动深受学生的欢迎，对培养学生的体育兴趣具有重要的意义。本篇介绍了深受大学生喜欢的时尚体育项目，主要内容有跆拳道、健美操、瑜伽、体育舞蹈和健身健美等。

由于编写人员水平有限，本书中若有不妥之处，恳请广大读者批评与指正，以便我们对本书进行修订和完善。

# 目 录

## 体育基础理论篇

## 运动技能学练篇

## 运动技能拓展篇

# 体育基础理论篇

# 第一章　体育概述

## 引　言

“体育，天神的欢娱，生命的动力！”对大学生而言，坚持正确的体育锻炼原则、掌握正确的发展身体素质的方法是非常有必要的，这不仅可以提高基本运动能力，还可以改善自身身体形态，树立“终身体育”意识。

## 第一节　体育的起源

### 一、原始体育的萌芽

体育作为一种社会活动，是人类为了适应社会需要和人本身的生理、心理需要而产生和发展的。早在原始社会时期，原始人类生活在极其险恶的自然环境中，迫于谋生和防卫的需要，必须与自然灾害和凶禽猛兽作斗争，即借助人体的运动获取生活资料，并使自身不受伤害。原始人类要为寻找食物而跋山涉水，为杀伤猎物而掷石投棍，为追捕野兽而奔跑越沟，为抵御自然侵袭而跋涉迁徙，为防备狩猎时被野兽伤害和过河时的安全，还必须掌握格斗和游泳等防卫手段。原始人类的这些走跑、跳跃、投掷、攀登、爬越及游泳等身体运动，既是劳动动作，又是谋求生存所必须具备的基本生活技能，也是原始体育的萌芽。

为了适应社会的需要，还有一些虽不属于生产活动，但又高于一般生活技能的活动，以更接近体育的方式发展起来。例如，人们为了表达狩猎成功的喜悦，对自然的崇拜，对祖先、神灵的祭祀，以及抒发内心的情感，往往以手舞足蹈的身体活动作为表达方式。这种手舞足蹈的动作，既是身体活动，又是一种娱乐，后来发展成为舞蹈活动。在休闲时为了愉悦精神所做的一些游戏，后来发展成为竞技运动和角力等。又如，为了治疗身体疾病，进行一些身体活动，既是医疗手段，又是健身活动，后来逐渐发展成各种成套的保健操，如“养生术”“导引术”等。随着历史的进程，健身的目的越来越明确。

在原始人很低水平的需求结构中，不仅有生存、防卫的需要，有抒发思想感情的需要，有交往的需要，还有同疾病作斗争的需要。这些需要归纳起来，就是需要精神调节和强健身体。由于原始社会生产力还很低下，人们不可能有明确的社会分工，因此处于萌芽状态的各种社会活动，相互间多无明晰的界限。原始社会后期，随着文化、艺术和教育等活动的出现，这类活动因为有强身祛病的作用，所以才被人们有所认识，并伴随奴隶社会经济的发展，开始与军事、教育、宗教、礼仪等相结合，原始体育才初步具有社会职能。

## 二、古代体育的演进

东周末期，兼并战争引起的社会变革，加快了我国由奴隶社会向封建社会转变的过程。此时由诸侯争霸兴起的崇尚武功，由文化进步引发的健身思想，由经济繁荣衍生的民间体育，都为我国古代体育的发展创造了良好的条件。

秦、汉时期，随着民族融合、社会发展和物质生活水平的提高，人们开始有了娱乐闲情、庆节祭奠的需要和竞争的强烈欲望，这促使体育的内容变得多样化，被激活的民族体育迅速崛起。汉朝以训练士兵为主的军事体育，如骑射、刀术等武艺及蹴鞠等运动都得到很大的发展。以健身为主要目的的医疗体育如导引、养生术也有了发展，特别是名医华佗创编的五禽戏，通过模仿五禽的动作，以活动身躯，促进体内血液运行，颇具强身祛病的价值。得益于汉朝雄厚的物质基础，宫廷和民间的娱乐体育活动丰富多彩，名目繁多。其中，有关体育项目如角抵（包括角力和摔跤）、杂技、舞蹈及秋千、舞龙、耍狮、高跷等活动，有的发展成为竞技运动，有的至今仍是人们喜闻乐见的传统娱乐活动。

魏、晋至隋、唐时期，随着国家的统一，经济、文化、政治发展到了鼎盛时期，体育也出现了空前繁荣的景象，项目繁多、技艺高超。特别是唐朝，仅球类运动就有马球、蹴鞠、十五柱球、踏球、抛球等。唐朝首创的武举制度，大大鼓舞了民间练武之风，对体育的发展起了很大的促进作用。由于医学和养生术的发展，促使导引、养生有了新的发展。唐朝伟大的医药学家孙思邈的养生、导引、按摩的理论，对当时及后世都有着很大的影响和贡献。在军事武艺方面，骑射、剑术、角抵、硬气功等，不论是教习方法，还是技术水平，都较汉朝时有了发展和提高。民间体育活动如拔河、秋千、竞渡、滑雪、滑冰、登高、郊游、射鸭、棋类等都非常盛行。

在民间体育大发展的宋、元时期，受封建城市经济和市民文化的影响，社会娱乐体育和养生体育不断振兴，为我国传统体育增添了新的内容。这一阶段尽管社会变化日趋复杂，阶级矛盾日益深化，但巩固的中央集权制度使社会经济、政治和科学文化有了显著的进步，人民生活相对安定。此时，同等阶级、阶层和个人，根据不同的社会地位和物质基础，开始选择不同的体育内容和形式，以适应和改变自身的生活方式。例如：统治阶级为了追求奢靡的生活方式，在宫廷、内院大力开展蹴鞠、相扑、水戏、马术及乐舞百戏等内容繁多的娱乐体育，专供帝王后妃观赏、消遣；一般平民百姓也随都市经济的发展，在节日闲时开展游艺性活动，聚集街头观赏民间艺人的杂要表演，以补充其贫乏的文化生活内容；至于封建士大夫阶层，因受封建道德观的严重束缚及佛教、道教、玄学思想的影响，恪守静默恬淡的生活方式，一般都轻视习武，而热衷棋类、投壶和养生等举止高雅的体育项目，以此表现他们"修身养性"的人生哲学。

进入封建社会末期的明、清时代，上承数千年的中国古代体育、民族体育，通过自身的衍生和发展，在相互补充和渗透中，为中国传统体育的形成打下了坚实的基础。我国古代养生学在长期的发展过程中，经明、清时期养生家、医学家的努力，开始向技术套路化及理论系统化方向发展。传统武术在军事武艺发展的基础上，不仅演变成独立的体系，还逐渐形成各种流派。具有悠久历史且深受群众欢迎的娱乐性体育，经千锤百炼，技艺有了明显的提高，并在民间得到普遍开展。至此，偏重于"保健"及"强身"意识的中国传统体育，按练武、养生及娱乐这三种主要形式传播、发展，并沿袭至今。

## 三、近代体育的曲折

1840 年第一次鸦片战争以后，中国由一个闭关自守的封建社会逐步沦为半殖民地、半封建社会。随着帝国主义的入侵，西方文化的输入，中国在体育运动方面发生了前所未有的变化。为了抵御外侮，中国封建统治阶级自身进行的社会改革，是近代体育被动引进的根本原因。魏源等进步思想家率先提出"师夷长技以制夷"的主张，这在理论上为引进西方近代体育奠定了思想基础。十分明显，这种出于"自救"而转向学习西方的思潮，在客观上动摇了清朝空疏无用的教育体制，致使"洋务运动"兴起。19 世纪 60—90 年代，洋务派提出"中学为体""西学为用"的教育方针，在兴办水师学堂和武备学堂中传授"两艺"，并开设"体操科"或"体操课"，从而使西方近代体育以军事技术操练的方式传入中国。

近代体育引入中国以后，帝国主义为了控制中国近代的政治、经济，同时加强了对中国文化教育的侵略，派遣大批的传教士到中国各地建立教会，兴办学校。由于教会学校一般都设有体育组织，拥有较好的体育设施，因此田径、球类等近代运动项目得以很快开展，之后又陆续传播到官办新式学堂，校际的体育比赛也开展起来，并不断增加。学校体育的兴起是近代体育在中国广泛传播的主要途径，而基督教青年会则是传播近代体育运动的另一条重要途径。特别是在 20 世纪初，一批美国体育专业人员纷至沓来，他们充任青年会的体育干事，通过创办体育杂志、出版体育教材、培训体育干部、讲授体育理论，并组织中国早期的运动竞赛，不遗余力地宣传"西洋体育"，使近代体育在中国的传播不断扩大，影响日渐深远。随着"门户开放"，中国沿海城市的西方商人和海员等出于自身娱乐需要而开展赛马、游泳、划船等体育活动，对扩大近代体育的传播，也起到了一定的积极作用。

## 四、现代体育的崛起

中华人民共和国成立初期，面对千疮百孔、百废待兴的局面，中国共产党和政府对落后的体育制度进行了改革，确定了中华人民共和国体育的性质与任务，并根据我国实际，在体育机构、制度、干部、宣传出版、物质技术等方面进行了一些必要的建设，从而以新的面目出现在体育历史的舞台上，同时也为我国社会主义体育事业的形成和发展打下了基础。中华人民共和国成立后，随着人民生活水平的不断提高，体育的性质和社会地位均发生了根本性的变化。因此在中华人民共和国成立不到10年的时间里，就甩掉了“东亚病夫”的帽子，新一代青少年的身体素质相较上一代人有明显的改善和提高，与此同时，竞技体育也得到迅速发展。

在我国社会主义建设的发展进程中，尽管曾遇到一些挫折，但在全国人民的共同努力下，我国体育事业不断克服困难、不断完善、不断发展，特别是党的十一届三中全会以来，随着科学技术的发展，具有中国特色的社会主义体育理论和实践有了新的突破。1986年在全国体育发展战略讨论会上，经过认真研究和总结我国体育在特定历史阶段的现状和发展基本特征之后，专家们在“人民体质”“学校体育”“社会体育”“竞技运动”“体育人才”“体育科技”“体育场地设施”“体育精神产品”等8个方面，进行了一次系统的目标性预测和论证，为我国现代体育制定了具体的规划，从而加速了“全民健身战略”和“奥运会（奥林匹克运动会的简称）战略”的步伐，使我国现代体育有了新的发展。

在学校体育方面，国家教育委员会与国家体育运动委员会于1990年联合颁布了《学校体育工作条例》，进一步加强了对学校体育工作的领导。为突出“增强体质”这一根本任务，并从开发体力和智力的双重因素考虑，要求学校体育从根本上解决身心全面发展的问题；为了把学校体育和“终身教育”有机地结合起来，学校体育还强调在发展各种能力的基础上，注重兴趣培养和养成运动习惯，以获得未来生活所必需的运动技能；为了适应深化体育改革的需要，学校体育又承担了造就优秀体育人才的历史使命。

在社会体育方面，随着我国社会经济不断发展，人民生活水平不断提高，在现代体育意识、观念的影响下，人们开始有了不同程度的精神文化的需要，并开始重新考虑人生的价值。随着我国逐渐进入“老龄化”社会，由健身操、迪斯科、秧歌舞蹈、太极拳等掀起的“公园体育”热，使中老年人适得其所。青年人则抛弃传统封闭的生活方式，掀起娱乐体育的热潮，热衷于更能表现美感、新颖和富有兴趣的体育活动。一些人出自对生活、情感和理想的执着追求，敢于冒险参加漂流、徒步或骑自行车长途旅游等锻炼意志品质的体育活动，以充分实现自我表现的价值。正因如此，我国社会体育出现了前所未有的可喜局面，于是人们主动进行“体力投资”并参加“体育消费”，依靠行政手段支配体育的状况正在逐渐改变。

# 第二节 体育的概念与功能

## 一、体育的概念

体育是随着人类社会的发展而产生和发展起来的。原始人类在为生存而同自然界进行的斗争中，发展了走、跑、跳、投掷、攀登、游泳及其他各种技能。这些原始人类的生产和生活技能与现代人的体育活动，都是身体的活动，其区别在于前者主要用以谋生，后者主要用以锻炼身体。体育作为一个专门的科学领域，它受一定的社会政治、经济影响与制约，也为一定的社会政治、经济服务。

体育一词的英文为physical education，指的是以身体活动为手段的教育，直译为身体教育，简称体育。在古希腊，游戏、角力、体操等曾被列为教育内容。17—18世纪，在西方的教育中增加了打猎、游泳、爬山、赛跑、跳跃等各项活动，只是尚无统一的名称。18世纪末，德国的J. C. F. 古茨穆茨把这些活动统称为“体操”。

进入19世纪，一方面德国形成了新的体操体系，并广泛传播于欧美各国；另一方面，多种新的运动项目相继出现，学校也逐渐开展了超出原来体操范围的更多的运动项目，建立起“体育是以身体活动为手段的教育”这一新的概念，于是，在相当长的一段时间里，“体操”和“体育”两个词并存，相互混用，直到20世纪初“体育”一词才在世界范围内得以广泛应用。

近几十年来，体育实践有了很大的发展，出现了身体教育、竞技运动和身体锻炼三个既有区别而又有联系的内容，并逐渐发展成为一个与教育和文化相并列的新的体系。到20世纪50年代，各国学者越来越清晰地感到“体育”（即身体教育）这个反映教育范畴的专用词，已不能概括新发展起来的这个学术领域的全部内容，因此需要创立一个新名词。1953年，40多个国家在美国举行了第一次国际体育会议，会议上讨论了这个问题。此后，美国、德意志联邦共和国、加拿大、苏联、日本等国都曾就这个问题展开过讨论。1963年，“统一体育术语国际研究会”成立，召开了以讨论体育基本概念为中心议题的第1届大会，并于后来编辑出版了《体育术语小辞典》。此时，不少国家都有了体育方面的专用词汇，如《美国百科全书》用的是physical education and sport（体育与运动），解释为“泛指一切非生产性的体力活动，即从兴趣出发，以竞技和强健身体为目的的体力活动”，但在英文中还有两个类似的词，一个是《美国百科全书》中的athletic sports（直译是“竞技运动”，一般译为“体育运动”），是当体育（身体教育）和运动两个词作为一个词来用时所采用的专门词汇；另一个是国际体育名词协会出版的《体育名词术语》中的physical culture（直译为“身体文化”，一般译作“体育”），解释为“广义文化的一个组成部分，它是综合各种身体活动来提高人的生物学潜力和精神潜力的规律、制度和物质条件”。

近年来，有人主张用“sport”作为总概念，其内容是指所有旨在游戏和取得好成绩的、为增强身体和精神灵活性服务的、特别是身体活动领域里的人类活动形式的总称。

体育有广义和狭义之分。广义体育也称体育运动，是指以身体练习为基本手段，以增强人的体质、促进人的全面发展、丰富社会文化生活和促进精神文明为目的的一种有意识、有组织的社会活动。狭义体育是指一个发展身体、增强体质、传授锻炼身体的知识、技能，培养道德和意志品质的教育过程。

## 二、体育的内容

体育的内容包括学校体育、竞技体育和社会体育三个方面。

### （一）学校体育

学校体育通常又称体育教育。学校体育是体育的重要组成部分，也是学校教育的重要组成部分，还是全民体育的基础。学校体育作为体育和教育的交叉点和结合部，是整个国家体育事业发展的重点。由于学校体育处在学校这个特定环境中，其实施内容被纳入学校的总体计划中，实施效果又有相应的措施得以保证，从而与其他教育环节共同构成了一个完整的教育过程，目的在于使学生在德、智、体、美、劳等方面得到全面发展。

### （二）竞技体育

竞技体育又称竞技运动，是在全面发展身体素质的基础上，最大限度地挖掘人的体力、智力和运动才能，以夺取优异成绩为目标而进行的科学训练和各种竞赛活动。它在追求“更快、更高、更强”目标的同时，又提倡公平竞争原则。为应对激烈的赛场竞争，各国正广泛地采用先进的科学训练方法和手段，以探索人类竞技运动的极限。

### （三）社会体育

社会体育又称群众体育，健身体育、娱乐体育、休闲体育、养生体育和医疗体育等均可列入群众体育范畴。社会体育的对象主要是一般民众，活动领域遍及整个社会，所以堪称是活动内容最广、适应性最强、参加人数最多、表现形式多样化的一项群众性体育活动。社会体育开展的广泛性和社会化程度，取决于一个国家经济的发展水平、人们的生活水平、人们余暇的多少和社会的安定程度等因素。从世界发展趋势看，社会体育作为现代体育发展的重要标志，无论普及程度还是开展规模，都不亚于竞技体育。我国的社会体育正在蓬勃发展，特别是自 1995 年国务院颁布的《全民健身计划纲要》实施以来，全民体育意识大大增强，人们逐渐改变了传统的体育观念，注重健康投资，开始把健身器械带进家庭，并涉足台球、网球、保龄球、高尔夫球等消费水平较高的休闲、娱乐体育项目。各种体育俱乐部、体育游乐园、健身娱乐中心竞相开办，吸引了大批体育爱好者，这表明我国社会体育已经进入了一个全新的发展阶段。

## 三、体育的功能

体育的功能是指体育对人类本身和人类社会发展的作用及影响。了解体育的功能，才能有目的、有意识、积极主动地发挥其作用，使体育更好地为人类自身的健康和人类社会的发展服务。

体育具有多功能性、多目标性、多层次性。体育的功能取决于体育自身的特点和社会需求，并且正在被人们逐步认识、逐步开发。随着人类社会的发展、实践活动的丰富和科研水平的提高，人们不仅认识到了体育在增强人的体质方面所具有的医学、生物学作用，还逐步认识到体育对人的精神、教育和文化等方面具有特殊的价值。

### （一）体育的健身功能

科学实验证明，体育运动是增进健康、增强体质的最积极、最有效的方法。科学地从事体育运动，能够改善人体新陈代谢水平，提高体内营养物质的分解与合成能力，促进人体健康，增强体质，使人体自身得到有效发展。体育的健身功能包括对身体健康的促进和心理健康的促进两个方面。

#### 1. 体育对身体健康的促进

体育对身体健康的促进主要体现在以下几个方面：体育运动可以改善人体的神经系统，尤其是可以提高中枢神经系统的机能；可以促进人体的生长、发育，提高人体的机能；改善和提高人体心血管系统和呼吸系统的机能；改善和提高人体消化系统的机能能力；提高人对外界环境的适应能力，提高人的身体素质。

#### 2. 体育对心理健康的促进

体育对人心理健康的促进主要体现在以下几个方面：

（1）体育运动能促进认知能力的发展。体育运动的各个项目都有一个共同的特点，即在运动中要求运动者既要能对外界物体（如球、器械等）做出迅速准确的感知与判断，又能迅速感知、协调自己的身体，以保证动作的完成。这样长期的运动便能促进人的感觉、知觉能力的发展，提高人的反应速度和直觉判断能力，使人变得敏锐、灵活。

（2）体育运动能培养坚强的意志品质。意志品质既能在克服困难的过程中表现出来，又能在克服困难的过程中培养起来。锻炼者越能克服困难也就越能培养其良好的意志品质。在体育运动中，我们经常要克服一些困难，因此，体育运动是培养人的意志品质的重要途径。

（3）体育运动可调节情绪。情绪几乎参与人的所有活动，它对人的行为活动有着重大的影响。体育运动能直接带给人愉快的感觉，并能缓解紧张和不安，从而调节人的情绪，改善心理健康状况。当今社会，人们生活在快节奏、高效率、强竞争的环境中，心理上会产生一定程度的紧张、焦虑和不安等不良情绪。参与体育运动可以使不良的情绪状态得到改善，心理承受能力得到提高。

（4）体育运动可以减轻应激反应。体育运动具有减轻应激反应以降低紧张情绪的作用。实践表明，一些高应激反应的人参加散步或慢跑训练，或接受其他应激训练后，处理应激情景的能力会得到显著提高。

### （二）体育的教育功能

体育的教育功能突出表现在它被广泛地纳入各国的教育体系之中。体育的教育功能主要体现在两个方面，一是在社会中的教育作用，二是在学校中的教育作用。

#### 1. 体育在社会中的教育作用

体育具有活动性、竞争性、技艺性、群体性、礼仪性和国际性等特点，这使得它在振奋民族精神、激发爱国热情、培养社会公德方面，具有特殊的社会教育意义。当人们置身于竞赛场时，庄严的赛前礼仪形式，紧张、激烈的竞赛对抗氛围，令人叫绝的精湛技艺和竞赛胜负结果等，都会自然激起人们的荣誉感、集体观念、民族意识和进取精神。这种借助于体育实践而诱发出的社会情感教育因素所产生的社会影响和社会教育作用是难以估量的。

#### 2. 体育在学校中的教育作用

体育是学校教育的重要内容。早在两千多年前，中国古代的《周礼·保氏》就记载了在教育中要学习“六艺”（礼、乐、射、御、书、数），其中射、御就是指现今的体育技能和锻炼。作为一种教育思想，古希腊的大哲学家亚里士多德曾率先提出，体育、德育、智育是相互联系的整体，体育应先于智育。亚里士多德认为，只有拥有健全的身体才能有健全的智力。“德智皆寓于体”的教育名言一直流传至今，世界各国无不重视体育在学校教育中的作用和地位。

实践证明，体育在学校教育中的多功能性是其他学科所不具备的，因此，体育在学校教育中占有不可替代的地位。培养学生担任未来社会角色所必备的体育素养，以适应未来社会工作和生活的需要，这是体育在学校教育中的主要使命。学校体育应通过体育教学、课外体育活动和课余运动训练等各种途径，使学生获得科学锻炼的体育理论知识，掌握一些普遍的、必要的运动技能，学会科学锻炼身体的方法，提高运动实践能力，养成系统从事体育锻炼的习惯，树立终身体育的思想。

### （三）体育的娱乐功能

体育的娱乐功能较早地就被人类认识和利用了。“娱乐身心”恰当地说明了体育的娱乐功能。原始社会，当体育初具雏形时，人们即在渔猎闲暇时进行游戏和嬉戏活动，借以消除疲劳、宣泄情感。《帝王世纪》中曾记载：“击壤而歌。”这句话描写了原始人在休闲时伴之歌唱的一种游戏活动；《太平清话》记载了始于黄帝时代，用于调节兵士生活的蹴鞠游戏。体育形成早期，即古代开展民族和民间体育阶段，一些用来娱乐消遣的身体活动、游戏，通常在节日庆典、宗教仪式和技艺表演中出现，它对丰富和调节人们的生活起着重要作用。欧洲文艺复兴时期，新兴资产者和人文主义者以“改善和提高人类生活”为宗旨，也曾大力提倡过开展娱乐消遣活动，且利用多种体育娱乐手段，广泛开展社交活动。

随着社会的发展，人们的生活安排更加合理，余暇日趋增多，如何善度余暇便成了一个社会问题。丰富多彩、健康文明的余暇生活不仅可以使人们在繁忙的劳动之后获得积极性休息，还可以陶冶情操，愉悦身心，培养高尚的品格。体育运动技术的高难性、造型的艺术性、配合的默契性，使它成为现代人余暇生活的重要组成部分，起到了丰富社会文化生活、满足人们精神需要的作用。现代体育运动，特别是竞技运动，运动技艺日益向难、新、尖、高、美的方向发展，一些杰出的运动员能在一定的空间和时间内把身体控制到尽善尽美的程度，使健、力、美达到高度统一，使人们在欣赏体育比赛时产生一种美的享受。

此外，各种运动项目的不同特点能使人在运动中有不同的情感体验，如气功能使人悠然自得、乐在其中；跑步能使人有条不紊、勇往直前；打球能使人机智灵活、豁达合群。现代奥运会的发起人皮埃尔·德·顾拜旦在他的名作《体育颂》中，满腔热忱地歌颂了体育的这一功能，他写道："啊，体育，你就是乐趣！想起你，内心充满欢喜，血液循环加剧，思路更加开阔，条理更加清晰。你可使忧伤的人散心解闷，你可使快乐的人生活更加甜蜜。"的确，体育无愧是一种最积极、最健康的娱乐方式。

### （四）体育的军事功能

体育的军事功能主要源于战争和训练士兵的需要。冷兵器时代的军事训练在某种程度上可以说就是体育锻炼，为了取得战争的胜利，必须进行跑、跳、投掷、摔跤、搏斗等训练。那时，体育的军事功能尤为突出。现代的体育竞技项目是由古代军事训练手段演变而来的。

现代社会，随着尖端武器的发展，部队机动性的提高，以及新战略和战术的运用，更需要士兵在短期内掌握复杂的军事技能，并最大限度地动员人的精神和身体能力。因此，进行全面的体力训练，掌握部分体现军事实效的体育项目，如游泳、爬山、攀岩、滑雪、划船、摔跤、格斗、擒拿、拳击和队列操练等，已成为现代军事训练所必需的内容。

### （五）体育的经济功能

体育的经济功能是近期才被认识和开发出来的社会功能，它是由体育与经济的互相促进作用所决定的。伴随着体育的社会化、娱乐化和终身化程度的不断提高，为满足体育人口不断扩大的需要，各种运动器材、体育场地设施、体育用品的生产、建设和供应，乃至体育健身、体育娱乐和体育旅游业都在迅速发展，并有可能在国民经济体系中逐渐形成一个庞大的体育产业。

### （六）体育的政治功能

体育的内涵决定了体育是带有政治色彩的。体育是为政治服务的，并受政治的制约，因此体育和政治的相互联系是始终客观存在的。体育的政治功能主要表现在以下几个方面：

**1. 为国争光，提高民族威望，振奋民族精神**

国际体育竞赛的胜负直接关系到国家的荣誉。改革开放以来，中国体育健儿在国际赛场上屡创佳绩：奥运上金牌零的突破、曾经的女排精神等，都极大地振奋了民族精神，特别是 2008 年北京奥运会，在世界人民面前树立了文明、开放、团结、和谐的现代化中国的良好形象，大大提高了中国的国际地位，在激励全国各族人民为全面建设小康社会、构建社会主义和谐社会而奋斗方面起到了积极的作用。

**2. 体育在外交中的作用**

体育在促进各国人民的相互了解与友谊中起着积极的作用。1971 年，轰动世界的“乒乓外交”促成了尼克松访华、中美建交、中日接触，起到了“小球转动地球”的作用。人们称运动员为“穿着运动服的外交家”“和平的使者”“外交的先行官”“微笑的大使”等。

**3. 促进国内政治一体化**

所谓一体化就是使人同集体达到和谐的联合，化为一体。这个集体小到一个班、一个队，大到一个民族、一个国家。体育是促进这种一体化的有效手段。

毛泽东同志曾说过：“国家的统一，人民的团结，国内各民族人民的团结，这是我们的事业必定要胜利的基本保证。”体育运动是联合全国各民族的纽带，是沟通各阶层、各民主党派、各人民团体之间关系的桥梁，是促进国家统一的催化剂。

## 第三节　体育与现代社会

### 一、体育与社会发展

社会是一个大的系统，社会发展是指社会系统结构和功能的变革演进。社会发展是一个多指标的综合概念，主要表现为经济、政治、文化、科技、教育、观念、生态及社会生活质量方面的发展。社会发展是生产力和生产关系、经济基础和上层建筑矛盾推动的结果。

体育是社会的产物。体育作为一种社会现象，是一种有目的、有意识的社会活动，它是随着人类社会的发展而出现和演进的。在人类社会漫长的历史中，体育的发展和社会的发展息息相关，不同的社会形态赋予体育不同的作用与价值，以满足社会和人类不断变化发展的各种需要。

#### （一）社会发展决定体育的发展

在农业社会，一系列的生产活动可由一个人来完成，从耕地、播种、施肥、收割到加工、烹调或交换、出售，一个人可独揽全过程，体力能够充分发挥，从头到脚都有机会运动，社会似乎确实没有什么必要实施体育。

在大工业、大机器的生产方式中，生产资料的使用和工业化生产的社会化以及愈来愈细的专业分工使全身性的身体劳动变为局部性的身体劳动，社会产生了对体育的需求，这些促使体育的思想和理论系统化，体育的方法和手段整体化、多样化，使体育成为一种在人类社会中相对独立的文化教育形态。

现代社会的进步，使体育这种独立的文化形态日益完善，体育的完整体系和多种功能已超出了学校教育的范畴。现代体育已成为个体的终身需要、全社会的需要、全民的需要。从提高人口素质、改善生活质量、丰富生活方式，到提高运动水平、振奋民族精神，无不与体育发生联系。

20世纪末，随着科学技术的发展及广泛应用，生产力和生产方式发生了巨大的变化，工作时间减少，闲暇增多。我国在1995年开始实行每星期五天工作制，法定节假日增多，表明了我国已融入整个国际休闲文化的背景中，特别是中国加入世界贸易组织，不仅促进了我国休闲体育的发展，还带来了新的体育休闲观念。

21世纪，人们的生活水平进一步提高，生活方式发生急剧转变。2010年，我国家庭恩格尔系数为39.76%。研究表明，当恩格尔系数达到65%时，开始出现娱乐消遣，当恩格尔系数达到50%以下时，这类消费可出现稳定持续性增长。21世纪休闲体育在我国呈现加速发展的态势。选择科学、文明、健康的休闲体育已在情理之中，"花钱买健康""花钱买休闲"的观念已深入人心。

### （二）体育是推动社会发展的重要力量

社会是人的社会，人是社会历史活动的主体，是社会发展的规划者和实践者，是一切物质财富和精神财富的创造者。从人类社会的发展史来看，社会的发展程度受人类整体素质的制约。一个民族的发展，不仅取决于经济的繁荣，而且取决于人的素质；一个国家的腾飞，不仅表现在经济物质的发展水平上，更表现在人的素质的提高上。体育在提高人的整体素质和促进人的社会化过程中具有载体的作用。体育运动不仅能改善人体的生理机能，而且有利于人的心理健康。另外，体育在人的社会化过程中也扮演着重要的角色，它对人生目标的确定、价值观念的形成、高尚情操及集体主义、爱国主义的培养等均有着不可替代的特殊作用。

由此可见，体育不仅是健身的积极手段，而且是健心、提高社会适应能力的重要路径。体育承载着人类增进健康、提高生活质量的希望。

## 二、体育与经济

社会的物质生产水平从根本上决定着体育运动发展的规模和速度，决定着体育事业的内部结构和比例。同时，体育对经济具有促进作用。

### （一）经济决定体育发展的规模

一个时代、一个国家体育发展的水平和规模，取决于当时的经济发展能为体育运动提供多少人力、财力和物力的支持，也取决于社会经济条件所决定的社会成员对体育需求的性质和需求的强度。

奥运会作为世界上最大的现代竞技比赛盛会，随着社会经济的发展，其规模越来越大。1896年在雅典奥运会上，比赛仅设有9个大项，参赛的只有13个国家和地区的311名运动员。2008年北京奥运会设置了28个大项，参赛的有204个国家和地区的11438名运动员。

1949年中华人民共和国刚成立时，经济非常落后，当时国家财政没有体育事业经费支出，没有专门的体育队伍，全国体育场地仅 4900 多个。1953 年全国体育事业经费不足 1000 万元，专门体育队伍不足 2000 人，反映了我国当时经济水平和体育水平低下的状况。1999 年全国财政支出中的体育事业经费约 60 亿元，还通过体育经营、体育赞助及发行体育彩票等途径获得数十亿元用于体育运动的发展。根据第六次全国体育场地普查数据公报，截至 2013 年 12 月 31 日，全国共有体育场地 169. 46 万个，用地面积 39. 82 亿平方米，建筑面积 2. 59 亿平方米，场地面积 19. 92 亿平方米。其中，室内体育场地 16. 91 万个，场地面积 0. 62 亿平方米；室外体育场地 152. 55 万个，场地面积 19. 30 亿平方米。以 2013 年末全国总人口 13. 61 亿人计算，平均每万人拥有体育场地 12. 45 个，人均体育场地面积 1.46 平方米。

中国近年来的经济发展成就是有目共睹的，2008 年第 29 届北京奥运会上，中国代表团的规模也是我国参加奥运会以来最大的。中国运动员获得了 28 个大项 38 个分项的全部参赛资格，中国派出了 639 名运动员参赛。

### （二）经济制约竞技运动水平

影响竞技运动水平的直接因素包括民族的体质、体育运动的基础、运动训练的规模、训练的物质条件和科学的训练水平等，这些因素无一不与国家经济发展水平和经济实力相关。竞技运动水平与经济的联系可从第 23 届奥运会的奖牌分布情况看出来。参加这届奥运会的 140 个国家和地区中，获得奖牌的只有 47 个国家和地区，其中 26 个为经济发达国家，绝大多数奖牌为这 26 个国家获得，占奖牌数的 87%。国外学者对近几届奥运会奖牌分布及获奖国家的经济状况进行了比较研究，发现 96% 的奖牌都为经济发展水平较高、扫盲率较高和人均寿命较长的国家所获得。

在经济发展的基础上，新的科技成果不断被应用到竞技运动训练中。训练手段与方法的更新带来竞技运动成绩的突飞猛进。例如，1953 年美国运动员费·赫尔德使用“滑翔枪”要比使用传统标枪的成绩提高 10 米以上；20 世纪 90 年代末，一些运动员使用的游泳衣也能减少水的摩擦阻力，从而提高运动成绩。据报道，在第 27 届奥运会上美国奥委会投资 220 万美元，依靠体育器械制造企业的技术人员，为参赛运动员研制具有高科技含量的器械和装备，从而保持了竞赛优势。

### （三）经济决定着社会对体育的需求和体育的结构

改革开放以来，我国经济在 1980—1998 年实现了人均国内生产总值翻两番的目标，促使人民群众的生活方式和消费观念不断更新，从而增加了健身、体育娱乐和观赏竞技活动的需求。丰富多彩的体育活动已成为人们追求健康、快乐和善度余暇的重要手段，“花钱买健康”已成为一种流行的时尚。随着经济水平的提高和人均收入的增长，健美、舞蹈、游泳、轮滑、乒乓球、羽毛球、网球、保龄球、篮球、足球、高尔夫球、武术、徒步旅游、骑自行车、登山、冰雪运动、攀岩、漂流等项目，都已成为不同人群喜爱的体育运动。

### （四）体育对经济有巨大的推动作用

体育可以提高劳动者的素质和劳动生产力，主要表现在：第一，体育可以增加劳动力，能改善人体各器官系统的功能，增强肌肉力量，使劳动者体力强盛、精力充沛。

第二，体育可以保护劳动力，增强劳动者对环境的适应能力和抵抗疾病的能力，可以避免或减轻由于职业对身体局部的损害，减少疾病，降低患病率。第三，体育可以“修理”劳动力。适当的体育锻炼对许多疾病有一定的治疗作用，无论是参加体育活动还是观赏竞技比赛，都可以得到精神上的放松和快乐，有助于人们消除疲劳，恢复和保持充沛的精力。第四，体育可以延缓人的衰老过程，维持机体功能，延年益寿。

体育已经成为一项新兴的产业，体育产业是经济发达国家的支柱产业，在北美、西欧、日本，其体育的年产值都排在国内十大产业之列。1999 年，美国体育产业产值为 2130 亿美元，年增长率为 6.3%，约占国内生产总值的 2.4%，在国民经济各行业中排第六位，仅次于地产业、零售贸易业、健康福利业、银行业、交通业，提供了 465 万个就业岗位和 127.3 亿美元的家庭收入。2010 年，我国体育产业已达到了国内生产总值的 0.52%。在发达国家，这一比例已达 1% ～ 3%，因此，我国体育产业的发展空间是巨大的。到 21 世纪中叶，我国将进入富裕阶段，人口将稳定在 15 亿左右，如果按年人均 1000 元体育消费额计算，那时我国一年的体育消费总额将达到 15000 亿元，这对增加居民消费、拉动经济增长所发挥的作用是巨大的。到那时，富裕起来的 15 亿人无疑将成为世界上最大的体育消费群体，并以他们活跃的体育消费能力创造世界上最大的体育市场。

体育可以带动相关产业的发展。举办一次奥运会或世界杯足球赛之类的大型体育赛事，可使举办城市的基础设施水平提高 20 年～ 50 年。举办如奥运会这样的大型赛事，不仅需要修建或改建体育场馆和体育设施，还需要修建奥运村，这极大地改善了主办城市的体育场馆及设施，而且大大促进了城市的基础设施发展。例如，汉城（今首尔）为举办第 24 届奥运会，扩建了国际机场，整修了公路，治理了双江，改善了城市环境、下水道和水质管理。1989—1992 年，为筹备第 25 届奥运会巴塞罗那的道路设施增加了 15%，绿化带和海滨旅游区面积增加了 78%，人工湖和喷泉的数量增加了 268%。为筹备 2008 年第 29 届奥运会，北京在环保和基础设施建设的 140 多个项目中总投资 2500 多亿人民币。

另外，大型体育赛事对旅游的拉动作用是非常直接的。以北京为例，举办奥运会前的 7 ～ 8 年里，新增海外游客 400 万人次，收入 40 亿美元。旅游业的发展带来可观的经济收益；还带来更多的就业机会。例如，2000 年悉尼奥运会使悉尼的直接就业人数增加了 45 万人；2004 年雅典奥运会在 1998—2004 年创造了 57.7 万个就业机会；2008 年北京奥运会在 2005—2008 年新增就业岗位 150 万个。

## 三、体育与大众传播

大众传播媒体有杂志、报纸、书籍、广播、电视、电影、互联网等。随着现代传媒技术、方式的不断丰富与发展，越来越多的人更加喜爱和参与体育运动。体育受到大众的喜爱的同时，对社会的影响越来越广泛，吸引了各种传播媒体的关注，社会对体育的投资力度不断加大。

### （一）体育因传播而繁荣

我国北京市申办2000年奥运会因一票之差惜败于澳大利亚的悉尼，时隔8年之后终获2008年奥运会的主办权。为了获得2012年奥运会的举办权，法国巴黎、俄罗斯莫斯科、美国纽约、英国伦敦、西班牙马德里各出奇招展示自己的经济实力及文化底蕴。最终，伦敦以“让更多的年轻人参与到体育运动中”的出色主题赢得了主办权。可见世界各国、各城市申办奥运会的竞争是多么激烈。

其实，在20世纪90年代之前，举办奥运会并不像目前大家所看到的是个“香饽饽儿”，而是一个“烫手的山芋”。1976年加拿大蒙特利尔奥运会10亿美元的债务给市民带来25年内提高纳税率的沉重负担；1980年莫斯科奥运会耗资90亿美元，由于80多个国家的抵制，没有达到预期的目的，负债严重。经济上的难堪，使主办奥运会成为一种负担。当1981年在巴黎国际奥委会全体会议上决定1988年奥运会主办地时，出现了仅有两个城市愿意接受主办奥运会的尴尬局面。

1984年第23届奥运会由当时经济最为发达的美国主办，作为美国棒球协会经纪人的尤伯罗斯大胆借助体育赞助商业化运作，使该届奥运会最终赢利2.15亿美元，而尤伯罗斯商业化运作中的重要手段之一就是大幅度提高电视转播费，美国广播公司（ABC）以22.25亿美元购得转播权，此价格是1976年奥运会转播权的10倍，1980年奥运会转播权的3倍。借助这些出售电视转播权的巨额费用，一举扭转奥运会主办国负债的劣势，奥运会从此得到蓬勃发展。原国际奥委会主席萨马兰奇说过这样一句话：“没有商业的帮助，奥林匹克运动将走向死亡。”

20世纪70年代初，美国职业篮球联赛（NBA）也曾因负债濒临倒闭。在这紧要关头，著名律师大卫·斯特恩出任总裁。上任伊始，斯特恩就成立了媒体传播部，使NBA跨入了一个崭新的时代。自20世纪70年代末以来，电视转播权收入占了NBA总收入的50%以上。NBA在20世纪90年代走进中国电视观众的视野。踏入21世纪，在NBA赛季期间，中央电视台体育频道和各地方电视台每周都对赛事进行卫星直播，特别是姚明加入NBA后，球迷对NBA更加关注。在2004年，有两场姚明所在的休斯敦火箭队的NBA季前赛安排在中国的上海、北京举行，球迷不惜苦苦等待40小时以求一票，5000多张门票以21.75～362美元的价格售罄，这在一个年人均收入刚刚达到1000美元的国家里，无疑是不同寻常的。

国际足球联合会能成为世界上最有影响的单项体育组织，也离不开与传播媒体的结缘。前世界足联主席阿维兰热利用电视的传播价值吸引了可口可乐、柯达等跨国公司的介入，使国际足球联合会有了雄厚的发展资金。

以电视为代表的大众媒体的介入，为体育比赛吸引了数以亿计的观众，也为各级各类体育组织提供了巨额的资金支持。没有大众传播媒体，就没有如今种种赛事的火爆，也没有现代体育的强劲态势。

知识窗

**1960—2016 年奥运会电视转播费用**

| 年份 | 举办地 | 中标电视台 | 转播权价格（万美元） |
| --- | --- | --- | --- |
| 1960 | 罗马 | CBA | 39.4 |
| 1964 | 东京 | NBS | 150 |
| 1968 | 墨西哥 | ABC | 450 |
| 1972 | 慕尼黑 | ABC | 750 |
| 1976 | 蒙特利尔 | ABC | 2500 |
| 1980 | 莫斯科 | NBC | 8700 |
| 1984 | 洛杉矶 | ABC | 22500 |
| 1988 | 汉城 | NBC | 30000 |
| 1992 | 巴塞罗那 | NBC | 40100 |
| 1996 | 亚特兰大 | NBC | 45000 |
| 2000 | 悉尼 | NBC | 70500 |
| 2004 | 雅典 | NBC | 79300 |
| 2008 | 北京 | NBC | 89400 |
| 2012 | 伦敦 | NBC | 11800 |
| 2016 | 里约热内卢 | NBC | 16000 |

### （二）传播因体育而丰富

当前体育传播的重要性已被各种媒体所重视，各种媒体均以极大的热情从事体育新闻的报道和信息的传播。报纸版面一扩再扩，广播时段一长再长，电视栏目一增再增。特别是在 2002 年韩日足球世界杯期间，我国中央电视台同时在两个频道对关键赛事进行直播，其中第 5 频道做了全方位的报道，地方电视台也对赛事进行转播。互联网的兴起，使人众媒体的竞争更加激烈。新浪网就是以体育信息的传播而树立起自己的网站品牌的。作为当时中国奥运代表团唯一的互联网合作伙伴，接着又以 2002 年韩日足球世界杯“中国队官方网站”的称号出现，新浪网自然引人注目。

娱乐与体育节目电视网（ESPN）在成立之初是一个面向全美播出的电视台。1983 年成立了ESPN 国际公司，向海外市场扩张，24 小时滚动播出体育节目。目前，全球各个大陆（包括南极洲在内）200 多个国家的体育球迷可以收看到ESPN 的节目，使用语言超过 21 种。

宣传媒体的重视培养了大量的体育传播受众群。根据央视索福瑞媒介研究数据，2002 年CCTV-5 占全国收视市场份额的 8.6%，排行第三。2004 年 6 月 8 日发表的我国首部电视市场分析报告——《中国电视市场报告 2004—2005》则显示：北京、上海、广州三大城市中 95% 以上的电视观众喜爱体育节目。

广告是媒体的经济基础，只有获得足够的广告，媒体才能得到发展。媒体看好体育，瞄准的就是体育背后庞大的受众，而这些受众就是媒体取之不尽的财富。某个节目收看的观众越多，影响就越大，广告商自然愿意选择收看人数多的节目来宣传自己的产品。据美国电视广告局的统计，在 1995 年电视网对美国超级橄榄球赛事的实况转播中，每 30 秒的广告售价就达到 100 万美元，因为在该赛季有 1.2 亿美国人通过电视观看赛事。

像奥运会、世界杯足球赛等这些举世瞩目的赛事，收视群体动辄几十亿。据国外对“奥运经济”的调查，在一般情况下，投入 1 亿美元，知名度可提高 1%，而赞助奥运会，投入 1 亿美元，知名度可提高 3%。许多跨国公司往往都把奥运会看作展示实力、形象、品牌的良机，如耐克、可口可乐、阿迪达斯、柯达、三星都与奥运有着密切的联系，所以各大媒体不惜巨资以获得转播权。

媒体以巨额资金获得体育赛事的转播权，传播各类体育信息，既满足了受众的需求，推广、宣传了体育运动，又为自身赢得了利润；而企业商家也通过媒体中播放的广告宣传了自己的产品，提高了销售额。

## 四、体育与教育

我国的教育方针是使受教育者在德、智、体、美、劳等方面都得到发展，培养有社会主义觉悟、有文化的劳动者。体育是教育的组成部分，体育与教育是相互依赖、相互促进的关系。

### （一）提高学生的道德水平

在学校教育中，体育往往能成为德育的辅助手段，或者说有时德育又能寓于体育之中。首先，体育能培养学生的团结精神、集体观念和集体荣誉感。学校的体育活动，通常是以小组、班级、年级和学校之间的比赛形式来开展的，不管是运动员还是啦啦队，都有一个共同的目标，那就是为集体争得荣誉，这非常有利于培养青少年的集体荣誉感。扩大到国际比赛领域，运动员的拼搏也好，观众的企盼欢呼也好，都是希望为国家争取荣誉，升起本国国旗，奏响本国国歌。其次，体育能培养服从命令、遵守纪律和团队协作的精神，如学校体育中的队列队形训练，要求学生服从教师的命令；体育课中的各种练习，要求学生服从安排、达到要求；比赛过程中，要求学生执行教练的战术计划，运动员之间互相配合，服从裁判。最后，体育能培养学生的沉着、自尊、自信、自我约束及控制能力。许多体育项目不仅需要体能和技术，而且需要良好的心理素质，因此体育锻炼的过程也是发展学生心理素质的良机。

### （二）促进学生的智力发展

体育对智育有直接和积极的促进作用。运动生理研究证明：从事体育运动，通过各种竞技技术的练习能够促进大脑相应部位神经系统的发达，改善和提高中枢神经系统特别是大脑皮质的工作能力，使兴奋和抑制状态更加集中突出，使神经系统更加均衡和灵活，使思维、注意力、视听、记忆、判断、分析、综合和感知觉等大脑综合能力得到提高。有学者指出：学习的过程是一个脑力劳动的过程，大脑皮质处于积极活动的状态，会引起一系列的神经和生理紧张。体育活动可以加速血液循环，增强心脏的功能，改善大脑的供氧状况，提高大脑的工作耐力和效率。体育活动对学生的学习活动来讲还是一个积极性休息的有效手段。根据高级神经活动的副诱导规律，在大脑皮质中，运动中枢的兴奋可以导致学习中枢的抑制，优势兴奋中心越集中，邻近区域的抑制越强。运动中枢的兴奋可以使思维、记忆中枢得到完全的休息，很快消除疲劳，恢复精力。现在有这样一种说法："7+1>8"，就是指用1小时进行身体锻炼，7小时用来学习和工作，其效率大于8小时连续学习和工作的效率，这个说法是有其科学依据的。

### （三）促进学生身体、心理和社会适应的健康发展

体育之所以在教育中占据重要地位，关键在于它具有一个最根本的、其他教育组成部分无法替代的功能，即发展学生的身体，增强学生的体质。中华人民共和国成立后，党和政府首先从学校体育抓起，毛泽东向广大青少年学生提出了"身体好、学习好、工作好"的三好要求，又向全国发出了"发展体育运动，增强人民体质"的号召。1999年《中共中央国务院关于深化教育改革全面推进素质教育的决定》指出："健康体魄是青少年为祖国和人民服务的基本前提，是中华民族旺盛生命力的体现。学校教育要树立健康第一的指导思想，切实加强体育工作。"文件明确学校体育要注重终身体育、健康第一和素质教育。课程改革要促进学生在身体、心理和社会适应等方面健康、和谐的发展，从而为提高国民的整体健康水平发挥重要作用。

### 思考题

1. 简述体育的起源与发展。
2. 什么是体育？体育具有哪些功能？
3. 体育对现代生活有哪些影响？

# 第二章　健康概述

## 引　言

健康是人类生存发展最基本的条件，也是创造社会物质文明和精神文明的基础。马克思将健康称为人的第一权利，一切人类生存的第一前提；爱默生认为健康是人生的第一财富；叔本华则形象地指出，健康的乞丐比病弱的国王更幸福。因此，了解健康，重视健康，养成健康的生活方式是我们每个人每天都要面对的重要课题。

## 第一节　健康的基本概念

### 一、什么是健康

健　康

#### （一）大家一起认识健康

以往的文化观念单纯地把健康理解为“无病、无残、无伤”。古希腊医生认为健康是身体的完全平衡。健康专家认为健康是一个有机体或有机体的部分处于安宁状态。健康的特征是机体有正常的功能，且没有疾病。

我国《辞海》将健康定义为：人体各系统发育良好，功能正常，体质健壮，精力充沛，并且具有劳动效能的状态。通常用人体测量、体格检查和各种生理指标来测定。

20 世纪 40 年代，世界卫生组织（WHO）把健康定义为：健康不仅仅是没有疾病或虚弱，而是在身体上、精神上和社会适应方面的完好状态。

1989 年，世界卫生组织进一步提出：健康包括身体健康、心理健康、社会适应良好和道德健康。目前，这是世界公认的一个全面、准确、适用、科学的健康概念。

世界卫生组织（World Health Organization，简称WHO）是联合国下属的一个专门机构，只有主权国家才能参加，是国际最大的政府间卫生组织，截至2019年有194个成员国。1946年国际卫生大会通过了《世界卫生组织法》，1948年4月7日世界卫生组织宣布成立，于是每年的4月7日定为全球性的“世界卫生日”。

### （二）由健康定义衍生出的健康三维观

身体、心理、社会三要素的有机结合，构成了人的生命质量，三个方面都处于良好的状态是健康、幸福生活的保证。

身体健康主要表现如下，具备了这些特点，说明身体处于健康状态：

（1）身体形态（身高、体重、躯干与四肢的围度）生长发育正常；

（2）身体感觉舒适、精力充沛；

（3）有较强的免疫能力，很少感冒；

（4）肌肉弹性有力，骨骼坚实，关节灵活，柔韧性好，反应敏捷，动作速度快；

（5）适量运动时，呼吸顺畅，动作舒展。

心理健康主要表现如下，具备这些条件，说明心理健康：

（1）能够适应所处环境，而没有感觉不适应；

（2）为人处世有自己的特点，不跟随，也不莽撞；

（3）至少有一个自身发展的目标，并在为实现目标而努力。

社会适应健康主要表现如下：

（1）正确的态度、稳定的情绪；

（2）良好的处世能力、适应能力；

（3）和谐的社会关系。

世界上没有比结实的肌肉和新鲜的皮肤更美丽的衣裳。

——马雅可夫斯基

### （三）容易被人忽视的道德健康与个人修养

世界卫生组织将道德纳入健康的定义之中，强调追求完美健康的人，要注重自己道德的修养。社会主义核心价值观就是道德健康的最好标准，是针对拜金主义、享乐主义、见利忘义、损公肥私、不讲信用、欺骗欺诈等消极现象和社会公害提出来的，引导人们摆正个人、集体、国家的关系，正确处理好个人与社会、竞争与协作、先富与共富、经济效益与社会效益等关系。

## 二、现代生活与健康

### （一）必须具有的健康行为

现代生活指适应现代社会发展的各种文化生活，包括健身、休闲、娱乐、饮食、起居、出行等内容。健康行为指一切有利于提高身体健康水平，降低损害健康消极因素的活动和习惯。

据世界卫生组织调查发现：每个人的健康与寿命的60%取决于自己，15%取决于遗传因素，10%取决于社会因素，8%取决于医疗条件，7%取决于气候影响。可以认为，维护健康主要取决于个人的努力，即需要依靠顽强的意志品质，掌握必要的卫生知识，采取相应的措施，才能达到提高健康水平和增强自我保健能力的目的。

健康行为包括：经常自主参加体育锻炼；摄取营养平衡的膳食；生活有规律，保持充足适宜的睡眠；善于放松和处理精神紧张与压力，安全的出行习惯，不吸烟，节制饮酒，不吸毒，无不正当的性行为等。

一个民族，老当益壮的人多，那个民族一定强；一个民族，未老先衰的人多，那个民族一定弱。

——皮埃尔·德·顾拜旦

### （二）一定要避免的不良生活方式

健康的生活方式

生活方式是指人们长期受一定文化、民族、经济、社会风俗、家庭等影响而形成的一系列生活习惯、生活制度和生活意识。生活方式对健康有直接的影响。随着人们生活水平的提高及生活习惯的改变，不良生活方式将成为人类头号杀手。

不良生活方式包括：不经常参加体育活动；暴饮暴食，有偏食习惯；生活无规律，睡眠时间不固定；没有排解紧张和压力的途径；没有安全意识和处理紧急情况的知识；吸烟、酗酒等。

### （三）现代生活对健康的影响

有利影响：科学进步、经济繁荣，为人们带来优越的物质生活条件；体育文化生活丰富，有广泛的休闲娱乐空间；卫生条件改善，人们身体健康、精神愉快、各种疾病减少；社会和谐、心情舒畅等，为人类健康、延年益寿带来极大的益处。

不利影响：先进的机械化、电气化生产方式，降低了人的劳动强度和对自然环境的适应能力；事业的竞争、紧张的工作使人的心理问题增多；交通的便捷，以车代步，以及办公条件优越，使人减少了户外活动；饮食营养的优化、精化及摄取过剩、心血管疾病和肥胖症增多，还有空气污染、化学污染，都给人类的健康带来不利的影响。

## 三、良好的健康习惯

在现代社会生活中，要充分利用有利健康的各种因素，养成良好健康的习惯，改变不良的生活状态，并做到以下几个方面：

规律生活

（1）要合理地安排作息时间，形成良好的作息制度。生活起居有规律、不熬夜，保证足够的睡眠时间，养精蓄锐。

（2）讲究个人卫生，勤洗澡、勤洗头发、勤剪指甲，注意保持口腔卫生，内衣要勤洗勤换。

（3）要进行适当的体育锻炼和文娱活动。学习之余参加一些文体活动，不但可以缓解学习生活的压力，而且还可以放松心情、增加生活乐趣，有助于提高学习效率。

（4）要保证合理的营养供应，养成良好的饮食习惯。饮食要有规律，不能暴饮暴食，不吃生冷变质食物，餐具、水果要清洗干净，防止病从口入。

（5）要改正或防止吸烟、酗酒、沉溺于电子游戏等不良的生活习惯。学习，是大学生首要的任务和活动方式。

（6）注意生活安全，正确应对气候的冷热变化，防止感冒，注意防火防电，注意交通安全。

适量运动

# 第二节 健康教育与健康促进

## 一、健康教育

尽管各国学者对健康教育概念的诠释不尽相同，但把它作为一种有计划、有目的、有评价的教育活动，要求通过知识、态度和行为方式的改变，达到促进人类健康成长的目的，却是大家早已达成的共识。当然，在新的时代背景下，要想深入了解其内涵，还要对健康教育的内涵重新认识。

### （一）健康教育的概念及分类

#### 1. 健康教育的基本概念

健康教育既是预防医学中的一个新兴学科，又是卫生服务事业中的一项实际工作。其工作目标是使人们在面临促进健康和疾病的预防、治疗、康复等各个层次的健康问题时，有能力作出并实现有益于健康的抉择。

目前，世界上对健康教育还没有统一的定义。如果把权威机构、著名学者对健康教育的定义一一罗列，则在百种以上。就是在世界卫生组织历年正式文件中，对健康教育也有多个不同的提法。这是由于世界各国社会经济和卫生事业发展不平衡，健康问题和健康需求千差万别，各国的健康教育工作者的工作重点、对健康教育的认识和体会各不相同所致。我国健康教育工作者在总结世界各国健康教育观点的基础上，提出如下定义：健康教育是指通过有计划、有组织、有系统的教育活动，促使人们自愿地采纳有利于健康的行为，消除或降低危险因素，降低发病率、伤残率和死亡率，提高生活质量，并对健康教育效果作出评价。

1988 年第 13 届世界健康大会为健康教育提出了新的解释：健康教育是一门研究以传播健康知识与技术，影响个体与群体行为，消除健康风险因素，预防疾病，促进健康的科学。它重点研究健康知识传播和行为改变的理论和方法，以及社区健康教育的组织、规划和评价的理论与实践。它的理论依据和专业技术主要来源于医学、社会学、心理学、行为科学、传播学、科普学、统计学、美学等学科。通过传播和教育手段，向社会、家庭和个人传授卫生保健知识，提高自我保健能力，养成健康行为，纠正不良习惯，消除健康危险因素，防止疾病发生，促进人类健康，提高人们的生活质量。

**2. 健康教育的分类**

健康教育作为卫生服务事业中的一项实际工作，人们从不同角度对其作出如下分类：

（1）按健康教育的目标人群或开展场所分类：① 城市社区健康教育；② 农村社区健康教育；③ 学校健康教育；④ 职业人群健康教育；⑤ 患者健康教育；⑥ 消费者健康教育；⑦ 卫生相关行业健康教育等。

（2）按内容分类：① 营养健康教育；② 预防艾滋病健康教育等。

## （二）健康教育的发展历程和社会作用

**1. 健康教育的发展历程**

健康教育的起源，在我国可以追溯到商周时期，最早的文字记载约为公元前 7 世纪《管子·形势解》："起居时，饮食节，寒暑适，则身利而寿命益；起居不时，饮食不节，寒暑不适，则形体累而寿命损。"此后的《庄子》中说："趎愿闻卫生之经而已矣。"在西方可以追溯到"医学之父"的希波克拉底时代，他提出："应当关心健康人，使他们不得病。"而现代意义上的健康教育仅有百年历史。中共中央政治局于 2016 年 8 月 26 日召开会议，审议通过《"健康中国 2030"规划纲要》，推进健康中国建设，营造绿色安全的健康环境。

在全球健康教育的发展中，国际组织功不可没。

世界卫生组织是国际卫生保健事业权威性协调机构。其总部设有健康教育组，1982 年改组为"公众信息及健康教育处"（Division of Public Information and Health Education），世界卫生组织在 6 个地区（非洲区、泛美区、东地中海区、欧洲区、东南亚区、西太平洋区）的区域性组织都设有健康教育专员。

国际健康教育联合会（International Union for Health Education，IUHE）是成立于 1951 年的国际性民间学术组织，会员遍及 70 多个国家和地区，对健康教育学术交流和健康教育项目活动开展作出了积极的贡献。

**2. 健康教育的社会作用**

（1）健康教育是卫生保健事业的重要组成部分

人类疾病谱和主要死因发生了由传染性疾病向慢性非传染性疾病的转变。不良行为和生活方式是慢性非传染性疾病的诱因。解决人们的不良行为和生活方式问题，需要依靠教育的方法。近 20 年来，一些发达国家着眼于民众的自我保健意识、参与态度和实践能力，开展健康教育运动。增强民众在躯体上的自我保护，心理上的自我调节，行为和生活方式上的自我控制，人际关系上的自我调整的自觉性和主动性，体现了全球保健事业的发展方向。通过健康教育，提高人们对健康的责任感，发挥自身的健康潜能和主观能动性，是降低行为危险因素的基本方法。健康教育越来越成为保健事业的重要组成部分。正如前世界卫生组织总干事中岛宏博士在第13届世界健康教育大会开幕式上所说："我代表世界卫生组织向大家保证，健康教育的极端重要性将得到承认，我向你们保证，我们将给予你们的领域以优先权，其理由是十分充分的，而且也是全世界迫切需要的。"

（2）健康教育是实现"人人享有卫生保健"的关键

1978年世界卫生组织在阿拉木图召开世界卫生大会，发表了著名的《阿拉木图宣言》。大会提出"2000年人人享有健康"的全球卫生战略目标。《阿拉木图宣言》提出初级卫生保健有八项任务：

① 有关当前主要卫生问题及其防治方法的健康教育；

② 改善食品供应及适当营养；

③ 适量供应安全饮水及基本卫生设施；

④ 妇幼卫生及计划生育；

⑤ 主要传染病的预防接种；

⑥ 防治地方病；

⑦ 常见病及外伤的妥善处理；

⑧ 提供基本药物。

大会把健康教育列为初级卫生保健的八项任务之首。同时指出：健康教育是所有卫生问题、预防方法及控制措施中最为重要的，是实现初级卫生保健任务的关键。

此后，1983年世界卫生组织再次强调健康教育是策略而不是工具的认识，提出"初级卫生保健中的健康教育新策略"。1985年第42届世界卫生大会通过决议，紧急呼吁把健康促进和健康教育作为初级卫生保健的内容。初级卫生保健是一项社会系统工程。实现初级卫生保健不是单一卫生部门的事，它需要全社会的参与，是全社会的共同任务。而争取领导重视、群众参与、部门协作等等都需要以健康教育去开发、动员、组织与协调。所以，健康教育是实现初级卫生保健的关键性策略。

（3）健康教育是一项低投入、高产出、高效益的保健措施

健康教育引导人们自愿放弃不良行为和生活方式。预防慢性非传染性疾病的投入与治疗慢性非传染性疾病的高昂的医疗技术投入相比，其效益有天壤之别。美国医疗疾病控制中心的研究指出，如果美国男性公民不吸烟、不过量饮酒、合理膳食和进行经常性有规律的身体锻炼，其寿命可望延长10年，而每年数千亿美元的医疗投资却难以使全美人口平均期望寿命增加1年。

### （三）健康教育的重点人群

世界各国的健康教育专家一致认为，健康教育的重点人群是儿童和青少年。

首先，个体的健康行为习惯始于生命早期。儿童、青少年阶段是各种行为建立的关键时期。儿童青少年可塑性大、模仿力强，容易在大脑建立巩固的动力定型基础上养成良好的卫生习惯。若错过这一时期，行为建立将事倍功半。

其次，生命早期建立起来的行为习惯较为巩固，儿童青少年时期形成的卫生习惯和生活方式对其终身的行为方式将产生深远影响。

最后，儿童青少年接受教育后，可以将知识带到家庭，促进家庭乃至社会形成健康风尚。以上三点也充分说明学校健康教育的重要性和基础地位。

## 二、健康促进

### （一）健康促进的概念及发展历程

#### 1. 健康促进的基本概念

1981 年，世界卫生组织工作人员依罗娜·凯克布博士首先提出健康促进工作计划，并迅速在全球迅速发展，内容不断扩充。随着对健康促进的认识不断加深，健康促进的概念也在不断发展中。1991 年在瑞典召开第三届国际健康促进大会，大会主题是“创造支持健康的环境”。大会进一步阐明健康促进并不仅仅取决于个人的行为，家庭与社会对个人行为的选择和干预也起到重要作用，社会与经济政策也是如此，并特别强调了非卫生部门的参与对促进健康的积极作用，指出了健康促进的核心是把社会的健康目标转化为社会行动。美国健康教育学家格林曾提出：“健康促进是指一切能促使行为和生活条件向有益于健康改变的教育与环境支持的综合体。”1995 年世界卫生组织西太平洋区域办事处发表《健康新地平线》，指出“健康促进是指个人与其家庭、社区和国家一起采取措施，鼓励健康的行为，增强人们改进和处理自身健康问题的能力”。由此可见，健康促进强调个人行为改变和政府行为改变两个方面，它不仅包括了健康教育的行为干预内容，同时强调个人行为改变所需的组织支持、政策支持、经济支持等环境改变的各项内容。所以，健康促进是融客观支持与主观参与于一体的、以改变行为为核心的促进健康行动。健康促进通常以“健康促进干预项目”的形式展开。

#### 2. 健康促进的发展历程

1986 年在加拿大的渥太华召开由工业化国家参加的第一次有关健康促进的国际会议，讨论健康促进的概念及其在世界范围开展的潜力。会议发表了《渥太华宣言》，奠定了健康促进的理论基础。随后于 1988—1997 年间，分别在澳大利亚和瑞典召开第二届、第三届国际健康促进大会和一系列地区性健康促进会议，总结和交流经验，把健康促进扩展到发展中国家。1997 年 7 月在印度尼西亚的雅加达召开第四届国际健康促进大会，会议以“新时期的新角色：将健康促进带进 21 世纪”为主题，进一步思考有效的健康促进经验，重新审视健康的决定因素，提出 21 世纪健康促进的六大重点。

（1）提高社会对健康的责任感，决策者、公共和私人部门要坚定地承担其社会责任。

（2）增加健康发展的投资，在国家内部和国际对现有投资作重心调整以增加健康投资。健康投资应能反映特定人群的健康需要，如妇女、儿童、老人、土著人、穷人和处于边远地区的人群。

（3）巩固和扩大有利于健康的伙伴关系，在政府不同层次和不同部门与社会各阶层之间，在健康和社会发展上加强和开发新的伙伴关系。

（4）增加社区的能力和给予个人权利，提高个体采取行动的能力和团体、机构或社区对健康决定因素的影响能力。

（5）保证健康促进的基础设施，寻求资金投入的新机制，使健康促进资源开发达到最大限度。

（6）行动起来，组建全球健康促进联盟来推进会议所提出的重要行动。

大会发表了《雅加达宣言》，并组建全球健康促进联盟来推进会议所提出的重要行动。

我国政府把健康促进作为国家卫生工作的重要任务。1996 年以来，卫生部与世界银行合作，在北京、天津、上海、成都、洛阳、柳州、威海和昆明开展针对预防和控制慢性病、性病、艾滋病及意外损伤的健康促进干预项目，取得了一定成绩并积累了一定经验。该项目的实施起到了带动和辐射作用，健康促进在我国得到了迅速发展。

### （二）健康促进的活动领域和核心策略

#### 1. 健康促进的活动领域

1986 年首届国际健康促进大会通过《渥太华宣言》，指出健康促进涉及五个主要活动领域：

（1）制定促进健康的公共政策。把健康问题提到各级政府、各个部门和组织的决策者议事日程上，要求非卫生部门实行健康促进政策。其目的是使人们更容易做出有利于健康的选择。

（2）创造支持环境。系统地评估变化着的环境对健康的影响；创造安全、满意和愉快的生活和工作环境，保证社会和自然环境有利于健康。

（3）加强社区行动。充分发动社区力量，积极有效地参与社区保健计划的制订和实行，挖掘社区资源，使他们认识自己的健康问题并提出解决问题的办法。

（4）发展个人技能。提供健康信息，教育并帮助人们提高健身技能来支持个人和社会的发展。使人们更好地控制自己的健康和环境，有准备地预防各种健康问题和慢性病与外伤。

（5）调整卫生服务方向。卫生服务的责任由个人、社会团体、卫生专业人员、卫生部门、工商机构和政府共同分担，共同努力建立一个有助于健康的卫生保健系统。

#### 2. 健康促进的核心策略

健康促进的核心策略 1991 年在瑞典召开全球性的健康促进大会已阐明，即把社会的健康目标转化为社会行动，它与联合国儿童基金会（UNICEF）为实现“2000 年人人享有卫生保健”目标所制定的“社会动员”纲领相一致。“社会动员”纲领表达了健康促进的核心策略。

（1）社会动员的层次

社会动员包括领导层的动员；社区、家庭与个人的动员；非政府组织的动员；专业人员的动员。

① 领导层的动员：积极开发政府领导对健康是社会发展的巨大动力和卫生与社会和经济发展相互促进、相互制约的认识，使各级政府把发展卫生事业当作自己的职责，将卫生发展目标作为当地政治、经济发展目标的组成部分。统筹规划，制定正确的方针、政策，提供必要资源，保证社会发展与卫生保健同步发展。倡导建立社会支持环境，以利于群众做出健康抉择，保证人人参与、人人享有卫生保健。

② 社区、家庭与个人的动员：开发和动员社区的决策者，使他们认识到必须对社区居民的健康负责，使他们充分了解各种社会卫生项目的意义和实施方法，积极投入到项目活动中去发挥作用。动员家庭及其成员，使他们认识到基本卫生保健既是每个人的权利，也是每个人的义务。每个社会成员必须积极参与社区卫生保健活动，学习相关知识和技术，主动改变不良行为和生活方式，提高自我保健能力，积极参加社区卫生项目的设计和评价。把政府决心和群众力量紧密结合起来，保证社会群体健康处于良好状态。

③ 非政府组织的动员：非政府组织在社会发展中的地位和作用日益加强，动员非政府组织参与社会卫生保健将发挥不可替代的作用。

④ 专业人员的动员：专业人员不仅是卫生服务的提供者，而且是群众健康意识和健康行为的楷模，他们的行为在群众中有很大的影响力。因此，动员专业人员参与当地卫生项目同样重要。

（2）社会动员的手段

社会动员的手段包括利用社会市场学的技术分析某一群体的健康需求、检验信息效度，建立激励机制来动员社会参与；利用传播学技术开发人力、物力资源；利用管理技术做好项目的计划、实施和评价。

### （三）健康促进与健康教育的关系及科学依据

显然，健康促进涵盖了健康教育。但就健康教育与健康促进的关系而言，健康教育是健康促进的基础和先导，健康促进是健康教育的进一步发展和完善。健康教育与健康促进的关系可归纳如图 2-2-1 所示。

20 世纪 70 年代初，健康教育已成为以健康为中心的全民教育。它面对行为危险因素，启发人们改变不良行为和生活方式的愿望，通过人们自身认知、态度和价值观念的改变而自觉采取有益于健康的行为和生活方式。至 20 世纪 80 年代后期，人们认识到行为改变并非是孤立的现象，它在很大程度上取决于社会和自然环境的制约。为实现上述转变，动员社会在组织、政治、经济、法律等方面提供支持环境是必须的，健康促进便应运而生。在充分的环境支持下，健康教育的效果得以实现，人们有益于健康的行为和生活方式得以建立和巩固，所以说健康促进是健康教育的进一步发展和完善。

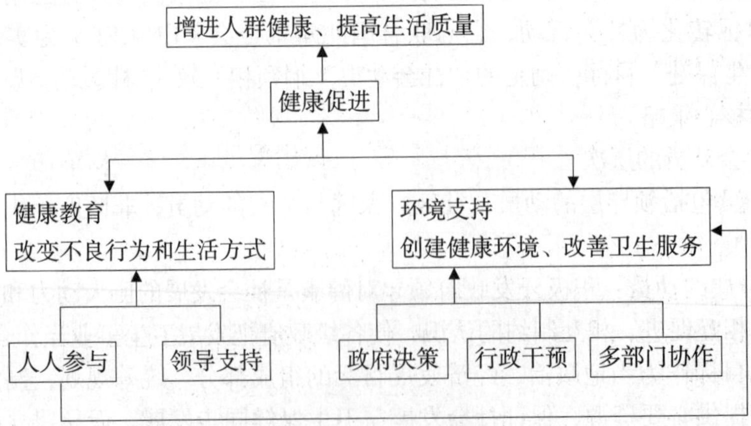


**图2-2-1　健康教育与健康促进**

健康促进要求政府和全社会参与、多部门合作，共同创建使社会成员免于暴露在各种行为或心理社会的危险因素之下的环境，维护和促进健康。这是一个社会系统工程，需要通过健康教育去开发领导者、社区和公众的参与意愿，营造健康促进的氛围，这就是健康促进的“社会动员”。因此，健康教育是健康促进的基础和先导。

健康教育与健康促进是新兴的边缘科学，所依据和应用的理论和方法涉及自然科学、社会科学和人文科学中的众多学科。在诸多相关学科中，以下学科相互关系更为密切，或者说，它们构成了健康教育与健康促进的基础理论和方法。

**1. 预防医学**

预防医学是以人群为对象，研究自然因素和社会因素对健康影响的规律，采取卫生措施以达到预防疾病、促进健康的医学科学。健康教育与健康促进实质上都属于预防医学的范畴。预防医学领域中的儿童青少年卫生学、妇幼卫生学、劳动卫生学、环境卫生学等学科的理论和实践为健康教育与健康促进提供理论和经验支持；流行病学、医学统计学更是健康教育与健康促进所离不开的方法。

**2. 社会医学**

社会医学是以社会学方法研究医学问题，探索社会因素与健康之间的相互作用及其规律，采用社会保健措施保护和增进人群健康的一门社会学和医学相结合的交叉学科。它为健康教育与健康促进提供了从社会学角度分析人群的主要健康问题、提高生活质量的理论和经验。社会学的调查研究方法也是健康教育与健康促进的常用方法。

**3. 教育学**

教育是人类社会的一项特殊活动。健康教育与健康促进在一定意义上讲，就是一个教育过程。教育学是研究教育这一特殊活动规律的科学。它的课程论、教学论为健康教育计划的制订和实施提供了教育学原则和经验支持。例如，根据理论联系实际的原则，从教育对象健康需求出发设计健康教育课程；根据因材施教的原则努力掌握教育对象的文化背景，从而确定教材的选择；根据直观性原则选择和使用教具等，都是健康教育必须遵守的教育学原则。

**4. 心理学**

心理学是研究人类行为和心理形成、变化规律的科学。现代社会环境急骤变化，社会心理因素对健康的影响日益突出。如何防止、减轻或消除影响心理健康的危险因素、增进心理健康和预防心身疾病，已成为现实生活的迫切需要，也是健康教育与健康促进极为重要的领域。现代心理学的五大理论（行为论、精神分析论、人本论、认知论和生理科学观）从各个侧面为健康教育与健康促进提供了理论依据。

**5. 传播学**

传播学是研究人与人之间交流与分享信息的关系的一般规律的学科，它有广义与狭义两个定义。从广义上讲则是借助社会科学的多种理论、方法，研究人类一切传播活动的科学；狭义地讲，是以大众传播媒介为对象，研究其传播规律的综合学科。传播学为健康教育与健康促进提供健康信息传播的发生、发展和影响传播效果因素的理论支持；提供了健康信息传播策略和技术的方法学支持。传播学在健康教育与健康促进这一新领域的应用，形成了健康传播学。

6. 行为科学

行为科学是使用心理学、社会学、社会心理学、文化人类学方法研究在自然和社会环境中个体和群体行为，对行为进行解释、预测和控制的一门综合性学科。健康教育与健康促进着眼于个人、群体和组织的行为的改变，必然以行为科学的理论和方法为基础。近年来，随着行为科学在健康教育与健康促进中的广泛应用，健康行为学作为行为科学的一个分支，被独立出来。它为健康教育与健康促进工作者去了解与健康和疾病相关的各种行为发生发展规律，改变个体、群体和社会行为提供理论支持。

## 第三节 健康的自我评价

### 一、身体健康状况的自我评价

身体健康

体质包括体格、体能和适应能力几个方面。体格是指人体的形态结构，包括人体生长发育的水平，身体的整体指数与比例（体形）以及身体的姿态；体能是指人体各器官系统的机能在肌肉活动中表现出来的能力，它包括身体素质（力量、速度、灵敏、柔韧、耐力等）和身体基本活动能力（走、跑、跳、投、攀登、爬越、举起重物等）；适应能力是指人在适应外界环境中所表现的机能能力，它包括对外界环境的适应力和对疾病的抵抗力。

#### （一）了解自己的体质状况

通过学校组织的体质测量，全面了解自身的体质状况，并根据体质测量的结果制定一套对个体最为有效的健身方法。这里介绍体质简易自测表，可通过自测来了解自身的体质健康状况。（表 2–3–1）

表 2–3–1　体质简易自测表

| 编　号 | 自测内容 | 选择答案 | 得　分 | 备　注 |
|---|---|---|---|---|
| 1 | 呼吸系统 | （1）最大的肺活量达3470毫升；（2）平时从不咳嗽；（3）干重体力活不大吃力；（4）气喘，咳嗽不断 | | （1）10分；（2）8分；（3）6分；（4）2分 |
| 2 | 循环系统 | （1）心血管功能正常；（2）心率正常，有时呼吸困难；（3）有时发现水肿；（4）身上出现紫绀 | | （1）10分；（2）6分；（3）4分；（4）2分 |
| 3 | 消化系统 | （1）消化功能正常；（2）喜欢暴饮暴食；（3）烟酒过量；（4）吃饭无规律 | | （1）10分；（2）4分；（3）3分；（4）2分 |
| 4 | 心理素质 | （1）遇事不慌不忙；（2）碰到大事惊慌；（3）不称心就发脾气；（4）三天两头吵架 | | （1）10分；（2）5分；（3）3分；（4）2分 |

续 表

| 编 号 | 自测内容 | 选择答案 | 得 分 | 备 注 |
|---|---|---|---|---|
| 5 | 化解能力 | （1）人际关系很好；（2）能协调人际矛盾；（3）很少帮助他人；（4）内外冤家不少 | | （1）10分；（2）8分；（3）4分；（4）2分 |
| 6 | 宽容气度 | （1）宽容大度，得理让三分；（2）有时能让，有时不让；（3）惩前毖后，教育为重；（4）斤斤计较，寸步不让 | | （1）10分；（2）8分；（3）7分；（4）2分 |
| 7 | 风险承载力 | （1）碰到大风浪冷静处理；（2）小事不惊，大事不慌；（3）亏本时心灰意冷；（4）出了事，一推二逃 | | （1）10分；（2）6分；（3）4分；（4）2分 |
| 8 | 免疫力 | （1）从不生病吃药；（2）有时会感冒；（3）头痛乏力，精神不能集中；（4）三天两头生病 | | （1）10分；（2）7分；（3）4分；（4）2分 |
| 9 | 爆发力 | （1）突击工作能挺住；（2）偶尔熬夜还可以；（3）工作忙了怕累；（4）工作一紧张就生病 | | （1）10分；（2）7分；（3）5分；（4）2分 |
| 10 | 体 形 | （1）体形匀称；（2）坐如钟，站如松；（3）肢体不全；（4）身体有残 | | （1）10分；（2）8分；（3）5分；（4）4分 |
| 11 | 耐 力 | （1）干重活不感到累；（2）工作多有时感觉累；（3）长时间干重活时出虚汗；（4）干重活就受不了 | | （1）10分；（2）8分；（3）4分；（4）2分 |
| 12 | 病 史 | （1）从小到大没看过病；（2）大病不生，小病三六九；（3）医院常客；（4）经常打针吃药 | | （1）10分；（2）6分；（3）4分；（4）2分 |
| 合计得分 | | | | |

注：以上12项，满分为120分，110～120分为强，100～109分为较强，90～99分为很健康，80～89分为较健康，70～79分为健康，60～69分为亚健康，50～59分为一般，40～49分为较差，39分以下为差

## （二）体质评价

### 1. 体质评价的简易方法

（1）闭眼单脚站立：1分钟以上得10分；40秒以上得8分；30秒以上得5分；15秒以上得3分；5秒以上得1分。

（2）登楼梯（选登5层高的楼房连续3趟，以1秒一阶的速度进行）：没有任何累的感觉得10分；腿微酸，呼吸变化不大得8分；心跳明显加快，呼吸变化大得5分；途中有明显走不动的感觉得3分；途中有明显的间断休息得1分。

（3）每周锻炼的次数：有两次1小时的活动得10分；有一次1小时的活动得8分；累计1小时的活动得5分；有不到1小时的活动得3分；只有简单动一动的得1分。

（4）近期的精力（自我感觉）：不错得10分；还可以得8分；一般得5分；不太好得3分；不行了得1分。

（5）慢跑：持续0.5小时得10分；20～25分钟得8分；15～20分钟得5分；10～15分钟得3分；10分钟以下得1分。

如果得到45分以上，体质很不错；得到40～44分，体质较好；如果得到35～39分，体质一般；低于34分，体质属于较差；如果得分不足20分，则体质差。

**2. 大学生体质健康标准测试项目**

依据教育部、国家体育总局于2007年制定的《国家学生体质健康标准》，大学生体质健康评价的测试项目见表2–3–2（2014年教育部修订的测试内容）。

**表2–3–2 大学生体质健康评价测试项目**

| 学 段 | 测试内容 |
| --- | --- |
| 大学各年级（包括初中、高中） | 身高、体重、视力、肺活量、50米跑、1000米跑（男）、800米跑（女）、坐位体前屈、立定跳远、引体向上（男）、1分钟仰卧起坐（女） |
| 说明：凡测试项目后未注明性别的，男、女生均应测试。 | |

**知识窗**

**体质检测的三要素**

体质检测的三要素主要是指形态、机能和身体素质。其中形态指标主要包括身高、体重；机能指标主要包括肺活量、台阶试验；身体素质指标主要包括握力、纵跳、坐位体前屈、俯卧撑（男）/仰卧起坐（女）、闭目单足站立、选择反应时等指标。

## 二、心理健康状况的自我评价

心理健康

### （一）大学生心理健康问题透析

**1. 大学生心理健康问题的主要特征**

（1）自豪感与自卑感的矛盾。经过高考的竞争，在众人的赞美声中跨入大学的校门，但是，在群英荟萃、强手如林的挑战面前，大学生的优越感、自豪感受到挑战，以往的优势不复存在，加上学习生活中遇到的种种冲突与挫折，就容易走到另一个极端，产生自卑心理。

（2）新鲜感与恋旧感的矛盾。繁华的城市，美丽的校园，新老师、新同学，教室、宿舍、食堂，周围的一切都有一种新鲜感。然而，随着时间的推移，新鲜感慢慢退去。紧张的学习、激烈的竞争、单调的生活，会使一些人产生强烈的恋旧情绪和思乡情结，会怀念过去的生活与朋友，想念亲人和师长、同学，甚至沉溺于回忆的情感中，不能自拔，荒废学业。

（3）独立感与依赖感的矛盾。告别中学时代，摆脱父母的监督和老师的约束，进入更为宽松、开放的环境，大学生的独立意识大大增强。但是，由于缺乏社会经验，加之长期形成的依赖感难以摆脱，面对复杂的环境，许多学生心中一片茫然，不知所措。

（4）轻松感与被动感的矛盾。从多年高考的压力下苦读出来，进入高校是一种解放，许多学生会有一种发自内心的喜悦与轻松，歇口气、轻松一下的思想油然而生。

思想上的放松导致学习上懒惰与被动，加上大学的学习从内容到方法以及管理都大大不同于以往的教育，常使一些大学生遇到许多困难，很不适应。

（5）人际交往需求与孤独感的矛盾。在陌生的环境中寻找良师益友，被人理解和接纳是大学生强烈的内心需求，但由于缺乏主动性，加上心理上的闭锁等特点，往往难以如愿以偿，同学之间又不容易吐露真实思想，容易产生一种难以排遣的孤独感。

（6）理想自我与现实自我的矛盾。理想自我，是将来要实现的我，是现实自我的努力方向；现实自我，是生活中实实在在的我，两者是有区别的。当二者混淆起来时，就可能产生矛盾。大学生理想自我与现实自我之间，往往反差比较大。由于社会的期望很高，加上自身的优越感，大学生理想自我相对其他同龄人而言较为高大完美，容易自我认识理想化或非客观化。当周围的人对自己的评价不像想象得那么高，二者之间就容易产生矛盾，使之对自我认识摇摆、把握不住。特别是当现实自我与理想自我的过程遇到困难、挫折时，往往会产生苦闷、抑郁等消极的心理体验。

> **知识窗**
>
> **心理品质**
>
> 美国有的企业对大学毕业生的心理品质提出了10项要求：
>
> （1）忠诚；
> （2）积极主动，有首创精神；
> （3）公关技能；
> （4）自信心；
> （5）灵活性；
> （6）处理人际关系的技能；
> （7）高度的职业道德；
> （8）团结协作的技能；
> （9）领导才能；
> （10）热情。

> **知识窗**
>
> **改善人际关系11计**
>
> （1）保留意见。
> （2）认识自己。
> （3）绝不夸张。
> （4）适应环境。
> （5）取长补短。
> （6）言简意赅。
> （7）目光远大。
> （8）绝不抱怨。
> （9）勇于道歉。
> （10）绝不自高自大。
> （11）不要说谎，失信于人。

**2. 大学生主要心理问题探源**

（1）入学不适应引发的心理问题

从中学步入大学是人生之旅的一大转折。当大批新生怀着兴奋的心情进入大学殿堂时，往往踌躇满志地憧憬着美好的未来，仿佛觉得理想与现实已连成一体。然而，入学后的大学生很快面临着许多心理矛盾和冲突，感到理想与现实的距离，如生活时空的变化，师友同学的更新，学习方式的改变，角色应激的反应，使他们在内心或多或少地感到焦虑和不安。这种因为不适应大学新的生活、学习环境而产生的各种心理问题，在那些性格内向、不善于交往、应变能力较差的学生中表现得更加明显。

（2）学习过程中的心理问题

学习是大学生的主体活动，完成学习任务、实现学习目标是大学生活的核心内容。学习活动极为强烈地影响着大学生的心理过程和心理特征的发展。大学阶段学习任务紧张，学习内容广博精深，学习形式复杂多样，学习方法自主灵活，这些对大学生的思想素质、智力素质、心理素质、体育素质等都是考验，对大学生的综合能力要求很高。有一部分学生在这一过程中可能会出现某些问题，如学习动力缺乏、学习疲劳、学习焦虑等。有些学生从自傲到自卑，从中心到边缘，后来变得自暴自弃。有些学生自学能力差，死记硬背，缺乏独立性和灵活运用能力等，在学习上遇到许多不适与挫折。

（3）人际交往中的心理问题

人际交往是大学生必不可少的行为之一。大学生的交往效果和他们之间的人际关系直接影响着他们的学习和生活，影响着他们的成长与发展。然而，并不是每个大学生都能处理好人际关系的。在人际交往过程中，有相当一部分大学生会产生困惑、矛盾和障碍。例如有的大学生在人际交往中由于认识偏差，会对人产生错觉、成见甚至偏见，给人际交往带来负面影响；有的大学生在人际交往中存在自卑、嫉妒或猜疑心理，因而在人际交往中屡屡遭到挫折和失败。

**案例**

梁鹏是某电影学院导演系的研究生，个子高高的，长得也很帅，但几年下来他有了一个很悲观的想法：做导演需要出名，而真正出名的导演又有几个呢？而且自己家是外地的，从本科到研究生一路走来实在太累了，要协调各方面的关系，这种压力压得他喘不过气来。最终，他办理了退学手续。学校的老师、同学无不为他惋惜。

（4）情感问题引发的心理问题

由情感问题引发的心理问题主要与恋爱和性心理有关。恋爱是大学生遇到的最主要的情感问题。爱情是人生的一大课题，大学生处于青春发展的中期，随着性机能的成熟，恋爱和性心理活动是必须面对、回避不了的重要问题。但在现实生活中，不少大学生的心理尚未成熟到能深刻理解恋爱的意义、正确处理恋爱中的矛盾与冲突的阶段，不能在一些问题上作出正确有效的选择，存在着许多心理误区以及由此引发的心理问题。对性的好奇与渴望，对性知识、性行为的不恰当认识与理解，会形成各种心理压力与困惑，进而导致心理问题。

（5）就业问题引发的心理问题

就业，是大学生学有所成、走向社会的一个抉择点，也是人生道路上的一个转折点。就业环境和竞争等因素以及来自社会、家庭、朋友、恋人、老师、同学的各种压力，使大学生在择业问题上表现出复杂的心理状态和内心冲突，特别是自高校扩大招生以来，大学生的就业形势非常严峻。大学生毕业就业，是对心理品质的重大考验，是对人格的挑战，经济来源、感情纠葛、专业发展、婚姻事业、生活质量等一切问题都会集中地表现出来。焦虑、自卑、孤傲、冷漠、怯懦、无助、失落压抑等心理问题会不同程度地反映在大学生身上，有的导致行为失常、一蹶不振、迁怒于人，甚至对抗、报复，造成严重的后果，这已经成为学校、家庭和全社会特别关注的问题。

**案例**

李××，男，21岁，某大学三年级学生，上吊自杀身亡。该生身材瘦小，皮肤偏黑，眼睛近视，身体素质差，体育成绩常处于全班最后一名，性格内向，参加班级活动不积极，人际关系不和谐。同学都认为他为人过于敏感，不好相处。一天，全班上体育课，教学内容是100米跑，两人一组，由于男生的人数为奇数，而他又排在最后，老师只好将他和一名女生排在一组，结果他没有跑赢这名女生。这种场面自然引起在场同学的哄笑。从这以后，该男生变得更加沉默和孤僻，一天夜晚外出未归，第二天早晨发现他已在学校的后山上吊身亡。不难看出，这名学生是因自卑而引发自杀的。

**3. 影响大学生心理健康的主要因素分析**

心理健康是一个复杂的动态过程，是一种不断完善的状态，而不是指十全十美的绝对状态，心理健康的至善状态只能是个体不断修炼想要达到的目标。制约心理健康，造成心理偏差、心理障碍或心理疾病的因素是复杂多样的。从各种制约因素的性质来说，主要有生物学因素、心理因素和社会环境因素。从各种制约因素的功能来说，可以分为本体因素与诱发因素两大类。本体因素是指个体自身所具有的一种内在的、主观的因素，主要包括个体的生物因素和心理因素；诱发因素是指直接引起心理问题的外在的、客观的各种社会环境因素。

## 心理健康自我评价

### （一）心理健康自测问卷

对下列各题做出“是”或“否”的回答。

1. 每当考试或提问时，会紧张得出汗。 是 否
2. 看见不熟悉的人会手足无措。 是 否
3. 心里紧张时，头脑会不清醒。 是 否
4. 常因处境艰难而沮丧气馁。 是 否
5. 身体经常会发抖。 是 否
6. 会因突然的声响而跳起来，全身发抖。 是 否
7. 别人做错了事，自己也会感到不安。 是 否
8. 经常做噩梦。 是 否
9. 经常有恐怖的景象浮现在眼前。 是 否
10. 经常会发生胆怯和害怕。 是 否
11. 常常会突然间出冷汗。 是 否
12. 常常稍不如意就会怒气冲冲。 是 否
13. 当被别人批评时就会暴跳如雷。 是 否
14. 别人请求帮助时，会感到不耐烦。 是 否
15. 做任何事情都松松垮垮，没有条理。 是 否
16. 脾气暴躁焦急。 是 否
17. 一点也不能宽容他人，甚至对自己的朋友也是这样。 是 否

18. 被别人认为是个挑剔的人。 是 否
19. 总是会被别人误解。 是 否
20. 常常犹豫不决，下不了决心。 是 否
21. 经常把别人交办的事情搞错。 是 否
22. 会因不愉快的事缠身，一直忧忧郁郁，解脱不开。 是 否
23. 有些奇怪的念头老是浮现脑海，自己虽知其无聊，却又无法摆脱。 是 否
24. 尽管四周的人在快乐地取闹，自己却觉得孤独。 是 否
25. 常常自言自语或独自发笑。 是 否
26. 总觉得父母或朋友对自己缺少关爱。 是 否
27. 情绪极其不稳定，很善变。 是 否
28. 常有生不如死的想法或感觉。 是 否
29. 半夜里听到声响经常难以入睡。 是 否
30. 是一个感情很容易冲动的人。 是 否

评分规则：每题回答“是”记1分，回答“否”记0分。各题得分相加，统计总分。总分为：

0～5分——属于心理健康的人；

6～15分——说明精神有些疲倦了，最好能合理安排学习，劳逸结合，让神经得到松弛；

16～30分——心理极其不健康，有必要请心理咨询专家给予指导。

### （二）自信程度自测问卷

1表示很符合　2表示比较符合　3表示不知道　4表示不太符合　5表示很不符合

1. 我不喜欢承担挑战性的工作。 1 2 3 4 5
2. 如果被人当面指责，我会感到十分窘迫。 1 2 3 4 5
3. 我是一个不善交际的人。 1 2 3 4 5
4. 我常担心自己会成为别人愚弄的对象。 1 2 3 4 5
5. 在会上，即使不同意别人的观点，我也不立即反驳。 1 2 3 4 5
6. 如果我提出的要求被人拒绝，我会感到十分难堪。 1 2 3 4 5
7. 我从不主动在讨论会上发言。 1 2 3 4 5
8. 当被分派到一项较难的任务时，我的第一反应是“我不行”。 1 2 3 4 5
9. 我担心别人是否会喜欢我作出的决定。 1 2 3 4 5
10. 我的朋友常说我自信心不足。 1 2 3 4 5
11. 我觉得自己比不上周围的同学。 1 2 3 4 5
12. 我不太愿意独自承担一项任务的决策工作。 1 2 3 4 5
13. 我对未来忧心忡忡。 1 2 3 4 5
14. 如果有人对我的观点提出质疑，我很少能坚持自己的观点。 1 2 3 4 5
15. 与人交谈时，我不习惯正视别人。 1 2 3 4 5
16. 开会或聚会时，我总是挑选最不起眼的位置坐。 1 2 3 4 5
17. 面对别人的不合理要求，我从来不敢拒绝。 1 2 3 4 5

18. 我从来不敢当面批评一位朋友的过失。 1 2 3 4 5

19. 如果我感觉愤怒，我也无法把这种感觉表露出来。 1 2 3 4 5

20. 我常为自己的身体形象而苦恼。 1 2 3 4 5

评分规则：每道题所选的数字即为该题的得分，最后统计一下总得分。

20 ～ 40 分者：严重缺乏自信，不能很好地正视自己，压制了原有的天分，急需改变，恢复自信。

41 ～ 70 分者：不管是否意识到，自己的潜意识都隐藏着自卑，这使自己在重要的场合就会退缩，不敢积极主动地面对生活。

71 ～ 100 分者：属于有自信的人，虽然自己有可能在某些方面也感觉不如别人，但这并不影响对自己的正确认识。

对比一下自己的行为表现，自己是否是一个缺乏自信的人？是否已感觉到缺乏自信心是自己发展道路上的一块拦路石？如果是这样的话，别再迟疑，和我们一起把自己心上的这道阴影除掉，为自己的发展扫清障碍，让自己的心中充满自信的阳光！

### （三）承受与应付压力的能力测试问卷

1. 有一个支持自己的家庭吗？如果有加 10 分。
2. 是否以积极的态度执着地追求一种爱好？如果有加 10 分。
3. 是否参加每个月有一次聚会的社会活动团体？如果有加 10 分。
4. 根据自己健康、年龄、骨骼结构情况，如果体重保持在“理想”体重以内加 15 分。
5. 经常做一些所谓的深度放松吗？至少一周要做 3 次。这包括安神、静思、想象、做瑜伽等。如果是加 10 分。
6. 如果每天至少吃一顿营养丰富且全面的饭菜，加 5 分。
7. 如果每周坚持体育锻炼，每次在半小时以上，那么每锻炼一次加 5 分。
8. 如果每周都做一些自己真正喜欢做的事情，加 5 分。
9. 在家中备有专门供自己独处和放松的房间吗？如果有，加 10 分。
10. 平均每天抽一包香烟，减 10 分。
11. 是否依赖于饮酒或吃安眠药来帮助入睡？如果每周有一个晚上是这样，减 5 分。
12. 如果在日常生活中很会巧妙地支配时间，加 10 分。
13. 白天，是否靠饮酒或镇静药来稳定急躁的情绪？如果每周有一次如此，减 10 分。
14. 是否经常把办公室的工作带到家里开夜车？如果是，减 10 分。

评价：理想的得分应该是 115 分。得分越高，应对压力的能力就越强。如果得分在 50 分以上，证明已具备了应对一般性压力的能力。

### （四）乐观性测试

你是一个乐观主义者还是悲观主义者，通过回答以下问题就可以看出来。

1. 如果半夜听到有人敲门，你会以为那是坏消息或有麻烦发生了吗？
2. 你会随身带着安全别针或一条绳子，以防万一衣服或别的东西裂开吗？
3. 你跟别人打过赌吗？
4. 你曾梦想过赢了彩券或继承一大笔遗产吗？
5. 出门的时候，你经常带着一把伞吗？

6. 等你工作了，你是否要把收入的大部分用来买保险？

7. 度假时，你曾经没预订旅馆就出门吗？

8. 你觉得大多数的人都诚实吗？

9. 度假时，把家门钥匙托朋友或邻居保管，你会将贵重物品事先锁起来吗？

10. 对于新的计划，你总是非常热衷吗？

11. 当朋友表示一定归还时，你会答应借钱给他吗？

12. 大家计划去野餐时，如果下雨，你仍然会按原计划准备吗？

13. 在一般情况下，你信任别人吗？

14. 如果有重要的约会，你会提前出门，以防堵车、汽车抛锚或别的意外情况发生吗？

15. 如果医生叫你做一次身体检查，你会怀疑自己有可能有病吗？

16. 每天早晨起床时，你会期待又是美好一天的开始吗？

17. 收到意外的来函或礼物时，你会特别开心吗？

18. 你会随心所欲地花钱，等花完以后再发愁吗？

19. 上飞机前，你会买保险吗？

20. 你对未来的 12 个月充满希望吗？

评分规则：第 1、2、5、6、9、12、14、15、19 题回答“是”得 0 分，回答“否”得 1 分；第 3、4、7、8、10、11、13、16、17、18、20 题回答“是”得 1 分，回答“否”得 0 分。

结果解释：如果你的得分是 0 ～ 7 分，说明你是个标准的悲观主义者，总是看到人生不好的那一面。身为悲观者，唯一的好处是，由于你从来不往好处想，所以也就很少失望。然而，以悲观的态度面对人生，却有太多的不利。你随时会担心失败，因此宁愿不去尝试新的事物，尤其当遇到困难时，你的悲观会让你觉得人生更灰暗、更无法接受。

如果你的得分是 8 ～ 14 分，说明你对待人生的态度比较正常。不过，你仍然可以更进一步，只要你学会怎样以积极和乐观的态度来应付人生中无法避免的起伏情况。

如果你的得分是 15 ～ 20 分，说明你是个标准的乐观主义者。你总是看到好的那一面，将失望和苦难放到旁边去。乐观使人更富有活力，不过，有时候过分乐观，也会造成你对事情掉以轻心，结果反而误事。

## 三、社会适应能力调查

社会适应

### 适应能力诊断量表

（量表来源：郑日昌编制的《社会适应能力诊断量表》）

社会适应能力，指的是一个人在心理上适应社会生活和社会环境的能力。社会适应能力的高低，从某种意义上说，表明一个人的成熟程度，表现了个人的社会化程度。此表为北京师范大学心理学教授、博士生导师郑日昌编制的《社会适应能力诊断量表》，请你根据自身具体情况如实作答，以了解自身的社会适应能力。

下面的问题能帮助你进行社会适应能力的自我判别（把答案填在括号内，可填“是”“无法肯定”“不是”）测量范围：大学生。

1. 我最怕转学或转班级，每到一个新环境，我总要经过很长一段时间才能适应。(　　)

2. 每到一个新的地方，我很容易同别人接近。(　　)

3. 在陌生人面前，我常无话可说，以至感到尴尬。(　　)

4. 我最喜欢学习新知识或新学科，它给我一种新鲜感，能调动我的积极性。(　　)

5. 每到一个新地方，我第一天总是睡不好。就是在家里，只要换一张床，有时也会失眠。(　　)

6. 不管生活条件有多大变化，我也能很快习惯。(　　)

7. 越是人多的地方，我越感到紧张。(　　)

8. 在正式比赛或考试时，我的成绩多半不会比平时练习差。(　　)

9. 我最怕在班上发言，全班同学都看着我，心都快跳出来了。(　　)

10. 即使有的同学对我有看法，我仍能同他（她）交往。(　　)

11. 老师在场的时候，我做事情总有些不自在。(　　)

12. 和同学、家人相处，我很少固执己见，乐于采纳别人的看法。(　　)

13. 同别人争论时，我常常感到语塞，事后才想起该怎样反驳对方，可惜已经太迟了。(　　)

14. 我对生活条件要求不高，即使生活条件很艰苦，我也能过得很愉快。(　　)

15. 有时自己明明把课文背得滚瓜烂熟，可在课堂上背的时候，还是会出差错。(　　)

16. 在决定胜负成败的关键时刻，我虽然很紧张，但总能很快使自己镇定下来。(　　)

17. 我不喜欢的东西，不管怎么学也学不会。(　　)

18. 在嘈杂混乱的环境里，我仍然能集中精力学习，并且效率较高。(　　)

19. 我不喜欢陌生人来家里做客，每逢这种情况，我就有意回避。(　　)

20. 我很喜欢参加社交活动，我感到这是交朋友的好机会。(　　)

**【评分办法】**

（1）凡是单数号题（1，3，5，7……），是：–2 分。无法肯定：0 分。不是：2 分。

（2）凡是双数号题（2，4，6，8……），是：2 分。无法肯定：0 分。不是：–2 分。

将各题的得分相加，即得总分。

35 ～ 40 分：社会适应能力很强，能很快地适应新的学习、生活环境，与人交往轻松、大方，给人的印象极好，无论进入什么样的环境，都能应付自如，左右逢源。

29 ～ 34 分：社会适应能力良好。

17 ～ 28 分：社会适应能力一般，当进入一个新环境，经过一段时间的努力，基本上能适应。

6 ～ 16 分：社会适应能力较差，依赖于较好的学习、生活环境，一旦遇到困难则易怨天尤人，甚至消沉。

5分以下：社会适应能力很差，在各种新环境中，即使经过一段相当长时间的努力，也不一定能够适应，常常困惑到与周围事物格格不入而十分苦恼。在与他人的交往中，总是显得拘谨，羞怯，手足无措。

如果你在这个测查中得分较高，说明你社会适应能力较强。但是，如果你得分较低，也不必忧心忡忡，因为一个人的社会适应能力是随着年龄的增长、知识经验的丰富而不断增强的。只要你充满信心，刻苦学习，虚心求教，加强锻炼，你一定会成为适应社会的成功者。

## 思考题

1. 健康的概念和标准是什么？
2. 什么是健康促进？
3. 如何在日常生活中维护好自身的健康？

# 第三章　体育与健康

## 引　言

俄罗斯文豪车尔尼雪夫斯基说过"生命是美丽的，对人来说，美丽不可能与人体的健康分开。"每个人尤其是处在花季的大学生，要绽放美丽的生命之花，就离不开体育锻炼。体育锻炼可以提高人体的身体素质，愉悦人们的心情。制订科学的运动处方有助于使体育锻炼达到事半功倍的效果。

## 第一节　体育与身体健康

### 一、有助于运动系统的发展

运动系统是大学生正常生活、工作、劳动和运动不可缺少的系统。运动生理学研究表明，进行体育活动有助于人体骨骼的发育和生长；有助于关节的灵活，增加动作的幅度；有助于增大肌肉的体积和力量。

人体的身高主要与骨骼的发育水平有关。大学生在经历了青春发育的高峰期后，骨骼发展进入了缓慢的发展阶段，但骨化过程尚未结束，身高的变化仍存在着相当大的可塑性。经常参加体育活动，可有效刺激和促进人体的新陈代谢水平，使骨骼的新陈代谢加强，血液供应充分，骨细胞生长能力增强，从而使骨的长度增加，骨密质增多，骨变粗，骨组织的排列更加整齐有规律，骨骼的机械稳定性加强。影响身高增长的因素除体育活动之外，还有营养、作息、遗传、卫生等因素。

关节是构成人体形态、连接骨骼的组织结构。运动时，韧带和肌腱的柔韧性和力量都得到增强，关节的稳定性和活动的范围得到加强，从而使动作舒展大方、优美协调。

肌肉是人体运动的动力组织，也是构成健美体形的外在组成部分。俄国诗人马雅可夫斯基曾这样赞美："世界上没有任何一件衣裳比健康的皮肤和发达的肌肉更美丽。"

大学生的肌肉发展特点是肌纤维由纵向发展转向横向发展。体育锻炼中，肌肉的不断伸缩可使肌球蛋白不断增加；可使肌肉储存水分的能力增加，有利于肌肉的氧化反应；可使肌纤维的供能中心——线粒体数量增加，不易产生疲劳；可使肌肉结缔组织增厚，肌纤维的数量增加、横断面增大，肌肉的力量增大，肌肉更结实丰满。研究表明，经过长期的运动，人体肌肉的重量可由占体重的 40%（女性约占 35%）左右改变为 50%左右，可以明显地改善身体的形态结构。

## 二、促进心血管系统机能的提高

人的心血管系统是由心脏、血管和血液三个部分组成的，它担负着人体新陈代谢过程的运输任务。心脏是血液循环的总动力中心。成年人的心脏重量约 300 ～ 400 克，心脏容积 240 ～ 250 毫升，心跳频率每分钟 65 ～ 75 次，血液总量占体重的 7%～ 8%。大学生的心脏在形态结构和功能上均已接近成人的水平。

体育锻炼中，心脏毛细血管开放的数量增多，心肌的血液供应和新陈代谢加快，增加了心肌中蛋白质和糖原的贮备，心肌纤维变粗，心肌增厚，心脏的形态发生良好的变化。随着心肌收缩力量增大，心脏容量也得以增加。心脏每搏输出量和每分输出量也会增加。有资料表明，一般人每搏输出量为 70 ～ 90 毫升，经常锻炼的人为 100 ～ 120 毫升。一般人安静时心率为 70 ～ 80 次/分钟，经常锻炼的人可减少到 50 ～ 60 次/分钟；剧烈运动时，一般人的心率只能达到 180 次/分钟，而经常锻炼者的心率可达 200 次/分钟。这些变化都是心血管系统机能增强的表现。

此外，经常参加体育活动还会影响血管壁的结构，改变血管在器官中的分布状态，使冠状动脉口径变粗、心肌毛细血管数目增加，因而体育锻炼也是预防一些心血管系统疾病、保护心脏健康的积极手段。

## 三、提高呼吸系统的机能

人体的呼吸系统是由呼吸道（包括鼻、喉、气管和支气管）和肺组成。呼吸道是呼吸时气体的通道，肺是进行气体交换的场所。大学生肺的结构和机能迅速生长，呼吸肌力量逐渐加强，肺活量已接近成人。呼吸频率逐渐减慢，一般约为 16 次/分钟，呼吸深度相应增加，呼吸系统已经达到健全程度。

经常参加体育活动可使呼吸系统的机能得到改善。因为运动可保持肺组织弹性，改进胸廓活动范围，使呼吸深度加大，肺活量增加。一般成年男子肺活量为 3500 毫升左右，女子为 2500 毫升左右，而经常锻炼的成年男子肺活量可达到 4000 ～ 7000 毫升，女子可达到 3500 毫升左右。运动也使呼吸系统的通气和换气功能得以增强。安静时一般人的呼吸频率为 12 次/分钟，肺通气量 4 ～ 7 升，经常锻炼的人呼吸频率仅 8 ～ 10 次/分钟就可达到同样的肺通气量。在定量工作时，经常锻炼的人其呼吸机能还能表现出节省化现象，能够较长时间地保持高效率工作，能够适应和满足较大运动负荷对呼吸系统的要求。

### 四、改善神经系统的机能

神经系统包括中枢神经系统和周围神经系统。中枢神经系统负责整个机体的活动；周围神经系统散布于机体各处，上连中枢神经，下连各器官、系统，把各种刺激传给中枢神经，也把中枢神经系统的指令传到机体的各部分。人体任何一个器官、系统的活动，都是在神经系统的调节、控制下完成的。大学生的神经系统处于脑细胞建立联系的上升期，大脑神经细胞的分化机能迅速发展，大脑皮质的结构和功能发生着巨大的变化。

经常参加体育活动可以使人的头脑清醒，思维敏捷。因为大脑虽然只占人体重的2%，但它所需要的氧气却要由心脏总血流量的20%来供应，比肌肉工作时所需的血流量还要多。进行体育活动，特别是到大自然中去活动，可以改善大脑供血、供氧状况，促使大脑皮层兴奋性的增强。

另外，进行体育活动是调节大脑皮层兴奋和抑制过程的积极有效措施。人体神经系统的活动是兴奋和抑制过程的相互转换。人体进行运动时，需要肌肉不停地做出收缩和放松的反应，这一过程本身就是对神经系统兴奋与抑制机能很好的锻炼，从而使人的动作敏捷，反应灵敏迅速，思维灵活，精细果断，同时也改善神经系统对心血管系统、呼吸系统、运动系统等器官系统的调节功能，从而更好地保证大学生在校期间的学习。

## 第二节　体育与心理健康

### 一、有助于改善情绪状态

在繁重的学习压力下，有些大学生经常会产生忧愁、紧张和压抑等情绪反应，参加体育活动可以转变个体不愉快的意识、情绪，运动能够提高人的情绪唤醒水平。唤醒水平是指一个人情绪兴奋的水平，当达到一定的运动负荷时就会导致唤醒水平的提高，使人精神振奋、乐观自信、充满活力。

### 二、有助于培养意志品质

意志品质是指一个人的果断性、坚韧性、自制力以及勇敢顽强和主动独立等精神。意志品质既是在克服困难的过程中表现出来的，又是在克服困难的过程中培养起来的。在体育活动过程中需要不断克服各种客观困难（如气候条件的变化、动作的难度、运动损伤等）和主观困难（如惰性、胆怯、畏惧、疲劳等），坚持参加体育活动可以培养坚强的意志品质，并能够迁移到学习、生活和其他工作中去。

### 三、有助于培养人际交往能力

人际交往是指在社会活动中人与人之间进行信息交流和情感沟通的联系过程。人际交往能力强是一个人心理健康的重要标志之一。经常参加体育活动有助于培养学生的人际交往能力，这是由于体育活动增加了人与人接触和交往的机会。很多体育运动项目是以集体参与的方式表现出来的，参加运动的过程就是一个与他人紧密协作和配合的过程。

### 四、有助于防治心理卫生问题和心理障碍

体育锻炼被公认为是一种有效的心理治疗方法。美国的一项调查显示，1750 名心理医生中，80%的人认为体育锻炼是治疗抑郁症的有效手段之一，60%的人认为应将体育锻炼作为一种治疗方式来消除焦虑症。由于学习压力和其他方面的挫折因素，导致焦虑症和抑郁症成为大学生常见的心理疾病，而通过体育运动可以减缓和消除这些心理疾病。

## 第三节　体育与社会适应

### 一、什么是社会适应能力

社会适应能力是指个体与他人及社会环境相互作用，具有良好人际关系和实现社会角色能力。社会适应能力水平高的人在交往中有自信心和安全感，与人友好相处，心情舒畅，少生烦恼，知道如何结交朋友，维持友谊，知道如何帮助别人和求助别人，能聆听他人意见，表达自己的思想，能以负责的态度行事并在社会中找到自己合适的位置。社会适应能力水平低的人与他人交往时，总是牢骚满腹，不能耐心听取他人的劝告或建议，拒绝从他人立场考虑问题，也有一些人对人际关系表现出恐惧，害怕与他人接触，使自己形成孤僻的性格，不被社会接受。

### 二、社会适应能力的评价标准

社会适应能力有主观的评价标准。综合国内外的一些研究成果，可以从以下几个主要方面对个人的社会适应能力状况做出评价。

（1）接受与他人的差异。

（2）能与同性或异性交朋友。

（3）主动与人交往，有稳定而广泛的人际关系。
（4）与家庭成员和睦相处。
（5）当自己的意见与多数人意见不同时能保留意见，继续工作。
（6）有 1 ～ 2 个亲密朋友。
（7）共同学习工作时，能容纳他人，能接受他人的思想和建议。
（8）交往中客观评价别人，能自我批评，取人之长，补己之短。

## 三、体育锻炼对社会适应能力的促进作用

体育锻炼对提高人的社会适应能力水平具有重要的促进作用，这是由体育锻炼的社会特性所决定的。人在体育锻炼时，既需要交往与合作，又存在相互竞争的现象。这种在体育锻炼过程中形成的交往、合作、竞争的意识和行为会迁移到日常的生活、学习和工作中。

### （一）体育锻炼有助于建立和维护社会人际关系

人际交往是指在社会活动中人与人之间进行信息交流和情感沟通的联系过程。体育锻炼能增加人与人接触和交往的机会，通过参与体育活动，可以使人忘却烦恼和痛苦，消除孤独感，并逐渐形成与人交往的意识和习惯。有研究表明，外向性格者比内向性格者的社会交往需要更强烈，这种社会需要要通过集体性的体育活动得到满足。性格内向者更应该参与集体的体育活动，使个性逐步得到改变。

研究表明，个体坚持体育锻炼的一个重要原因是为了与他人交往或参与群体活动。个体参与群体活动可增加群体认同感、社会化强度及参与活动的机会。参与体育活动者要比中途退出者更能与他人形成亲密关系。

青少年参与运动的程度与家庭成员、好朋友的运动程度紧密相关。好朋友比家庭成员更能影响青少年的运动参与的程度。对个体参与运动程度而言，同性别家庭成员比异性成员更能影响青少年的运动参与程度；家庭、好朋友喜欢体育锻炼的青少年更易形成朋友支持网络，并形成良好的人际关系。

由此可见，体育锻炼能促进人的社会交往活动，同时，体育活动的社会交往特性又会吸引人们参与并坚持体育锻炼。

### （二）体育锻炼有助于培养社会合作精神

合作能力既是体育锻炼者的必备素质，也是通过体育活动发展的一种能力。小到百米比赛需要参与者和教练员的合作，大到一场足球比赛需要场上 11 人的合作。从事体育活动，特别是集体性的体育活动，需要与他人通力合作，这不但能使集体的目标得以实现，而且个人的作用也能充分发挥。

合作是建立在团体成员对团体目标认识相同的基础上的。在合作的社会情境中，个人所得有助于团体所得。合作的优越性体现在个人与他人一起工作时所获得的社会效益，如增加交流、相互信任等。在一些相互依赖性的任务（如足球运动、篮球运动）中合作会使运动变得更有效，因为团体要获得成功，团体成员就必须相互协作、共同

努力。经常性地参与体育锻炼，特别是从事集体性的体育锻炼，有助于人们加强合作的意识，培养人们的团队精神。

### （三）体育锻炼有助于形成社会竞争意识

竞争是指为了自己的利益和需要而同他人争胜的行为。在竞争的社会情境中，一方的得益会引起另一方的利益损失，而且个人对个体目标的追求程度高于对集体目标的追求程度。一般而言，在独立性的任务中，竞争有优越性，因为在这样的任务中，对成员间相互协作的要求不是很高，个体的活动目标不是击败别人，而是独立地完成任务。现代社会竞争日益激烈，努力培养竞争意识和能力有助于大学生走出校门，走向社会后能更好地适应社会。

竞争是体育运动的主要特征之一。奥林匹克的精神是：更快、更高、更强，它所体现的就是竞争，竞争能给人带来美的享受。在体育运动过程中，时时刻刻都充斥着竞争，既有对自己运动能力的挑战，也有与他人的比拼；既有个人与个人之间的竞争，也有团体与团体之间的竞争。

需要注意的是，在运动中与他人竞争时，要有良好的体育道德，要遵守一定的规则，争胜主要靠自己的能力，而不是不择手段地通过伤害他人或不公平的竞争来达到目的。要通过竞争来培养个体积极进取、顽强拼搏的精神。

### 思考题

1. 简述体育促进身体健康的原理。
2. 简述体育促进心理健康的原理。
3. 简述体育提高社会适应能力的原理。

# 第四章 营养与健康

## 引 言

在任何时候、任何条件下，没有任何物质可以取代生命对营养的依赖，人类的绝大多数疾病都与营养因素有关，一切有效的药物治疗必须建立在均衡营养的基础之上；慢性病防治不把营养支持放在第一位，一切药物治疗都是徒劳的。

——摘自 阎世英《慢性疾病康复营养支持是第一位》

## 第一节 营养的基础知识

在人的一生中，营养作为人体生长、发育不可缺少的物质材料，在任何一个时期都起着至关重要的作用。营养的供给在于各类营养物质的合理搭配，使每一种营养素既不缺乏也不过剩而达到平衡状态。因此，要讲究合理的、科学的营养补充，使摄取的物质在人体内发挥最佳的效果，使人体的健康状况达到更高的水平。

### 一、人体的新陈代谢

生物通过同化（合成）作用和异化（分解）作用，使机体不断地实现自我更新的过程，称为新陈代谢。新陈代谢包括同化作用和异化作用两个方面。同化作用是指机体从外界环境中摄取各种营养物，把它转化成机体自身物质并储备能量的过程，即提供体内各种组织结构进行生长、发育、修补、更新及繁殖的原料。异化作用是指机体利用从外界吸入的氧，氧化分解自身物质，释放能量供机体生命活动的需要，并将分解产物排出体外的过程。由此可见，在新陈代谢过程中，物质的同化与异化作用及物质的变化和能量转移之间是紧密联系的。通常把生物体内物质的合成与分解称为物质代谢，在物质代谢过程中所伴随的能量释放、转移和利用称为能量代谢。

人的机体在不断地更新、修复和建造的过程中完善自身的构造，同时又在不断地排出废物、吞噬衰老细胞的过程中调整着形态和机能。生命活动就是这样日复一日地进行着，通过新陈代谢使机体日趋完善、成熟。在整个童年、少年和青年时期，同化作用占优势，生长发育明显，个子长高、肌肉发达、躯体丰满、机能完善。由于摄入多于排出，这一时期人处于成长过程中。成年时期，同化作用和异化作用趋于平衡，摄取与排出相对稳定，所以，成年人的机体形态、机能保持稳定而成熟的状态。老年时期，异化作用占优势，排出多于摄入，器官功能开始衰弱，生命活动逐渐衰退。

## 二、营养与营养素

营养是指获得和利用食物的综合过程。营养是保证机体生命存在和延续的重要条件，而营养素是指食物中能被机体消化、吸收和利用的物质。在营养学中将营养素分为碳水化合物（糖类）、蛋白质、脂肪、维生素、矿物质、水及膳食纤维等七类。在生命活动过程中，供给充足的营养素是保证新陈代谢正常进行的物质基础。以儿童和青少年为例，营养物质供给的充足与否，往往决定他们生长发育的速度和进程。吸收充足的营养素，尤其是足够的热量和优质蛋白质，有助于调节生理机能，构成新细胞、新组织；足够的铁、钙能促进血红蛋白的合成，促进骨骼的生长发育；各种维生素，适量的微量元素，都是促进儿童生长发育不可缺少的物质。只有保证营养的充足供应及各种营养成分的合理搭配，才能使机体的同化作用超过异化作用，促进儿童和青少年的健康成长。

营养的合理与平衡，是我们日常生活中经常遇到的问题。由于长期不注意培养科学的饮食习惯，饮食过精，不讲究科学烹调，不注意各种食物比例的合理搭配等，使营养成分的摄入不平衡，造成营养不良。近年来，不少人由于长期大量摄入高热量、高脂肪、高糖的物质，使营养物质在体内过分堆积，转化为脂肪堆积于皮下，产生了肥胖，并加重了体内各脏器的负担。营养不良、营养过剩都会对身体健康产生不良影响，这些都与营养知识匮乏有重大关系。要做到“珍惜健康、享受健康、创造健康”，就必须对营养知识有很好的了解并付诸实践。

## 三、人体需要的七种营养素

### （一）碳水化合物（糖类）

碳水化合物是自然界广泛存在的一类有机化合物，是人体生命活动和运动过程中不可缺少的重要营养物质。碳水化合物是含有多羟基的醛类或多羟基的酮类化合物。它是由碳、氢、氧三种元素组成的有机化合物。

糖可分为单糖（如葡萄糖、果糖与半乳糖）、双糖（如蔗糖、麦芽糖与乳糖）和多糖（如淀粉、糖原、纤维素与果胶等），除纤维素和果胶不能被人体吸收外，以上各种糖类物质都能被人体吸收、利用，但必须在消化道内水解为单糖（主要是葡萄糖），才能被机体吸收。

#### 1. 碳水化合物（糖类）的生理功能

（1）糖是生命的燃料。糖是人体生命活动所需能量的燃料。一般认为糖类供给的热量占总热量的60%～70%，1克葡萄糖在体内完全氧化为二氧化碳和水时，可产生

1715 千焦热量。

虽然人体内储存的糖类物质并不多，但它是维持人体热量贮备的重要物质。一个体重 70 千克的成人体内糖类物质的总储备量为糖原 317 克，葡萄糖 10 克。这一含量仅能供人体维持中等强度的运动半天，故人体需要源源不断地从食物中摄取糖类物质，以保证人体的正常活动。糖类作为供能物质有许多优点，糖类易被消化、吸收，且氧化供能及时；糖氧化时的耗氧量远较脂肪和蛋白质少，在有氧或无氧条件下都能释放热量供能，这对日常活动和体育运动都有重要意义。

（2）糖类是构成组织细胞的重要成分。人体内的所有组织细胞和体液都含有糖类，且糖类参与许多生命过程。例如，糖蛋白是细胞的成分，黏蛋白是结缔组织的成分，神经组织中含有糖脂，而糖是糖蛋白、黏蛋白和糖脂不可缺少的成分。核糖和脱氧核糖是核酸的组成成分。

（3）防止酮体生成。酮体是脂肪在体内氧化时所产生的中间产物，对身体有毒性。正常人体内酮体含量很少，如果体内缺乏糖或者不能很好地利用糖（如糖尿病患者），便会产生大量的酮体而形成酸中毒，糖类有防止酮体生成的作用。

（4）减少蛋白质的消耗。当体内糖类物质含量充足时，可避免人体动用蛋白质供能。如果糖类摄入不足，会使肝糖原贮备消耗增大，血糖浓度降低，此时会有许多氨基酸通过糖异生途径转变为糖，减少蛋白质的合成，增加组织蛋白的分解，故糖类可减少体内蛋白质的消耗。

（5）解毒。糖类与蛋白质结合成糖蛋白，以保证蛋白质在肝脏中的贮备。糖可以增加肝糖原的贮备，加强肝脏的功能。葡萄糖醛酸直接参与肝脏的解毒作用。

（6）维持大脑、心肌和骨骼肌的正常功能。大脑的重量约占体重的 2%，而大脑的热量消耗却占全身基础代谢的 25%，大脑没有储备糖类的能力，全靠血液中的葡萄糖提供能量，大脑每天需要 120 克左右的糖类。当血糖浓度低于正常值（4. 4 ～ 6. 7 毫摩尔/升）时，脑组织会因供能不足而发生头晕、昏厥等低血糖症状，此时心肌和骨骼肌功能下降，会出现心绞痛和耐力不足等症状。

**2. 碳水化合物（糖类）的来源与供给量**

在动物性食物中，糖类的含量很低，植物性食物是糖类的主要来源。（表 4–1–1）

**表 4–1–1　常用食品中糖类的含量**

| 食物名称 | 含糖量（%） | 食物名称 | 含糖量（%） | 食物名称 | 含糖量（%） |
|---|---|---|---|---|---|
| 大　米 | 77 | 莲子（干） | 61.9 | 豌豆（干） | 57.5 |
| 面　粉 | 75 | 花　生 | 15.5 | 赤　豆 | 61 |
| 玉米面 | 71 | 板　栗 | 41.5 | 牛奶粉（全脂） | 52 |
| 高粱面 | 76 | 柿　子 | 15 | 猪　肉 | 0.9 |
| 小　米 | 73 | 苹　果 | 13 | 鲤　鱼 | 1.0 |
| 马铃薯 | 18 | 柑　橘 | 13 | 甘　蔗 | 14～18 |
| 甘　薯 | 18 | 橙 | 10 | 甜　菜 | 16～20 |
| 芋　头 | 16 | 菠　菜 | 4 | 菠　萝 | 12～15 |
| 藕 | 18 | 大白菜 | 3 | 玉米秸 | 8～12 |
| 藕　粉 | 85 | 牛　奶 | 5 | 胡萝卜 | 3 |

注：摘自刘宏，陈永清，李涛 . 运动营养学 [M]. 合肥：安徽科学技术出版社，2005.

一般认为，我国国民膳食中糖的供给量应占总热量的55%～65%，通常成人每日每千克体重需要摄取糖4～6克，而运动员需摄取8～12克。如果膳食中脂肪和蛋白质的供给量较多，则糖类的摄入量可适量减少。蔗糖、麦芽糖等多种食糖的营养价值远不如谷类和薯类，而且心血管疾病、肥胖症、糖尿病、龋齿、近视等也与蔗糖摄入过多有关。因此，在糖类食物的选择中应尽量以谷类和薯类为主，同时应多吃蔬菜和水果，少吃蔗糖，可增加某些B族维生素、矿物质和植物纤维素的摄入量。

**3. 碳水化合物（糖类）的摄取与运动**

糖类是剧烈运动时的主要供能物质，对于长时间运动尤为重要。糖类比脂肪、蛋白质更易被消化、吸收，糖类容易被氧化，可快速提供能量。此外，糖类食物还可以提供人体必需的氨基酸、矿物质和维生素。

由于在长时间耐力运动和比赛中人体要消耗大量的肌糖原和肝糖原，在运动前和运动后补充适量的糖类是有好处的，可以防止低血糖的发生，使血糖维持在较高的水平上，推迟疲劳的过早出现，保持良好的耐力和最后的冲刺能力。

### （二）蛋白质

蛋白质是生命存在的形式，没有蛋白质就没有生命。蛋白质在人类生命活动中占有特殊的地位，因为它几乎参与了人体内每一项正常的生理活动。食物中的蛋白质是人体必需的营养素。判定一种食物营养价值的高低，通常是以食物中含蛋白质的数量和质量作为标准。

**1. 蛋白质的营养功能**

蛋白质的基本功能是构建机体和修复组织，同时也参与维持机体的功能（包括合成酶、激素和抗体等）以调节机体代谢和抵抗疾病。在长时间运动的条件下，蛋白质也会被分解释放能量以满足运动对能量的需求，但其供能的意义不大。

组成蛋白质的基本单位是氨基酸。在人体和自然界中，常见的氨基酸有20多种。机体能够合成的有11种氨基酸，不必从食物中摄取，这类氨基酸称为非必需氨基酸；另外9种氨基酸机体不能合成称为必需氨基酸。绝大多数动物蛋白质和大豆蛋白质的必需氨基酸种类齐全，其含量及模式与人体蛋白质较为接近，通常将它们称为优质蛋白，又称完全蛋白质。

**2. 蛋白质的来源**

蛋白质来源于动物性食物和植物性食物。蛋白质含量高的食物包括海鲜、动物肝脏、蛋、瘦肉、大豆和豆制品、奶和奶制品等；蛋白质含量中等的食物有米、面等谷类食物；瓜、果、蔬菜等的蛋白质含量很少，鱼类的蛋白质含量为10%～20%，蛋类的蛋白质含量为11%～20%，谷类的蛋白质含量为8%～10%，豆类的蛋白质含量为20%～40%。豆类是植物性食物中蛋白质含量最高的食物，且含有较多赖氨酸，与谷类蛋白质有较好的互补作用。

**3. 蛋白质的摄入与运动需求**

蛋白质在体内的储存量甚微，营养充分时可储存约1%。然而，体内的蛋白质每天有3%要更新，其中部分是由体内蛋白质分解后重新合成而来，部分则需要从食物中摄取。我国国民的膳食以植物性食物为主，蛋白质质量较差，供给量是每日每千克体重 1. 0 ～ 1. 2 克。如果优质蛋白质（动物性蛋白质和大豆蛋白质）的摄入量能达到蛋白质摄入总量的 40%，则供给量可少于上述数字。

体育运动使机体对蛋白质的需要量增加，若蛋白质摄入不足，不仅会影响运动训练的效果，而且可能会导致运动性贫血；但蛋白质摄入过多，也会影响机体的正常代谢，增加肝、肾负担，反而对身体有害。

### （三）脂 肪

脂肪是人体储存热量、维持身体健康、构成组织细胞所必需的营养物质。脂肪是生命活动的辅助剂，是人体不可缺少的基本营养素之一。脂肪分为真脂和类脂两大类，食物中的动植物脂肪都是真脂。真脂是由甘油及脂肪酸组成的甘油酯；类脂包括磷脂与固醇类脂，磷脂中有卵磷脂、脑磷脂及神经磷脂。磷脂和固醇类脂都具有很高的生理价值。

#### 1. 脂肪在运动中的营养功能

（1）提供热量，维持体温的恒定。食物中的脂肪经消化、吸收后，可作为燃料直接用来产生能量，也可在体内储存于全身皮下的脂肪层，以防止热量散失，维持人体体温的恒定。

（2）保护重要的器官。脂肪可在肾脏、心脏周围沉积形成一层脂肪垫，以保护这些器官免受震荡和损伤。脂肪还可防止毛发干枯、皮肤干裂。在髓鞘神经纤维周围的脂肪具有电绝缘作用，它可以加速神经冲动传导到肌肉组织，实现反射活动。

（3）构成人体组织细胞的重要成分。脂类是细胞膜原生质结构的重要组成成分。脑和神经组织都含有磷脂和糖脂。固醇类脂是体内合成固醇类激素和维生素D的重要脂质。磷脂可促进体内胆固醇的转运，并对机体的生长发育起重要作用。

（4）供应必需脂肪酸。食物中的脂肪可向人体供应必需脂肪酸，如亚酸、亚麻油酸、花生四烯酸等不饱和脂肪酸，而这些不饱和脂肪酸是人体所必需的，在体内不能自行合成，必须由食物中的脂肪供给，故称为必需脂肪酸。必需脂肪酸是细胞的组成成分，对细胞膜和线粒体结构的维持具有重要的意义，对胆固醇的代谢运输和毛细血管壁的完整性也有重要作用。此外，必需脂肪酸还有促进发育、保护皮肤和降低胆固醇等生理作用。人体缺乏必需脂肪酸（主要是亚油酸）将引起皮肤病、生育异常、代谢紊乱等状况，严重者甚至会危及生命。

（5）促进脂溶性维生素的吸收与利用。脂肪是脂溶性维生素的良好溶剂，它能溶解维生素A、维生素D、维生素E、维生素K等，这些维生素只有溶解于脂肪才能被人体吸收和利用。

#### 2. 脂肪的来源

人类膳食脂肪主要来源于动物的脂肪组织和肉类，以及植物的种子。动物脂肪含饱和脂肪酸和单不饱和脂肪酸多，而多不饱和脂肪酸含量较少。植物油主要含不饱和脂肪酸。亚油酸普遍存在于植物油中，亚麻酸在豆油和紫苏籽油中较多，鱼贝类食物含二十五碳烯酸和二十二碳烯酸较多。

含磷脂较多的食物为蛋黄、动物肝脏、大豆、麦胚和花生等。含胆固醇丰富的食物是动物脑、肝、肾等内脏和蛋类，肉类和奶类也含有一定量的胆固醇。

**3. 脂肪的摄入量**

脂肪对维持人体的健康很重要，但过量摄取也有一定的危害。脂肪对人体健康的危害可归纳为两个方面：第一，当脂肪向人体提供的热量超过需要量时，多余的脂肪便形成脂肪组织在体内沉积，使体重增加。如果男子体脂总量超过体重的25%，女子体脂总量超过体重的30%就属于肥胖症，肥胖者易患糖尿病、胆结石、高血压和心脏病等疾病。第二，饮食中动物脂肪过多（主要是饱和脂肪酸过多）同样会引起动脉硬化和冠心病的发生。

那么，在饮食中究竟应该摄取多少脂肪才算适宜呢？我们可按下述方法计算：

（1）对一天的饮食中所含的脂肪（植物油、动物油）、碳水化合物（大米、面粉制品）和蛋白质（鱼、瘦肉、鸡蛋等）三类物质进行准确计量。

（2）计算这三种物质的总热量：脂肪（克）×9=脂肪热量；蛋白质（克）×4=蛋白质热量；糖类（克）×4=糖热量，三者之和就是总热量。

（3）计算脂肪热量所占的比例：脂肪热量/总热量×100%=食物脂肪热量所占比例。

用同样的方法还可计算出食物中糖类和蛋白质热量所占的百分比。在我们的饮食中，脂肪热量所占的比例不应超过20%～30%，必需脂肪酸的摄入量应不少于总能量的3%。只要注意每天吃一把坚果，一般不会出现必需脂肪酸的缺乏现象。

## （四）维生素

维生素是维持人体正常功能的重要营养素，人体对维生素的需要量很少，但是缺乏任何一种维生素都会影响人体的生长发育和生理机能。维生素分为脂溶性维生素（如维生素A、维生素D、维生素E、维生素K）和水溶性维生素（如B族维生素和维生素C）

**1. 维生素A**

维生素A为脂溶性维生素，必须在脂肪的作用下才能被溶解、吸收。维生素A是促进儿童骨骼、牙齿发育不可缺少的物质；能够维持正常的视觉功能，参与感受弱光的视紫红质的构成，其缺乏则使人体的暗适应能力减退，产生夜盲症；能保持上皮组织的健全，预防干眼症和皮肤干燥、过度角化；能增强机体的抵抗力，有预防癌症的作用。维生素A最丰富的来源为动物肝脏，以及其他动物性食物，如蛋黄、奶类、鱼肝油等。

**2. 维生素D**

维生素D也是一种脂溶性维生素，能促进肠道对钙、磷的吸收利用，使骨骼、牙齿迅速钙化。缺乏维生素D，将使儿童发生佝偻病，表现为骨质松软，容易变形，生长发育迟缓，抵抗力下降。在成人则表现为骨质疏松，骨软化症。

维生素D的预防用量为2～3滴（1微克相当于40国际单位，1滴含250国际单位），治疗用量为20～30滴。

**3. 维生素E**

维生素E有广泛的营养功能，它能够加强组织对氧的吸收，促进血液循环，使人精神振作，睡眠良好，延缓衰老；能够增强免疫力，保持血细胞的吞噬能力，提高杀菌作用；能预防多种疾病，如降低血液中的胆固醇，从而预防动脉硬化等。此外，维生素E还有防癌治癌作用。

维生素E主要来源于植物油类，如豆油、玉米油等，粮食、蔬菜、水果中含量也很多。所以，只要没有消化系统疾病，一般不容易发生维生素E缺乏症。

**4. 维生素$B_1$**

B族维生素溶于水，容易被吸收，也容易被排出。它存在于天然食物中，机体虽然对它的需要量极少，但又不可缺少。维生素$B_1$能促进体内的糖代谢过程，维持神经、肌肉、心脏的机能健全，促进胃肠蠕动和消化腺的分泌，因而能增强食欲，促进生长发育，还能预防和治疗脚气病。

经常食用精白米、精面粉或烹调不合理，会使维生素$B_1$破坏，产生维生素$B_1$缺乏症，表现为肌肉酸痛，下肢水肿，严重者可出现气促、胸闷、肝肿大、心肺扩大等。因此在饮食过程中，应注意粗细粮搭配，多吃糙米、杂粮、豆类、花生及新鲜蔬菜等。

**5. 维生素$B_2$**

维生素$B_2$是维持体内细胞呼吸功能的重要物质，参与糖类、蛋白质和脂肪的代谢。缺乏维生素$B_2$，将使体内物质代谢紊乱，表现为口角糜烂，大量出血，舌有灼痛、裂纹，脂溢性皮炎，眼结膜炎、角膜炎，导致眼睛怕光、流泪、视力下降等。此外，维生素$B_2$还具有保持皮肤、黏膜健全的功效。

动物性食物中维生素$B_2$含量较高，肝脏含维生素$B_2$最高，其次为心脏、肾脏，植物性食物中各种豆类含维生素$B_2$比较高。

**6. 维生素PP**

维生素PP为B族维生素，又称烟酸。它是性质比较稳定的维生素，不易被光、热、酸、碱所破坏，不受烹调影响。维生素PP为糖类、蛋白质、脂肪代谢中酶的重要组成部分，能促进体内的新陈代谢；加强内分泌机能及网状内皮系统的活动，保护机体；能够防治癞皮病，保护皮肤；能引起毛细血管扩张，进而加强器官和组织的血液循环，并参与造血过程；还有维持神经系统健全的作用。如果维生素PP缺乏，轻者引起食欲不振、失眠、神经过敏、记忆力减退、腹痛等，重者将出现癞皮病的典型症状：皮炎、腹泻、痴呆等。

维生素PP广泛存在于动物内脏、瘦肉、酵母、豆类、新鲜绿叶蔬菜等食物中，因此，通常情况下人体并不会缺乏维生素PP。

**7. 叶　酸**

叶酸也为B族维生素。它是制造神经鞘和合成传导神经冲动化学物质的重要原料；也是人体重要的造血原料，能刺激红细胞的生成，有显著的生血机能；能促进白细胞、血小板的生成，提高机体的抗感染和凝血机能。缺乏叶酸会影响神经系统的发育，造成脑损伤，从而影响儿童的智力发展。叶酸和维生素$B_{12}$缺乏时，将使人体产生大细胞性贫血，治疗时应注意叶酸与维生素$B_{12}$的共同使用。

叶酸主要存在于新鲜蔬菜、水果中，也可来源于动物内脏、蛋及乳制品类。

8. 维生素C

维生素C能促进细胞间质中胶原蛋白的生成，对维持组织、器官的完整性有重要作用。维生素C能够增强机体的抵抗力，促进抗体的形成，提高白细胞的吞噬能力；能够参与体内的氧化、还原和新陈代谢过程，促进儿童的生长发育；能够使脑细胞的结构、功能健全，有利于智力的发展；能够促进铁的吸收和利用，提高贫血的治疗效果；此外，维生素C还可以作为许多疾病的辅助用药，具有解毒作用等。缺乏维生素C，将使细胞间质减少，毛细血管脆性增加，出现全身广泛出血点，而导致贫血，严重时可出现内脏及骨膜下出血，甚至危及生命。因维生素C缺乏产生的疾病被称为坏血病。

新鲜水果和蔬菜，如柑橘、柠檬、菠萝、山楂、酸枣、草莓、白菜、西红柿、青椒、豆芽等是维生素C的丰富来源。

（五）矿物质

矿物质（又称无机盐）是人体内具有广泛作用的一类无机分子。体内含量较多的矿物质被称为常量元素，如钙、磷、镁、钾、钠等；还有一些矿物质在人体内的含量很少，但同样具有重要的生理作用，被称为微量元素，如铁、碘、氟、锌、硒、铜等。像维生素一样，矿物质存在于很多食物中，并在调节机体的许多重要功能方面起很大作用，如维持神经冲动、肌肉收缩、酶的功能和水平衡等。目前已发现人体内有60多种元素，下面将介绍六种人体内较为重要的矿物质。

1. 钙

人体内约有99%的钙参与构成骨骼和牙齿，而且钙离子在代谢中起着重要作用。钙在食物中含量丰富，含钙较多的食品有虾皮、海带、奶类、芝麻、豆类、坚果、白菜、土豆、芹菜等。钙的需要量随年龄与身体的不同生理状况而发生变化。少年和儿童每日需800～1200毫克，成人每日需800毫克，孕妇每日需1200毫克。一般训练情况下，钙的需要量为每日1000毫克；大运动量训练时，钙的需要量每日可增加到1000～1500毫克。运动员在运动中有时会发生肌肉抽搐现象，可能与钙、镁离子代谢紊乱有关。另外，钙缺乏将导致骨质疏松。

2. 磷

磷是构成骨骼和牙齿的重要成分。磷与钙相结合沉积于骨骼及牙齿内，使骨骼和牙齿表现出坚硬的特性。磷参与物质热量代谢，体内代谢过程中所产生的热量主要以三磷酸腺苷（ATP）的形式被利用、贮存或转移。ATP含有的高能磷酸键分解时释放出的热量是运动时肌肉收缩的唯一直接能源，并且磷酸盐缓冲系统在维持细胞内液的酸碱度上起着缓冲作用。

磷的来源非常广泛，含磷较多的食物有牛奶、奶制品、蛋类、豆类和绿色蔬菜等。经常运动的人，磷的每日需要量与钙应呈适宜的比例。如果膳食中钙和蛋白质含量充足，则所得到的磷也能满足需要。有关资料报道，当运动量加大时，可引起磷的负平衡。因此，经常运动的人其膳食中应增加磷酸盐的供应。美国对磷的供给量有一定的规定，其原则是从出生至一岁的婴儿，按钙、磷比值1.5：1的量供给磷；一岁以上，则按1：1的量供给磷。

3. 镁

镁可以调节心肌活动、影响心肌收缩力，使心脏传导功能减弱、心率减慢，有助于心脏的舒张。镁是多种催化剂（如ATP合成酶、磷酸化酶等）的激活剂，可以调节糖与蛋白质代谢。镁对神经肌肉系统有抑制作用，与钙、钾、钠配合共同维持神经肌肉的兴奋性。运动员缺镁时，神经肌肉的功能不全，容易出现激动或抽搐现象。

镁在食物中分布广泛，含镁比较丰富的食物有大豆、绿豆、核桃、面粉、可可、海产食品、蚕豆、豌豆和黄瓜等。一般认为镁的需要量成年男子约为每日 350 毫克，成年女子约为每日 300 毫克。在大强度训练或体重减轻情况下（特别是在高温环境下）运动时镁的丢失较多，每小时镁丢失量可达 10 ～ 20 毫克，故经常运动者对镁的需要量较大。

4. 钠

钠是细胞外液中主要的阳离子，在维持体液平衡与酸碱平衡上起着重要的作用。在许多物质通过细胞膜的转运过程中，钠维持着细胞膜的通透性，保证了细胞与外界的物质交换。钠还有维持神经肌肉的应激性的作用，保证神经肌肉的兴奋性。

食物中钠的主要来源是食盐、海产品、咸菜、咸鱼、咸肉、菜汤等。人体对食物中的钠含量的适应能力很强，成人钠需要量为每日 11 ～ 15 克，长跑运动员对钠的需要量每日可增到 20 ～ 25 克。根据运动生理学家的建议，在运动中失水量不超过 3. 5 升，不要服用盐片。摄入高钠膳食可导致高血压病或心脏病。

5. 钾

钾可以调节体液的电解质和酸碱平衡，维持神经肌肉的兴奋性，并参与调节心肌的收缩过程，参与体内糖和蛋白质的合成代谢。葡萄糖由细胞外向细胞内转移及在细胞内合成蛋白质的过程中都需要钾的参与。每合成 1 克糖原，需要 6 毫克钾，每合成 1 克蛋白质约需 18 毫克钾。故当糖原与蛋白质的合成代谢增强时，钾的供给量也应增多。

钾主要来源于植物性食物，如黄豆、绿豆、豆腐皮、海带、花生、谷物、蔬菜和水果等食物都含有丰富的钾。在一般情况下，钾的需要量约为每日 3 克，但在大运动量和高温环境下训练时，钾的总排出量为 4. 0 ～ 4. 5 克/天，最高者可达 5. 9 克/天。因此，经常运动者每日需钾量应为 3 ～ 5 克。钾的实际需要量取决于运动强度和环境温度。

6. 铁

铁是血红蛋白、肌红蛋白和许多酶的重要组成部分。人体内储备的铁还参与机体的免疫和造血过程。

铁的需要量因人而异，成年男子每日需铁约 10 毫克，成年女子每日需铁约 18 毫克。长距离跑时会因出汗，以及胃肠道失血而增加对铁的消耗。特别是在大运动量训练的运动员中经常会发生铁营养缺乏症。据调查，奥林匹克运动会的参赛队员中有 5%的女运动员和 2%的男运动员有缺铁性贫血，运动员对铁的需要量较常人高，每日为 15 ～ 45 毫克。毫无疑问，铁的补充对恢复血红蛋白浓度和运动能力是有益的。

铁的来源主要有动物肝和肾、蛋黄、黑木耳、海带、豆类和绿叶蔬菜等。运用铁制炊具烹调食物也可增加饮食中铁的摄入量。

7. 碘

碘是合成甲状腺素所必需的物质。碘能促进蛋白质中钙、磷的合成代谢，调节水、电解质代谢，增强肾上腺髓质的功能，从而加速机体的生长发育过程。如果缺碘，甲状腺素分泌减少，可能会出现甲状腺肿大等症状。

海产品，如海带、紫菜、海虾等，碘的含量非常丰富，可适量食用。近年来，人们更加重视碘对人体的作用，在缺碘地区，采用食盐中加碘的办法取得了很好的效果。

8. 锌

锌是近年来逐渐引起人们重视的主要微量元素，它主要分布于骨骼、皮肤、头发中，一般认为头发中的锌含量可作为人体锌供给量的测定依据。锌具有许多营养功用，它是几十种酶的组成成分和激活剂，在促进人体物质代谢、生长发育、智力发展中起重要作用。实验表明，缺锌可使性机能发育低下，加速细胞、组织的衰老。

成年人每日需锌量约为 2. 2 毫克，锌来源于动物性食物，奶类、豆类与谷类也含有一定的锌。因此，缺锌多发生在以谷类食物为主，缺乏动物性蛋白摄入的人群。

### （六）水

水是人体内含量最多的成分，是维持人体正常生理活动的重要物质。当体内失水量达到体重的 4%～5%时，肌力下降 20%～30%。人类若丢失水分 20%以上，生命活动将无法维持。

成人体液总量约占体重的 60%～70%（平均），而体液是由水、电解质、低分子化合物和蛋白质组成，广泛分布于细胞内外，构成人体的内环境。其中细胞内液约占体重的 40%，细胞外液占 20%（其中血浆占 5%，组织液占 15%）。细胞外液对于营养物质的消化、吸收、运输、代谢和废物的排泄具有重要作用。水在机体内可调节体温，水的比热大，水能吸收较多的热量而本身温度升高不多。水的蒸发热大，故蒸发少量的汗就能散发大量的热。血浆内 90% 是水，它的流动性大，因而可随着血液循环达到调节全身体温的目的。水在体内还有润滑作用。对泪液、唾液、消化液、关节滑液、胸膜和腹膜液、呼吸道和肠胃道黏液等都有良好的润滑作用。正常人每天需水 2400 ～ 4000 毫升。其获取水的来源是饮水、食物水、体内氧化水等。由蛋白质、脂肪、碳水化合物在体内氧化产生的水大约有 300 毫升，每天从固体食物中摄取大约 300 毫升的水，大多数的水需要从饮用液体食物中获得，而最好的饮料是温开水，最容易被人体吸收。

合理的摄取营养，有助于提高运动能力和促进运动后的体力恢复，使锻炼者保持良好的身体状态，对锻炼者的机能状态、体力适应过程、运动后体力的恢复及防治运动性疾病有良好的作用。

### （七）膳食纤维

膳食纤维属于碳水化合物的多糖类，主要包括纤维素、半纤维素、木质素等，是植物细胞被摄入人体后不易或不能被消化吸收的物质。它们的重要生理功能是促进肠蠕动，防止便秘，排除有害物质；抑制淀粉酶的作用，稳定血糖水平；吸附胆固醇，抑制其吸收，加速其排出，从而降低血脂。谷类及各种蔬菜、水果都富含膳食纤维。

# 第二节　合理膳食

许多国家的健康机构对健康膳食提出了指导性的建议，中国营养学会推出的《中国居民膳食指南（2016）》（以下简称《指南》）以最新的科学知识为基础，依据近期我国居民膳食营养问题和膳食模式分析以及食物与健康科学证据报告，参考国际组织和其他国家膳食指南修订的经验，对我国第三版《中国居民膳食指南》（2007）进行了修订。该版本修订了2007版的中国居民平衡膳食宝塔、新增了中国居民平衡营养餐盘和儿童平衡膳食算盘，以突出可视性和操作性。

《指南》由一般人群膳食指南、特定人群膳食指南和中国居民平衡膳食实践三部分组成。一般人群膳食指南共有6条，适合于6岁以上的健康人群。特定人群膳食指南是根据不同年龄阶段人群的生理和行为特点及其对膳食营养需要而制定的，包括孕妇、乳母、婴幼儿、儿童、少年、老年和素食人群。

## 一、一般人群的膳食指南

### （一）食物多样，谷类为主，粗细搭配

人类的食物是多种多样的。各种食物所含的营养成分不完全相同，每种食物都至少可提供一种营养物质。平衡膳食必须由多种食物组成，因此要注意粗细搭配，经常吃一些粗粮、杂粮和全谷类食物。每天最好能吃50～100克粗粮。稻米、小麦不要研磨得太精，否则谷类表层所含维生素、矿物质等营养素和膳食纤维大部分会流失到糠麸之中。

### （二）多吃蔬菜、水果和薯类

蔬菜、水果是维生素、矿物质、膳食纤维和植物化学物质的重要来源，其水分多、能量低。薯类含有丰富的淀粉、膳食纤维以及多种维生素和矿物质。富含蔬菜、水果和薯类的膳食对保持身体健康，保持肠道正常功能，提高免疫力，降低患肥胖、糖尿病、高血压病等慢性疾病的风险有重要作用。我国成年人最好每天吃蔬菜300～500克，其中深色蔬菜约占一半，水果200～400克，并注意增加薯类的摄入。

### （三）每天吃奶类、大豆或其制品

奶类营养成分齐全，组成比例适宜，容易消化吸收。奶类除含丰富的优质蛋白质和维生素外，其含钙量较高，且利用率也很高，是膳食钙质的极好来源。大量的研究表明，儿童青少年饮奶有利于其生长发育、增加骨密度，从而推迟其成年后发生骨质疏松的年龄；中老年人饮奶可以减少其骨质丢失，有利于骨健康。豆类含丰富的优质蛋白质、必需脂肪酸、B族维生素、维生素E和膳食纤维等营养素，且含有磷脂、低

聚糖，以及异黄酮、植物固醇等多种植物化学物质，是重要的蛋白质来源。

### （四）常吃适量的鱼、禽、蛋和瘦肉

鱼、禽、蛋和瘦肉均属动物性食物，是人类优质蛋白、脂类、脂溶性维生素、B族维生素和矿物质的良好来源，是平衡膳食的重要组成部分。动物性食物中蛋白质不仅含量高，而且氨基酸组成更适合人体需要，尤其富含赖氨酸和蛋氨酸，如与谷类或豆类食物搭配食用，可明显发挥蛋白质互补作用，但动物性食物一般都含有一定量的饱和脂肪酸和胆固醇，摄入过多可能会增加患心血管疾病的危险性。

### （五）减少烹调油用量，吃清淡少盐膳食

食用油和食盐摄入过多是我国城乡居民共同存在的营养问题。膳食盐的摄入量过高与高血压的患病率密切相关。建议每人每天烹调油用量不超过 25 克或 30 克；食盐摄入量不超过 6 克，其中，包括酱油、酱菜、酱中的食盐量。养成吃清淡少盐膳食的习惯，即膳食不要太油腻，不要太咸，不要摄食过多的动物性食物和油炸、烟熏、腌制食物。

### （六）食不过量，天天运动，保持健康体重

进食量和运动是保持健康体重的两个主要因素，食物提供人体能量，运动消耗能量。如果进食量过大而运动量不足，多余的能量就会在体内以脂肪的形式积存下来，增加体重，造成超重或肥胖；相反，若进食量不足，可能会由于能量不足引起体重过低或消瘦。体重过高和过低都是不健康的表现，易患多种疾病，缩短寿命。因此，应保持进食量和运动量的平衡，使摄入的各种食物所提供的能量既能满足机体需要，而又不造成体内能量过剩，使体重维持在适宜范围。

### （七）三餐分配要合理，零食要适当

合理安排一日三餐的时间及食量，进餐定时定量。早餐提供的能量应占全天总能量的 25%～30%，午餐应占 30%～40%，晚餐应占 30%～40%，可根据职业、劳动强度和生活习惯进行适当调整。要天天吃早餐并保证其营养充足，午餐要吃好，晚餐要适量。零食作为一日三餐之外的营养补充，可以合理选用，但来自零食的能量应计入全天能量的摄入之中。

### （八）每天足量饮水，合理选择饮料

水是膳食的重要组成部分，是一切生命必需的物质，在生命活动中发挥着重要作用。体内水的来源有饮水、食物中含的水和体内代谢产生的水。进入人体内的水和排出来的水基本相等，处于动态平衡。水的需要量主要受年龄、环境温度、身体活动等因素的影响。饮水应少量多次，要主动，不要感到口渴时再喝水，最好选择白开水。

要选择含有一定量的营养素和有益膳食成分的饮料，适量饮用。大量饮用营养价值不高，而含糖量高的饮料，会在不知不觉地摄入过多能量，造成体内能量过剩。

### （九）饮酒应限量

高度酒含能量较高，白酒基本上是纯能量食物，不含其他营养素。无节制地饮酒，会使食欲下降，食物摄入量减少，以致发生多种营养素缺乏、急慢性酒精中毒、酒精性脂肪肝等，严重时还会造成酒精性肝硬化。过量饮酒还会增加患高血压病、中风等疾病的危险，并可导致事故及暴力的增加，对个人健康和社会安定都是有害的，应该严禁酗酒。另外，饮酒还会增加患某些癌症的风险。若饮酒，应尽可能地饮用低度酒，并控制在适当的限量以下，建议成年男性一天饮用酒的酒精量不超过 25 克，成年女性一天饮用酒的酒精量不超过 15 克。孕妇和青少年儿童严禁饮酒。

### （十）吃新鲜卫生的食物

一个健康人一生需要从自然界摄取大约 60 吨食物、水和饮料。人体一方面从这些饮食中吸收利用本身必需的各种营养素，以满足生长发育和生理功能的需要；另一方面又必须防止其中的有害因素诱发食源性疾病。

## 二、中国居民平衡膳食宝塔

中国居民平衡膳食宝塔是根据《中国居民膳食指南（2016）》并结合中国居民的膳食结构特点设计的。它把平衡膳食的原则转化成各类食物的重量，并以直观的宝塔形式表现出来，便于在日常生活中实行。

膳食中用平衡膳食宝塔可达到三个重要目标：第一是将可能产生疾病的相对膳食比例减少到最小；第二是将营养丰富的食物（如含有高微量元素的食物）增加到最大；第三是以运动调节膳食中的能量平衡。因此，通过平衡膳食宝塔的建议，可以得到一个健康的饮食模式。膳食宝塔分五层，包含了我们每天应吃的主要食物种类及份量。（图 4-2-1）

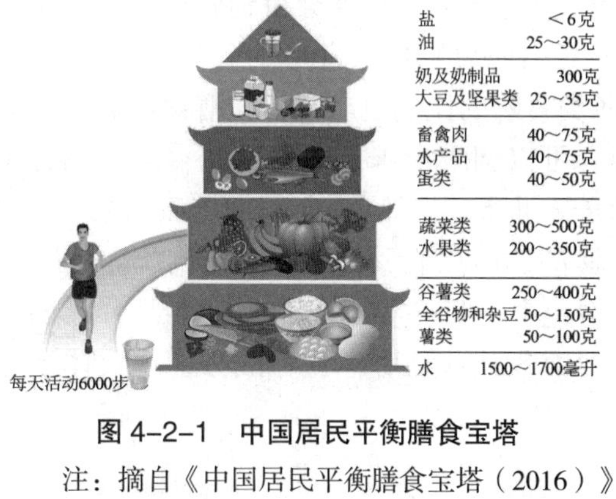


**图 4-2-1　中国居民平衡膳食宝塔**

注：摘自《中国居民平衡膳食宝塔（2016）》

## 三、确定自己的食物需要

世界卫生组织推荐的适宜膳食能量构成是：来自碳水化合物的能量为

55%～65%，来自脂肪的能量为 20%～30%，来自蛋白质的能量为 11%～15%。以谷类为主的膳食模式既可提供充足的能量，又可避免摄入过多的脂肪及含脂肪较高的动物性食物，有利于预防相关慢性病的发生。

中国居民平衡膳食宝塔建议的每人每日各类食物的适宜摄入量范围适用于一般健康成人，应用时要根据个人年龄、性别、身高、体重、劳动强度、季节等情况适当调整。年轻人、劳动强度大的人需要能量高，应适当多吃些主食；年老、活动少的人需要能量少，可少吃些主食。表 4-2-1 列出了三个能量水平各类食物的参考摄入量。

表 4-2-1　每日食物参考摄入量

单位：克/日

| 所需食物 | 低能量（约 7500 千焦） | 中等能量（约 10000 千焦） | 高能量（约 11700 千焦） |
|---|---|---|---|
| 谷　类 | 250 | 350 | 400 |
| 蔬　菜 | 300 | 400 | 500 |
| 水　果 | 200 | 300 | 400 |
| 肉、禽 | 50 | 65 | 75 |
| 蛋　类 | 25 | 50 | 50 |
| 鱼　虾 | 50 | 75 | 100 |
| 豆类及坚果 | 30 | 40 | 50 |
| 奶类及奶制品 | 300 | 300 | 300 |
| 油　脂 | 25 | 25 | 25 |

饮食合理搭配

对大学生来说，其生长发育处于旺盛期，智力发育迅速，学习紧张，所需的能量和各种营养素相对比成人要高。因此，日常膳食应多吃谷类，供给充足的能量，保证鱼、肉、蛋、奶、豆类和蔬菜的摄入，经常参加体力活动，避免盲目节食。一般可参照中等能量膳食来安排自己的进食量；如果经常参与体育运动，随着运动量的提高可参照高能量膳食进行安排。女生一般比男生的食量小。女性需要的能量往往比从事同等劳动的男性低 837 千焦或更多些。一般说来，人们的进食量可自动调节，当一个人的食欲得到满足时，他对能量的需要也就会得到满足。

平衡膳食宝塔建议的各种食物摄入量是一个平均值和比例。每日膳食中应当包含宝塔中的各类食物，各类食物的比例也应基本与膳食宝塔一致。

同类食物的互换，可以调配出丰富多彩的膳食。人们食用多种多样的食物不仅是为了获得均衡的营养，也是为了使饮食更加丰富多彩，以满足人们的口味享受。假如人们每天都吃同样的 50 克肉、40 克豆，难免久食生厌，那么合理营养也就无从谈起了。膳食宝塔中包含的每一类食物都有许多品种，虽然每种食物都与另一种不完全相同，但同一类中各种食物所含营养成分往往大体上近似，在膳食中可以互相替换。

## 思考题

1. 营养素分为哪几种？各有什么功能？
2. 日常生活中，如何做到健康膳食？

# 第五章　体育锻炼与运动处方

## 引　言

体育锻炼是人们运用各种身体练习方法，并结合自然和卫生因素以发展身体、增进健康、增强体质、调节精神、丰富文化生活为目的的身体活动。要想使体育锻炼达到预期的锻炼效果，就必须按照科学的原理，遵循一定的原则，掌握正确的锻炼方法。

## 第一节　体育锻炼的原则

### 一、FITT 原则

要获得良好的体育锻炼效果，就必须自觉地遵循体育锻炼的基本原则，并根据自己的爱好和身体状况，适当选择运动项目和运动方式，合理制订运动处方。目前世界上流行的体育锻炼原则是FITT原则，即运动频率（Frequency）、运动强度（Intensity）、运动时间（Time）和运动种类（Type of Exercise）

#### （一）运动频率

运动频率是指每星期进行身体锻炼的次数。进行锻炼的频率越高，热量的消耗就越大；进行锻炼的频率越低，身体机能复原的时间便越长。为此，要想获得良好的体育锻炼效果，每星期至少应该进行 3 ～ 5 次体育锻炼。

**知识窗**

**为什么运动前要做好充分的准备活动?**

（1）提高肌肉温度，克服肌肉组织的黏滞性，预防运动损伤的发生。体育锻炼前进行低强度的准备活动，可使肌肉的代谢加强，肌肉温度升高，这样既可以使肌肉的黏滞性下降（不发僵），还可以增加肌肉、韧带的伸展性和弹性，减少由于肌肉剧烈收缩造成的运动损伤。

（2）提高内脏器官的机能水平，以适应身体运动的需要。适当的准备活动可在一定程度上预先动员内脏器官的机能，使正式锻炼开始时内脏器官的功能就达到较高水平，这样可以减轻开始运动时由于内脏器官的不适应所造成的身体不适。

（3）调节心理状态，提高神经系统兴奋性。体育锻炼前的准备活动可将锻炼者的心理状态调整到体育锻炼的情境中来，同时接通各运动中枢间的神经联系，使大脑皮层处于最佳的兴奋状态，从而在锻炼中达到事半功倍的效果。

### （二）运动强度

运动强度是指身体机能所能承受超负荷的水平。运动超负荷愈高，人体消耗的热量就愈大。运动强度大小的控制，必须遵守循序渐进的原则，充分考虑自己的身体状况和适应能力。如进行有氧运动时，心率控制在最大心率的60%～80%为宜。

### （三）运动时间

运动时间是指每次体育锻炼的持续时间，它与体能消耗是成正比的。因此，运动时间与运动频率、运动强度的不同组合，便会达到相同或不同的锻炼效果。为了提高人们的心肺功能，每天至少应持续进行20～30分钟的有氧运动，每星期应进行3～5次、持续20～30分钟的有氧运动。

### （四）运动种类

运动种类是指不同的运动类型，可分为有氧运动、无氧运动和柔韧运动。有氧运动项目包括健身走、远足、慢跑、跳绳、游泳、跳操、骑自行车和划船等。进行有氧运动须持续30分钟或以上，可使大肌肉群及有氧能量系统进行周期性运动。无氧运动是使无氧能量系统进行短暂的爆发性运动，包括举重、短跑、投掷等，主要功能是训练肌力与肌耐力。

FITT原则旨在引导大众科学地进行体育锻炼，并通过原则中的四个要素相互影响、相互制约，从而达到最佳的体育锻炼效果。

**知识窗**

**跑步时选择穿什么样的鞋合适?**

为达到良好的锻炼效果和舒适感，鞋底要有弹性，这样可减少关节所承受的冲击力。另外，鞋底要容易弯曲，因为跑步时，脚后蹬时会更用力，脚的弯曲程度也更大，脚跟是肩负全身重量的主力，所以鞋跟部要稳定和牢固。经常锻炼，鞋的弹性会很快丧失，表面上虽然还没变坏，但是保护作用大大减小了，所以建议一年最好换一双鞋。

## 二、超负荷原则

超负荷原则是指在进行体育锻炼时，身体或特定的肌肉受到的刺激程度强于不锻炼时或已适应的刺激程度。在进行体育锻炼时只有遵循超负荷原则，身体素质才能逐渐地得到提高。

要提高有氧耐力水平，可以通过增加每周的练习次数、延长每次练习的持续时间和加大每次练习的强度来达到超负荷锻炼的目的。例如，发展肌肉力量的练习，可通过增加器械的重量、练习的次数或组数，以及缩短每组练习的间歇时间来实现。又如，发展关节和肌肉的柔韧性，可通过增加肌肉的拉伸长度、延长拉伸持续的时间和加大关节活动的幅度来实现。

虽然超负荷锻炼可以使身体素质逐渐得到提高，但这并不意味着每次必须练到筋疲力尽。事实上，即使不进行超负荷的练习，一般性的锻炼也能保持和提高身体健康水平，只不过要花更多的时间进行锻炼才能取得良好的锻炼效果。

## 三、循序渐进原则

循序渐进原则是超负荷原则的延伸。该原则是指在进行体育锻炼或提高某种身体素质时应逐渐增加运动负荷。要想获得理想的锻炼效果，增加运动负荷的速度不宜太慢或太快。运动负荷增加太慢会限制身体素质的进一步提高，而增加太快则可能造成过度疲劳或引发运动损伤，影响正常的学习和生活。

体育锻炼的循序渐进原则是保持体育锻炼的动机和欲望，也是预防运动损伤的重要条件。需要牢记的是，提高身体素质是一个需要终身追求的漫长历程。大学生如果放松或忽视了平时循序渐进的体育锻炼，在进行体质测试时又想取得好的成绩，那么痛苦、沮丧、自卑等不良的心理体验就会与测试结伴而来，最终导致学生对体育锻炼的恐惧、厌倦和冷漠，使健康的发展链就此中断。

## 四、安全性原则

安全性原则要求在体育锻炼的过程中要始终注意保护自己，做到安全第一。安全性原则的主要内容包括：

（1）在制订或实施锻炼计划前，一定要进行体检，得到医生的许可。如果患有某种疾病或有家族遗传病史，需要找医生咨询，按照医生的建议进行锻炼。

（2）在有条件的情况下，请运动医学专家根据你的体质健康状况开具运动处方，它可以指导你有目的、有计划地进行安全、科学的锻炼。

（3）每次锻炼前必须做好充分的准备活动，以克服内脏器官的生理惰性，防止出现运动损伤。

（4）饭后、饥饿或疲劳时应暂缓锻炼，疾病初愈不宜进行较大强度的锻炼。

> **知识窗**
>
> **10% 原则**
>
> 10%原则是指导锻炼者既运用超负荷原则，又避免因过度运动而损伤的一种监控方法。其含义为：每周的运动强度或持续运动时间的增加不得超过前一周的10%。例如，每天坚持跑步20分钟，下一周要超负荷练习，跑步的持续时间应增加到22分钟。

（5）每次锻炼后，要注意做好整理活动。这有利于促进身体的恢复，以便精力充沛地投入到学习中去。

（6）在锻炼过程中不要大量饮水，而应少饮多次，以免加重心脏的负担或引起身体及肠胃的不适。运动后不宜立刻洗冷水澡。

## 五、适时监控原则

适时监控原则是指在体育锻炼过程中恰当地监控自己的运动强度。测量心率有助于了解和控制体育锻炼过程中的运动强度，准确地了解运动强度是需要增大还是需要减小。触压桡动脉和颈动脉就可以测量心率。

为了准确地测量运动时的心率，必须在停止运动的 5 秒内进行测量。测量 10 秒的心率再乘以 6，算出运动时 1 分钟的心率。

最大心率是指人体做极限运动时心脏搏动的频率。一般运动强度都采用最大心率的百分数来表示，但要直接测出每一个人的最大心率不仅是困难的，而且具有一定的危险性。现在已有了测量最大心率的简单、方便的办法，不同年龄、不同性别的人都可以用下列公式估算出自己的最大心率：

最大心率=220－年龄

靶心率是指通过有氧运动提高人体心血管系统耐力的有效而安全的运动心率范围。为了提高心血管系统的有氧耐力水平，运动时心率必须保持在靶心率的范围内。下列公式可以计算或监测运动时适宜的心率范围：

靶心率＝最大心率 ×60% ～最大心率 ×80%

成年人靶心率的上限为最大心率 × 80%

［例］计算一名大学二年级 20 岁学生的靶心率。

最大心率＝220 － 20＝200 次／分钟

最小靶心率＝200 次／分钟 × 60%＝120 次／分钟

最大靶心率＝200 次／分钟 × 80%＝160 次／分钟

这名 20 岁大学生的靶心率范围在 120 ～ 160 次／分钟。

靶心率为人们确定了以健康为目的的运动必须保持的每分钟心率的上限和下限。一旦靶心率被确定，就可以监控自己运动时的练习强度：如果运动时心率超过了自己靶心率的上限，就应该降低运动强度；如果运动时心率低于自己靶心率的下限，就应该增加运动强度。

# 第二节 体育锻炼的方法

## 一、体育锻炼的科学选择

每个人可自由支配的时间有限，且有一定差别，体育锻炼的内容又是多种多样的，这就需要进行科学的选择，以保证体育锻炼朝着积极向上、有助于健康的方向发展。

### （一）考虑运动的节奏

体育锻炼的节奏体现在两个方面：一是整体生活的节奏，二是体育运动本身的节奏。一般而言，学习和工作的节奏快，所选择的体育运动的节奏应相对较慢；学习和工作十分紧张，应该选择比较容易放松身心或比较轻松的体育运动；对以脑力劳动为主的大学生来说，容易消除大脑疲劳、轻松愉快、节奏感强的有氧运动是最佳选择。

### （二）考虑运动的内容

选择适合自己的体育锻炼内容，并以适宜的方式进行锻炼，才能在有限的自由支配的时间里达到锻炼的目的。不同的人由于个性和生活环境的差别，兴趣和爱好不尽相同。好动性格的人可以选择四肢参与比较多的体育锻炼，如轮滑、健身操等；好静性格的人可以选择健步行走、登高或远足等。此外，选择体育锻炼内容时，还应考虑自己的身体条件和健康状况。这样既可以保证自己的安全，又不至于损害健康或影响学习。经济状况、气候条件、安全保障等，也是选择体育锻炼内容时需要考虑的因素。

**知识窗**

**如何选择合适的运动项目？**

根据自己的爱好和客观条件选择运动项目并非难事，关键在于所选择的运动方式能否有效地促进健康体能的发展。有效促进健康体能的运动项目，必须有大肌肉群的参与，并且能够方便地实施与操作。符合这些条件的运动方式有慢跑、快走、游泳、滑冰、骑自行车、划船、越野滑雪、跳绳、各种体育舞蹈等。

有氧耐力可根据个体间的能量消耗差异、维持稳定能量消耗的潜能分为3类。第1类：走步、慢跑、骑自行车较为容易维持稳定强度，而且个体间的能耗差异相对较小；第2类：游泳、越野滑雪等项目消耗的能量与技术关系较大，在某些群体中可以保持稳定的强度；第3类：舞蹈、棒球和壁球等运动项目的强度较高。

当必须准确控制负荷强度（如康复的早期阶段）时，应选择第1类和第2类活动。

个体的体能水平和能力的差异决定了在进行第1类和第2类项目时是采用连续运动还是间断运动。由于这些活动的连续运动消耗能量较高，所以适用于所有阶段锻炼。第3类项目在运动中具有较强的趣味性并能起到调节心情的作用，在现实生活中颇受欢迎。对于那些体能差、有特殊疾病的人应慎重选择此类项目。

## 二、体育锻炼的合理安排

### （一）考虑时间和内容因素

体育锻炼的安排要根据自己可自由支配的时间来确定。为使体育锻炼能够有保障且顺利地进行，通常要作出一个大体的计划，包括锻炼的时间、地点、人员和内容。从时间因素来讲，运动时间一般分为平时、周末和节假日三种。应根据这三种时间的特点，安排不同的运动内容。例如，平时每天早晨可用30分钟进行跳绳、踢毽子、健身跑、爬楼梯等运动，也可以采取步行、慢跑的方式去学校，或进行其他有交通需要的活动，以身体得到随时锻炼为目的；晚上可以进行健步走、游泳或健身跑等运动，采用低运动强度，以利于身心疲劳的转换和精力、体力的恢复。周末和节假日可自由支配的时间相对较多，且比较集中，可安排一些需要一定时间才能够完成的运动，如登高、远足、骑自行车远游、野营等。除了“十一”、春节等长假以外，一般运动内容不宜安排得过多，时间也不宜过长，否则容易造成身体负荷过重，影响学习、生活。

体育锻炼的安排既可“专一”，又可“多样”。“专一”有利于提高运动技术，发展运动个性；“多样”则可不断追求新颖、丰富体验、拓展知识、充实自己，这对改善心情、增添乐趣、激发欲望、增进健康、调节学习和生活节奏等都会起到积极的作用。

知识窗

**学会腹式呼吸**

呼吸有两种：胸式呼吸（浅呼吸）和腹式呼吸（深呼吸）。腹式呼吸是最有效的呼吸方式，吸气时，横膈膜就会收缩，并将空气灌进肺部。

腹式呼吸可以将空气先送入较低的肺叶中，那里有比上肺部更多的血液可供氧气交换，这是因为血液供应到肺部的多少会受到地球引力的影响。

学习在运动中正确呼吸的一个绝妙方法就是用鼻子吸气，嘴巴吐气。这不仅可以迫使你做一些深度的腹式呼吸，而且要求你有很强的耐心，当这样调整后就会发现你的运动强度明显加强。

当你开始用鼻子呼吸时，你会觉得肺部好像吸气不足，不断练习后你就会发现呼吸变得更有效，而且每次呼吸时氧气与二氧化碳的交换越来越好。经过几个月的鼻子呼吸练习后，你会开始感到在不需减轻运动强度的情形下心率下降了。用鼻子呼吸还可以活跃副交感神经系统，有助于冷静和放松，从而让你在运动中及运动后体验一种前所未有的平静感觉。

### （二）克服惰性和不良的生活习惯

经常听到有学生抱怨学习任务重、压力大，没有时间进行体育锻炼，仿佛体育锻炼与学习、生活是一对不可调解的矛盾，事实并非如此。大学生要想让体育锻炼成为其生活中一个不可缺少的组成部分，首先就要改变不良的生活习惯和生活方式，合理地安排时间。头脑中要有一张适合自己的作息时间表，充分利用每天零星的时间来进行身体锻炼，可自由支配的时间绝不应该被聊天、上网、看电视、读小说、静卧等过多地占据。

### （三）考虑情绪和心境因素

体育锻炼内容的选择和安排还应该考虑情绪和心境两个因素。体育锻炼本身强调身心的和谐统一，在身体活动的同时使心理获得最大的满足。在欠佳的情绪状态下进行体育锻炼，特别是参加对抗性的运动，有时会对自己和他人造成负面的影响，甚至成为破坏团结的隐患。如在情绪激动、易怒的情况下，最好远离篮球、足球、拳击、搏击健身操等对抗性、接触性强的运动。此时，最好进行一些较轻松愉快的、容易平抑情绪的活动内容。在情绪沮丧、冷漠时，应选择参加一些生动活泼，娱乐性、群体性强的体育活动，如登高、远足、野营等，以缓解不良情绪，愉悦心情。

## 第三节　运动处方

运动处方是指对从事体育锻炼的人们，根据其医学检查和运动能力的测试结果，按其健康、体力以及心血管功能状况，结合生活条件和运动爱好等个体特点，用处方的形式规定适当的运动种类、次数、强度及时间，并指出运动中的注意事项，以便有计划地进行经常性的锻炼，达到健身或治病的目的。

### （一）运动处方的三个阶段

第一阶段：热身运动。每次运动前都应有一段热身准备，时间一般为 5 ～ 6 分钟。热身运动使体内温度升高，血流量和肺呼吸量增加，全身肌肉充分伸展，以便使身体适应即将开始的激烈运动，防止运动损伤和肌肉酸痛现象的发生。

第二阶段：主要运动。确定运动的负荷强度和运动持续时间是关键。

第三阶段：整理活动。整理阶段与运动阶段实际上是连贯的，即在激烈运动后以强度较低的方式继续活动一段时间，如跑步后转入步行，做一些伸展练习等。该阶段约需 10 分钟，使人体有大于安静状态时的摄氧量，以补充运动时体内消耗的氧，使呼吸和心跳逐渐恢复正常，使积累在四肢的血液加快回流到心脏，以免因大脑缺血而出现头晕、昏厥。

### （二）制订和实施运动处方的基本原则

在制订和实施运动处方时应遵循下列基本原则：

#### 1. 运动处方个体化

由于每个人的身体条件千差万别，不可能有放之四海而皆准的处方。即使有，每个人的身体或客观条件也在经常变化。严格地说，上周的运动处方本周就不一定适合。因此，必须根据每个人的具体情况区别对待。

#### 2. 运动处方要不断调整

对于初定的运动处方在实行过程中要进行一次或多次的微调，使之逐渐符合自己的实际情况。一个安全、有效、愉快的运动处方不是直接照搬别人的，而是根据自己的情况制订的。各种书刊上介绍的运动处方仅供参考。

**3. 要以耐力为基础**

在制订运动处方时，体力的差别比性别和年龄的差别更为重要。以体力（全身耐力）情况为基础制订的运动处方才是适宜的。

**4. 保持安全界限和有效界限**

为了提高全身耐力水平，运动必须达到改善心血管和呼吸功能的有效强度，这就是靶心率范围。如果运动超过这个上限，就可能有危险性，此运动强度或运动量界限被称为安全界限，而达到最低效果的下限被称为有效界限。安全界限和有效界限之间，就是运动处方安全而有效的范围。

**知识窗**

**制订运动处方的意义**

运动处方能保证身体锻炼有目的、有计划、有步骤、有针对性地进行，克服体育锻炼的盲目性和随意性，以便更充分运用时间，选择科学有效的方法，取得预期效果。体育锻炼要注意系统性，要从简单到复杂，逐渐加大运动负荷，从低到高、有层次、有系统地进行，运动处方恰恰能起到这种作用。

大学生随着知识文化的增长和视野的扩大以及对体育理解的加深，逐步从单纯追求兴趣，向追求锻炼的实效性和社会价值转化。因此，制订运动处方，对于结合自身特点，合理安排锻炼内容具有指导性的作用。

### （三）运动处方的种类

运动处方大致可分为治疗性运动处方、预防性运动处方两种。

**1. 治疗性运动处方**

治疗性运动处方是用于某些疾病或损伤的治疗和康复，它使医疗体育更加定量化、个性化。例如，某人中等肥胖，体重超标 10 千克，他需每天爬山 1 小时，约需 16 周的时间使体重降到标准范围，这就是治疗性运动处方。

**2. 预防性运动处方**

预防性运动处方主要用于健身防病。如人过中年，身体开始衰退，像动脉硬化就慢慢开始了。为了预防动脉硬化，运动处方规定了中等强度的耐力跑，使脂肪和胆固醇等物质不易沉积，从而达到预防动脉硬化的作用，这就是预防性运动处方。

### （四）运动处方的基本构成

**1. 健康检查**

了解锻炼者的一般身体发育、伤病的情况和健康状况，以确定是否是健身运动的适应者，有无禁忌证等。

**2. 运动负荷测定**

检测和评定锻炼者对运动负荷的承受能力。以心肺功能为主，进行安静和运动状态下的生理功能检测，主要有心率、血压和肺活量等指标。

**3. 体能测定**

进行力量、耐力、速度和灵敏的身体素质检测，从中判定锻炼者的运动能力和生理机能状况。

**4. 制订运动处方**

（1）运动目的

通过有目的的锻炼达到预期的效果。由于每个人的情况千差万别，运动处方的目的有健身的、娱乐的、减肥的和治疗的等多种类型。

（2）运动项目

在运动处方中，为锻炼者提供最合适的运动项目关系到锻炼的有效性和持久性。选择运动项目要考虑运动的目的，如是健身还是治疗；要考虑运动条件，如场地器材、余暇、气候等；还要结合体育兴趣爱好等。

（3）运动强度

运动强度是运动时的剧烈程度，是衡量运动量的重要指标之一，可用每分钟的心率来表示大小。一般认为学生心率 120 次 / 分钟以下为小强度，120 ～ 150 次 / 分钟为中强度，150 ～ 180 次/分钟或 180 次 / 分钟以上为大强度。

（4）运动时间

运动时间指一次锻炼的持续时间。它与运动强度紧密相关，强度大，时间应稍短，强度小，时间应稍长。有氧锻炼一般在 30 分钟左右就可以达到较好的效果。

（5）运动频度

运动频度指每周的锻炼次数。关于运动频度，日本学者池上晴夫的研究表明，1 周运动 1 次，肌肉酸痛和疲劳每次发生，运动后 1 ～ 3 天身体不适，效果不蓄积；1 周运动 2 次，酸痛和疲劳减轻，效果有点蓄积，不明显；1 周运动 3 次，无酸痛和疲劳，效果蓄积明显；1 周运动 4 ～ 5 次，效果更加明显。可见，1 周运动 3 次以上，效果才明显。

**5. 效果检查**

由于个人情况千差万别，在实施运动处方的过程中，可能会有不合适的地方，应在实践中及时检查和修正，以保证锻炼的效果。

**思考题**

1. 体育锻炼应遵循哪些原则？
2. 体育锻炼的方法有哪几种？并简述其中一种。
3. 运动处方包括哪些内容？如何制订运动处方？

# 第六章　体育保健

引　言

体育保健是体育运动与医疗保健的结合，主要任务是运用医疗保健的知识和方法，对体育运动参加者进行医务监督和指导，使体育锻炼能更好地达到增强体质、增进健康和提高运动技术水平与效果。体育保健的内容包括体育卫生、医务监督、运动性疾病和运动创伤防治等几个部分。

## 第一节　体育锻炼的卫生常识

### 一、准备活动与整理活动

体育运动过程是人体由静态到动态再恢复到静态的变化过程，准备活动和整理活动就是实现这种变化的过渡手段。

#### （一）准备活动

体育锻炼前进行充分的准备活动对于体育锻炼者来说是非常重要的，有些大学生就是由于不重视锻炼前的准备活动而出现各种运动损伤，不仅影响其锻炼效果，更影响其锻炼兴趣，甚至会使其对体育活动产生畏惧感。

做好准备活动能起到以下作用：克服机体的生理惰性；加速肌肉组织的新陈代谢，提高氧的利用率；调节心理状态，提高神经系统的兴奋性；预防运动损伤。

#### （二）整理活动

整理活动是人体由运动状态（无序状态）过渡到相对安静状态（有序状态）的活动过程，它是促进体力恢复的一种有效手段。整理活动的作用：一是有助于人体机能尽快恢复常态；二是有助于偿还氧债。

整理活动应侧重于全身性放松。特别是在紧张剧烈的运动之后，一定要进行全身放松活动。整理活动之后，还要注意保暖，防止着凉、感冒。

## 二、运动饮食卫生

经常进行体育锻炼，可促进胃肠道的蠕动和消化液的分泌，对人体的消化系统产生良好影响。如果在体育锻炼中不注意饮食卫生，则会严重影响锻炼者的身体健康。这是因为运动时大量血液流入运动器官，消化器官内的血液量相对减少，胃液分泌减少，消化系统的功能处于相对的抑制状态。如果运动后立即进餐，必然影响食物的消化和吸收，长此以往，会造成消化不良或其他消化道疾病。因此，在体育锻炼中应注意饮食卫生。

### （一）运动后不宜立即进餐

体育锻炼后不要急于进食。要使心肺功能稳定下来，胃肠道机能逐渐恢复后再用餐。这段时间一般为半小时，如果在下午进行了较剧烈的体育锻炼，间隔的时间应更长。应注意的是，由于运动后易产生饥饿感，用餐时不要狼吞虎咽，更不能暴饮暴食。

### （二）饭后不宜立即进行剧烈运动

饭后立即进行剧烈运动，不仅易产生消化不良，还会引起腹痛、恶心等症状，甚至造成胃病。可见，进食与运动之间要有一定的时间间隔，一般在饭后半个小时方可进行运动；剧烈运动或比赛最好安排在饭后 1.5 小时，缺乏体育锻炼或体质较弱的人，进食与运动的间隔应更长些。

### （三）空腹不宜进行长时间剧烈运动

长时间剧烈运动要消耗大量能量，而能量主要来自体内糖原的氧化。空腹进行长时间剧烈运动，无充足的血糖补充，易发生低血糖症状。另外，空腹进行长时间剧烈运动可能会使胃发生痉挛性收缩，出现胃痛，久而久之会导致胃炎等疾病。因此，早晨空腹锻炼的时间，一般不宜超过 30 分钟，且运动强度不宜过大。

### （四）体育锻炼中或锻炼后正确补充水分

体育锻炼中或锻炼后正确的饮水方法是：首先确认体内是否真的缺水。在短时间的体育运动中或剧烈的体育运动中感到口渴，主要由口腔和咽部黏膜水分蒸发、唾液分泌减少引起的，或者由心理紧张造成的，这时候不必补充水分，只需用水漱漱口，增加口腔湿润感即可。对体育锻炼中失去水分的补充，要采取少量多次的办法。预防运动失水的最好办法是每 15 ～ 20 分钟饮水 150 毫升左右，这样既随时补充了水分，又可避免对身体的损害；在锻炼前 10 ～ 15 分钟，可饮水 300 ～ 500 毫升，以保证体内水分充足，预防失水过多。一次性补水的最大量不能超过 800 毫升。

## 三、运动性疲劳

### （一）运动性疲劳的概念

疲劳是一种暂时的生理现象，是一种对人体保护性的抑制。运动性疲劳出现后，只要不使疲劳积累产生过度疲劳，就不会损害人的身体健康；相反，经过疲劳的产生—消除过程，借助不断强化的体育锻炼，人体机能和运动能力可以达到超量恢复，从而提高运动者的健康水平。

### （二）运动性疲劳的判定

判断运动性疲劳的出现及其程度，对科学地锻炼身体，增强体质，合理地安排运动强度及提高运动成绩都有着重要的意义。在学校体育运动和自我锻炼中，可采用比较简易的方法来判断运动性疲劳及其程度。（表 6–1–1）

表 6–1–1　运动性疲劳的判定

| 内　容 | 轻度疲劳 | 中度疲劳 | 重度疲劳 |
|---|---|---|---|
| 自我感觉 | 无任何不适 | 疲乏、腿痛、心悸 | 除疲乏、腿痛、心悸外，还有头痛、胸痛、恶心，甚至呕吐等症状，有些症状存在的时间较长 |
| 面　色 | 稍　红 | 相当红 | 十分红或苍白，有时呈紫色 |
| 排汗量 | 不　多 | 稍多，特别是肩带部位 | 非常多，尤其是整个躯干部分，在汗衫和衬衣上可出现白色盐迹 |
| 呼　吸 | 中度加快 | 显著加快 | 显著加快，并且表浅（其中有少数深呼吸出现），有时呼吸节奏紊乱 |
| 动　作 | 步伐轻稳 | 步伐摇摆不稳 | 摇摆现象显著，在行进时掉队，出现不协调动作 |
| 注意力 | 比较好，能正确执行指令 | 执行口令不准确，改变方向时有时发生错误 | 执行口令缓慢，只对大声口令才能接受 |

### （三）消除运动性疲劳的常用方法

为了使运动中消耗的物质和各器官、系统的机能得到尽快恢复，避免疲劳累积而造成过度疲劳，一般可采用下述消除运动性疲劳的方法：

**1. 放松活动**

放松活动包括慢跑、呼吸体操及各肌群的伸展练习。运动后做伸展练习，可消除肌肉痉挛，改善肌肉血液循环，减轻肌肉酸胀和僵硬程度。

**2. 按摩和物理方法**

按摩可改善局部或全身血液循环状况，促进代谢产物的消除，减轻肌肉的酸痛感和僵硬感，提高肌肉的收缩力，改善关节的灵活性。

消除运动性疲劳的物理疗法种类较多。训练或比赛后采用局部热敷和温水浴是简单易行的手段。

#### 3. 补充营养

运动时消耗的物质要靠饮食中的营养物质来补充。体育锻炼和比赛后，合理补充营养有助于运动者恢复体力和消除运动性疲劳。因此，运动后应根据运动项目的特点补充足够的糖、蛋白质、维生素（如维生素$B_1$、维生素$B_6$、维生素C、维生素E）、无机盐（如钠、磷、铁）和水等。

#### 4. 充足的睡眠

充足的睡眠是消除疲劳、恢复体力的最好方法之一。睡眠时大脑皮层的兴奋度降低，体内分解代谢处于最低水平，而合成代谢则相对较高，有利于体内能量的蓄积。因此，运动者每天应保证充足的睡眠时间，一般每天的睡眠时间应保持在 8 ～ 9 小时。在大运动量训练和比赛期间，睡眠时间应适当延长。

## 第二节　常见运动损伤的处理方法

运动损伤分为开放性损伤和闭合性损伤。对于运动损伤的处理，一般分为前、中、后处理原则。对于急性损伤前期（24 小时以内）的处理原则是制动、止血、防肿、镇痛（即减轻炎症）。可根据具体情况选用一种处理方法或几种处理方法并用。

### 一、一般处理方法

（1）一般先冷敷，加压包扎并抬高伤肢。这种方法应在伤后立即使用，有制动、止血、止痛及防止或减轻肿胀的作用。冷敷一般使用冰袋、自来水或氯乙烷。冷敷之后，用适当厚度的棉花或海绵置于伤部，立即用绷带稍加压力进行包扎。

（2）伤后 24 小时打开包扎，可进行热疗、按摩、理疗、外敷活血化瘀和生新的中草药、贴活血膏等，也可用几种方法进行综合治疗。

（3）当损伤组织已基本恢复正常，肿胀和压痛已消失，但锻炼时仍会感到酸胀、无力时，要进行功能性的恢复治疗，这时仍以按摩、理疗以及提高肌肉、关节功能的锻炼为主。

### 二、开放性软组织损伤的处理方法

常见的开放性软组织损伤有擦伤、切伤、刺伤、撕裂伤、局部皮肤或黏膜破裂等。开放性软组织损伤一般是指伤口与外界接触，常见组织液渗出或血液自伤口流出。紧急处理的原则是及时止血和处理伤口，预防感染。

#### （一）擦　伤

擦伤多发生在摔倒时，对于伤口较脏的擦伤可先用生理盐水洗净伤口，然后再用酒精棉球或碘酒消毒，对于伤口较浅、面积较小的擦伤无须包扎。

### （二）切伤与刺伤

切伤与刺伤的伤口往往较深、较小。如果伤口较脏，除了进行伤口的止血消炎、包扎外，还要去医院注射预防破伤风的抗生素。

### （三）撕裂伤

撕裂伤以头面部皮肤伤较多见。例如，拳击运动中，眉弓被对方肘部碰撞导致眉际皮肤撕裂等。若撕裂的伤口较小，经消毒处理后，贴上创可贴即可；若撕裂伤口较大，则需止血，缝合伤口；若伤情和污染较重，应去医院注射预防破伤风的抗生素。

## 三、闭合性软组织损伤的处理方法

急性闭合性软组织损伤是运动损伤中较常见的一类，肌肉拉伤、挫伤、韧带拉伤等都属于这类损伤。

急性闭合性软组织损伤的特点是皮肤黏膜完整。该类损伤由暴力引起，损伤部位因组织的撕裂、血管损伤等导致出血，组织液渗出、肿胀。在急性闭合性软组织损伤发生后，首先要检查有无合并伤，如腹部挫伤后是否有内脏破裂；肌肉挫伤后有无断裂，有无明显血肿；头部挫伤后有无脑震荡等。如果有，应先处理合并伤，然后处理软组织损伤。在确定没有严重的合并伤后，应对急性闭合性软组织损伤进行冷敷、加压包扎、制动和抬高伤肢，24 小时以后解除包扎，可进行局部热敷、理疗、按摩等，以改善血液循环，促进局部代谢，加速损伤部位的修复。当损伤部位基本恢复后，再进行肌肉、韧带的伸展性练习，以及加强局部力量练习，以恢复受伤部位的肌肉力量及肌肉、韧带的柔韧性。

## 四、几种常见运动损伤的征象、原因和处置

### （一）挫　伤

1. 征　象

挫伤多发生在头部、胸部、四肢，这些地方经常暴露在外，常会遇到碰、跌、撞、打、摔等，受伤后局部红肿、疼痛，皮肤破裂的当时就出血，即使没有破裂也会出现青紫淤血。

2. 原　因

首先是运动前准备活动做得不够，肌肉关节没有得到充分活动；其次是活动时用力过猛，超过了肌肉、关节和韧带的负荷限度。

3. 处　置

对挫伤应根据情况及时处理。如果皮肤出血应立即停止运动，先用酒精或碘酒将

伤口消毒，用净布包扎。如果受伤部位红肿疼痛，可先用冷水或冰进行局部冷敷，抬高受伤部位，必要时加压包扎，防止继续出血。24 ～ 48 小时以后改用热敷，用按摩来活血、消肿、止痛。伤势减轻后再做针对性的活动，使关节、肌肉恢复功能，如下蹲、弯腰、举腿等，可以避免伤后关节不灵活或发生肌肉萎缩。

知识窗

**处理运动损伤的“RICE”原则**

Rest（休息）——立即停止损伤肢体的运动。

Ice（冷敷）——即刻用凉水、冰等对损伤部位进行 10 分钟的冷敷。如果损伤比较严重，可以在 2 ～ 3 小时后再冷敷一次。

Compression（加压包扎）——如果损伤部位发生肿胀，应用海绵或棉花垫在损伤部位周围，再用弹力绷带或普通绷带加压包扎 24 ～ 48 小时。

Elevation（抬高肢体）——将损伤的肢体抬高，以超过心脏的位置为宜。

### （二）肌肉损伤

#### 1. 征　象

如果是少量的肌肉损伤，则症状较轻；如果是肌纤维完全断裂，则症状较重。一般表现为伤处疼痛，局部肿胀、压痛，肌肉紧张或抽筋，伤后肌肉功能减弱或丧失。

#### 2. 原　因

准备活动不充分，肌肉的生理机能尚未达到剧烈活动所需的状态就参加剧烈活动；体质较弱，运动水平不高，肌肉的弹性、伸展性和力量较差，疲劳过度也可能导致肌肉损伤。

#### 3. 处　置

对肌肉损伤的处置要根据具体情况而定。对于少量肌纤维断裂者，应立即采取冷敷、局部加压包扎等措施，并抬高伤肢；对于肌肉大部分或完全断裂者，应在加压包扎后立即送医院进行手术缝合。

### （三）关节韧带损伤

#### 1. 征　象

关节韧带损伤后，一般表现为压痛、自感疼痛，轻者发生韧带部分纤维的断裂，重者韧带纤维完全断裂，引起关节半脱位或完全脱位，从而出现关节功能障碍。

#### 2. 原　因

上肢关节韧带损伤以肩关节、肘关节、腕关节损伤最为常见，如掷标枪引枪后的翻肩动作若错误会造成肩、肘关节扭伤；下肢关节韧带损伤以髋关节、膝关节、踝关节损伤较多，如从高处跳下时平衡缓冲不够会造成膝关节、踝关节受伤；做“下桥”练习时，过分地提腰会造成腰椎损伤等。

3. 处　置

发生关节韧带扭伤应当在 24 小时内采用冷敷，必要时加压包扎，24 ～ 48 小时后采用理疗、热敷、按摩、针灸治疗。待疼痛减轻后可增加功能性练习。对急性腰部损伤者，如果出现剧烈疼痛，切不可轻易处理，可使其平卧，并用担架送至医院就诊。

### （四）骨　折

1. 征　象

骨折分为完全性骨折（骨完全断裂）和不完全性骨折（骨未完全断裂，如裂缝骨折），是运动中一种比较严重的损伤。主要症状表现为肿胀和皮下淤血、功能障碍，出现畸形和假关节，并有压痛和震痛感。

2. 原　因

因身体某部位受到直接或间接暴力，或肌肉强烈收缩所致。常见的骨折部位有肱骨、尺（桡）骨、手指、小腿和肋骨等。

3. 处　置

一旦出现骨折，暂勿随意移动伤肢，应先用夹板或其他代用品固定伤肢，固定动作要轻巧、缓慢，不要乱拉乱拽，以免造成错位。如果是上肢骨折，可用木板托住伤肢，用绷带扎紧骨折处的上、下两端；如果是下肢骨折，先将伤腿轻轻放好，然后用宽布条或褥单将两条腿缠在一起，慢慢抬到硬板担架上，送往医院救治；如果是头部、颈部或脊椎骨发生骨折，运送时就更要小心，以免损伤神经和脊椎而造成肢体瘫痪，搬运时头部用枕头或衣服垫住，防止移动，固定好以后，告知患者不要扭动伤肢，送往医院时要做到迅速、平稳。

### （五）关节脱位

1. 征象及原因

因受外力作用，关节面失去正常的连接关系，叫作关节脱位，又称脱臼。关节脱位可分为完全脱位和半脱位（或称错位）两种。运动中发生的关节脱位大都是间接外力撞击所致，如摔倒时用手撑地，引起肘关节或肩关节脱位。关节脱位后常出现畸形，与健肢相比不对称，表现为局部疼痛、压痛和关节肿胀，并失去正常活动功能，甚至发生肌肉痉挛等现象。

2. 处　置

用长度和宽度相称的夹板固定伤肢。如果没有夹板，可将伤肢固定在患者的躯干或健肢上，防止震动，随后及时送医院治疗。必须指出的是，如果没有把握做整复处置，切不可随意做整复手术，以免增加伤害。

### （六）脑震荡

1. 征象及原因

脑震荡是指头部受到外力打击后，大脑管理平衡的膜半规管、椭圆囊、球囊等感应器官机能失调，引起意识和机能的暂时性障碍。体育锻炼时，两人头部相撞、撞击硬物或从高处跌下时头部撞地，都可能造成脑震荡。

脑震荡表现为神志昏迷、脉搏徐缓、肌肉松弛、瞳孔稍放大但能对称，神经反射减弱或消失；清醒后患者常有头痛、头晕、恶心呕吐感；平时情绪烦躁，注意力不易集中，出现耳鸣、心悸、多汗、失眠、记忆力减退等。

2. 处　置

立即让患者平卧，头部冷敷；若有昏迷，即指压人中、内关、合谷等穴位；若呼吸发生障碍，立即进行人工呼吸。完成上述处理后，若出现反复昏迷或耳鼻口出血，双目瞳孔放大且不对称时，则表明病情严重，应立即送至医院救治。在运送途中，要让患者平卧，头部固定，避免颠簸。

轻微的脑震荡一般可自愈，无须住院治疗，但要注意休息，保持情绪稳定，减少脑力劳动。

## 第三节　常见运动性疾病的预防

### 一、延迟性肌肉酸痛

#### （一）产生原因和临床表现

延迟性肌肉酸痛是指机体从事大运动量，特别是开始一项新运动、运动项目改变或运动强度突然增加后一段时间内出现的肌肉酸痛现象，是一种特殊类型的运动性肌肉疲劳，可能是产生超量恢复的基础条件。这种酸痛不是发生在运动结束后的即刻，而是发生在运动结束后 1 ～ 2 天，因此称为延迟性肌肉酸痛。由于这种酸痛现象只是局部肌纤维的细微损伤和痉挛，不影响整块肌肉的运动功能，所以，酸痛后经过肌肉内部对细微损伤的修复，肌肉组织会变得更加强壮，以后同样负荷将不易再发生酸痛。

一般在运动后 24 小时之内出现肌肉僵硬、酸痛和自觉酸痛部位肿胀，有压痛，多发生于双下肢主要伸、屈肌群，而肌肉远端和肌肉—肌腱移行处症状一般较重，严重者肌肉会发生疼痛，且以肌腹为主。24 ～ 48 小时之内，酸痛达到高峰，之后可自行缓解，5 ～ 7 天消失。

#### （二）处置和预防

1. 处　置

对酸痛部位进行热敷或按摩，还可配合做一些伸展练习，也可口服维生素C以缓解症状，另外针灸、电疗等也有一定作用。

2. 预　防

锻炼时，要充分做好准备活动，把握运动强度及运动负荷的递进性原则，根据自身的身体状况安排锻炼负荷，尽量避免局部肌肉负担过重。锻炼后，要对主要的工作肌肉进行推拿、按摩等。

## 二、运动中腹痛

### （一）产生原因和临床表现

运动中腹痛多数在中长跑时发生。主要是因准备活动不充分，开始运动时过于剧烈，或跑得过快，内脏器官功能尚未达到运动状态，致使脏腑功能失调，引起腹痛；也有的是因运动前吃得过饱，饮水过多，以及腹部受凉，引起胃肠痉挛而出现腹痛；少数是因运动时间过长或过于剧烈，使下腔静脉压力上升，引起血液回流受阻，或者因肝脾淤血，膈肌运动异常，致使两肋部胀痛而出现腹痛。

### （二）处置和预防

1. 处　置

如果没有器质性病变迹象，一般可采用减慢跑速、加深呼吸、按摩疼痛部位或弯腰跑等方法处理，疼痛感常可减轻或消失。如疼痛感仍不减轻，甚至加重，就应停止运动，或揉按内关、足三里、大肠俞等穴位。如仍不见效，应到医院做进一步检查。

2. 预　防

饭后 1 小时可进行运动，但要做好准备活动，运动负荷的增加要循序渐进，并注意呼吸节奏；夏季运动要适当补充盐分；对于因各种慢性疾病引起的腹痛应就医检查，病愈之前，应在医生和体育教师指导下进行锻炼。

## 三、运动性贫血

### （一）产生原因和临床表现

血液中红细胞与血红蛋白数量低于正常值，称为贫血。因运动引起的这种血红蛋白数量的减少，即称为运动性贫血。

造成运动性贫血的主要原因有：

（1）运动时肌肉对蛋白质和铁的需要量增加，一旦需要得不到满足，即可能引起运动性贫血。

（2）剧烈运动时血流加速，易引起红细胞破裂，致使红细胞从新生到衰亡之间的平衡遭到破坏，从而导致运动性贫血。

运动性贫血发病缓慢，其临床表现有头晕、恶心、呕吐、气喘、体力下降、运动后心悸、心率加快、脸色苍白等。

### （二）处置和预防

**1. 处 置**

在运动中（后）出现头晕、无力、恶心等现象时，应适当减小运动负荷，必要时暂停运动，并补充富含蛋白质和铁的食物。

**2. 预 防**

应遵循循序渐进和个别对待原则，合理调整膳食。如运动时经常出现头晕现象，应及时诊断医治，以利于正常参加体育锻炼。

## 四、运动性昏厥

### （一）产生原因和临床表现

在运动中，因脑部突然血液供给不足而发生的暂时性知觉丧失现象，叫作运动性昏厥。运动性昏厥产生的原因有，剧烈运动或长时间运动使大量血液积聚在下肢，回心血量减少；或者是剧烈运动后引起低血糖。

运动性昏厥表现为全身无力、头昏耳鸣、眼前发黑、面色苍白、失去知觉、突然昏倒、手足发凉、脉搏慢而弱、血压降低、呼吸缓慢等。

### （二）处置和预防

**1. 处 置**

应立即使患者平卧，脚略高于头部，并进行由小腿向大腿、心脏方向的按摩或拍击；同时用手指点压人中、合谷等穴位，必要时给氨水闻嗅。如有呕吐，应将患者头偏向一侧；如停止呼吸，应立即进行人工呼吸。轻度休克者，应由同伴搀扶慢走一段时间，以帮助其进行深呼吸，即可消除症状。

**2. 预 防**

平时要经常坚持体育锻炼，以增强体质；久蹲后不要突然起立；不要带病参加剧烈运动；疾跑后不要立即停下来；不要在饥饿的情况下参加剧烈运动。

## 五、肌肉痉挛

### （一）产生原因和临床表现

在体育锻炼时，肌肉受到寒冷的强烈刺激，可能发生肌肉痉挛。肌肉痉挛常在游泳或冬季户外锻炼时发生。准备活动不充分，或肌肉猛力收缩，或收缩与放松不协调，均有可能发生肌肉痉挛；也有的肌肉痉挛是因情绪过分紧张所致。

肌肉痉挛时，肌肉会突然变得坚硬、疼痛难忍，而且一时不易缓解。

### （二）处置和预防

**1. 处　置**

对痉挛部位的肌肉做牵引。例如，腓肠肌痉挛时，应伸直膝关节，并配合按摩、揉捏、叩打以及点压委中、承山、涌泉等穴位，以促使痉挛缓解或消失。

**2. 预　防**

运动前做好准备活动，对容易发生痉挛的部位事先应做适当按摩。夏季进行长时间运动时要注意补充盐分；冬季锻炼时要注意保暖；游泳下水前应先用冷水淋浴；游泳时不要在水中停留过长时间；疲劳和饥饿时，不要进行剧烈运动。

## 六、运动中暑

### （一）产生原因和临床表现

在高温环境中长时间进行体育锻炼易发生中暑，尤其是在气温高、通风不良、头部缺乏保护、被烈日直接照射的情况下，最容易发生运动中暑。

中暑早期表现为头晕、头痛、呕吐，随后逐步发展为体温升高，皮肤灼热干燥，严重者可出现精神失常、虚脱、抽搐、心律失常、血压下降，甚至出现昏迷而危及生命。

### （二）处置和预防

**1. 处　置**

首先将患者扶送到阴凉通风处休息，同时采取降温消暑手段，如解开衣领、额部冷敷，喝些清凉饮料补充少量水分，并补充生理盐水或葡萄糖生理盐水等。

对于严重患者，经临时处理后，应迅速送医院进一步治疗。

**2. 预　防**

在高温炎热季节锻炼时，应适当减小运动负荷，缩短锻炼时间；避免在烈日下长时间锻炼；夏天在室外锻炼时，应戴白色帽子，穿宽松薄衣；在室内锻炼时，应保持通风，并备有低糖含盐的饮料。

**思考题**

1. 体育锻炼前为什么要做准备活动？
2. 如何预防运动损伤？
3. 如何预防运动性疾病的发生？

# 运动技能学练篇

# 第七章　篮　球

## 引　言

篮球运动是通过攻守对抗，展现生命活力，激励人们树立坚韧不拔的意志品质和集体主义精神的集体性运动。篮球起初只是一种简单的活动性游戏，经过较长的时间逐步地演变成为现代竞技体育运动项目。自美国马萨诸塞州春田学院的体育教师詹姆士·奈史密斯在 1891 年发明篮球这项运动至今，篮球已成为当今世界上最流行的运动项目之一。

篮球运动已进入科学化、技术化、战术化的新时期。从事篮球活动，能扩充体育知识储备，愉悦身心，增强身体素质。

## 第一节　篮球基本技术

### 一、移　动

篮球百科

移动是篮球运动的基础。队员在比赛中为了争取时间和空间上的优势，经常要采取改变位置、方向、速度的移动方法。对球的支配和控制、篮板球的争夺、投篮等技术也都需要配合移动才能完成。

#### （一）跑

跑是运动员在球场上改变位置、发挥速度的重要方法，也是比赛中运用最多的一种移动动作。篮球运动中的跑，具有快速、多变的特点。在比赛中最为常用的跑有以下几种：

**1. 变向跑**

变向跑

变向跑是队员在跑动中突然改变方向以摆脱防守或堵截进攻队员的一种方法。顺步变向跑时，左脚落地制动，屈膝降低身体重心，用前脚掌内侧用力蹬地，同时扭腰转胯，快速移动重心，右脚迅速向右跨步加速。交叉步变向跑时，左脚落地制动，腰胯向右转动，同时，左脚前脚掌内侧蹬地向右跨步，继续加速跑动前进。

侧身跑

**2. 侧身跑**

侧身跑是队员在向前跑动的过程中为了观察场上的情况，侧转上体，进行攻守行动的一种跑动方法。进行侧身跑时，头部与上体要侧转向球的方向，而脚尖要朝向前进的方向。

变速跑

**3. 变速跑**

变速跑是队员在跑动过程中运用速度的变换来争取主动的一种跑动方法。在跑动过程中突然加速时，上体前倾，两脚短促而积极有力地蹬地，手臂加速摆动以加快跑的频率；减速时，用前脚掌用力抵地来减缓前冲力，上体直起，身体重心后移，降低跑速。

后退跑

**4. 后退跑**

后退跑是队员在球场上背对前进方向跑动的一种跑动方法。后退跑时，用脚前掌交替蹬地提膝向后跑动，上体放松直起，双臂屈肘配合摆动，保持身体平衡，两眼平视，观察场上情况。

### （二）跳

跳是队员在球场上争取高度及远度，从而获得更多的空间优势的一种动作方法。

双脚起跳

**1. 双脚起跳**

起跳前，两脚开立，屈膝下蹲，两臂后摆，上体前倾。起跳时，两脚用力蹬地，伸膝，提腰，两臂前摆使身体向上腾起，上体在空中保持伸展，收紧腰部，下肢放松。落地时，用前脚掌先着地，屈膝缓冲，保持身体平衡，以便衔接下一个动作。

单脚起跳

**2. 单脚起跳**

起跳之前的最后一步步幅要小，起跳时起跳腿微屈前送，脚跟先着地，然后迅速过渡到前脚掌用力蹬地，提腰，摆臂；另一条腿同时积极提膝上抬帮助起跳。落地时屈膝缓冲，保持平衡。

### （三）急　停

急停是队员在跑动过程中突然制动的一种方法，也是各种脚步动作衔接和变化的过渡动作。急停的动作可分为以下两种：

跨步急停

**1. 跨步急停（两步急停）**

急停时，先向前跨出一大步，脚跟先着地过渡到全脚掌抵住地面，并迅速屈膝，上体稍微后仰；第二步着地时，身体侧转，脚尖内旋，用前脚掌内侧蹬撑地面保持身体平衡。

跳步急停

**2. 跳步急停（一步急停）**

队员在移动速度不是很快时，单脚或双脚起跳后，上体稍微后仰，两脚同时落地，全脚掌着地，前脚掌内侧蹬地制动。着地后两膝微屈，降低重心，控制身体平衡。

### （四）转　身

转身是以一只脚蹬地向前或向后跨出的同时，另一只脚做中枢脚进行旋转而改变身体方向的一种动作方法。转身可分为前转身和后转身两种。

后转身是在行进间突破防守队员的一种常用技术。行进间后转身，是在靠近对手时以前脚为中枢脚旋转，后脚蹬地完成转身，由于跑动中存在惯性的原因，要适当减速，同时加大中枢脚碾地的力量，加快旋转速度。在转身过程中，要注意控制重心，保持身体平衡。

后转身

### （五）滑　步

滑步是防守时的一种主要步法。它易于保持身体平衡，可向侧、向前、向后进行滑动来阻截对方的移动路线。

侧滑步

**1. 侧滑步**

两脚平行站立，两膝较深弯曲，上体略前倾，两臂伸展。向左滑步时，右脚前脚掌内侧蹬地，左脚向左跨步，左脚落地的同时，右脚蹬地滑动，跟随左脚移动，两脚之间保持适当的距离；向右侧滑步时脚步动作相反。滑步时，要屈膝降低身体重心，身体重心不要上下起伏，且始终保持在两脚之间。

前后滑步

**2. 前滑步**

两脚前后开立，向前滑步时，后脚前脚掌内侧蹬地，前脚向前跨步，前脚着地后，后脚随之向前滑动，保持前后开立姿势。

**3. 后滑步**

后滑步动作方法与前滑步相同，只是向后方移动。

## 二、传接球

### （一）传　球

**1. 持　球**

两手手指自然分开，拇指相对成八字形，用指根以上部位握住球的两侧后下方，手心空出，两臂弯曲，肘关节下垂，持球于胸前。

持　球

**2. 双手胸前传球**

持球时两肘自然弯曲于体侧，将球置于胸腹之间，身体成基本站立姿势；传球时后脚蹬地，身体重心前移，手臂伸向传球方向，拇指用力下压，手腕前屈，用食指和中指用力将球传出。（图 7–1–1）

常用于快速传球推进、阵地进攻时外围队员转移球以及不同距离的传球。

双手胸前传球

**3. 双手头上传球**

双手握球于头上，前臂稍前摆，用手腕和手指短促快速地抖动将球传出。（图 7–1–2）

双手头上传球

多用于高大队员转移球给内线队员或传给切入篮下的队员。在抢到后场篮板球后，为避免对方封堵，可跳起用双手头上传球。

双手反弹传球

**4. 双手反弹传球**

动作方法与双手胸前传球基本相同，两臂向前下方用力，手腕、手指快速抖动将球传出。球击地点的远近和传球力量的大小要以球反弹后接球队员能顺利接到球为宜。（图 7–1–3）

图 7–1–1

图 7–1–2

单手肩上传球

**5. 单手肩上传球**

单手肩上传球是单手传球中一种最基本的方法。这种传球的特点是力量大、速度快，常用于中远距离的传球。

传球时，右脚蹬地，上体向左转动并带动肩部和肘部，右前臂迅速向前挥摆，手腕前屈，食指、中指用力拨球将球传出。（图 7–1–4）

单手胸前传球

**6. 单手胸前传球**

持球方法与双手胸前传球相同。传球时，传球手的前臂快速将球送出，手腕用力前扣，手指拨球将球传出。（图 7–1–5）

图 7–1–3

图 7–1–4

图 7–1–5

单手反弹传球

**7. 单手反弹传球**

单手反弹向前传球的动作方法与单手胸前传球基本相同，只是手臂向前下方用力，球击地后，反弹给同伴。

在小个子队员面对高大队员时，通常采用单手反弹传球。向内线队员和空切篮下队员传球时，也多采用这种传球方法。

### （二）接　球

双手接球

**1. 双手接球**

接球时，两眼注视来球，双臂伸出迎球，手指自然分开，两拇指成八字形。

手指触球后，双臂后引，缓冲来球力量，两手持球于胸腹之间，保持身体平衡。(图 7–1–6)

2. **单手接球**

如果来球离身体较远，移动后不便于双手接球时，可运用单手接球。(以右手接球为例)右脚向来球方向迈出一步，两眼注视来球，手掌成勺形，手指自然分开，右臂伸向来球方向迎球。手指触球后，手臂顺势将球引至体前或体侧，左手立即扶球，保持身体平衡。(图 7–1–7)

单手接球

图 7–1–6

图 7–1–7

## 三、运　球

### (一)高运球

以肘关节为轴，前臂自然弯曲，手腕和手指柔和地按拍球的右侧上方，将球从腰部拍至脚的侧前方，运球时目视前方。(图 7–1–8)

高运球

### (二)低运球

降低身体重心，弯腰屈腿，伸腕，用手指指根部位向前短促的按拍球，将球反弹地面后达到的最高高度控制在膝关节部位。(图 7–1–9)

低运球

图 7–1–8

图 7–1–9

### (三)运球急停急起

快速运球过程中运用两步急停，同时按拍球的前上方，迅速制动。急起时，后脚突然用力蹬地，上体迅速前倾，手按拍球的后上方，快速起动，整个过程中始终保持目视前方。(图 7–1–10)

运球急停急起

图 7–1–10

### （四）体前变向运球

体前变向运球

在行进中运球过程中，右手按拍球的右上方，使球弹向身体左侧，右腿迅速向左侧前方跨步，上体左转，侧肩贴近防守队员，左手拍球的后侧上方，突破防守队员。（图 7–1–11）

当防守队员堵截运球队员进攻路线时，或运球队员运球接近防守队员时，为了摆脱、突破对手，可运用体前变向运球。

图 7–1–11

### （五）运球后转身

运球后转身

（以右手运球为例）转身时左脚向右前方跨出一步，重心移至左脚，屈膝。此时，运球手随球上弹的同时，右脚掌向后蹬地并积极向后转跨，肘关节贴身，身体后转的同时将球后拉，身体后转到位后继续运球前进。

## 四、投　篮

### （一）原地单手肩上投篮

原地单手肩上投篮

右手五指自然分开，握球的后半部，向后屈腕、屈肘，持球于肩上；左手扶球，右脚在前，两腿微屈。投篮时两脚蹬地，自下而上发力，同时提肘且手臂向前上方充分伸展，最后通过食指、中指发力将球投出。球出手后，手腕前屈，手指向下。（图 7–1–12）

### （二）行进间单手肩上投篮

行进间单手肩上投篮

行进间接球和运球上篮时，在左脚跨出一步的同时，双手持球，右脚紧接着跨出一步，随后左脚再跨出一步，用力蹬地起跳，当身体接近最高点时右臂向前上方伸直，手臂弯曲，食指、中指用力将球投出。（图 7–1–13）

图 7-1-12

图 7-1-13

### （三）行进间单手低手投篮

行进间单手低手投篮

动作方法同行进间单手肩上投篮。当身体接近最高点时，左手离球，右手托球，并充分向球篮方向伸直，屈腕使球由食指、中指、无名指拨球投出。（图 7-1-14）

图 7-1-14

### （四）急停投篮

急停跳起投篮

接球急停投篮。移动中跳起腾空接球后，两脚同时或先后落地，脚尖朝向球篮方向，两膝弯曲，投篮时用力蹬地，腰腹伸展从下向上发力，同时提肘且手臂向前上方充分伸展，最后通过食指、中指指端将球投出。球出手后，手腕前屈，手指向下。（图 7-1-15）

图 7-1-15

## 五、持球突破

### （一）原地持球交叉步突破技术

原地持球交叉步突破技术

突破时，左脚内侧蹬地，并向右前方迈出一大步，同时上体右转，左肩向前下压，将球引至右侧，在右脚离地前用右手推拍球于身体的右前方。同时，右脚用力蹬地，加速超越对手。（图 7-1-16）

原地持球同侧步突破技术

### （二）原地持球同侧步突破技术

突破时，左脚向内侧蹬地，右脚迅速向右前方跨出，上体稍微右转，同时左肩向前下压，重心前移；在左脚离开地面时，用右手推拍球于右脚的侧前方，同时左脚用力蹬地，加速超越对手。（图 7–1–17）

图 7–1–16

图 7–1–17

### （三）跳步急停持球突破技术

跳步接球前应根据自己与防守队员的位置、同伴的传球方向调整好准备姿势。在腾空过程中接球，然后两脚前后或平行落地，两腿微屈，重心落在前脚掌上。根据防守队员的防守情况，用交叉步突破或同侧步突破超越对手。

## 第二节　篮球基本战术

### 一、进攻战术

一传一切配合

### （一）传切配合

传切配合是进攻队员之间利用传球和切入技术所组成的简单配合，它包括一传一切配合和空切配合。配合的要点是切入队员要把握好切入时机，持球队员要及时准确地将球传出。

1. 一传一切配合

⑤传球给④后，迅速摆脱对手的防守，向篮下切入，接④的回传球投篮。（图 7–2–1）

2. 空切配合

空切配合

④传球给⑤后，⑥立即摆脱对手的防守向篮下切入，接⑤传来的球投篮。（图7-2-2）

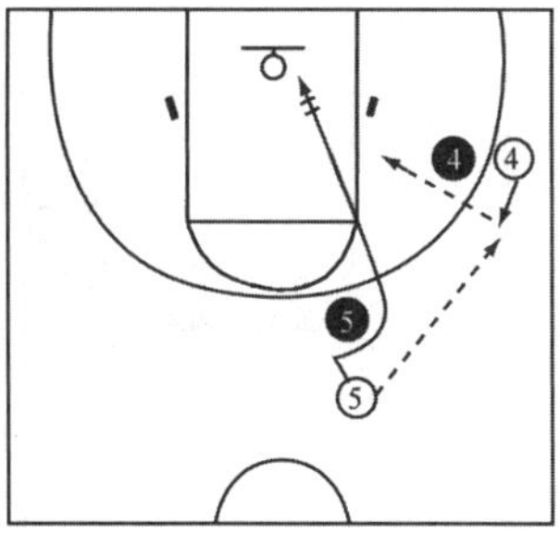

图 7-2-1

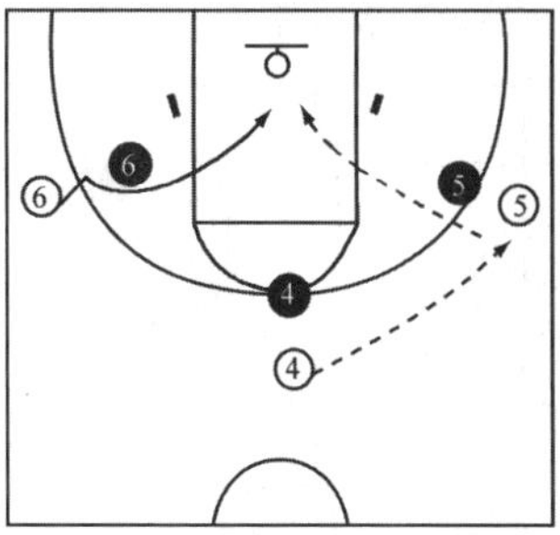

图 7-2-2

## （二）突分配合

突分配合

突分配合是持球队员运用突破打乱对方防守部署或吸引防守，并及时将球传给获得空位的同伴，使同伴获得进攻机会的配合方法。

⑤从防守者左侧突破，吸引对方两名防守队员同时封堵⑤的突破路线，此时④及时跑到有利的进攻位置，接⑤的传球投篮，或接球后做其他配合。（图 7-2-3）

## （三）策应配合

策应配合

策应配合是指进攻队员背对或侧对球篮接球后，以持球队员为枢纽，与同伴相互配合而形成的一种里应外合的配合方法。

④摆脱防守后插入到罚球线作策应，⑤将球传给④，摆脱防守空切篮下，接④的策应传球投篮。（图 7-2-4）

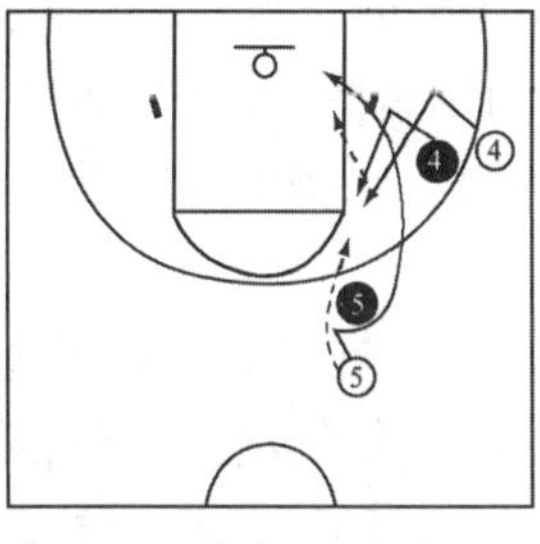

图 7-2-3

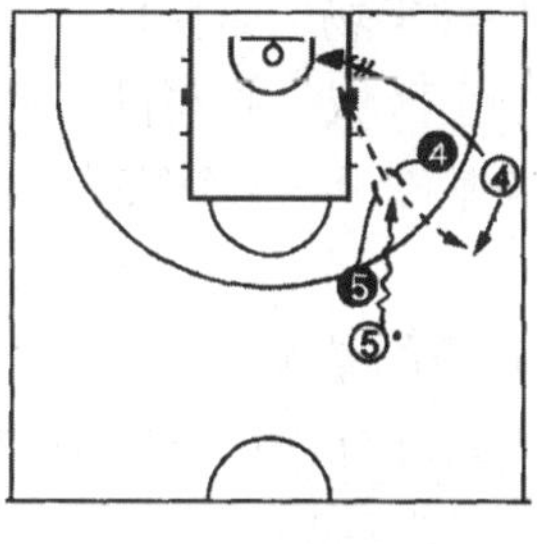

图 7-2-4

## （四）掩护配合

掩护配合

掩护配合是进攻队员有目的地去选择适当的位置，运用合理的技术动作，用自己的身体挡住同伴的防守者的移动路线，使同伴借以摆脱防守的一种配合方法。

1. 给持球队员做掩护

⑤传球给④后跑到④的防守队员的侧面做掩护，④接球后做投篮或突破动作，吸引防守，当⑤达到掩护位置后，④在⑤的掩护下持球从左侧突破投篮，⑤完成掩护后迅速移动到有利位置去接球或抢篮板球。（图 7-2-5）

2. 给无球队员做掩护

⑤传球给④后跑去给同伴⑥做掩护，当⑤到达掩护位置后，⑥利用⑤的掩护切入篮下接④传来的球投篮。④接到⑤的传球后要做投篮、突破的假动作吸引防守，⑥切入篮下时，④要及时将球传给⑥。（图 7-2-6）

图 7-2-5

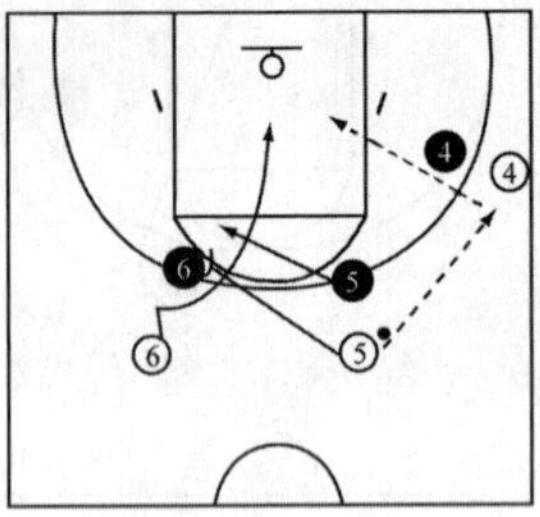

图 7-2-6

## 二、防守战术

半场人盯人配合

### （一）半场人盯人防守

半场人盯人防守是由攻转守时，全队有组织的退回后半场组织盯人防守的战术。它的特点是防守任务明确机动灵活，能有效控制对方的进攻重点，但容易被对方局部击破。

防守的基本要求是根据对手、球和球篮来选择防守位置，以人盯人为主，近球紧，远球松，积极移动，抢占有利位置，破坏对方进攻配合，加强防守的协同性。

区域联防

### （二）区域联防

区域联防是一种半场的全队防守战术，是指由攻转守时，防守队员退回半场，每人分工负责防守一个区域，并与同伴协同防守的集体防守战术。它的基本要求是在防守分工负责区域的基础上，5 个队员必须协同一致，积极随球移动，以防球为主，人、球兼顾。

联防是区域联防的基本形式。5 个队员的位置分布均匀，移动距离短，便于相互协作。联防适用于防守外围运球突破和夹击中锋，同时也便于控制后场篮板球发动快攻。（图 7-2-7 ①、图 7-2-7 ②）防守的薄弱环节是防区的衔接处，即图 7-2-7 ②中的阴影部分。

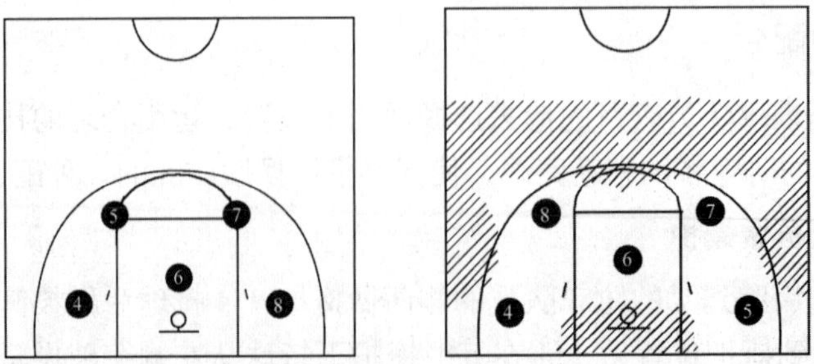

①　　②

图 7-2-7

# 第三节　篮球比赛规则简介

## 一、比赛时间

国际篮联规定比赛应由 4 节组成，每节 10 分钟。在第 1 节和第 2 节之间，第 3 节和第 4 节之间以及每一次决胜期之间应有 2 分钟的比赛休息时间。比赛上、下半时间的休息时间为 10 分钟。如果在第 4 节时间终了时比分相同，需要一个或多个 5 分钟的决胜期延续比赛，直至决出胜负。

篮球场地

## 二、场地和器材

国际篮联的主要正式比赛所规定的篮球场长 28 米，宽 15 米，球场的丈量是从界线的内沿量起。（图 7-3-1）

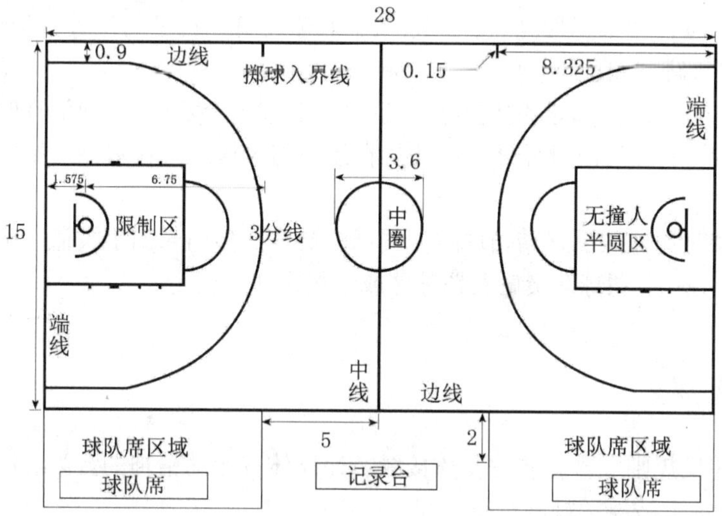


单位：米

图 7-3-1

3 秒违例

## 三、暂　停

每队在 4 节比赛中共可请求 5 次暂停。其中，上半时的任何时间可准予两次暂停；下半时每队可准予 3 次暂停。在第四节的最后两分钟之内，只准予两次暂停。每一决胜期的任何时间可准予 1 次暂停，未使用的暂停不得用在下一个决胜期。

5 秒违例

8 秒违例

24 秒违例

球回后场违例

## 四、替换队员

如下情况出现时，双方可替换队员，在一次替换机会中替换队员的人数不限：违例、犯规时；请求暂停被允许时；队员受伤或其他原因裁判员中断比赛时。一位替补队员有权要求替换，该队员应亲自到记录台用手势请求替换，然后在指定的替换位置上等待替换机会，替换应以最快的速度完成。

## 五、违　例

违例是违反规则的行为。发生违例时应判给对方在就近的界线外掷界外球。下列情况应判违例：

（1）两次运球、带球跑、脚踢球、拳击球；

（2）控制球队的队员在对方限制区内停留超过 3 秒；

（3）持球队员被严密防守，持球后在 5 秒内没有传球、运球或投篮；

（4）进攻队从后场控球开始，在 8 秒内没有将球带入前场；

（5）控球球队的队员在前场使球回后场控制球队的同伴首先接触回到后场的球；

（6）进攻队在场上从控球开始，在 24 秒内没有出手投篮；

（7）跳球时，球未到最高点，跳球队员触球或离开自己的位置，球未被拍击前，非跳球队员进入跳球圈；

（8）掷界外球时，掷球的队员球未离手时跨进场，或球离手前消耗时间超过 5 秒或在球触及另一名队员前掷界外球的队员在场内与球接触或在裁判员指定位置左右横移超过 1 米；

（9）罚球时罚球队员踩踏罚球线；罚球队员在 5 秒内未出手投篮，最后一次罚球时球未触及篮圈；非罚球队员触及罚球区或干扰罚球队员。

## 六、犯　规

犯规是违反规则、含有非法身体接触和违反体育运动精神的行为。队员每次犯规都应进行登记，并按相关规则进行处罚。

（1）侵人犯规：在球成活球后，与对方队员发生非法的身体接触，是侵人犯规。队员通过伸展臂、肩、髋或过分弯曲身体，用不正当的姿势来阻挡、阻挠、推人、绊人或用粗野的动作发生的身体接触等都属于侵人犯规。

罚则：如果在发生侵人犯规时被侵犯队员未做投篮动作，判给被侵犯队距犯规地点最近的界线外掷界外球。如果有投篮动作，投中得分有效，再判给 1 次罚球；投 2 分球未中，判给 2 次罚球；投 3 分球未中，判给 3 次罚球。

（2）双方犯规：是指两名非同队的队员互相发生侵人犯规的情况。

罚则：双方犯规后球权属于犯规前控制球的一方。如果双方犯规的同时有投篮，投中得分有效，则球权属于非得分队，由非得分队在端线掷界外球。

（3）技术犯规：对场上或球队席上的球队成员的是技术犯规。在球成活球前，与对方队员发生非法的接触，也可判为技术犯规。

罚则：被侵犯方罚球之后在记录台对面的中线延长线部分掷界外球。

（4）违反体育运动精神的犯规：一名队员不是在规则的精神和意图的范围内试图去直接抢球，发生的身体接触犯规属于违反体育运动精神的犯规。

罚则：被侵犯方罚球之后在记录台对面的中线延长线上掷界外球。

（5）取消比赛资格的犯规：凡属十分恶劣的违反体育运动精神的行为（包括队员、替补队员、教练员或随从人员任何恶劣的违反体育运动精神的行为）以及两次违反体育运动精神的犯规属于取消比赛资格的犯规。

罚则：犯规者被取消比赛资格，不能停留在队伍的替补席和场地内，被侵犯方罚球之后在记录台对面的该队前场掷球入界线处掷界外球。

（6）队员全场犯规累计达 5 次，为出局队员须自动退出比赛。

（7）在一节比赛中某队全队累计犯规达到 4 次时，第 5 次发生的对未做投篮动作的队员的侵人犯规应被判罚 2 次罚球，在决胜期内犯规次数应在第 4 节结束时犯规总次数的基础上进行累计。

## 思考题

1. 试述当代篮球运动发展的趋势以及篮球运动的特殊价值。
2. 篮球运动有哪些基本技术？试述双手胸前传球的动作要领。
3. 谈谈你对篮球运动进攻和防守之间关系的认识。

# 第八章 足 球

## 引 言

在春秋战国时代我国就有了“蹴鞠”的脚球游戏。经过唐宋时期，这种游戏有了新的发展，球门场地有了改进和完善，比赛位置有了明显分工，设立了奖罚制度。因此，古代足球起源于中国。

现代足球起源于英国。公元16世纪以后，足球游戏在欧洲一些国家盛行起来。19世纪下半叶，足球有了新的发展。1857年，英国成立了世界上第一个足球俱乐部。

1863年10月26日，在英国伦敦成立了世界上第一个足球运动组织——英格兰足球协会，并且制定和通过了第一部较为统一的足球竞赛规则，促进了现代足球运动的发展。

足球百科

## 第一节 足球基本技术

足球运动是一项技术动作相当复杂的运动。足球技术是指运动员在比赛中所采用的合理动作的总称，包括有球情况下的踢球、顶球、运球、抢截球和利用假动作带球过人等技术。

### 一、颠 球

颠球是指运动员用身体的各个有效部位连续地触击球，并加以控制，尽量使球不落地的技术动作。颠球是运动员熟悉球性的一种练习手段，以增强对球的弹性、重量、旋转及触球部位、击球时用力轻重的感觉。

颠球包括双脚脚背颠球、双脚内侧颠球、双脚外侧颠球、大腿颠球、头部颠球、各个部位连续颠球。

双脚脚背颠球

#### （一）双脚脚背颠球

脚向前上方摆动，用脚背击球，击球时踝关节固定，击球的下部，两脚可交替击

球，也可一只脚支撑，另一只脚连续击球。击球时用力均匀，使球始终控制在身体周围。（图 8–1–1）

双脚内侧、外侧颠球

### （二）双脚内侧、外侧颠球

抬腿屈膝，用脚的内侧、外侧向上摆动，击球的下部，两脚内侧或外侧交替击球。（图 8–1–2）

### （三）大腿颠球

大腿颠球

抬腿屈膝，用大腿的中前部位向上击球的下部，两腿交替击球。（图 8–1–3）

### （四）头部颠球

头部颠球

两脚开立，膝关节微屈，用前额部位连续顶球的下部。顶球时，两眼注视球，两臂自然张开，以维持身体平衡。（图 8–1–4）

图 8–1–1

图 8–1–2

图 8–1–3

图 8–1–4

### （五）各个部位连续颠球

根据上述单一颠球技术的动作要领，用各部位配合连续颠球，配合的部位越多，难度越大。

## 二、踢　球

踢球是指运动员有目的地用脚的某一部位将球击向预定的目标。

踢球包括脚内侧踢球（脚弓踢球）、脚背正面踢球（正脚背踢球）、脚背内侧踢球（内脚背踢球）、脚背外侧踢球（外脚背踢球）、脚尖踢球和脚跟踢球等。

踢球的方法很多，动作的要领也有所不同，但从技术动作结构上分析主要由：助跑、支撑脚的位置、踢球腿的摆动、脚与球接触的部位和踢球后的随前动作这五个部分组成。

脚内侧踢球

### （一）脚内侧踢球（又称脚弓踢球）

踢球时，助跑路线为直线，支撑脚踏在球的侧方 15 厘米左右处，脚尖与球的前沿平行，膝关节微屈。在支撑脚落地的同时摆动腿由后向前摆动，在前摆过程中髋关节外展，小腿加速前摆，脚掌平行于地面，脚尖稍翘起，踝关节绷紧，用脚内侧部位击球的中后部。触击球后，身体跟随移动，髋关节向前送。（图 8–1–5）

脚背正面踢球

### （二）脚背正面踢球（又称正脚背踢球）

踢球时，直线助跑最后一步稍大并积极着地，支撑脚踏在球的侧方 10 ～ 15 厘米处，脚尖与球前沿平行并指向出球方向。膝关节微屈，摆动腿以髋关节为轴，大腿带动小腿迅速前摆。脚面绷直，膝关节绷紧，脚趾扣紧，用脚背正门击球的中后部，踢球腿随之前摆。（图 8–1–6）

脚背内侧踢球

### （三）脚背内侧踢球（又称内脚背踢球）

踢球时斜线助跑，助跑方向与出球的方向基本呈 45°，支撑脚在球的侧后方 20 ～ 25 厘米处，膝关节微屈，在支撑的同时踢球腿已完成后摆，脚尖指向出球方向，身体向支撑腿一侧倾斜。在支撑腿着地的同时踢球腿以髋关节为轴，大腿带动小腿由后向前迅速摆动，触球的一瞬间脚面迅速绷直，踝关节绷紧，脚尖外转插向球的斜下方，用脚背内侧击球的后下部，踢球腿随球向斜上方前摆。（图 8–1–7）

脚背外侧踢球

### （四）脚背外侧踢球（又称外脚背踢球）

助跑、支撑脚站位和踢球腿摆动作均与脚背正面踢球技术的三个环节相同，脚触球时用脚背外侧部位。此时要求膝关节和脚尖内转，脚背绷紧，脚趾紧屈并提膝，击球后身体随踢球腿的摆动前移。（图 8–1–8）

脚尖踢球

### （五）脚尖踢球（又称脚尖捅球）

脚尖踢球是一种用脚尖部位接触球的方法。由于脚尖踢球时出球异常迅速，雨天场地泥泞时多使用这种方法踢球。具体方法是用支撑腿跳跃上步，踢球腿屈膝前跨，髋关节尽量前送，两臂上摆协助身体向前移动，小腿前伸，在踢球脚落地前用脚尖捅球的中后部。（图 8–1–9）

图 8–1–5

图 8–1–6

图 8–1–7

图 8–1–8

图 8–1–9

脚跟踢球

### （六）脚跟踢球

脚跟踢球是用脚跟接触球的一种踢球方法。球在支撑脚外侧时，踢球脚在支撑脚前面交叉，摆到支撑脚外侧用脚跟击球。球在支撑脚内侧时，踢球脚后摆用脚跟踢球。

## 三、停　球

停球是指足球运动员用身体的合理部位将球停挡在自己的控制范围内。停球包括脚内侧停球、脚背外侧停球、胸部停球、脚背正面停球、大腿停球和脚底停球等。

### （一）脚内侧停球

**1. 停地滚球**

脚接触球的面积大，停球稳，能将球准确地停在自己控制的范围内。

身体正对来球方向，支撑脚膝关节微屈，停球脚稍提起，脚尖翘起，膝关节外转，脚内侧正对来球。脚与球接触的一刹那，停球腿稍向后撤以缓冲来球的力量，将球停在自己的体前。（图 8-1-10）

停反弹球

**2. 停反弹球**

先判断好球的落点，支撑脚要在球落地的侧前方，膝关节弯曲。上体稍前倾对准球的反弹路线，停球腿放松，用脚内侧对准球的反弹角度，推压球的中上部，缓冲球的力量，将球控制好。

停空中球

**3. 停空中球**

准确判断好来球方向、力量和高度，迎球上前。提腿用内侧对准来球，触球的一刹那，小腿放松、微撤，缓冲来球的力量，将球停在自己的控制范围内。

### （二）脚背外侧停球

**1. 脚背外侧停地滚球**

将接球点放在接球腿一侧，支撑腿膝关节微屈。接球腿提起屈膝，脚内翻使小腿脚背外侧与地面成锐角，并对着接球后球运行的方向。脚离地面的高度应略等于球的半径，然后大腿向接球后球运行的方向推送，同时身体随球移动。

**2. 脚背外侧停反弹球**

根据来球的落点及时移动到位，支撑脚站在来球落点的侧后方，除触球部位外，其他环节均与脚背外侧接地滚球相同。

### （三）胸部停球

胸部既能停高球又能停空中平直球，是足球运动中较常见的技术之一。

胸部停球

**1. 缩胸停球**

缩胸停球主要停齐胸高的平直球。面对来球，两脚前后开立，两臂自然张开，挺胸迎球，当与球接触的一刹那，上体后移，迅速收胸，腹部挡压球，缓冲来球力量，将球准确停在体前。

**2. 挺胸停球**

挺胸停球主要停高于胸部以上的高空球。面向来球，两臂自然屈肘上举，当球与胸接触时，两腿蹬地，上体稍后仰，胸部向上挺出，将球弹起落在体前。（图 8-1-11）

脚背正面停球

### （四）脚背正面停球

脚背正面停球主要用于停空中下落的球。面对来球，停球脚提起，用脚背正面迎空中下落的球的底部，踝关节和膝关节放松，接球的一刹那脚背向后下撤，缓冲来球

的力量，将球准确停在体前。（图 8-1-12）

### （五）大腿停球

脚跟踢球

大腿停球主要用于停高空下落的球和平行于大腿高度的球。停球时，面对来球，停球腿抬起，以大腿中部对准下落的球，肌肉放松，当大腿与球接触时，大腿迅速后撤，将球准确停在体前。（图 8-1-13）

### （六）脚底停球

由于脚底停球技术便于掌握，易于将球停到正确位置，故常被用来接各种地滚球。

#### 1. 脚底停地滚球

身体正对来球方向，移动前迎，支撑脚站在球的侧面，脚尖正对来球方向，膝关节微屈，同时接球腿提起，膝关节微屈，脚略背屈，使脚底与地面约小于 45°，以前脚掌触球的上部为宜。（图 8-1-14）

图 8-1-10

图 8-1-11

图 8-1-12

图 8-1-13

图 8-1-14

#### 2. 脚底停反弹球

根据来球落点，及时前移迎球，支撑脚站在落点侧后方，脚尖正对来球方向，球落地的一瞬间，用前脚掌去触球的中上部，微伸膝，用脚掌将球停在体前。

## 四、运　球

运球是指运动员在助跑中用脚间断触球的技术，它是控制球能力的集中体现。

运球技术包括脚背正面运球、脚内侧运球、脚背外侧运球以及其他运球方式。

### （一）脚背正面运球

脚背正面运球有利于向前跑动时快速运球。运球时，身体放松，上体前倾，两臂自然摆动，步幅不要太大，运球脚提起时，踝关节弯曲，脚尖下指，在向前迈步着地前，用脚背正面向前推拨球。（图 8-1-15）

脚背正面运球

### （二）脚内侧运球

脚内侧运球

要求在运球前进时支撑脚始终领先于球，位于球的侧前方，肩部指向运球方向，支撑腿膝关节微屈，重心放在支撑腿上，另一条腿提起屈膝，用脚内侧推球前进。（图 8-1-16）

### （三）脚背外侧运球

脚背外侧运球

运球时身体持正常跑动姿势，上体稍前倾，步幅不宜过大，运球腿提起，膝关节稍屈，髋关节前送，提踵，使脚背外侧正对运球方向，在运球脚落地前用脚背外侧推拨球的后中部。（图 8-1-17）

图 8-1-15

图 8-1-16

图 8-1-17

### （四）其　他

前后行进间脚弓传接球

原地脚弓传接球

左右行进间脚弓传接球

**1. 拨　球**

利用踝关节向侧转动，以达到用脚背内侧或外侧触球，将球拨向身体的侧前方、侧方、侧后方。

**2. 拉　球**

将前脚掌放在球的上部或侧上部，另一脚在球的侧后方支撑，然后触球脚向后下方用力将球拉回。

**3. 扣　球**

这种方法与拨球相同，不同的是它的用力是突然的并伴随着突然转身或急停，使对手在来不及调整重心的一瞬间，突然从反方向推送球突破对手的防守。

**4. 挑　球**

用脚背触球的下部并突然向上方挑起，运球者迅速随球跟进。

**5. 颠　球**

运球过程中，有时球在空中或地面上跳动，根据对手抢截时所处的位置或实施抢截的时间，用恰当的部位将球颠起，越过对手以达到过人的目的。

## 五、运球过人

运球过人的方法多种多样，前面所述仅是运球的基本方法。掌握这些方法后，但若遇对手阻挡时要想超过，必须恰当地综合使用这些方法，抓住对手瞬间出现的漏洞，达到过人的目的（在运球过人时要把握好时机、距离、速度和方向的变化）。

运球过人的方法有：拨球、拉球、扣球、挑球、推球、捅球和利用速度及方向等。

恰当地组合推、拨、挑、扣、拉等动作过人：以单脚或双脚轮流选用上述动作，使组合起来的动作适时地变化运球的方向与速度，使对手难以判断过人的方向与时机，或造成对手重心出现错误的移动，运球者抓住其漏洞而超越对手。

运用速度过人：持球者以突然的快速推拨球并以快速的奔跑相结合越过对手的阻拦。

## 六、头顶球

### （一）头顶球的动作过程

头顶球是指运动员有目的地用前额将球击向预定的目标的动作。

头顶球的主要方法和注意要领是由移动选位、身体的摆动、头触球和触球后的身体平衡四个环节组成。

**1. 移动选位**

由于头顶球技术都是用来处理运行的空中球的一种技术，因此要想处理好来球，首要条件就是对来球的速度、运行轨迹作出正确判断，选好击球点，并及时到达顶球位置或起跳位置，同时还应考虑到自己的弹跳能力和比赛当时双方的情况。只有充分地估计了这些情况后的选位，才能保证完成顶球动作。

**2. 身体的摆动**

身体的摆动是由身体许多部位的肌肉协调用力来完成的，其摆动顺序是由下而上，这样才可以使击球部位获得最大的速度。

**3. 头触球**

这一环节的主要任务是保证顶出球的准确性。它有两层含义：一是用头的哪一部位接触球；二是用头的一定部位接触球的哪一部位。比赛中大多数情况不是将球顶回，而是与来球方向成一定角度，并将球顶到有一定距离的预定目标，因此要主动用力。在头触球时，必须使身体摆动所获得的速度与由接触部位造成的反射方向一致并指向预定目标。

**4. 触球后的身体平衡**

顶球者在触球后维持身体平衡的主要因素：一是两臂合理摆动；二是脚步的移动；三是落地时屈膝、屈踝；四是来球的冲力。顶球者应根据不同来球和顶球方法，恰当协调四者关系，维持身体平衡。

### （二）头顶球的方法

头顶球技术主要有以下几种。

**1. 原地顶球**

正对来球，两脚前后开立，膝关节稍屈，上体后仰，身体重心放在后脚上，两臂自然张开，判断球的速度和力量；两脚用力蹬地，上体前摆，收腹，颈部绷紧，快速向前甩头，用前额正面顶球的中后部，触球后上体继续随球前摆。（图 8-1-18）

原地顶球

图 8-1-18

2. 跳起顶球

屈膝，重心下降，判断来球方向、速度、力量。两脚向上跳起的同时，收胸收腹，两臂自然张开。当跳到最高点时，身体成及背弓，快速收腹前摆甩头，用前额将球顶出，缓冲落地。

跳起头顶球

3. 鱼跃头顶球

对于离身体较远的低空球来不及移动到位处理，必须抢点击球时（如抢救险球、射门等），可使用鱼跃头顶球技术。

当判断好来球的路线和选好顶球点后，以单脚或双脚用力向前蹬地，身体接近水平状态时向前跃出。同时两臂微屈前伸，手掌向下，眼睛注视来球，利用身体向前跃出的冲力，以前额正面顶球。顶球后，两手先着地，手指向前，接着以胸部、腹部和大腿依次着地。（图 8-1-19）

图 8-1-19

4. 后蹭顶球

后蹭顶球分原地蹭顶与跳起蹭顶。第一环节分别与原地前额正面头顶球和跳起前额正面头顶球相同，当球运行到身体上空时，利用挺胸、展腹、仰下颌，身体向后上方伸展，用前额正面靠上的部位用力击球的下部，将球向后上方顶出。

后蹭顶球

## 七、抢截球

抢截球是凭借争夺、堵截、破坏的办法，以延缓和阻拦对方的进攻。

### （一）正面跨步抢截球

正面跨步抢截球

两脚前后开立，两膝微屈，身体重心下降，重心平均落在两脚上，面向对手。对手运球前进，当脚触球即将着地或刚着地时，一脚立即用力蹬地，抢球脚以脚内侧正对球并向球跨出一步，膝关节弯曲。如双方的脚同时触球时，则要顺势向上提拉，使球从对方脚背滚过，身体要迅速跟上把球控制住。（图 8-1-20）

### （二）正面铲球

两脚前后开立，两膝微屈，身体重心下降，重心平均落在两脚上，面向对手。对手运球前进，当脚触球即将着地或刚着地时，一脚立即用力蹬地，另一只脚前伸，然后蹬地腿迅速跟上，并以脚跟着地，沿地面前滑铲球。上体要后仰，两臂屈肘，两手掌向前撑地。（图 8-1-21）

侧面合理冲撞抢球

### （三）侧面合理冲撞抢球

当与对手并肩跑动时，身体重心稍下降，同对方接触一侧的臂要紧贴身体。当对方靠近自己一侧的脚离地时，用肘关节以上部位冲撞对方的相应部位，使对方失去平衡而离开球，然后趁机将球控制过来。（图 8-1-22）

图 8-1-20

图 8-1-21

图 8-1-22

## 八、假动作

假动作是为了隐蔽自己动作的真正意图，运用各种动作的假象，迷惑和调动对方，使其产生错误的判断或失去身体的平衡，从而取得时间、位置、距离等有利条件，更好地实现自己的真正意图。

### （一）传球假动作

队员正要传球，如果对方迎面跑来抢球时，可先摆动右腿向右假踢，使对方向左方堵截，再突然改用其他脚法将球从左前方传出或运球。

### （二）停球假动作

在对方紧逼下停球时，可先假装向左方停球，然后突然改变方向。

### （三）过人假动作

背靠对方停球时，先向左侧做虚晃动作，使对方向左侧移动，然后用右脚外脚背把球向右轻拨并转身过人。

### （四）抢球假动作

作为防守者，当对手运球向自己跑来时，如果防守者能调动进攻者，就可以变被动为主动，而抢球假动作就是达到此目的的一种手段。比如，先使用假动作去堵截某一方向，使进攻者不敢从这一方向出球或运球，而从另一方向出球或运球，却正是抢球真动作实施的方向，就可将球截获。

由于高速运球较难抢截，稍一错移重心就会被运球者越过，因而防守者对于高速向自己运球而来的进攻者可采取假动作前扑，当对手看到防守者猛扑时会一拨而过，但防守者假扑后立即转身将运球者拨出之球夺下来。使用这种假动作时应注意距离，离进攻者太远时对方不易上当；离进攻者太近易弄巧成拙，反被进攻者突破。

## 九、掷界外球

由于掷界外球时接球人不受越位规则的约束。因此，掷界外球不仅用于恢复比赛，而且可以为进攻创造有利条件，尤其是在前场 30 米内掷界外球，将球直接掷入门前，可以给对方造成很大威胁。

### （一）技术动作结构分析

（1）掷界外球的动作是一个下端固定的爆发式的平摆运动，需要稳固的支撑。

（2）根据身高和臂长掌握合理的掷出角（不超过 45°），它是影响远度的重要因素，一般球出手早掷出角大，反之则小。

（3）球出手速度快则掷得远，这需要力量基础和协调用力的能力。

（4）充分利用助跑的初速度有助于将球掷远。

### （二）掷界外球的方法

#### 1. 原地掷界外球

面对出球方向，两脚前后或左右开立，膝关节弯曲，上体后仰成背弓形，重心移到后脚上（左右开立时，重心在两脚间），两手自然张开，拇指相对，持球的侧后部，屈肘将球置于头后。掷球时，后脚用力蹬地，两腿迅速伸直，身体重心由后脚移到前脚，屈体收腹，同时两臂急速前摆，当球摆到头上时用力甩腕将球掷入场内。掷球时后脚可沿地面向前滑动，两脚均不得踏入场地（但允许踏在线上）。（图 8–1–23）

图 8–1–23

#### 2. 助跑掷界外球

双手持球于胸前，在助跑迈出最后一步时，上体后仰成背弓形，同时将球上举至头后。掷球时的动作与原地掷界外球动作相同。（图 8–1–24）

图 8–1–24

## 十、射 门

定点射门

射门技术包括射低平球、射弧线球、劲射以及头球射门。

### （一）射低平球

用脚弓、脚尖等部位完成的射门动作，基本是沿地面或膝关节以下。

绕杆射门

### （二）射弧线球

用脚背内、外侧完成的射门动作，球多数是在半高或高空运行的。

### （三）劲 射

用脚背正面完成的射门动作，力量比较大。

### （四）头球射门

根据球的运行位置，利用头完成射门。射门是比赛获胜的重要因素，根据防守队员和守门员的情况，寻找射门的最佳时机，利用合理的技术动作完成射门。

## 十一、守门员技术

守门员技术有位置选择、准备姿势、移动、接球、扑球、拳击球、运球、掷球和踢球等。

### （一）位置选择

位置根据对方射门地点和射门角度来决定，通常站在两门柱与射门时球所处的位置形成的分角线上。

### （二）准备姿势

两脚左右开立，与肩同宽，两脚跟稍提起，身体重心落在前脚掌上，两腿屈膝，并稍内扣，上体稍前倾，两臂自然屈肘于体前，手指自然张开，目视来球。

### （三）移 动

守门员步法

向左右调整位置的移动一般采用侧滑和交叉步两种办法。

**1. 侧移步**

常用于扑接两侧低平球。向左侧滑步时，先用右脚用力蹬地，左脚稍离地面并向左滑步，右脚快速跟上。向右侧滑步时，动作相同，方向相反。

**2. 交叉步**

多用于扑接两侧高球。向左侧交叉步移动时，身体先向左侧倾斜，同时右脚用力蹬地，并及时向左前方跨出一步成交叉步，然后左脚向左侧移动，右脚和左脚依次快速移动并蹬地跃出。向右侧交叉步移动时，动作相同，方向相反。

## （四）接　球

### 1. 地面球

（1）直腿式：面对来球，弯腰时两膝伸直，两腿分开，距离不得超过球的直径，两手掌心向上，前迎触球后将球抱于怀中。

（2）跪撑式：用于向侧移步接球。接左侧球时，左腿屈，右腿跪撑于左脚附近，距离不得超过球的直径，其余动作与直腿式接球相同。接右侧球时，动作相同，方向相反。

接地滚球

### 2. 平空球

平空球是指膝以上、胸以下的空中球。接球时面对来球，两手掌心向上，两手小指相靠，前迎接球。上体前屈，当手触球时微后撤以缓冲来球力量，将球抱于胸前。

接半高球

### 3. 高空球

面对来球，两臂上伸，两手拇指相对呈八字形，其余四指微屈，手掌对球。在最高点手触球的瞬间，手指、手腕适当用力，缓冲来球并将球接住，顺势转腕屈肘，下引将球抱于胸前。

接高空球

## （五）扑　球

### 1. 扑两侧的低球

异侧脚用力蹬地，双手快速向侧伸出，一手置于球后，另一侧手置于球的侧上方，同时身体向同侧脚方向倒地，落地时以小腿、大腿、臀、肘外侧依次着地，落地后即团身。

侧　扑

### 2. 扑两侧平高球

完成这一动作时应注意空中展体，手指用力抓住球，接球后以球、肘、肩、上体、臀、腿外侧依次着地并迅速团身。

## （六）拳击球和托球

### 1. 拳击球

在守门员没有把握接住球或对方猛烈冲门的情况下，为了避免接球脱手，可采用拳击球。

准确判断来球运行路线，及时移动到位，握紧拳，在接近球的一刹那迅速出拳击球。拳击球有单拳、双拳击球，单拳击球动作灵活，摆动幅度大，击球力量大；双拳击球接触球面积大，准确性高。

### 2. 托　球

托球主要是在来球弧度较大，其落点又在球门横梁附近，守门员起跳接球把握性不大时运用 。

### （七）掷　球

充分利用后腿蹬地，持球手臂后引、转体、挥臂和甩腕力量将球掷出 。

### （八）踢　球

手抛球后，用脚背将球踢出（反弹或空中球）

# 第二节　足球基本战术

足球战术是指在比赛攻守过程中，为了战胜对手，根据本队和对方的实际情况所采取的个人行动和集体配合的综合体现。

## 一、现代足球战术特征

### （一）机械分工消失

现代足球比赛，由于全攻全守战术打法的运用与发展，锋卫职责机械分工已经消失。比赛中队员上下、左右大范围机动跑位十分频繁，后卫插上助攻直至射门得分，前锋退居门前积极参与防守的现象已屡见不鲜。

全攻全守需要全能的运动员，单凭技术或靠体力的运动员在绿茵场上消失。全攻全守的先驱者荷兰队教练米赫尔斯说："全能的运动员必须具备敏锐的嗅觉，根据场上的攻守情况，需要他到哪里起什么作用他都能承担，这样把所有的力量加起来才是总体战术。"因此，运动员在技术和战术意识、身体素质和心理品质等诸方面获得全面的发展，是实现现代战术打法的基础。

当然，队员位置机械分工的消失并不等于比赛场上队员没有位置职责分工。实践证明，全能的队员仍然首先是本位置的"专家"，其次才是其他位置的"能手"。根据比赛主客观实际，出色地、创造地完成本队总体战术赋予他的各项任务。

### （二）快速争夺时空主动权

足球是争夺时间与空间的运动项目，快速争夺时空主动权是足球比赛取胜的关键。时间是指进攻或防守队员在完成技战术过程中在时机、速度、节奏变化方面具有时间性的特征；空间是指攻守双方在距离、方位、角度方面具有空间性的特征，而双方争夺时空主动权的目的是争夺对球的支配权。所以，足球比赛的时间与空间都有其特定的含义，主要体现在运动员高速运动与激烈对抗中对球速与落点、对手与同伴的位移速度和方向的观察与判断，完成技术动作时对时间与空间掌握的程序，以及充分利用场地发挥本队技战术水平，争取射门得分等方面。

争夺时空主动权，进行敏锐观察和准确判断是前提，足球意识和经验是基础，快速行动、高超的技术和同伴支援是保证。优秀选手最突出的特点就是视野开阔、时空判断能力强，能更早地预测将会出现的局面，快速争夺控球的主动权，以达到本队的战术目的。

### （三）阵型与队形合理组合

比赛阵型是指比赛时队员的位置分布，是球队攻守力量搭配和职责分工的形式，是完成全队战略意图的整体组成。其目的是使场上队员在明确基本位置和主要职责的前提下，充分发挥个人的智慧和全队的攻守特点，从而克敌制胜。

队形是阵型在不同比赛场合下更具体、更严谨、更灵活的运用，需要周密组织、随机变化的人员组合。队形是一个队攻守战术效应的重要基础，凡不能保持良好队形的队，攻必乏力，守必漏洞。队形分为整体与局部两大类，如优秀队在比赛中整体队形压扁，一般在 40 米左右，三条线脉络清晰，间距合理。局部地区队形往往是三角形。合理的队形进攻中有利于支援，防守中有利于保护补位。阵型与队形完美结合的核心要有利于创造和利用时空，或控制和封锁时空。

### （四）集体与球星完美结合

足球是集体运动项目，取胜需要发挥整体力量，即使是球星离开了同伴的支援，单枪匹马也难以取胜。球队是由若干队员组成，每名队员的竞技水平直接影响整体成绩。球星是球队的核心，拥有的特长或绝招比同伴高出一筹，在比赛中起到了别人无法替代的积极作用，教练员往往围绕球星制订攻防战术打法。实践证明，只有训练有素的整体和出类拔萃的球星完美地组合，才能夺取比赛的胜利。

## 二、基本战术

队员个人的摆脱与跑位、运球过人、选位与盯人、传球以及二过一配合都是构成复杂战术的基本因素，称为基本战术。

### （一）个人战术

#### 1. 无球的摆脱和跑位

当本方队员得球时，同队其他队员的任务就是摆脱对方的防守，从而创造传球的机会，以便把进攻推向对方球门，争取射门得分。

#### 2. 运球过人

运球过人是进攻战术中一种极为重要的个人战术，是突破密集防守的有效手段，是冲破紧逼盯人、刹那间在局部地区造成以多打少、打乱对方防守部署的锐利武器。

二打一配合

### （二）局部战术

局部战术是指在一定的区域里进行的小范围战术配合。

#### 1. 斜传直插二过一

斜传直插二过一和直传斜插二过一都是只通过一次传球和穿插就越过一名防守队

员，配合十分简捷和实用。在进行配合时，两名进攻队员要保持适当的距离，控球队员可采用运球或其他动作，诱使防守者上前阻截，插入的队员必须突然、快速起动，但应避免越位。

**2. 直传斜插二过一**

同斜传直插二过一。

**3. 踢墙式二过一**

踢墙式二过一是两名进攻队员通过两次传球越过一名防守队员的配合方法。

**4. 回传反切二过一**

回传反切二过一是通过三次传球形成的配合方法。

二打二配合

**5. 交叉掩护二过一**

交叉掩护二过一是两名进攻队员通过运球与身体的掩护越过一名防守队员的配合方法。

# 第三节　足球比赛规则简介

## 一、场　地

场　地

国际足联规定：足球比赛场地长为 90 ～ 120 米，宽为 45 ～ 90 米；线宽不得超过 12 厘米；球门宽为 7.32 米，高为 2.44 米（门柱内沿算起）；角旗高为 1.5 米；角球区以 1 米为半径画弧。

## 二、比赛用球

球圆周为 68 ～ 70 厘米，重 410 ～ 450 克，充气后压力为海拔 0.6 ～ 1.1 个海平面（标准）大气压力。

## 三、队　员

上场队员不得超过 11 人，必须设守门员 1 人，不足 7 人不得比赛。替换队员必须经裁判员同意后方可入场参加比赛。场上队员不得擅自离开比赛场地。

装 备

## 四、装 备

足球比赛装备包括运动上衣、短裤、球袜、护腿板和足球鞋，所有装备都必须符合要求。比赛服装每队应备齐两套，与对方有明显的颜色区别，守门员服装必须与双方的服装颜色有明显的区别。

## 五、比赛时间

上、下半场各 45 分钟，中间休息不超过 15 分钟；加时赛上、下半场各为 15 分钟，中间可短暂补水（时长不超过 1 分钟）。除竞赛规程有规定外，因特殊原因（天气恶劣、球迷骚乱等）被提前中止的比赛应择期重新进行。

## 六、点 球

守门员须站在球门线上，球未罚时双脚不得移动。点球由一队员主罚，双方其他队员退到罚球区外（包括罚球弧外）；点球决胜负，由双方各先出 5 名队员主罚；如仍然分不出胜负，则由各队每轮派 1 人主罚决定胜负。

越 位

## 七、越 位

进攻队员在接同队队员传球的一刹那，他与对方端线间，防守队员不足 2 人时，并有干扰对方或企图从越位位置获得利益（队员仅仅处在越位位置，或直接接得球门球、角球、界外球掷球及在本方半场内，不应判越位）应判越位。

## 八、犯规与不正当行为

凡是踢人、拉人、撞人、绊人、推人、故意冲撞（目的不是得到球）、打对方队员、用手臂触球者均为犯规，由对方罚直接任意球（可直接射门得分）。

如果阻挡、冲撞守门员，或对无球队员进行合理冲撞、危险动作及罚球违例及越位，由对方罚间接任意球。

凡是守方在本方罚球区内被判直接任意球的应判点球。

如果守方在球门区被判间接任意球，罚球点应在离犯规地点最近并平行于球门线的球门区线上。

凡在踢任意球时，对方队员须退出距球 9.15 米外，踢球队员不得连踢。在球门区内的间接任意球，守方队员可站在球门线上。

## 九、掷界外球

罚球队员在球出界的地点掷界外球，双手拿球举过头顶经头顶掷出，脚不得踩在界内。

## 十、球门球

在球门区内的任何位置，当球被直接踢出罚球区，比赛即为开始，可以直接射门得分。

## 十一、角　球

球不得摆放在角球区域之外，踢角球时不能移动角旗杆，角球可直接得分。

### 思考题

1. 足球运动特点及其锻炼价值是什么？
2. 简述足球运球技术。
3. 足球运动的比赛规则包括哪些？

脚步的练习－无器械

脚步的练习－有器械

# 第九章　排　球

## 引　言

1895年，排球运动起源于美国，人们形象地把排球称为“空中飞球”。1905年，排球运动传入我国，从此这项体育运动走进了我们的生活，受到我国人民的喜爱。在我国，排球运动具有广泛的群众基础。迄今为止，中国女排依然是中国三大球队伍中唯一获得过世界冠军的球队。20世纪80年代，中国女排所获得的“五连冠”不仅振奋了国人的精神，更是将中华民族团结、智慧、顽强的品德淋漓尽致地展现在世人面前。

## 第一节　排球基本技术

排球技术分为无球技术和有球技术两大类。其中，准备姿势、各种移动步法和起跳等技术被称为无球技术；传球、垫球、发球、扣球和拦网被称为有球技术。

### 一、准备姿势和移动

排球百科

准备姿势和移动是排球基本技术之一，属于无球技术，是完成发球、垫球、传球、扣球和拦网等各项有球技术的前提和基础，并对各项有球技术的运用起串联和纽带作用。准备姿势和移动是相辅相成的，准备姿势主要是为了移动，而要快速移动，又必须做好准备姿势。

#### （一）准备姿势

准备姿势

准备姿势根据身体重心的高低可分为稍蹲准备姿势、半蹲准备姿势和低蹲准备姿势三种。在此着重介绍一下半蹲准备姿势。

半蹲准备姿势：两脚左右开立，稍比肩宽，一脚稍前，略分前后；两脚尖稍内收，脚跟稍提起，膝关节保持一定的弯曲，膝关节的投影在脚尖前面，上体前倾，重心放在两脚尖内侧。两臂放松自然弯曲，双手置于腹前。全身肌肉放松，两眼注视来球，两腿始终保持微动。（图9–1–1）

图 9–1–1

准备姿势的合理与否，与移动的快慢及击球技术的发挥关系很大。合理的准备姿势是指既要使身体重心处于相对稳定状态，又要便于移动和完成各种击球动作，为迅速起动、快速移动及击球创造最好条件。

移 动

### （二）移 动

在排球比赛中，多采用两三步短距离的移动。其中包括并步、滑步、交叉步、跨步、冲刺步等。

**1. 并步与滑步**

当球距身体一步左右时采用并步移动。移动时，如向前，则前脚向来球方向跨出一步，后脚蹬地跟上（图 9–1–2）。当来球稍远，并步不能接近球时，可用快速的连续并步，即为滑步。

图 9–1–2

**2. 交叉步**

当来球在体侧 3 米左右时，可采用交叉步移动。采用向右侧交叉步时，上体稍右倾，左脚从右脚前面交叉迈出一步，然后右脚向右跨出一步，同时身体转向来球方向，保持击球前的姿势。（图 9–1–3）

图 9–1–3

3. **跨 步**

当来球较低时，常运用跨步迎球。跨步可以向前、向侧前或侧方跨出。（图 9–1–4）

图 9–1–4

并步的特点是容易保持平衡，便于做各种击球动作，主要用于传、垫球和拦网；跨步适用来球较低、离身体 1 ~ 2 米左右垫击时使用；滑步适用于来球较远、使用并步不能接近球时使用；当来球距体侧 3 米左右时，可采用交叉步，因其有步子大、动作快、制动强的特点，主要用于二传、拦网和防守；球距身体更远时，可采用跑步。

并步由于移动距离短，身体容易保持平衡，便于做各种击球动作，主要用于传球、垫球和拦网；跨步适用于来球较低，距身体1 ~ 2 米垫击时使用；滑步适用于来球较远，使用并步不能接近球时使用；交叉步可在来球在体侧 3 米左右时运用，特点是步子大、动作快、制动好，主要用于二传、拦网和防守；球距身体更远时，可采用跑步。移动要快，关键是在不同的情况下采用不同的步法，以适应来球，特别是击球的需要。为了达到好的击球效果，应力求在移动结束后能正面击球，或能保持良好的击球面。

## （三）制 动

在由快速移动转为突停状态的过程称为制动。制动是移动的结束，也是击球动作的开始。在快速移动后，为了保持稳定的击球姿势，必须经过制动克服身体移动的惯性，以便于完成接下来的击球动作。制动的方法有一步制动法和两步制动法。

1. **一步制动法**

一步制动时，在移动的最后跨出一大步，降低身体重心，膝部和脚尖适当内转，全脚掌横向蹬地，以抵住身体重心继续的惯性力。同时以腰腹力量控制上体，使身体重心的垂直线停落在脚的支撑面以内。

2. **两步制动法**

两步制动时，以倒数第二步开始做第一次制动，紧接着跨出最后一步做第二次制动，同时身体后倾，两膝弯曲，重心下降，双脚用力蹬地，使身体处于有利于做下一个动作的状态。

一步制动法多在短距离移动之后前冲力不大时采用；两步制动法多在快速移动之后前冲力较大时采用。

在快速移动后，为了保持良好稳定的击球姿势和克服身体惯性，必须采用制动。尽管制动有很多方法，诸如一步制动或两步制动等，但不管采用哪种方法，关键是最后都要跨出一大步。一般移动速度越快，制动时最后跨出的步子越大，重心也越低，才能抵住身体重心继续移动的趋势。一步制动多在短距离移动之后，前冲力不大时采用；两步制动多在快速移动之后，前冲力较大时采用。表 9–1–1 为制动时的易犯错误及其纠正方法。

表 9–1–1　制动时的易犯错误及其纠正方法

| | 易犯错误 | 纠正方法 |
|---|---|---|
| 准　备 | 有意提脚跟 | 讲清脚跟提起是腰、膝、踝弯曲所引起的自然动作的道理 |
| | 全脚掌着地 | 提示提脚跟，使其两脚前后略分大些 |
| 姿　势 | 直腿弯腰 | 多做低姿势移动辅助练习 |
| | 臀部后坐 | 讲清重心靠前的道理，使双膝投影超过脚尖 |
| 移　动 | 起动慢，重心过高，移动时身体起伏大 | 做起动辅助练习，如各种姿势下的起跑，多做穿过网下的往返移动 |
| | 制动不好，制动后不能保持准备姿势 | 脚和膝内扣，最后一步稍大 |

## 二、传　球

传　球

传球是排球基本技术之一，是在额前上方用双手（或单手）借助伸臂、蹬腿的动作，通过手指、手腕的弹击力量将球传至一定目标的击球动作。传球是排球运动中的重要技术，是组织进攻战术的基础。

传球是用双手的配合动作来完成击球的，触球的面积大，加上手指手腕灵活、感觉灵敏，因而容易掌握传出球的方向、速度、弧度和落点，准确性高，变化多。在排球比赛中，传球主要用于二传，为进攻创造条件。另外，传球也常常被用来接发球，接对方的处理球、吊球和被拦回的高球，还可用于二传吊球和处理球，起着进攻或过渡的作用。

按照传球方向基本上把传球动作分为正面传球、背向传球和侧向传球，这三种传球技术是指在原地完成，跳传指跳起在空中完成传球动作。

### （一）正面上手传球

正面上手传球

#### 1. 正面双手传球技术动作要领

准备姿势：正对来球，两脚开立，两膝稍屈，上体挺起稍前倾，两眼注视来球，两臂屈肘抬起，两手成传球手形。

击球：传球时利用蹬地、伸膝和伸臂的动作，通过球压在手指上的反弹力，以拇指、食指、中指和手腕的协调力量将球传出，用力一定要协调一致。传球距离近时，用手指、手腕的弹力较多，传球距离较远时，必须要加强蹬地展体的力量，才能控制好球。（图 9–1–5）

图 9-1-5

两人正面上手对传球

两人正面下手对传球

**2. 教学重点与难点**

正面上手传球的教学，重点和难点应放在传球时的手型、击球点和传球时的全身协调用力上。（图 9-1-6）

（1）手型：十指自然张开成半球状，两拇指呈一字形或反八字形，手腕稍后仰；

（2）击球点：在额上方约 10 厘米处；

（3）触球部位：球的后中下部；

（4）击球用力：蹬地、伸膝、展体伸臂协调用力，再运用手指、手腕的弹力及紧张将球传出。

图 9-1-6

## （二）背　传

背对目标的传球称为背传。背传是传球技术中的一种基本方法，在比赛中运用较多。

背传的技术要点是上体要稍直，击球点稍后，背部正对目标，掌心要向上，拇指托球下部，向后上方伸送。（图 9-1-7）

（1）准备姿势：上体比正面传球时稍后仰，双手自然抬起置于脸前。

（2）迎球动作：抬上臂、挺胸、上体后屈。

（3）击球点：在头上方，比正面传球略偏后。

（4）手型：与正面传球相同，但触球时手腕要稍后仰，掌心向上，拇指托在球下，击球的下部。

（5）用力方法：利用蹬腿、展体、抬臂、伸肘和手指手腕的弹力，把球向后上方传出。

图 9-1-7

### （三）侧　传

身体侧对传球目标，在不转动身体的情况下，靠双臂向侧方传球的动作称为侧传。

侧传的准备姿势、手型及迎球动作同正面传球，但击球点应偏向传出方向一侧。迎球时，通过下肢蹬地使身体重心向上伸展，上体和双臂向传球方向一侧伸展。异侧手臂动作的幅度要大些，伸展的速度也应快些，以双臂和上体侧屈的协调动作将球传出。

### （四）跳　传

跳起在空中进行单、双手传球叫跳传。

跳传的起跳动作，无论是原地起跳，还是助跑起跳，最好向上垂直起跳，保持好身体的平衡，当身体上升到最高点时，靠迅速伸臂以及加大指腕弹力将球传出。跳传可以正传、背传和侧传，其传球手型、击球点分别与正传、背传、侧传的手型和击球点基本相同。

## 三、垫　球

垫　球

垫球是用双手前臂的前部击球，利用来球的反弹力将球击出的技术动作。垫球主要用于接发球、接扣球、接拦回球，有时也用来组织进攻。

### （一）正面双手垫球

#### 1. 正面双手垫球技术动作要领

正面双手垫球技术按连贯动作的顺序一般可概括为“一插、二夹、三抬臂”。“插”：要求判断来球，快速移动到位，保持好球与人的距离，双手插入球下；“夹”：要求两臂夹紧，手腕下压，保持良好的手形，触球部位要正确。“抬”：抬臂时要求击球点要正确，根据来球的力量大小采用正确的用力方法，全身协调用力。（图 9–1–8、图 9–1–9）

图 9–1–8

图 9–1–9

#### 2. 教学重点与难点

教学重点：在垫球时用腕关节以上 10 厘米处击球，并通过快速移动使球处于身体前面。而全身协调用力垫球，则要做到插、夹、提、移、蹬、跟六个字，即：

插——降低重心，两臂前伸，插到球下。

夹——含胸收肩，两臂夹紧，两肘伸直，前臂击球压腕。

提——含胸后提肩。

移——移动到位，正面对准来球。

蹬——手臂击球时，下肢伸腿蹬地。

跟——重心随球向前。

上下肢用力要协调配合，使垫球动作是一个整体。

教学难点：正面双手垫球在教学中应抓住三个关键环节，即垫击球的位置，人与球的位置关系和全身协调用力。难点是全身协调用力垫球。

### （二）侧面双手垫球

在身体两侧用双臂垫球的动作称为侧面垫球。来球飞向体侧，队员来不及移动对正球时，可用双臂在体侧垫球。

### （三）背　垫

背对出球方向的垫球方法叫背垫，多用双臂。大多用于接应同伴垫飞的球或将球处理过网。其特点是垫击点较高，但由于背对垫球方向，不便于观察目标和控制击球的方向和落点，准确性稍差。

背传背垫、侧传侧垫技术

背垫时，要判断好来球的方向，快速移动到球的落点处，背对出球的方向，两臂夹紧伸直，插到球下。击球时，用蹬地、抬头挺胸、展腹和上体后仰的动作带动两臂向后上方摆动抬送，以前臂触球的前下方，将球向后上方击出。背垫的击球点一般应在肩前上方。

**1. 背垫技术动作**

（1）判断来球的落点和离网的距离，迅速移动取位，背对垫出球的方向；

（2）准备垫球时，两臂夹紧伸直，利用蹬地、抬头、挺胸及上体后仰的动作带动两臂向后上方迎击球；

（3）击球时要抬臂压腕，触球的前下方，将球向后上方击出。背垫的击球点一般要比正面垫球高。

**2. 背垫技术要点**

（1）背对出球方向使背垫的方向尽量准确。

（2）两臂夹紧伸直插到球下及蹬地、抬头挺胸、展腹等，使用向后的力击球。

（3）垫低球时的屈肘和翘腕便于向后击球。

（4）抬头仰体，直臂上迎，胸前击球。

## 四、挡　球

当来球高、速度快、力量大，不便于传球和垫球时，用双手或单手在胸部以上挡击来球称为挡球。其特点是伸手动作快，挡击胸、肩部以上高度的来球较方便，可扩大防守范围，是垫球的重要补充。但挡球不便于协调用力，因而控制球的落点和方向比传、垫球差。挡球有双手挡球和单手挡球两种。

### （一）双手挡球

多用于挡击胸部以上力量大、速度快的来球，手型有抱拳式和并掌式两种。抱拳式是由两肘弯曲，一手半握拳，另一手外抱，两手掌外侧所组成的平面朝前的挡球手型；并掌式是由两肘弯曲，两手虎口交叉，两手掌外侧合并成勺形的击球面朝前的挡球手型。

挡球时，手臂屈肘上举，肘部朝前，手腕后伸，以手掌外侧和掌根所组成的平面挡击球的后下部。击球瞬间，手腕要紧张，用适度的力量将球向前上方挡起，击球点一般在脸额或两肩的前上方。

### （二）单手挡球

击球点高，便于挡头部上方或侧上方的高球，有时对飞向身后的高球，可跳起用单手将球挡回。

## 五、发　球

发球指的是队员在发球区用一只手将自己抛起的球直接击入对方场区的技术动作。发球是排球的基本技术之一，也是排球比赛一项重要的进攻性技术。随着排球运动的发展，发球技术在不断地创新与提高。发球技术是排球技术中唯一不受他人制约的技术。发球既是比赛的开始，也是进攻的开始。准确而有攻击性的发球，不仅可以直接得分或破坏对方进攻战术的组织，还可减轻本方防守压力，为反击创造有利条件；有威力的发球，还可鼓舞全队士气，不断扩大战果，从而打乱对方阵脚，在心理上给对方造成压力。反之，如果发球攻击性不强或失误较多，不但不能直接得分或破攻，还会失分和失去发球权，也容易让对方轻松地组织进攻战术，大大增加本方防守的难度。因此，发球要强调攻击性和准确性，但首先要保证稳定性。

发球时可运用手掌正面、侧面，上手、下手，助跑或起跳进行。根据发球站位与端线距离远近可分成三种：远距离发球（距远端线 8 米以外）、近距离发球（靠近端线后）、中距离发球（介于端线与端线后 8 米之间）。

发球按照发出球的性能主要可以分为发旋转球和发飘球。发旋转球主要有正面上手发球、正面下手发球、侧面下手发球、勾手大力发球、跳发球、发侧旋球和发高吊球；发飘球主要有正面上手发飘球、勾手发飘球等。击球手法可用全手掌、掌根、半掌根、半握拳、虎口和腕部。

### （一）正面下手发球

这种发球动作简单易学，失误较少，方向较准确，但球飞行速度慢，力量小，攻击性小。（图 9-1-10）

动作方法：以右手击球为例，发球前侧对球网，两脚前后开立，左脚在前，两膝微屈，上体稍前倾，重心偏后脚。左手持球置于腹前，右臂自然下垂，两眼注视球。发球时，左手将球轻轻抛起在体前右侧，离手高约 20 厘米；抛球，将球抛到腹前右侧约一球高。在抛球之前，右臂伸直，球抛起后，以肩为轴由后向前摆动，借右脚蹬地的力量，身体重心随着右手向前摆动击球移至前脚上。上体向左转带动右臂挥动到腹前，在腹前以虎口、掌根或手掌击球的后下部。接触球时，手指手腕紧张，手成勺形吻合球，随着击球动作，重心前移，迅速进场比赛。正面下手发球时将球抛在右肩前下方，右臂伸直，以肩为轴，由后向前摆动击球。发球的整个动作要求抛球要稳，要准，挥臂路线要正确，击球点要正确。

图 9–1–10

### （二）正面上手发球

正面上手发球

这种发球准确性大，易控制球的力量和落点，对对方有很强的攻击性和威胁性。（图 9–1–11）

图 9–1–11

动作方法：面对球网，两脚自然开立，左脚在前，左手托球于身前。用抬臂和手掌的平托上送，稳稳地将球垂直向自己右肩前上方抛起，高度要适中。在抛球的同时，右臂抬起，并屈肘后引，肘与肩平，肘关节略比肩高，上体稍向右侧转动，利用蹬地、转体、收腹带动手臂迅速而有力地向前上方挥动，转体收腹带动手臂，挥臂动作如鞭打。在右肩膀前上方伸直手臂的最高点，用手掌击球的后中下部。击球时，手指自然张开吻合球。正面上手发球时，可利用不同的击球手法和击球的不同部位，使其产生不同旋转方向。击球后手腕快速主动地对球做推压动作，使球上旋飞行，身体顺势入场。

### （三）正面上手大力跳发球

这种发球攻击性强，直接得分和破坏对方一传的概率比较大，但是难度较高，在男排比赛中这种发球已经占据了主流，世界强队中几乎都有跳发球的高手。

动作方法：面对球网，把球向前上方抛高（尽量把球抛在固定的高度与位置上有利于发挥最大的攻击效果），利用已经熟练掌握的技术上步，起跳、腾空、展腹、展臂、看准球的最高点、收腹、挥臂、全手掌包满球将球大力发出、屈膝、缓冲落地即完成整套动作。

侧面下手发球

### （四）侧面下手发球

这种发球动作比较简单，容易掌握，可借助转体力量击球，适合女生初学者。这种发球失误少，但攻击性不强。

动作方法：以右手击球为例，发球前左肩对网，两脚左右开立，约与肩同宽，两膝微屈，上体稍前倾，重心落在两脚之间，左手持球置于腹前。左手将球平稳上抛于胸前，距身体约一臂远，球离手高度约一个半球。抛球同时，右臂摆至右侧后下方。利用右脚蹬地向左转体的力量，带动右臂向前上方摆动，在腹前用全掌、虎口或掌根击球后下方。击球后，身体转向球网，并顺势进场。

动作要点：腹前低抛球，转体带摆臂，击球后下部，身体转向网。

### （五）勾手大力发球

勾手大力发球是指采用勾手发球的形式，充分运用全身的爆发力，发出力量大、速度快、弧度低、旋转强的球。

动作方法：以右手击球为例，发球前身体侧面对网，两脚自然开立，两膝弯曲，上体前倾，左手持球于胸前。左手将球抛在左肩前上方约一臂高度。抛球的同时，两腿弯曲，上体顺势向右倾斜，并稍向右转，身体重心移向右脚，右臂随着向右侧后方摆动，同时抬头挺胸，两眼注视球体。击球时，利用右脚蹬地、转体动作发力，带动右臂做直臂弧形挥动，同时身体重心由右脚移至左脚。手臂在伸直的最高点，在右肩的前上方以全手掌击球的中下部。击球时手指自然张开吻合球，手指手腕主动做推压动作使球产生强烈上旋。

动作要点：抛球平稳离手 1 米，蹬腿转体带动挥臂，弧形挥摆手加速，高点击球，手腕推压。

总之，不论采用哪种发球，其技术动作过程都包括：站位和持球准备—抛球和击球前的摆臂—全身发力和挥臂轨迹—击球手型、击球点、击球部位—击球后的动作。当然这些动作是在瞬间连贯完成的。要想发好球，必须注意上述“五固定”的要求，并考虑力量、速度、飘度、落点、变化等因素，同时将之与准确性、灵活性、多样性和独特性结合起来。

扣　球

## 六、扣　球

扣球指扣球手跳起在空中用一只手或手臂将本方场区上空高于球网上沿的球击入对方场区的一种击球方法。扣球是排球技术中攻击性最强的一项技术，在比赛中占有十分重要的地位。扣球是得分的主要手段；是一个队争取主动摆脱被动，鼓舞士气，抑制对方的最积极有效的武器。因此，扣球的水平，最能体现一个队的进攻质量和效果，是取胜的关键。扣球的攻击性主要是由于它具有击球点高、速度快、力量大、变化多的特点，可以扣出各种不同性能、不同时间、不同角度、不同落点的变化球，使扣球更具进攻威力。

扣球技术按动作可以分为：正面扣球、勾手扣球、单脚起跳扣球、双脚起跳扣球等；按区域可以分为：前排扣球、后排扣球等；按用途和变化分为：快球类、自我掩护扣球类及其他变化类等。

扣球在比赛中占有重要地位。扣球可利用助跑方法不同、手击球部位不同、挥臂路线和节奏不同、击球点高低不同、与二传手配合时间不同等特点，扣出不同性能、时间、空间、位置和角度的球。在此，主要介绍正面扣球和单脚起跳扣球。

### （一）正面扣球

正面扣球时，因扣球者身体面对球网，便于观察，所以扣球准确性较高。同时，扣球者可根据对方防守布局，随时改变扣球路线和力量，有利于控制击球落点。（图 9–1–12）

**1. 准备姿势**

站在离网 3 米左右处，两脚自然开立，两膝微屈，上体稍前倾，两臂自然下垂，观察二传来球，随时准备向各个方向助跑起跳。

**2. 助　跑**

助跑的目的是为了获得一定的水平速度，增加弹跳高度，并且选择适当的起跳点。助跑的时机、方向、步法、速度、节奏是根据来球的方向、速度和弧线来决定的。因此，要全面熟练掌握一步、两步、三步及多步助跑的步法。助跑步法力求灵活、适应性强。

以两步助跑为例，助跑时，左脚先向前迈出一步，接着右脚再迅速跨出一大步，左脚及时并上，落在右脚侧前方，两脚尖稍内收准备起跳。

助跑的第一步要小，目的是对正上步的方向，使身体获得向前的水平速度；第二步要大，目的是接近球和提高助跑的速度，右脚落地支撑点在身体重心之前，有利于制动。

**3. 起　跳**

在助跑跨出最后一步的同时，两臂绕体侧向后引，左脚在落地制动的过程中，两臂自后积极向前摆动，随着双腿蹬地向上起跳，两臂配合起跳用力上摆。

**4. 空中击球**

起跳后，挺胸展腹，上体稍向右转，右臂向后上方抬起，身体成反弓形。挥臂时，以迅速转体、收腹动作发力，带动肩、肘、腕各部位关节成鞭甩动作向前上方挥动。击球时，五指微张呈勺形并保持紧张，用全手掌包满球，以掌心为击球中心，在手臂伸直的最高点上方击球的后中部，同时主动用力屈腕屈指向前推压，使扣出的球加速上旋，击球点在起跳和手臂伸直最高点的前上方。

**5. 落　地**

空中完成击球动作后，身体自然下落，为了避免腿部负担过重，应采用双脚的前脚掌先着地，同时顺势屈膝，缓冲身体下落的力量。

图 9-1-12

**（二）单脚起跳扣球**

单脚起跳扣球是指助跑的最后一步以单脚踏地，另一只脚直接向前上方摆动帮助起跳的一种扣球方法。在现代排球中由于各种冲跳扣球的大量采用，使这种扣球有了新的发展前景。

动作方法：单脚起跳由于第二只脚直接上摆不再落地，且起跳腿下蹲较浅，因而它比双脚起跳动作快 0.2 秒左右。还由于它能充分利用助跑速度，加上右腿积极上摆的协调动作，比双脚起跳冲得更远，跳得更高。所以它既能高跳扣定点高球，又能追球起跳扣低弧度球，有利于控制时间和空间，兼有位置差和空间差的特点，这对突破和避开拦网有较大作用。单脚起跳扣球可采用一步、两步或多步助跑。助跑的路线与球网的夹角宜小，以免造成前冲力过大而触网或过中线犯规。助跑到最后，以左脚向扣球点位置跨出一大步，身体重心稍后倾，在右脚向上摆动时，左脚用力蹬地起跳，两臂积极配合上摆，起跳后的扣球动作与正面扣球基本相似。

动作要点：助跑节奏由慢到快，一步定向两步迈，后脚快并猛蹬地，两臂协调向上摆，腹腰发力带肩肘，加速挥臂如挥鞭，击球保持最高点，全掌击球要上旋。

## 七、拦　网

拦　网

拦网是排球运动的基本技术之一，指的是队员靠近球网，将手伸向高于球网处阻拦对方来球的动作。拦网是排球比赛中的第一道防线，也是第一道进攻线。现代排球比赛中网上精彩激烈的争夺战就是扣球与拦网这一对矛盾的展开。高水平的排球比赛中，如果没有有效的拦网，后排防守将是非常困难的。拦网不仅可以将对方的扣球拦回、拦起，减轻后排防守的压力，而且可以直接将球拦死，使之成为得分的重要手段。此外，拦网还能干扰和破坏对方进攻战术的组织，削弱对方进攻的锐气，动摇对方的信心，给对方造成心理上的威胁。因此，拦网水平的高低，直接影响着比赛的胜负。拦网技术的提高和创新，对促进排球运动的发展有着重要的作用。拦网分为单人拦网、双人拦网和三人拦网。

4号位拦网

### （一）单人拦网

单人拦网包括以下步骤。（图 9–1–13）

**1. 准备姿势**

面对球网，两脚左右开立，约与肩同宽，距网 30 ~ 40 厘米，两膝微屈，重心落在两脚之间和两前脚掌上，两臂屈肘置于胸前。

**2. 移 动**

常用的步法有并步、滑步、交叉步、跑步等。无论采用哪种移动步法，都要做好制动动作，以保证向上起跳，避免触网和冲撞同队队员。

**3. 起 跳**

原地起跳时，两腿屈膝，重心降低，随即用力蹬地，两臂以肩发力，在体侧近身处，做画弧向上摆动，帮助身体迅速跳起。移动后的起跳动作与原地起跳一样，但要注意制动并使移动与起跳动作紧密衔接。

**4. 空中动作**

起跳时，两手从额前沿球网向上方伸出，两臂伸直并保持平行，两肩上提。拦网时，两臂应伸过网去接近球。两手自然张开，屈指屈腕成半球状。当手触球时，两手要突然紧张，手腕下压盖在球的前上方。

**5. 落 地**

拦球后，要做含胸动作，以保持身体平衡。手臂要先后摆或上提，从网上收回至本方上空，再屈肘向下收臂，以免触网。与此同时屈膝缓冲，双脚落地，随即转身面向后场，准备接应来球或为下一个动作做准备。

**6. 关于空中移臂拦截**

手臂空中移动拦截，是为了提高拦网成功率，有以下几种情况：

（1）随球转移拦截：两手臂由直臂改为侧倒斜向拦网。如向左拦截，左臂伸直斜向，横放在网口上方，右臂屈肘，前臂在额部上方与网口平行，两手间距离不大于球体直径，增大拦网的宽度，以手掌、手指堵截路线。

（2）声东击西拦截：拦网者有意对准球站位，准备让出一条扣球路线空当；但当对方向这条空当路线扣球时，两臂突然伸向空当，阻拦对方扣球。

（3）两臂夹击拦截：拦网前，两臂分开上举，扣球队员可能从两臂中间空当扣球，但当对方扣球队员击球时，拦网队员两手突然由外向内汇合，使两臂夹击阻拦对方扣球。

图 9–1–13

### （二）双人拦网

由前排两个队员互相靠近，同时起跳组成的拦网，称为双人拦网。双人拦网是比赛中最常用的一种拦网形式，主要在对方大力扣球时采用。拦网的技术动作与单人拦网相同。双人拦网时，应以一人为主拦队员，另一人为配合队员。但主拦队员不是固定的，一般情况下距对方扣球点近的队员应为主拦队员。主拦队员必须抢先移动到对正扣球点的位置，做好起跳准备，配合队员则迅速移动靠近主拦队员准备同时起跳。两队员之间的距离一定要合适：距离太远，跳起后将出现“空门”；距离太近，起跳时互相干扰，致使双方都跳不高。双人拦网起跳时，两人的手臂应该在体前画小弧向上摆伸，都要尽量垂直向上起跳，要防止互相碰撞或干扰。手臂在空中既不能重叠，造成拦击面缩小，又不能间隔太宽，造成中间漏球。扣球靠近边线时，靠边线近的拦网队员外侧的手应适当内转，以防打手出界。

### （三）三人拦网

三人拦网，多在对方进行高点强攻的情况下运用。在组成三人拦网时，不论对方从哪个位置进攻，都应以本方中间位队员为主拦者，两侧队员主动配合，集体起跳拦网。

## 八、防守技术

防守技术是由倒地、前扑和鱼跃等配合完成救球的技术动作。以下介绍和学习倒地滚翻救球动作及鱼跃救球动作。

### （一）滚翻救球

当球离身体远而低时，可采取此动作。起球后的滚翻动作起到自我保护及快速衔接下一个动作的作用。

低重心移动：准备接球时，向球的方向移动，前脚为重心，身体幅度由高到低迅速下降，伸前臂救球。

击球：两腿用力蹬地向前用力，使身体向球的方向伸展，手臂直插球的底部，双手或者单手触球，把球向中场高高打起后，顺势侧身，背部、臀部、大腿外侧、依次着地，然后顺势低头、收腹、团身，击球的手臂不动，向另一侧肩膀做后滚翻动作，利用向前的惯性使身体与地面柔和接触，迅速起身做下一动作的准备。（图 9–1–14）

图 9-1-14

### （二）鱼跃救球

当球低而远时，可用控制范围大的鱼跃动作去救球。

低姿移动：以半蹲准备姿势防守，当来球落点低而远时，上身前倾，向前做一到两步助跑，前脚掌用力蹬地，使身体向远处腾空跃出。

击球：手臂向前伸展，以单手虎口或手背从下向上击球的后下部。击球后双手在体前着地支撑。两肘缓慢弯曲，以缓冲身体下落力量，同时抬头、挺胸、展腹，向后自然屈腿，身体成反弓形，胸、腹、大腿依次着地产生滑行。（图 9-1-15）

图 9-1-15

## 第二节　排球基本战术

排球基本战术

## 一、阵容配备

排球阵容配合是排球战术运用的基础，阵容配备应最大限度的符合本方队员的特点，使队员合理搭配，同时还要考虑对手的情况。

### （一）四二配备

四二配备是 2 个二传手，4 个进攻队员。4 个进攻队员为 2 个主攻，2 个副攻。四二配备在中等水平球队采用较多，2 个二传手在前后排始终保持 1 个，便于接应传球。

### （二）五一配备

五一配备是1个二传手，5个进攻队员。5个进攻队员为2个主攻，2个副攻，二传对角是接应二传。由于目前比赛中引入了自由人，五一配备更加灵活。这种战术配备对二传手要求较高，一般在中高水平的球队运用较多。

### （三）三三配备

三三配备是由3名传球队员和3名进攻队员间隔站立，使每一轮都有传有扣。这种配备是初学者采用的战术配备。

## 二、排球进攻战术

### （一）中一二进攻

前排3个人中一人在3号位做二传，将球传给2、4号位的进攻形式。二传在2、4号位时，在球发出后可以置换到3号位，这种情况称为边一二换中一二，反边一二换中一二。这种进攻简单，便于组织。

### （二）边一二进攻

前排3个人中2号位做二传，将球传给3、4号位进攻，二传在3、4号位时，在发球后换到2号位。这种方式对右手扣球比较顺手，而左手扣球比较别扭。但是一传如果传偏到4号位，则很难接应。边一二进攻战术也是一种比较简单的进攻战术形式。它与中一二进攻战术的相同之处都是前排只有2名进攻队员，其不同之处是二传队员不是站在3号位，而是站在2、3号位之间，将球传给3号位或4号位队员进攻。

## 三、排球防守战术

中、边一二接发球站位

### （一）接发球的站位阵型

在选择接发球阵型时，不仅要有利于接球，还要考虑本方所采用的进攻战术及对方发球的特点。按接发球人数来分，接发球阵型主要有5人接发球、4人接发球、3人接发球及2人接发球阵型。下面介绍和学习5人接发球阵型及4人接发球阵型。

1. 5人接发球

除1名二传在网前站立或后排插上外，其余5名队员均担负起一传任务，这种方式便于队员分布，但二传插上距离较远或者进攻变化较少。

（1）W站位阵型：初学者打比赛多采用“中、边二传”进攻阵型，大多站成W形，也称“一三二”型站位。5名队员分布均衡，前面3名队员接前场区的球，后排2名队员接后场区的球，职责分明。（图9–2–1）

这种站位的缺点是队员之间的“结合部”相应增多，也不利于接对方发到边角上的球。（图9–2–2）

（2）M站位阵型：M形站位，也称“一二一二”站位，其优点是队员分布更加均匀，分工明确，前面2名队员接前区球，中间队员负责接中区的球，后面2名队员接后区球。这种站位在接落点分散、弧度高、速度慢的下沉飘球、高吊球及发到边线、角上的球时较为有利。缺点是不利于接对方发到场地两腰及后区的大力球、平飘球等。（图9-2-3）

（3）一字站位阵型：一字形站位是对付跳发球、大力发球、平冲飘球的有效站位阵型。这几种发球的落点大多集中在球场中后区，接发球时，5名队员一字形排开，左右距离较近，每人守一条线，互不干扰。（图9-2-4）

（4）“假插上”站位阵型：二传队员在前排时，可以运用假插上的站位来迷惑对方。2号位队员站在3号位队员身后佯做后排插上，当一传来球弧度较高且靠近网时，假插上队员可突然打两次球或吊球，起到攻其不备的效果。6号位还可以佯攻掩护。（图9-2-5）

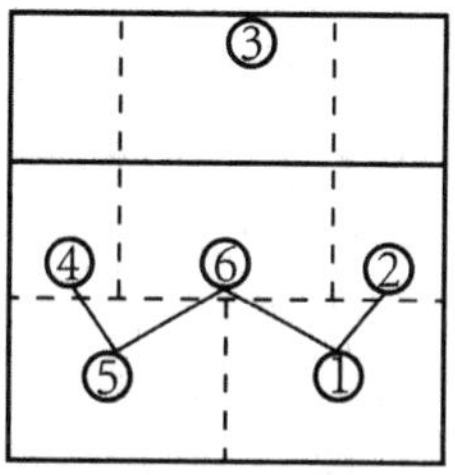

图9-2-1

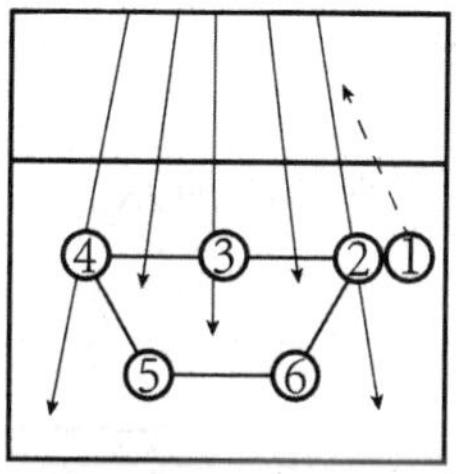

图9-2-2

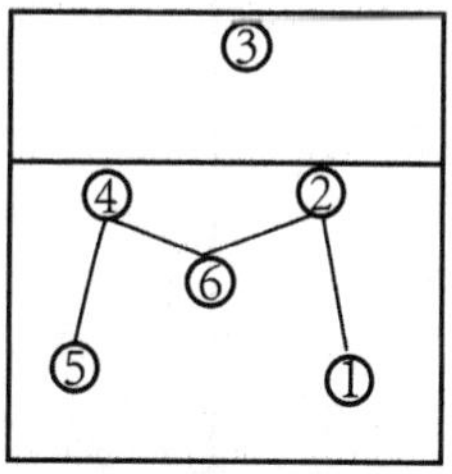

图9-2-3

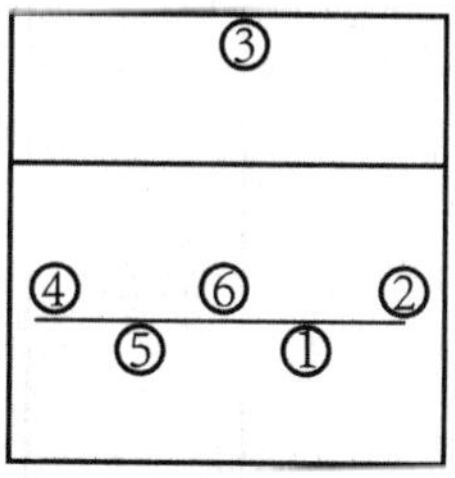

图9-2-4

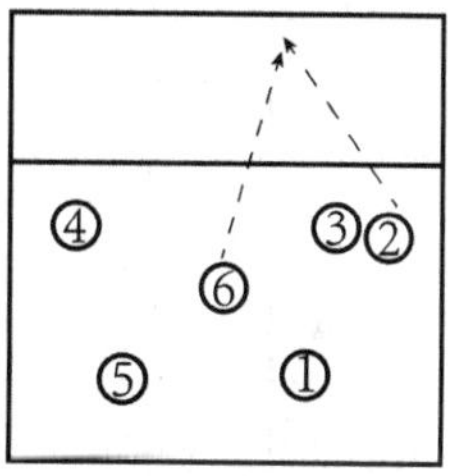

图9-2-5

2. 4人接发球

二传和上快球队员站在网前不接发球，后场4人一字或弧线站立。这种方式便于二传传球和进攻跑动，但容易造成空心，对接发球判断和移动要求高。一般用来针对发球较差对手采用。

## （二）防守阵型

### 1. 不拦网的防守阵型

在没有拦网必要时，二传在网前，既可接网前球，又可以组织进攻，前排队员后撤，准备防守和进攻。

### 2. 单人拦网防守阵型

该阵型用于对方进攻力量较弱、扣球以中线为主、吊球较多的情况。单人拦网应以中线为主，阻止球吊入中场，前排不拦网队员后撤防前区。

**3. 接拦回球的保护阵型**

拦回球的保护，一般应掌握在后排留一个人准备接反弹较远的球，其他队员尽量多参加前排保护。在只有一点进攻时，应采用 4 人保护。在有战术变化时，进攻队员跑动或跳起后，如未扣球应争取保护，但二传和后排队员应尽量组成 2 ～ 3 人的保护阵型。

# 第三节　排球比赛规则简介

## 一、比赛场地

排球比赛场地如图 9-3-1 所示。

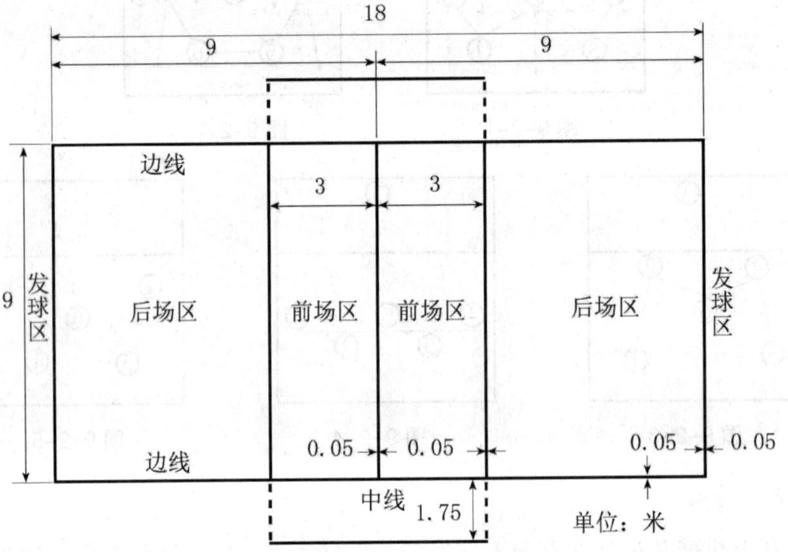


图 9-3-1

## 二、位　置

发球队员击球时，双方队员（发球队员除外）必须在本方场区内按轮转次序站位。

（1）队员场上位置为：① 靠近球网的三名队员为前排队员，其位置为 4 号位（左）、3 号位（中）和 2 号位（右）；② 另外三名队员为后排队员，其位置为 5 号位（左）、6 号位（中）和 1 号位（右）。

（2）两名队员之间的位置：① 每一名后排队员的位置必须比其相应的前排队员距离中线更远；② 前、后排队员左右之间的位置按（1）的规定站位。

（3）队员的位置应根据其脚的着地部位判定：① 每一名前排队员至少有一只脚的

一部分，比同列后排队员的双脚距中线更近；② 每一名右（左）边队员至少有一只脚的一部分，比同排中间队员的双脚距右（左）边线更近。

（4）发球击球后，队员可以在本场区和无障碍区的任何位置上移动。

（5）位置错误：当发球队员击球时，如果队员不在其正确位置上，则构成位置错误犯规；当发球队员击球时的犯规与对方位置错误同时发生，则发球犯规被认为在先；如果是发球队员击球后的犯规，则位置错误在先；位置错误时判罚该队失去 1 分，队员必须恢复到正确位置。

（6）轮转：整局比赛中，轮转次序、发球次序以及队员位置均按位置表的顺序进行；发球队获得发球权后，该队队员必须按顺时针方向轮转一个位置，如 2 号位队员转至 1 号位发球、1 号位队员转至 6 号位等；没有按照轮转次序进行发球为轮转错误，判罚该队失 1 分，队员的轮转次序要纠正，记录员应准确地确定其错误何时发生，从而取消该队自错误发生后的所有得分。对方得分仍然有效。如果不能确定错误发生的时间，则仅判该队失 1 分。

## 三、其他竞赛规则

排球教学可结合教材内容，适当向学生介绍一些比较简单的排球规则。这些规则在教学中应与技术教学、战术教学和教学比赛结合起来进行。

（1）排球比赛场地呈长方形，长为 18 米，宽为 9 米，正中有一条中线把场地分为相等的两个场区。所有的线宽均为 5 厘米，两侧的线称边线，两边的线称端线。场上空 7 米以内（奥运会和国际重大比赛要高 12.5 米）和四周至少 2 米（奥运会和国际重大比赛端线后要有 8 米，边线外要有 5 米）内不得有障碍物。

（2）在场地中线上空，架有球网。网宽 1 米，长 9.5 米，张挂在场外两根圆柱上。女子网高 2.24 米，男子网高 2.43 米。球网两端垂直于边线和中线的交界线各有 5 厘米宽的标志带，在其外侧各连接一根长 1.8 米的标志杆。

（3）排球外壳用柔软的熟皮或人造革制成，内装橡皮胆，圆周为 65 ～ 70 厘米，重量为 260 ～ 280 克，气压为 0.40 ～ 0.45 千克/平方厘米。

（4）排球比赛开始，由一队后排右边的队员在发球区内发球、然后每队可接触球 3 次（拦网触球不计算在内），一名队员不得连续击球 2 次。如果球落地，触墙、触天花板、触其他任何物体或某一队员犯规，则成死球，造成死球的一方失分。

（5）现行规则采用每球得分制，胜一球即得 1 分。每队先得 25 分并至少超过对方 2 分时才胜一局。正式比赛采用五局三胜制。前四局打成 2 ∶ 2 平局时，第五局为决胜局。在决胜局比赛中，是 15 分制，任一队赢 15 分并至少超过对方 2 分时才胜这局。不论是哪一队发球，胜一球即得 1 分，一队先得 8 分后，两队交换场区，按原位置顺序，继续比赛到结束。

（6）每队在一局比赛中，可要求两次暂停。除决胜局外，在其他各局中，每当领先队达到 8 分和 16 分时自动执行技术暂停。

（7）发球队员站在发球区里，发球区为端线后（不包括端线）9 米宽地区，两侧标有宽 5 厘米，长 15 厘米，距离端线 20 厘米的短线，作为边线的延长线限制发球区，其宽度包括在9米发球区之内。在裁判员鸣哨后8秒钟内将球发出，球必须抛出并明显离手。如触及发球队场上队员、球网、标志杆、其他障碍物或从网区以外越过，亦或发球不过网均为发球失误。

（8）自由防守队员：各队可选择一名队员为自由人，身着与其他队员不同颜色的球衣。他可以在比赛中断和裁判员鸣哨发球之前，从进攻线之间的边线处自由进出，换下任一后排队员。自由人不得发球、拦网和试图拦网，不得将高于球网上沿的球直接击入对区。自由人在前场区及前场区外无障碍区进行上手传球，当传出的球的整体高于球网上沿时，其他队员不得进行进攻性击球。当他在后场区上手传出的球高于球网上沿时，其他队员可以进行进攻性击球。

## 思考题

1. 学好正面双手垫球必须注意哪些主要的技术环节？
2. 简述排球比赛的计分方法。
3. 排球比赛的简单规则包括哪些？
4. 请画出场上每个队员的站位及如何轮转？
5. 说出排球比赛中五种以上犯规情况。

# 第十章　乒乓球

## 引　言

19 世纪末，乒乓球起源于英国。它是我国体育运动中唯一以声音命名的运动项目，也称为桌上网球，英文名字为“Table tennis”，还有一个说法叫“Pingpang”，中文“乒乓”正是它的译音。

乒乓球运动的特点是球体小、速度快、变化多，趣味性强，器材简单，便于开展。经常参加该项运动对提高身体素质，增进身心健康，特别对发展人的灵活性和协调性有着很好的作用，同时还有助于培养机智果断、沉着冷静、顽强拼搏、勇于进取等优良品质和作风。

对大学体育而言，它不仅成为大学生喜爱的运动项目之一，推动了乒乓球运动的普及与发展，也对活跃大学校园文化生活，增进大学生身心健康，起到了积极的促进作用。

乒乓球百科

## 第一节　乒乓球基本技术

### 一、握拍方法

握拍方法有两种：一种是直握球拍，另一种是横握球拍。

直握球拍法

#### （一）直握球拍法

【优缺点】直拍握法击球出手快，手腕灵活，发球变化多，台内球容易处理，利于以速度和球路变化取得主动，但反手攻球时受身体所限不易发力，防守时照顾面积较小。

【直握球拍的方法】拇指第一关节压着球拍左肩，食指第二关节压着右肩，食指第一关节自然向内弯曲，虎口贴于拍柄后，中指、无名指和小指自然弯曲，托于球拍背面。拍前，以食指第二指关节和拇指第一指关节环形握住球拍；拍后，三指自然弯曲，中指内侧贴于球拍的 1/3 上端。直拍握法，也称钳式握拍法。（图 10–1–1）

图 10–1–1

横握球拍法

### （二）横握球拍法

【优缺点】横拍握法照顾范围大，击球时便于发力，利于攻削结合；但手腕不太灵活，摆速较慢，台内球较难处理。

【横握球拍的方法】虎口贴拍，拇指在球拍的正面，食指自然伸直放于球拍的反手面，其他三手指自然地握住拍柄，这种握法又称为八字式。正手攻球时，食指稍向上移动；反手攻球时，拇指稍向上移动。（图 10–1–2）

图 10–1–2

## 二、身体姿势和站位

### （一）身体姿势

【特点】动作自然、协调、放松，重心较低并稳定。

【动作方法】两脚开立，稍宽于肩，前脚掌着地，脚跟稍提起，两膝微屈，上体略前倾，重心在两脚中间；下颌略内收，两眼注视来球；两臂自然弯曲置于身体略前两侧，执拍手手腕适当放松。（图 10–1–3）

图 10–1–3

### （二）站　位

【特点】不同技术打法有不同站位方法。但总体动作要协调，位置要合理。

【动作方法】

（1）快攻打法和弧圈球打法基本站在近台中间偏左处。

（2）两面攻打法基本站在近台中间。

（3）攻削结合打法基本站在中远台中间。

## 三、基本步法

在基本技术中，没有灵活的步法，就不可能及时抢占击球位置，有效地还击来球。步法的训练必须与技术训练紧密结合。

### （一）单　步

单　步

【特点】动作简单，在来球离身体较近时运用。

【动作方法】以一只脚为轴，另一只脚向前、后、左、右不同方向移动，身体重心也随之落到移动脚上。（图 10–1–4）

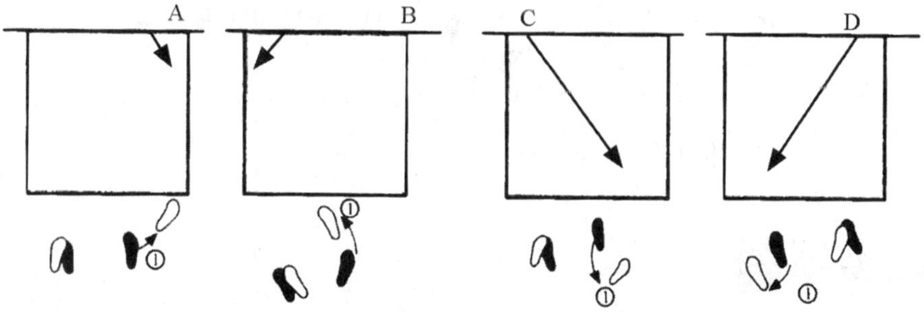


图 10–1–4

### （二）跨　步

跨　步

【特点】移动幅度大（常会因此降低身体重心，不易连续使用），移动速度快。跨步多在借力击球和来球离身体较远时运用。

【动作方法】以一只脚蹬地，另一只脚向左、右的来球方向跨出一大步，身体重心随即移至该脚上，另一只脚迅速跟上。（图 10–1–5）

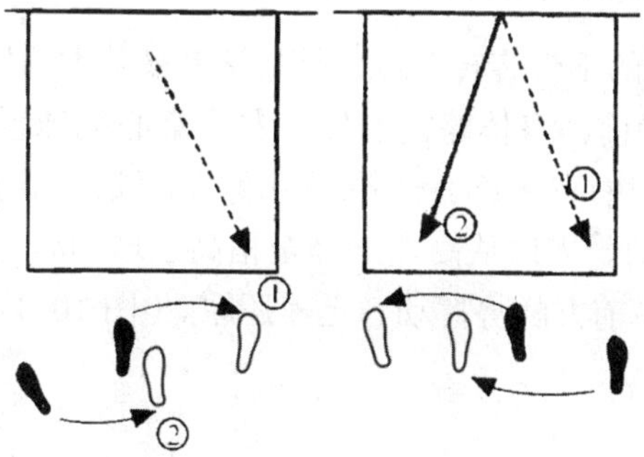


图 10–1–5

并 步

### （三）并　步

【特点】一般在来球速度不算太快时使用，如削球的左右移动、快攻和弧圈球打法在攻削球时做小范围移动等。

【动作方法】移动时，先以与来球异方向的脚向另一只脚并一步，与来球同方向的脚再向来球的方向迈一步迎击来球。由于并步移动范围大，有利于保持重心稳定。（图 10–1–6）

跳 步

### （四）跳　步

【特点】移动动作灵活，便于选择位置，适合来球离身体较远时使用。

【动作方法】来球异方向的脚先蹬地，两脚几乎同时离地向左或向右移动，先离地的脚先落地，另一只脚再跟着落地、跳步，若来球落点较远或较近，其移动方向可偏后或偏前。（图 10–1–7）

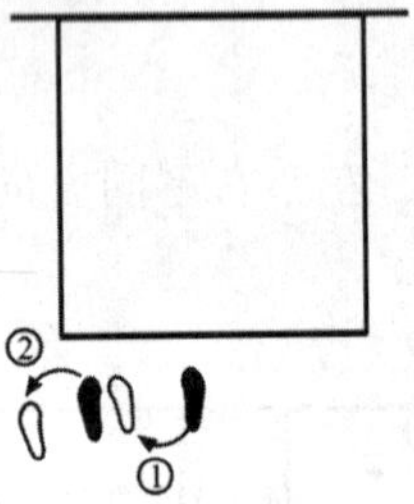

图 10–1–6

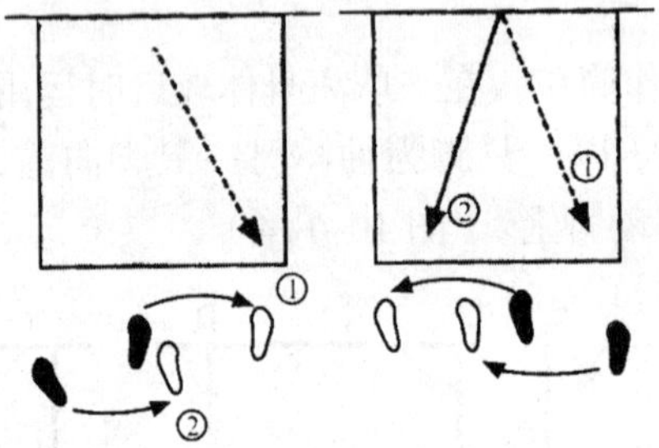

图 10–1–7

## 四、发球技术

乒乓球比赛，每一分球的开始就是发球。发球可在不受对方任何影响的情况下进行，易于取得比赛的主动权。

发球的作用：造成对方接发球失误而直接得分；迫使对方接发球的质量不高，出现机会球，进行抢攻或抢位；通过发球实现自己的战术意图，最低要求是能压制对方接发球抢攻或抢位。

正手平击发球

反手平击发球

### （一）正反手平击发球（以右手持球为例，下同）

【特点】是一般速度的不带旋转发球，是初学者最基本的发球方法。

【动作方法】左脚稍前，身体略向右转，左手掌心托球置于身体右侧前方。左手将球垂直向上抛起，同时右臂内旋，使拍面角度稍前倾，向身体右后方引拍。右臂从身体右后方向右前方挥动。当球从高点下降至稍高于球网时，击球中上部向左前方发力。击球后手臂继续向左前方随势挥动，迅速还原。（图 10–1–8）

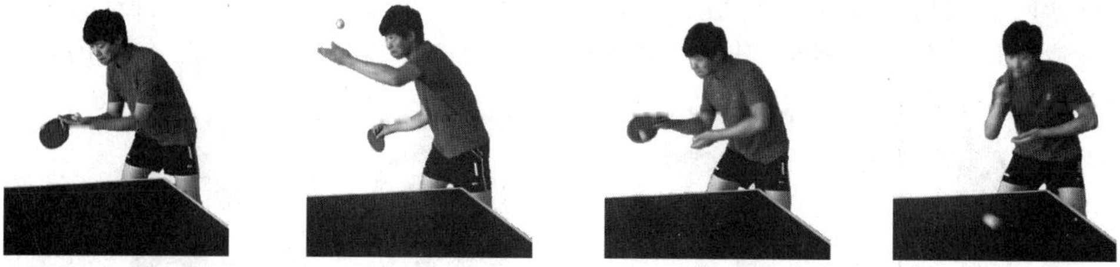

图 10–1–8

### （二）正手发右侧上旋急球（奔球）

【特点】球速快，冲力大，落点远。

【动作方法】左脚稍前，身体略向右转，左手将球向上抛起，同时右臂内旋，使拍面稍前倾；当球下降到近于网高时，擦击球的右侧中下部，手腕向左上方发力，第一落点接近端线。

### （三）正手发下旋加转球与不转球

【特点】球速较慢，发球手法近似，以旋转变化迷惑对方。

【发加转球动作方法】左脚稍前，身体略向右转，左手将球向上抛起，同时右臂外旋，使拍面后仰；当球下降至稍高于球网时，快屈手腕配合前臂发力，触球中下部并向底部摩擦。第一落点接近球网。（图 10–1–9）

图 10–1–9

【发不转球动作方法】发不转球的动作方法与发加转球方法大致相同，主要区别是手臂外旋幅度小，减少拍面后仰角度，击球中部或中下部，减少向下摩擦球的力量，稍加向前推送的力量，使其作用力接近球心。

### （四）正手发左侧上、下旋球

【特点】两种发球手法近似，以旋转变化迷惑对方。

【动作方法】站位左半台，左脚稍前，身体略向右转，左手将球向上抛起；当球下降至接近网高时，前臂加速向左前方挥摆。若发左侧上旋球，触球时向左侧上方摩擦；若发左侧下旋球，触球时向左侧下方摩擦。

### （五）反手发右侧上、下旋球

【特点】两种发球手法近似，以旋转变化迷惑对方。

【动作方法】站位左半台，右脚稍前，身体略向左转；左手掌心托球置于身体左前

正手发下旋加转球与不转球

正手发左侧上旋球

正手发下旋球

反手发右侧上旋球

反手发下旋球

方，将球向上抛起；当球下降至接近球网高时，前臂加速向前方挥摆。若发右侧上旋球，触球时向右侧上方摩擦；若发右侧下旋球，触球时向右侧下方摩擦。（图 10–1–10）

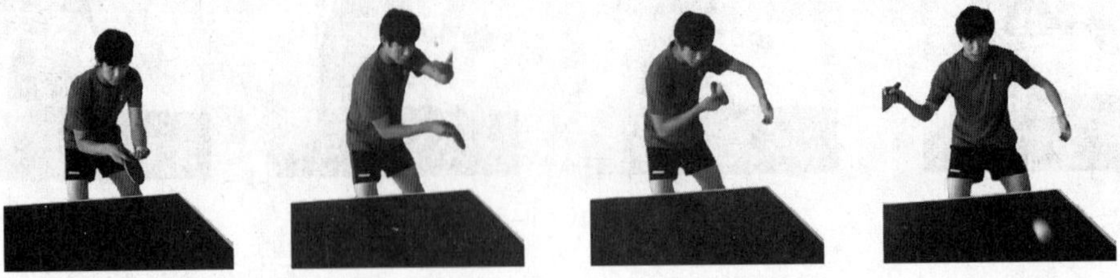

图 10–1–10

**（六）反手发轻球（短球）**

【特点】力量轻，落点近网。

【动作方法】发球时，左手将球轻轻上抛，右手将球拍位置向后上方略提高。当球下降时，前臂迅速向前下方迎球。球拍将触球时，前臂突然内旋，不再往前发力，使球拍后仰，顺着前臂往前的余力，在球约与网同高时，摩擦球的中下部。轻球的第一落点在本方球台中段，第二落点在对方近网处。

## 五、接发球

接发球技术通常由点、拨、带、拉、攻、推、搓、削等各种技术综合组成。

**（一）接急球**

接急球

发过来的球速快，带上旋。左方急球一般用反手推挡回接，右方急球一般用正手快攻借力回接。如果用反手攻或弧圈球、削球回击，则必须移步后退，等来球力量减弱时回接。

**（二）接下旋球**

接下旋球

发过来的球速度较慢，触拍后向下反弹。用搓球回接时，注意拍面后仰，增加向前发力。用快攻或弧圈球回接时，一定要增加向上提拉的力量。

**（三）接侧上旋球**

接侧上旋球

这种发球是侧旋与上旋相结合的旋转球。一般采用推、攻回接为主，击球时拍面要稍前倾，并朝左方或右方偏斜，以抵消来球的上旋力和侧旋力。用弧圈球回接时，要加大拍面前倾角度，多向前发力，少向上提拉。

**（四）接侧下旋球**

接侧下旋球

这种发球是侧旋与下旋相结合的旋转球。一般采用搓、削回接为主。回接时，拍面要稍后仰，并朝左方或右方偏斜，以抵消来球的下旋力和侧旋力。用推、攻回接，除注意拍面角度外，还要加大向上摩擦球的力量；用弧圈球回接时，拍面不要过于前倾，要多向上提拉，少向前发力。

### （五）接短球

由于对方发的是近网短球，回击时要注意及时上前，以取得最合适的击球位置，同时要控制好身体的前冲力。接发球后，要迅速还原准备下一板击球。回接短球时，受台面阻碍而影响引拍，这时要靠前臂和手腕发力为主，根据来球的旋转性能，注意调节拍面角度、击球部位、击球时间和用力方向。

接短球

## 六、攻球技术

攻球力量大，速度快，攻击性强，是争取主动、克敌制胜的重要手段。

正手攻球

### （一）正手攻球

#### 1. 正手近台攻球

【特点】站位近，动作小，速度快，可为扣杀创造条件。

【动作方法】直拍：左脚稍前，身体离台约 50 厘米。手臂自然弯曲并做内旋使拍面稍前倾，以前臂后引为主（幅度小）将球拍引至身体右侧后方。手臂向左前方迎球。当来球跳至上升期，拍面稍前倾击球中上部，在上臂带动下前臂快速向左前方挥动，手腕配合外展。击球后手臂、手腕继续向左前上方随势挥动。随后迅速还原成击球前的准备姿势。发力主要部位以前臂为主，动作过程中身体重心从右脚移至左脚。（图 10-1-11）

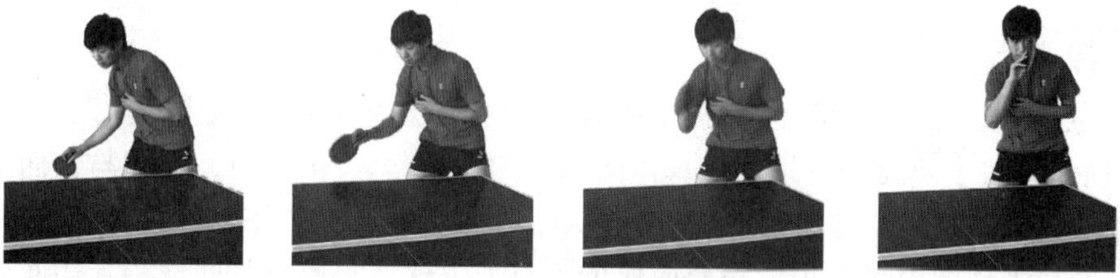

图 10-1-11

横拍击球时，手臂要自然弯曲，手腕与前臂近乎成直线并约与地面平行，前臂和手腕稍向前上方用力。击球时间、部位和拍形与直拍基本相同。（图 10-1-12）

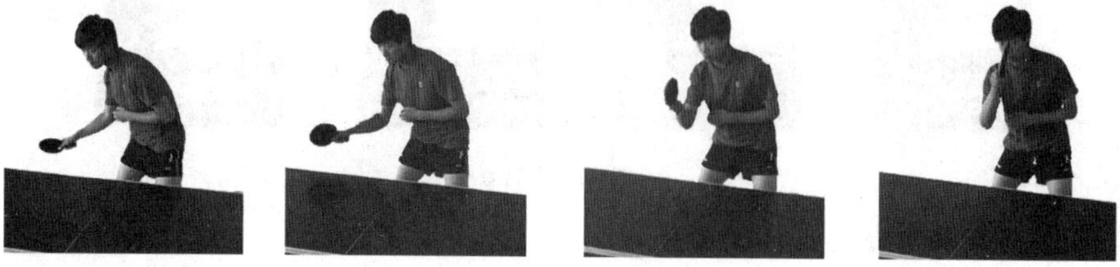

图 10-1-12

#### 2. 正手中远台攻球

【特点】站位远，动作大，力量重，主动发力击球，并在来球前进力减弱时回击。

【动作方法】直拍：左脚稍前，身体离球台 1 米左右。击球前，持拍手臂向右后方引拍，球拍呈半横状，拍形稍后仰。击球时，手臂由后向前挥动。球拍触球前，前臂在上臂带动下向前上方用力，手腕边挥边转使拍形逐渐前倾；在球下降前期，击球

中部并向上摩擦，上臂带动前臂继续向左前上方挥动，腰髋转动配合发力，同时上体左转，重心移至左脚。（图 10–1–13）

图 10–1–13

横拍正手攻球时，手臂向后引拍，手腕稍下沉，球拍成横状，然后手臂向前上方用力。击球时间、部位和拍形与直拍基本相同。

**3. 扣杀高球**

【特点】动作大，力量重，是还击高球的有效进攻技术。

【动作方法】左脚在前，身体离台略远，手臂内旋使拍面前倾，向身体右后方引拍，增大球拍与来球的距离；当来球下降至头肩高度时，右脚蹬地，身体向左转动。击球中上部，整个手臂加速向左前下方挥动，腰髋配合发力。

反手推挡球

### （二）反手推挡球

推挡是我国直拍快攻打法的基本技术之一，具有站位近、动作小、速度快等特点。

**1. 挡　球**

【特点】球速慢，力量轻，动作简单容易掌握，是初学者的入门技术。

【动作方法】两脚平行站立，身体离球台约 50 厘米。击球前，前臂与台面平行伸向来球。拍触球时，前臂和手腕稍向前移动，主要是借助对方来球的反弹力将球挡回。在上升期，击球的中部，拍形与台面接近垂直。击球后，迅速收回球拍，还原成击球前的准备姿势。（图 10–1–14）

图 10–1–14

**2. 直拍反手推挡球**

【特点】借力还击，回球速度快，力量较轻。

【动作方法】左脚在前，右脚稍后，两膝微屈，身体略向右转，肩略向右后方，手臂略向右后方拉开，拍形与地面垂直或略前倾。右脚蹬地，以腰、髋的扭转带动手臂由右后下方向左前上方挥动。击球瞬间，前臂快速收缩，在来球的上升期或高点期，击球的中部或中上部，以击球为主，拍形与台面垂直或略前倾。球拍击球后，身体重心随之移到左脚，并迅速还原，准备下次击球。（图 10–1–15）

图 10-1-15

3. 加力推

【特点】回球力量重，球速快，击球点较高。

【动作方法】右脚稍前，身体离球台约 50 厘米。手臂自然弯曲并做外旋，使拍面角度稍前倾，前臂提起。当来球跳至上升后期或高点期，击球中上部，上臂、前臂、手腕加速向前下方推压，击球后迅速还原成击球前准备姿势。

4. 横拍快拨

【特点】回球速度快，落点远，力量大，击球点较低。

【动作方法】两脚平行开立或左脚稍前，正对来球方向，身体离球台约 40 厘米。前臂回收，手腕略下垂，肘关节略抬起，将球拍引至腹部。当球从台面反弹时，前臂带动手腕向前方挥动，在球上升期击球的中上部位，以击打为主结合摩擦球。击球后迅速还原成击球前准备姿势。（图 10-1-16）

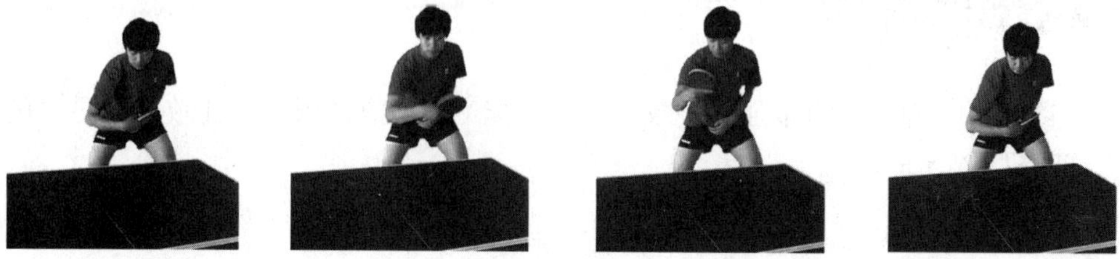

图 10-1-16

## 七、搓球技术

搓球是近台还击下旋球的一种基本技术。比赛中用该技术是为了不给对方攻球机会及为自己攻球和弧圈球创造条件，形成搓攻战术。搓球还可用于接发球，必要时用它作为过渡。

### （一）反手快搓

【特点】动作幅度较小，速度较快，旋转强度一般，借助对方来球冲力进行回击。

【动作方法】右脚稍前，身体离球台约 50 厘米，手臂身然弯曲，拍面稍后仰，前臂向左上方提起，在来球上升期时击球的中下部，前臂手腕向右前方用力。（图 10-1-17）

反手搓球

### （二）反手慢搓

【特点】动作幅度较大，回球速度稍慢，旋转变化较多。

【动作方法】直拍：右脚稍前，身体离球台约50厘米，持拍手臂向左上引拍。击球时，前臂和手腕向前下方用力，拍形后仰，在球下降后期击球的中下部。击球后，前臂随势前送。

横拍搓球时，拍形略竖一些，击球后前臂向右下方挥摆。击球时间、部位和拍形，与直拍基本相同。（图 10–1–18）

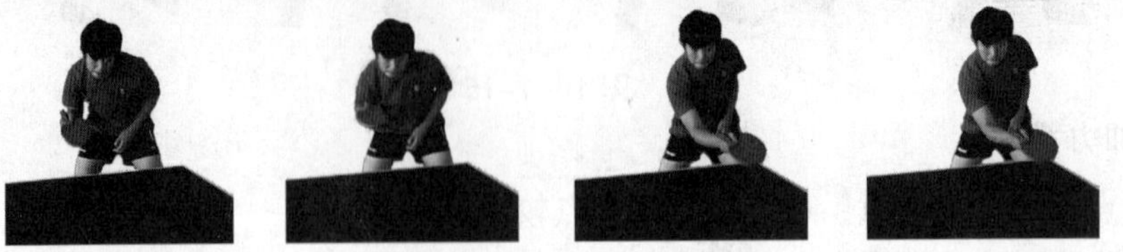

图 10–1–17

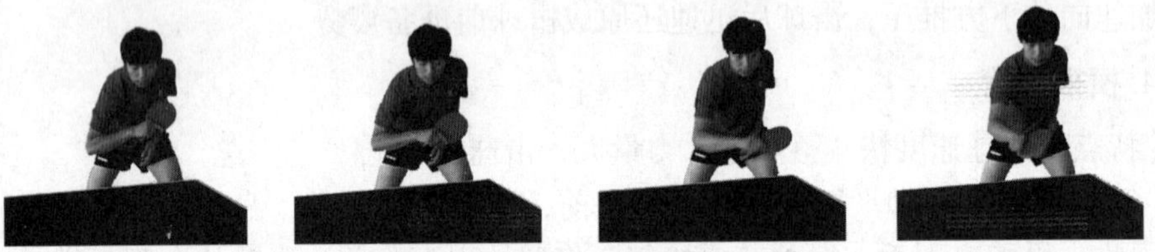

图 10–1–18

## 八、弧圈球技术

弧圈球是一种上旋力很强的进攻技术。它能产生适宜的弧线，比攻球有更多的发力击球时机。

### （一）正手前冲弧圈球

正手前冲弧圈球

【特点】弧线长，上旋力强，球速快，着台后前冲力大，向下滑落。

【动作方法】左脚稍前，根据来球选择站位远近，手臂内旋，使拍面前倾角度大些，腰髋右转，手臂接近伸直，将球拍引至身体右后下方。在来球高点期或下降前期，摩擦击球中上部，上臂带动前臂向前上方挥动，同时手腕伸展配合发力。（图 10–1–19）

图 10–1–19

### （二）正手侧旋弧圈球

正手侧旋弧圈球

【特点】有强烈上旋力及侧旋力，着台后下落快，还会出现拐弯现象，使对方增加回击的困难。

【动作方法】两脚开立，右脚稍后，身体略向右转，两膝微屈，重心放在右脚上。击球时，拍面成半横立状并略向右侧，上臂带动前臂和手腕，结合腰部向左转动的力量，在球下降期用拍摩擦球的右中部或右中上部，使球带有强烈右侧上旋。击球后，重心移至左脚。

## 九、削球技术

削球是一种积极性的防御技术。它以旋转、落点的变化制约和控制对方。

### （一）中远台正手削球

【特点】站位离球台比较远，击球时间晚，击球前有充分的动作准备时间，控制球的稳定性相对较好。

【动作方法】左脚稍前，两膝微屈。向后上引拍至右肩上方并横立，身体向后转动。挥拍击球时，球拍向前下方挥动，在身体腰部右侧方摩擦下降前期球的中下部。触球时要用腰臂一同发力，身体重心同时向前下移动。击球完成后球拍向前送出并还原。（图 10-1-20）

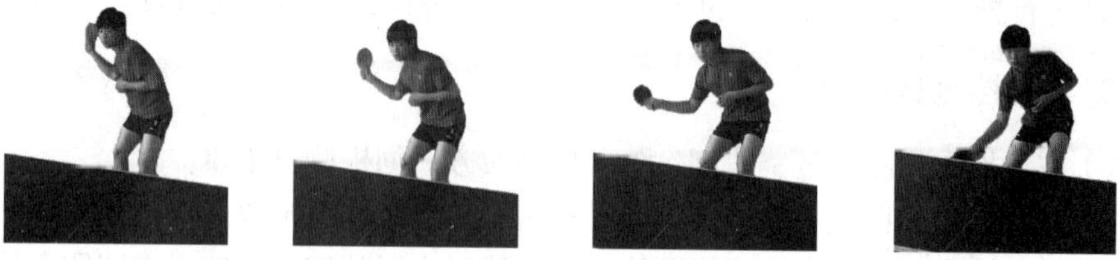

图 10-1-20

### （二）中远台反手削球

【特点】站位离球台较远，击球时间晚，有充分的击球准备时间，控制球的稳定性相对比较好。

【动作方法】选择好站位，右脚稍前，两膝微屈。向后上引拍至左肩上方并横立，身体向左后转动。挥拍击球时，球拍向右前下方挥动，在身体腰部左侧方摩擦下降前期球的中下部。触球时要用腰臂一同发力，身体重心同时向前下移动，击球完成后，球拍向前送出并还原。（图 10-1-21）

图 10-1-21

# 第二节　乒乓球基本战术

## 一、快攻型打法的基本战术

### （一）发球抢攻

（1）反手发右侧上、下旋球，发至对方中路靠右近网处，伺机攻对方左半台。

（2）发追身急球（球速越快越好），使对方不能发挥其正反手攻球的威力，然后侧身进攻对方中路或两角。这种战术对付两面攻比较有效。

（3）发急下旋长球至对方左角，配合近网短球，然后侧身抢攻，主要是针对对方弱点进行攻击。这种战术对付弧圈球和快攻球较为有效。

（4）正手中高抛球发左（右）侧上、下旋至对方左角（角度越大越好），配合发右方急球进行抢攻。这种战术对付善于采用搓球接发球的对手最为有效。

### （二）推挡侧身抢攻

（1）在对推中，以力量、速度、落点控制对方，伺机侧身抢攻。

（2）在对推中，用反手攻球作配合寻找机会，伺机侧身抢攻。

（3）在对推中突然加力推或推下旋球，迫使对方回球较高，然后立即侧身抢攻。

（4）如推挡技术强于对方，可推压对方反手，伺机侧身抢攻。

### （三）推挡变线

（1）先用推挡连压对方左角取得主动时，突然变推直线袭击其右角空当。

（2）遇连续运用侧身抢攻的选手，以推变直线来加以牵制。

（3）当对方用反手进攻或侧身进攻时，用变直线来反击其空当。

（4）变线前，要用加力推压住对手，或者推出大角度球，使对方身体向左移动或采用侧身时突然变线。切忌乱变，否则容易被对方反击。

### （四）左推右攻

（1）当推挡略占上风时，或在侧身抢攻获得成功后，对方往往会主动变线到正手，此时采用有力的正手攻球回击对方。

（2）主动推变直线，引诱对手回斜线，用正手攻击直线，反袭对方空当。

（3）有时可佯作侧身，诱使对方变线，给自己创造正手回击的机会。

## 二、弧圈球型打法的基本战术

### （一）发球抢拉

（1）正手（或侧身）发强烈下旋球至对方左侧近网处，迫使对方以搓球回击，然后拉加转弧圈球至对方反手或中路。

（2）反手发右侧上、下旋球至对方中路或偏右及偏左的地方，然后拉前冲弧圈球至对方两大角。

（3）反手发急下旋球至对方中路偏右或左方大角，当对方以搓球回击时，拉前冲弧圈至对方正手。

（4）对削球手一般用速度快、落点长的球，使对方退守，然后根据对方的站位和适应弧圈球的能力，决定用哪种弧圈球攻击对方。

### （二）接发球抢拉

对方发侧上旋球和不太转的球时，用前冲弧圈球回击，对方发侧下旋或强烈下旋球时，用加转弧圈球回击。

### （三）搓中拉弧圈球

（1）在对搓中看准时机，主动抢拉弧圈球。

（2）在对搓短球时，突然加力搓左角长球，然后侧身主动抢拉加转弧圈球。

（3）多搓对方正手，使其不能逼左大角，伺机抢拉弧圈球至对方反手或中路，再冲两角。

### （四）弧圈球结合扣杀

（1）拉加转弧圈球结合扣杀。

（2）拉前冲弧圈球迫使对方远台回击，然后放短球，再扣杀。

（3）拉加转弧圈球与不转弧圈球相结合，伺机扣杀。

# 第三节　乒乓球比赛规则简介

## 一、乒乓球比赛中的规则术语

### （一）定　义

（1）回合：球处于比赛状态的一段时间。

（2）重发球：不予判分的回合。

（3）1 分：判分的回合。

（4）执拍手：正握着球拍的手。

（5）不执拍手：未握着球拍的手。

（6）击球：用握在手中的球拍拍面触球。

（7）阻挡：对方击球后，在比赛台面上方或向比赛台面方向运动的球，在没有触及本方台区、也未越过端线之前即触及本方运动员或其穿戴的任何物品。

（8）发球员：在一个回合中，首先击球的运动员。

（9）接发球员：在一个回合中，第二个击球的运动员。

（10）裁判员：被指定管理一场比赛的人。

### （二）合法发球

（1）发球开始时，球自然地置于不持拍手的手掌上，手掌张开，保持静止。

（2）发球员须用手将球几乎竖直地向上抛起，不得使球旋转，并使球在离开不持拍手的手掌之后上升不少于 16 厘米，球下降到被击出前不能碰到任何物体。

（3）当球从抛起的最高点下降时，发球员方可击球。在双打中，球应先触及发球员和接发球员的右半区。

（4）从发球开始到球被击出，球要始终在比赛台面的水平面以上和发球员的端线以外；而且不能被发球员或其双打同伴的身体或衣服的任何部分挡住。

（5）运动员发球时，应让裁判员或助理裁判员看清他是否按照合法发球的规定发球。

（6）无论是否第一次或任何时候，只要发球员明显没有按照合法发球的规定发球，接发球方将被判得 1 分，无需警告。

### （三）合法还击

对方发球或还击后，本方运动员必须击球，使球直接越过或绕过球网装置；或触及球网装置后，再触及对方台区。

### （四）重发球

出现下列情况应判重发球：

（1）发球擦网或擦网后被阻挡后落到对面球台。

（2）接发球者未准备好。

（3）发生了无法控制的外界干扰。

（4）要纠正发球接发球次序或方位错误。

（5）要实行轮换发球法。

（6）要警告或处罚运动员。

（7）比赛环境受到干扰。

### （五）比赛状态

从球被抛起前静止状态的最后一瞬间起，球即处于比赛状态，直到出现以下情况为止：

（1）当球触及比赛台面、球网装置、执拍手手中的球拍拍面以外的任何物体。

（2）当这个回合被判为重发球或得 1 分。

## 二、乒乓球比赛的胜负判定

### （一）判失 1 分的情况（被判重发球的回合除外）

（1）未能合法发球。
（2）未能合法还击、阻挡。
（3）连续两次击球、台面上出现两跳后击球。
（4）用不符合规定的拍面击球。
（5）运动员或穿戴的任何物品触及球网装置。
（6）使台面移动、不执拍手触及比赛台面。
（7）没有击中对方比赛台面。
（8）双打未按正确次序击球。
（9）轮换发球法被接发球方合法回击 13 板。

### （二）一局比赛

在一局比赛中，先得 11 分的一方为胜方。10 平后，先多得 2 分的一方为胜方。

### （三）一场比赛

一场比赛由奇数局组成，如七局四胜制、五局三胜制、三局两胜制。

## 三、双打方法

球台中线的右半区是双打的发球区。发球必须从本方的发球区发入对方的发球区，否则就算失误。

在双打中，每打到 2 分换发球时，前面的接发球员应成为发球员，前面的发球员的同伴应成为接发球员。打到 10 分平分时，次序不变，但一方每次只发一个球就换发球，直到这局比赛结束。

在双打的第一局比赛中，先发球方确定第一发球员，再由接发球方确定第一接发球员。在以后的各局比赛中，第一发球员确定后，第一接发球员应是前一局发球给他的运动员。

击球次序，每一方两名运动员应轮流还击，否则应判失分。

**思考题**

1. 乒乓球运动的特点是什么？经常参加乒乓球运动对身体的益处有哪些？
2. 乒乓球运动的主要技术有哪些？试述推挡球技术要领。
3. 乒乓球比赛中得分情况有哪些？什么是合法发球？

# 第十一章　羽毛球

## 引　言

羽毛球运动起源于英国。1893 年，英国正式成立羽毛球协会；1899 年，第 1 届全英羽毛球锦标赛在伦敦举行，以后每年举行一次，沿袭至今。20 世纪 60 年代，我国羽毛球运动的技术水平已跨入了世界强队行列，直到目前，我国羽毛球运动员多次在世界大赛中折桂，使得我国成为名副其实的“羽毛球王国”。

羽毛球运动场地、器材简便，动作方法容易掌握，运动量可大可小，不同性别、年龄和身体状况的人都可从事这项运动。因此，羽毛球运动深受广大群众的喜爱，开展得也十分普遍。

经常参加羽毛球运动，可以增强体质，发展人的灵敏性和协调能力，提高动作速度和上肢下肢的活动能力，强化内脏器官的功能，使身体得到全面发展，还有助于培养人们勇敢顽强、机智灵活、沉着果断等优良品质。

羽毛球百科

## 第一节　羽毛球基本技术

### 一、握拍法

握拍是打羽毛球的第一个动作，从开始到完成每一个击球动作，握拍的方式都会有所不同。本书以右手持拍为例，介绍两种握拍方法：正手握拍和反手握拍。

#### （一）正手握拍

正手握拍

左手握住拍杆，使拍框与地面垂直。右手张开，用近似握手的手型，虎口对准拍框，拇指与食指成V字形，然后五指自然贴在拍柄上。（图 11-1-1 ）

### （二）反手握拍

左手握住拍杆，使拍框与地面平行。拇指上提，顶贴于拍柄的宽拍棱上。食指连同其余四指自然地贴靠在拍柄上，并留有一定的发力空间。（图 11–1–2）

反手握拍

图 11–1–1

图 11–1–2

## 二、发球技术

发球不仅是羽毛球技术中一项很重要的基本技术，也是战术的重要组成部分。发球质量的好坏往往直接影响一个比赛回合的主动与被动。羽毛球的发球方法有两种：一种是正手发球，另一种是反手发球。在羽毛球发球中，按照发出球在空中飞行的弧度与落点，可以分为：后场高远球、后场平高球、后场平射球和网前球。（图 11–1–3）

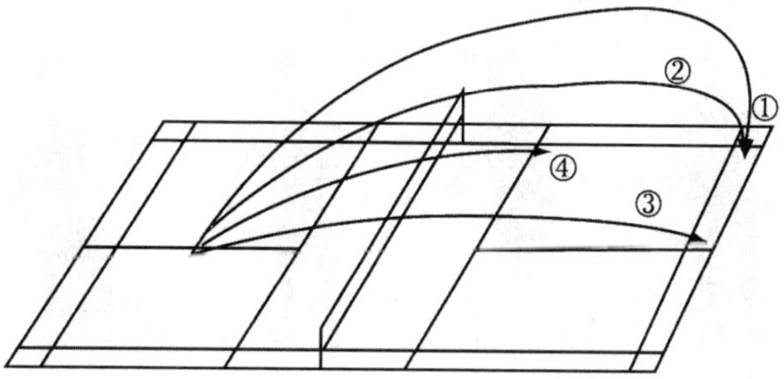


① 发高远球　② 发平高球　③ 发平射球　④ 发网前小球

图 11–1–3

### （一）正手发球

正手发球是以正手发高远球动作为基础的。正手发后场高远球是用正手握拍方法，以正拍面将球击得又高又远，使球飞行到对方端线上空后突然改变方向，成直线下落至端线附近的一种发球。（图 11–1–4）

正手发高远球

正手发后场高远球的动作要领：

（1）准备发高远球的时候，站在离前发球线 1 米左右，发球场区中线附近，面对球网，左脚在前，右脚在后，两脚之间自然分开。

（2）身体重心放在右脚上面，身体自然地微微向后仰，右手向右后侧举起，肘部稍弯曲，左手拿球（可拿球的球托部位）并自然地在胸前弯曲。

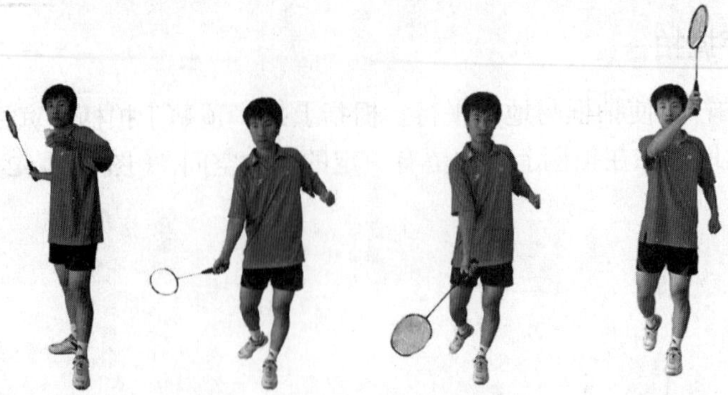

图 11–1–4

（3）发球时，左手把球举在身体的靠右前方并放下，使球自然下落；右手同时由上臂带动前臂，从右后方向前、向左前上方挥动；上臂开始挥动时，身体重心由右脚慢慢地移至左脚。

（4）当球落到击球人手臂向下自然伸直能够触到球的部位时，握紧球拍，并利用甩手腕的力量向前上方鞭打，用力击球；把球击出的同时，手臂向左上方挥动；击球之后，身体重心也由右脚移至左脚，身体稍前倾。

### （二）反手发球

除了正手发球之外，还有一种反手发球法。由于动作结构、解剖因素和力量等原因，一般只是通过反手来发网前球和平高球。随着羽毛球对抗性的不断加强，反手发球除在双打比赛中运用外，也更多地出现在单打比赛中。（图 11–1–5）

图 11–1–5

反手发网前球

反手发网前球的动作要领：

（1）站位靠近前发球线，左脚或右脚在前均可，身体重心在前脚掌，上体前倾，脚后跟提起。右手反握在拍柄稍前部位，肘关节部位提起，手腕稍前屈，球拍低于腰部，斜放在小腹前；左手持球在球拍面前方。

（2）左手放球的同时，以肘为轴，持拍手前臂内旋，带动展腕由后向前做半弧形回环挥动。

（3）击球时，球拍由后向前推送击球，使球的最高弧线略高于网顶，通过拍面的切削动作使球落到对方场区的前发球线附近。

（4）击球后，以制动动作结束发力，并迅速将握拍姿势调整为正手放松握拍。

## 三、后场击球技术

发球仅是击球的开始，而真正激烈的争夺是在发球后的接发球或发球抢攻以及这之后的对拉击球上。因此，合理、协调、有效地击球将是运动员夺取最后胜利的最基本的保证。(图 11-1-6)

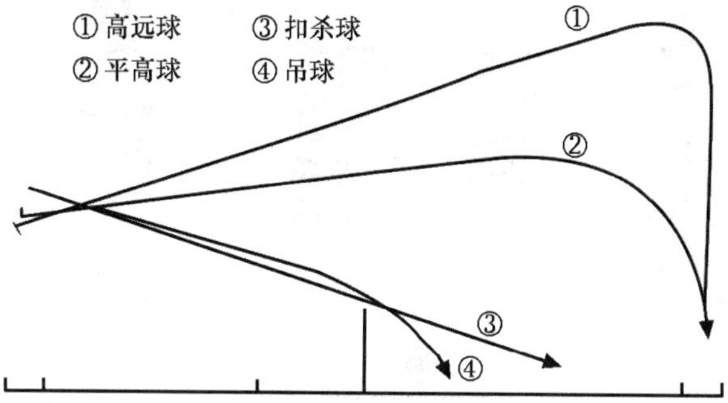


图 11-1-6

### (一)后场正手击高远球

后场正手击高远球是用正手握拍以正拍面击出击球点在右肩前上方的后场高远球。(图 11-1-7)

图 11-1-7

后场正手击高远球的动作要领：

(1) 准备姿势是左脚在前，右脚在后，侧身对网。右手正手握拍屈肘于体侧，上臂和前臂的夹角为 45° 左右。左手自然上举，保持平衡，两眼注视来球方向。

(2) 当球下落到一定的高度时，躯干转体，手肘上抬，手臂后倒引拍，以肩为轴做回环动作；前臂充分向后下方摆动并外旋充分伸展；左手随转体协调屈臂向身体左下方下降。

(3) 击球时，前臂急速内旋并带动手腕加速向前上方挥动，手腕收缩，手指屈指发力，用正拍面将球击出。击球点选在右肩的前上方，其高度以持拍手臂自然伸直击球为宜。

(4) 击球后，右手随击球后的惯性向左前下方挥动，顺势收回至体前，成接球前准备姿势。

后场反手击高远球

## （二）后场反手击高远球

后场反手击高远球是用反手握拍，以反拍面在后场击高远球。（图 11–1–8）

图 11–1–8

动作要领：

（1）由中心位置起动后，用后场反手后退步法向来球方向移动；移动到位后，右脚在前，身体背向球网，将球拍举在胸前，拍面朝上，两眼注视来球。

（2）击球时，下肢是一个由屈到伸的过程；上肢是当球下落至右肩前上方一定高度时，以上臂带动前臂作为初速度；在肘部上抬至与肩平行时，转为前臂带动腕部闪动，在右侧上方伸直手臂向后击球，伴随右腿的蹬力，使击出的球更有力量。

（3）击球后迅速转体面向球网，迈出跟进回位。

正手吊球

反手吊球

## （三）后场吊球

吊球是把对方击来的高球，从后场轻击或轻切、轻劈到对方的近网附近。吊球从其动作方法、球的飞行弧线的不同可分为劈吊、拦吊、轻吊（其中每一项都包括正手、头顶、反手等方法）。

### 1. 劈　吊

劈吊击球前的动作与打高远球动作相似。击球时用力较轻，带有劈切动作（落点一般离网较远），当球落到右手臂向上自然伸直的高度时，手腕快速做切削动作，使拍面与球托的右侧或左侧接触而把球击出去就完成了劈吊动作。（图 11–1–9）

图 11–1–9

2. 拦　吊

拦吊通常是把对方击来的平高球拦截回去。击球时，拍面正对来球，当拍面和球接触时，只要轻轻拦切或点击，球即以较平的弧线、较慢的速度越过球网垂直下落。

3. 轻　吊

轻吊击球前动作与打高球相似。击球时，拍面正对来球，在接触球的一刹那，突然减速轻点或轻切来球，使球刚一过网就下落。

### （四）扣杀球

扣杀球是把高球用力向前下方重击、重切或重“点”击球，这种球速度快、力量大。比赛中，杀球可以直接得分，也可以使对方处于被动防守地位。这一技术是羽毛球进攻中的主要技术之一。（图 11-1-10）

图 11-1-10

扣杀球以击球点距身体的位置可分为正手扣杀、头顶扣杀和反手扣杀；从击球力量的大小分为重杀、轻杀、劈杀、点杀、追身杀等。

**1. 头顶扣杀直线球**

准备姿势同头顶击高球，不同之处是挥拍击球时，靠腰腹带动手臂、手腕的鞭打动作，全力往直线下方击球，使拍面和击球用力方向水平面的夹角小于 90° 。

**2. 头顶扣杀对角线球**

准备姿势同头顶击高球，不同之处是挥拍击球时，靠腰腹带动手臂、手腕的鞭打动作，全力向对角线下方击球，使拍面和击球方向水平面夹角小于 90° 。

## 四、前场击球技术

前场技术包括网前的放、搓、推、勾、扑、挑球等。其中，搓、推、勾、扑属于进攻技术，要求击球前期动作具有一致性，击球刹那间产生突变，握拍要灵活，动作细腻，手腕、手指要灵巧，以控制好球的落点。网前球的各种球路如图 11-1-11 所示。

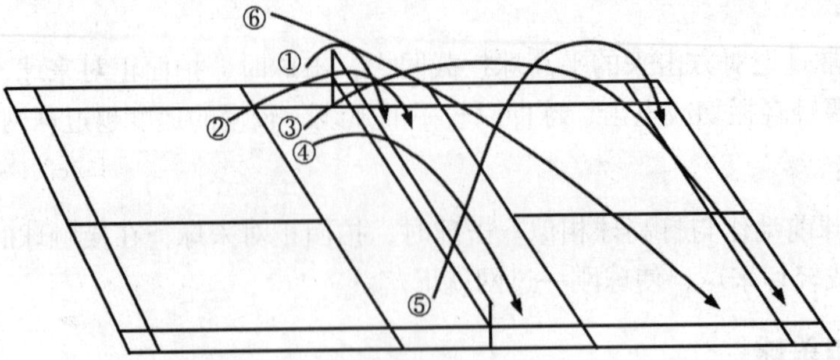


① 前场搓球 ② 放小球 ③ 前场推斜线球 ④ 勾球 ⑤ 挑斜线球 ⑥ 推对角球

图 11-1-11

网前进攻威胁较大，因球飞行距离短，落地快，常使对方措手不及而直接得分。即使不能直接得分，也能迫使对方被动回球，创造下一拍进攻的机会。若网前进攻和中场进攻能紧密地配合起来，则能发挥前后场的连续进攻，掌握主动权。

### (一) 放网前球

放网前球是将网前区域低手位置的来球击至对方网前区域的前场击球技术。放网前球的来球一般处于低手位，击出的球没用旋转和翻滚，但落点可以比较贴近球网，这样可以创造有利的进攻的形势，营造转机的机会。放网前球可分为正手放网前球和反手放网前球。

正手放网前球

#### 1. 正手放网前球

用正手握拍以正拍面将网前区域或低手位置的来球击至对方网前区域，称之为正手放网前球。(图 11-1-12)

图 11-1-12

动作要领：

(1) 准备姿势为右脚在前、左脚在后，两脚开立，与肩同宽；右手执拍自然置于胸前，左手自然置于体侧，身体向前倾斜。

(2) 前臂随步法伸向前上方，手腕外旋后导引拍。击球时，握拍放松，拍面几乎成仰平面置于球托下，手指手腕轻轻地向上抬击球托底部，使其越网而过。

(3) 击完球后，右脚迅速蹬地回动，同时击球手臂收回至胸前，成接球准备姿势准备回击下一个来球。

2. 反手放网前球

反手放网前球

反手放网前球是用反手握拍以反拍面将网前区域低手位的来球击至对方网前区域位置的回球。击球前的动作要领同正手放网前球动作，只是方向相反。反手握拍，反面迎球；击球时，主要靠前臂的前伸、外旋和手腕由内收至外展的合力，轻击球托底部把球轻送过网。击球后，整个动作还原成下次击球的准备姿势。（图 11-1-13）

图 11-1-13

（二）网前搓球

1. 正手网前搓球

正手网前搓球

正手网前搓球是用正手握拍以正拍面将网前位置的来球运用“搓”“切”等动作回击到对方网前区域附近的击球方式。

动作要领：击球前，前臂梢外旋，手腕由后伸至稍内收闪动。击球时，在正手放网前球动作基础上，加快挥拍速度，搓切来球的右下部，使球旋转滚过网。（图 11-1-14）

图 11-1-14

2. 反手网前搓球

反手网前搓球

反手网前搓球是用反手握拍以反拍面将网前位置的来球运用“搓”“切”等动作回击到对方网前区域附近的击球方式。

动作要领：击球前，前臂前伸外旋，手腕由内收至外展状；搓击球的右侧后底部，使球侧旋滚动过网。另外，还可以前臂稍伸直，手腕由外展到内收，带动球拍向前切送，击球托的后底部，使球下旋滚动过网。

正手勾对角线

反手勾对角线

正手挑球

### （三）网前勾球

#### 1. 正手勾对角线

勾球一般采用并步加蹬跨步上网的步法。在步法移动的同时，球拍随着前臂往右前上方举起，前臂前伸的同时，稍有外旋，手腕微后伸，这时将拍柄稍向外捻动，使拇指贴在拍柄的宽面上，食指的第二指节贴在与其相对的另一个宽面上，拍柄不触及掌心。击球时，靠前臂稍有内旋往左拉收，手腕由稍后伸至内收，球拍拨击球托的右侧下部，由手腕和手指控制拍面角度。击球后，球拍回收至胸前。（图 11–1–15）

图 11–1–15

#### 2. 反手勾对角线

随着步法移动的同时，手臂向左侧前方平举（注意手臂不要伸直，稍屈即可）。击球时，随着肘部下沉，前臂回收外旋的同时，食指和拇指协调用力捻动拍柄，使拍面拨击球托的左侧后部，将球沿对角线飞越过网。击球后，球拍回收至胸前，为下次的来球做积极的准备。

### （四）挑 球

#### 1. 正手挑球

准备动作同正手放网前球动作。击球前前臂充分外旋，手腕尽量后伸。击球时，从右下向右前方至左上方挥拍击球。在此基础上，若球拍向右前上方挥动，则挑出的是直线高球；若球拍向左前方挥动，则挑出的是对角高球。（图 11–1–16）

图 11–1–16

### 2. 反手挑球

反手挑球

准备姿势同反手放网前球动作。击球前，右臂向后拉抬肘引拍。击球时，前臂充分内旋，手腕由屈至后伸闪动挥拍击球。若球拍由左下向左前上方挥动，则球向直线方向飞行；若球拍由左下向右前上方挥动，则球向对角线方向飞行。（图 11-1-17）

图 11-1-17

## 五、中场击球技术

羽毛球击球技术中，除了后场击球技术和前场击球技术之外，还有介于前后场之间的中场击球技术，其中常见的是中场平抽球和中场接杀球技术。由于中场区域是比赛双方攻守转换的主要地带，双方运动员之间的距离比较近，球在空中滞留的时间又比较短。因此，中场击球技术对挥拍击球时球拍的预摆幅度要求相对小一些，突出体现“快”字。

### （一）平抽球

平抽球

平抽球是把位于身体左右两侧，高度在肩部以下、腰部以上位置的球用抽击的动作使球过网，球飞行的线路既平又快，是双打的主要技术之一。

动作要领：站在右场区的中部，两脚平行站立稍宽于肩，重心在两脚间，微屈膝收腹，正手握拍举于右肩前。击球前，肘关节前摆，前臂稍往后带外旋，手腕稍外展至后方，引拍至体后。击球时，前臂内旋，手腕伸直闪动，手指抓紧拍柄，球拍由右后往右前方高速平扫盖击来球。击球后，手臂左摆，左脚往左前方迈一步，右脚跟一步回中心位置。（图 11-1-18）

图 11-1-18

### （二）接杀球

正手接杀球

反手接杀球

接杀球技术是羽毛球实战中由守转攻的重要环节，掌握较好的接杀球技术，可以从防守反击中得到较好的进攻主动权或直接得分机会。积极有效的接杀球可以化解对手进攻，达到化被动为主动的目的。接杀球技术可分为接杀放网前球、接杀挑后场高球和接杀勾对角球等。每项技术由可分为正手和反手两种击球方法。

动作要领：两脚开立，与肩同宽，自然分立于中场位置，膝关节微屈，重心降低，眼视对方击球动作。判断来球落点，采用相应的步法与握拍，控制好拍面以切击或挑球的动作将球击出。击球后，迅速回位，并将球拍置于胸前准备回击下个来球。

## 六、羽毛球步法

步法在羽毛球运动中占有十分重要的地位，因此可被称为羽毛球运动技术之母。快速、灵活、合理的步法是打好羽毛球、全面提高羽毛球技术水平的重要环节。

### （一）步法的组成

羽毛球步法是由垫步、交叉步、小碎步、并步、蹬转步、蹬跨步、腾跳步等组成。通常情况下，每种步法的移动都是从球场中心开始的。

垫　步

**1. 垫　步**

当右（左）脚向前（后）迈出一步后，后脚跟进，紧接着以同一脚向同一方向再进一步，为垫步。垫步一般用来调整步距。

交叉步

**2. 交叉步**

左右脚交替向前、向侧或向后移动为交叉步，经另一脚前面超越的为前交叉步；经另一脚后面超越的为后交叉步。交叉步一般在后退打后场球时后退得较多。

**3. 小碎步**

以小的交叉步移动的步法为小碎步。由于其步幅小、步频快，一般在起动或回动起始时用。

并　步

**4. 并　步**

右脚向前（或向后）移动一步时，左脚即刻向右脚跟并一步，紧接着右脚再向前（向后）移动一步，称之为并步。

**5. 蹬转步**

以一脚为轴，另一脚做向后或向前蹬转步。

**6. 蹬跨步**

在移动的最后一步，左脚用力向后蹬的同时，右脚向来球的方向跨出一大步，称为蹬跨步。它多用于上网击球，在后场底线两角移动抽球时也常采用。

**7. 腾跳步**

起跳腾空击球的步法为腾跳步，可分为两种：一种是上网扑球或向两侧移动突击杀球时，以领先的脚（或双脚）起跳，做扑球或突击杀球；另一种是对方击来高远球时，用右脚（或双脚）起跳到最高点时杀球。

### （二）步法的分类

**1. 前场上网步法**

从中心位置移动到网前击球的步法被称为上网步法。前场上网步法可根据个人习惯采用交叉步、并步、垫步或蹬跨步。

（1）正手上网步法。当来球在右侧距离身体较远时，采用正手三步上网步法。起动后，右脚迅速向身体右侧前方迈出第一步，左脚紧接着向前垫第二步并至右脚跟处；同时左脚的前脚掌用力蹬地，右脚再向前跨出第三大步，准备击球。（图 11-1-19）

（2）反手上网步法。当来球位置在左侧距离身体较远时，采用反手三步上网步法。起动后，右脚迅速向身体左侧前方迈出第一小步，左脚向前交叉迈出第二小步；同时左前脚掌用力蹬地，右脚又向前跨出第三步击球。击球后，右脚向中心位置撤回第一步，左脚紧跟退回第二步，两脚再向中心位置迈回最后一小跳步回位。（图 11-1-20）

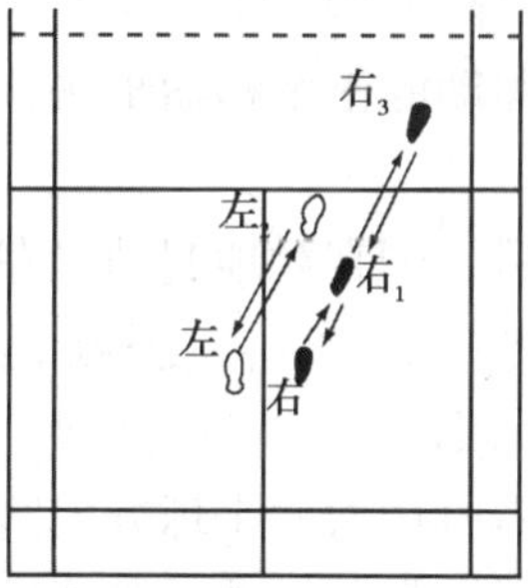


图 11-1-19

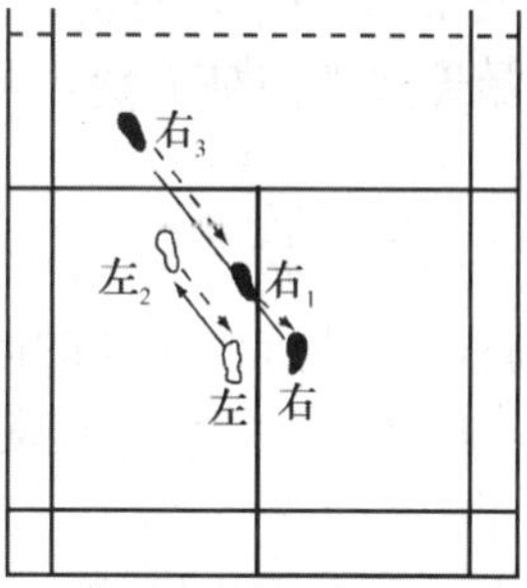


图 11-1-20

**2. 后场后退步法**

后场后退步法是指从球场中心位置后退到端线的移动步法。后场步法是羽毛球步法中最常用的，又是难度较大的步法。因人的解剖、生理结构所决定，向前总比向后移动容易一些，特别是向左场区底线后退，对灵活性和协调性的要求更高。后场后退步法可分为后场正手后退步法、后场头顶后退步法和后场反手后退步法。

（1）后场正手后退步法。来球位置在后场正手位距离身体较远时，采用后场正手后退步法。起动后，右脚向来球落点方向后退第一步，左脚经右脚往后交叉退第二步，右脚再交叉退第三步，身体重心放在右脚上，向右后方向斜步起跳，准备击球。（图 11-1-21）

（2）后场头顶后退步法。来球位置在后场反手位距离身体较远时，可以采用后场头顶后退步法。起动后，右脚蹬地，转体，向身体左后侧区域的来球落点方向后退第一步，左脚后交叉退第二步，右脚再向后交叉退第三步，身体重心在右脚上，交叉步起跳，准备击球。（图 11-1-22）

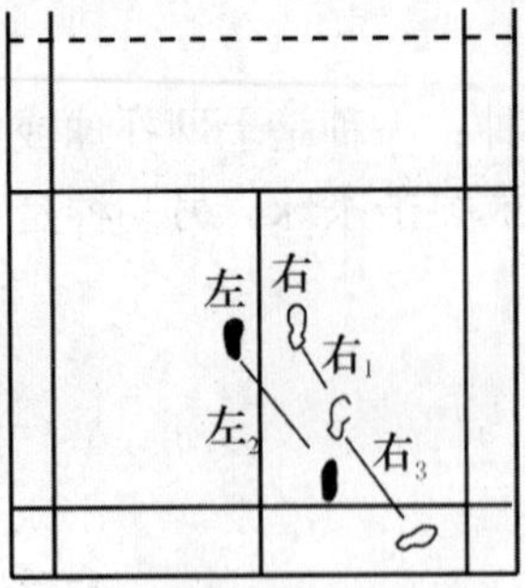


图 11-1-21

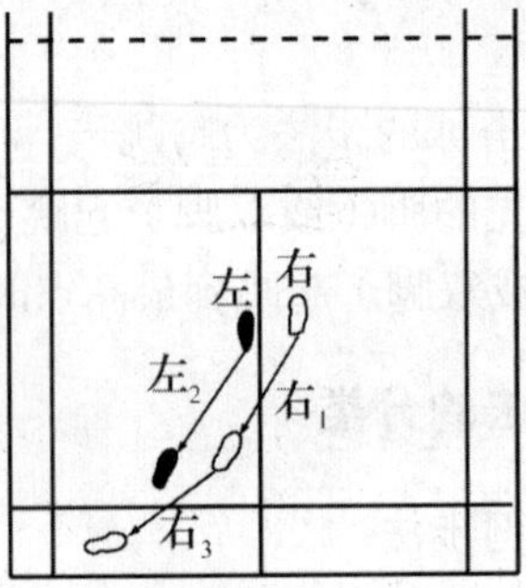


图 11-1-22

（3）后场反手后退步法。当来球距离身体位置较远，不能采用头顶后退步法时，则采用反手后退步法。反手后退步法以左脚的前脚掌为轴心，右脚蹬地向身体左后侧来球落点方向转体迈出第一步，左脚紧接其后向左后侧迈出第二步，右脚再交叉向来球落点方向跨出第三步，准备击球。完成击球后，身体重心在右脚上，迅速蹬地转体向中心位置方向迈出第一步，左脚随即交叉迈出第二步，右脚再向中心位置迈出第三步，迅速回位。（图 11-1-23）

**3. 中场步法**

左右移动主要是还击中场球时所使用的步法。中场两侧移动步法用于接杀球较多，因此左右移动大致有两种方法：一是向右移动的正手移动步法，二是向左移动的反手移动步法。

（1）中场正手蹬跨步接杀步法。判断来球后，脚掌触地起动，左脚向身体右侧场区边线蹬地，右脚向来球方向转动的同时向前跨一步接球；右脚触地动作与前场交叉步上网步法相似。接球后，右脚迅速向中心蹬跳回位。（图 11-1-24）

（2）中场反手蹬跨步接杀步法。起动后，右脚用力向来球方向蹬地，向左侧转髋的同时，左脚向来球方向跨步接球，左脚尖外展，脚跟触地。接球后，左脚掌向中心迅速蹬地回位。（图 11-1-25）

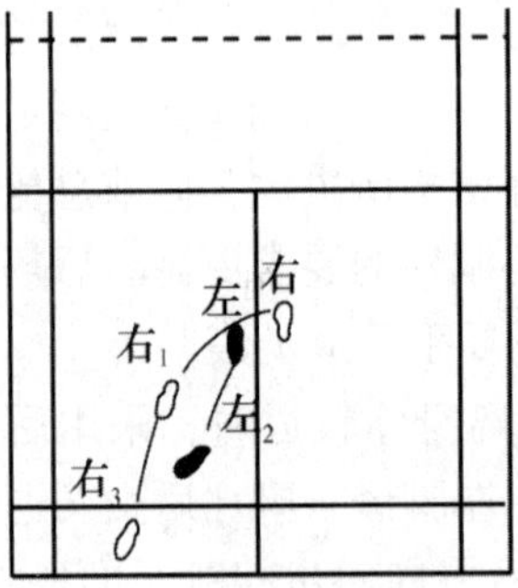


图 11-1-23

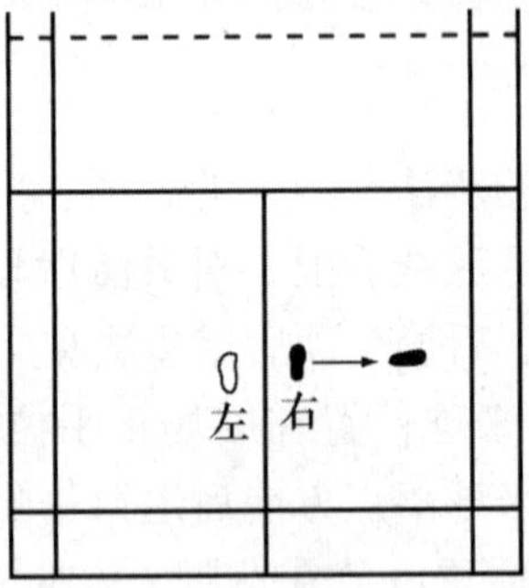


图 11-1-24

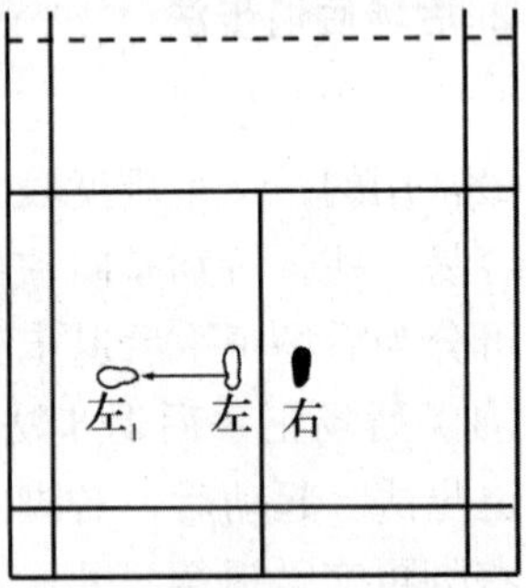


图 11-1-25

总之，羽毛球的步法是很多的，这里介绍的只是其中几种最常见、最主要的步法。根据运动员的技术打法特点和身体素质的实际情况可灵活采用，也可以总结、创新一些适合自身特点的步法。

# 第二节　羽毛球基本战术

羽毛球战术是指运动员在比赛中为发挥出高超的竞技水平和战胜对手而采取的计谋和行动。在羽毛球比赛中，运动员要控制对手，力争主动，以己之长，克彼之短，抑彼之长，避己之短，根据不同对手的特点，采取相应变化的技术手段战而胜之，这便是战术的意义。

我国羽毛球运动战术的指导思想是“以我为主”“以快为主”“以攻为主”，同时也确定了我国运动员“快、狠、准、活”的技术风格。

## 一、战术的目的

### （一）调动对方位置

对方一般站在场地中心位置，全面照顾各个角落，以便回击各种来球。如果将其调离中心位置，其场区就会出现空当，这个空当就成了我方下一拍进攻的目标。

### （二）迫使对方击出中后场高球

以平高球、劈杀、劈吊或网前搓球等技术造成对方还击的困难，迫使对方击来的高球不能到达我方场区的底线，从而增加我方大力扣杀和网前扑杀的威力，给对方以致命的一击。

### （三）使对方重心失控

利用重复球或假动作打乱对方的步法，使对方重心失去控制，来不及还击或延误击球时间导致回球质量差，造成被动。

### （四）消耗对方体力

控制球的落点，最大限度地利用整个场地，把球击到场地的四个角上或离对方最远的地方，使对方在每一次回球时尽量消耗体力。在争夺一球的得失时，应以多拍调动对方，让对方多跑动，多做无效的杀球，以此消耗对方体力，为后程比赛奠定体能基础。

## 二、单打基本战术

### （一）发球抢攻战术

发球不受对方干扰，发球者可以根据规则以任何方式将球发到对方接球区的任意位置；善于利用多变的发球术，先发制人，取得主动；以发平快球和网前球配合，争取创造第三拍的主动进攻机会，这就是发球抢攻战术。

### （二）攻后场战术

采用重复打高远球或平高球的技术，压对方后场两点，迫使对方处于被动状态，一旦其回球质量不高，便伺机杀球、吊球一击制敌。

### （三）逼反手战术

一般说来，后场反手击球的进攻性不强，球路也较简单。对于后场反手较差的对手要毫不放松地加以攻击，先拉开对方位置，使对方反手区露出空当，然后把球打到反手区，迫使对方使用反拍击球。例如，先吊对方正手网前，对方挑高球，我方便以平高球攻击对方反手区。在重复攻击对方反手区迫使其远离中心位置时，突然吊对角网前。

### （四）四方球突击战术

以快速的平高球，吊球准确地打到对方场区的四个角落，迫使对方前后左右奔跑，当对方来不及回中心位置或失去重心时，抓住空当和弱点进行突击。

### （五）吊、杀上网战术

先在后场以轻杀配合吊球把球下压，落点要选择在场地两边，使对方被动回球。若对方还击网前球时，便迅速上网搓球或勾对角快速平推球；若对方在网前挑高球，可在其后退途中把球直接杀到他身上。

## 三、双打基本战术

### （一）攻人（二打一）战术

这是一种经常运用的行之有效的战术。当发现对方有一个人的防守能力或心理素质较差，失误率比较高或防守时球路单调时，就可采用这种战术，把球攻到较弱者的一边。这种战术可集中优势兵力以多打少，以优势打劣势，造成主动或得分；有利于打乱对方防守站位；有利于我方突击另一线而成功；有利于造成对方思想上的矛盾而互相埋怨，影响其士气。

### （二）攻中路战术

不论对方把球打到什么位置，攻球的落点都应集中在对方两人之间的结合部，并靠近防守能力较差者一侧或在中线上。攻中路战术可以造成对方抢球或漏球，也可以限制对方挑出大角度的球路，有利于我方网前的封网。

### （三）攻直线战术

攻直线战术即杀球路线和落点均为直线，没有固定的目标和对象，只依靠杀球的力量和落点来取得得分效果。当对方的来球靠边线时，攻球的落点在边线上；当对方的来球在中间区时，就朝中路进攻。这个战术在使用上较易记住和贯彻。杀直线球虽然难度高一些，但效果不错，便于网前同伴的封网。

### （四）后攻前封战术

当本方取得主动攻势时，后场队员逢高球必杀，前场队员积极移动封网扑打。

### （五）防守反击战术

防守时，对方攻直线球，我方挑对角平高球；对方攻对角球，我方挑直线平高球，以达到调动对方移动的目的。可采用挡或勾网前的精巧网前技术迫使对手起球，创造后场进攻机会，达到反守为攻的目的。

## 第三节　羽毛球比赛规则简介

### 一、羽毛球场地与器材

（1）羽毛球场呈长方形，长为 13.40 米，单打球场宽为 5.18 米，双打球场宽为 6.10 米。（图 11-3-1）

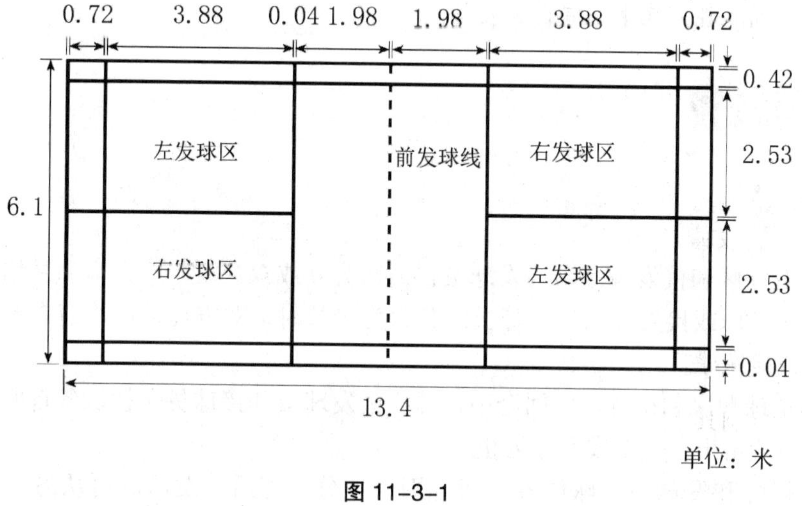


图 11-3-1

（2）网柱从球场地面起，网柱高为 1.55 米（球网中间高为 1.524 米。网柱必须稳固，并与地面垂直，网柱与球网保持拉紧状态。双打场地网柱应放置在双打边线的中点上，单打场地网柱应放置在单打边线的中点上。

（3）球网场地中间张挂的球网应是深色的，用优质的细绳织成。网孔为方形，孔边长均在 15 ～ 20 毫米，网上下宽为 760 毫米，网的顶端用 75 毫米宽的白布对折而成。

（4）羽毛球重 4.74 ～ 5.50 克，应有 16 根羽毛插在半球形的软木托上；羽毛球底部为圆形，球托直径为 25 ～ 28 毫米；羽毛在顶部围成圆形，直径为 58 ～ 68 毫米；羽毛应用线或其他适宜材料扎牢。（图 11-3-2）

（5）羽毛球拍用木料、铝合金或碳素纤维等质地轻而坚实并富有弹性的材料制作而成。球拍由拍头、拍弦面、连结喉、拍杆、拍柄组成整个框架。拍框总长度不超过680毫米，宽不超过230毫米；拍弦面应是平的，用拍弦穿过拍头十字交叉或用其他形式编制而成，编制样式应保持一致；拍弦面长不超过280毫米，宽不超过220毫米。（图11–3–3）

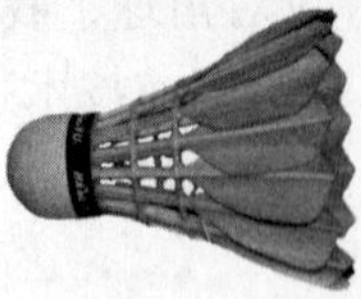

图11–3–2

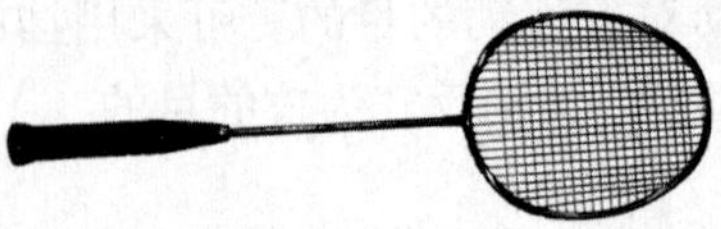

图11–3–3

## 二、计分方法

（1）除非另有规定，一场比赛应以三局两胜定胜负。

（2）除（4）（5）的情况外，先得21分的一方胜一局。

（3）对方“违例”或触球及对方场区内的地面成死球，则本方胜这一回合并得1分。

（4）20平后，领先得2分的一方胜该局。

（5）29平后，先到30分的一方胜该局。

（6）一局的胜方在下一局首先发球。

## 三、站　位

### （一）单　打

（1）发球区和接发球区。当发球员得分数为0或双数时，双方运动员均应在各自的右发球区发球或接发球；当发球员的分数为单数时，双方运动员均应在各自的左发球区发球或接发球。

（2）击球顺序和位置。一回合中，球应由发球员和接球员交替从各自所在场区一边的任何位置击出，直至成死球为止。

（3）得分和发球。发球员胜一回合则得一分。随后，发球员再从另一发球区发球；接发球员胜一回合则得一分。随后，接发球员成为新发球员。

### （二）双　打

（1）发球区和接发球区。一局中，发球方的分数为0或双数时，发球方均应从右发球区发球；一局中，发球方的分数为单数时，发球方均应从左发球区发球。接发球方上一回合最后一次发球的运动员应在原发球区。其同伴的站位与其相反；接发球员应是站在发球员斜对角发球区的运动员；发球方每得一分，原发球员则变换发球区再发球。

（2）击球顺序和位置。每一回合发球被回击后，由发球方的任何一人和接球方的任何一人，交替在各自场区一边的任何位置击球，如此往返直至死球。

（3）得分和发球。发球方胜一回合则得一分。随后发球员继续发球；接发球方胜一回合则得一分。随后接发球方成为新发球方。

（4）发球顺序。每局比赛的发球权必须如下传递：首先是由首先发球员从右发球区发球；其次是首先接发球员的同伴从左发球区发球；然后是首先发球员的同伴；接着是首先接发球员；再接着是首先发球员，依此传递。

（5）运动员在比赛中不得有发球、接发球顺序错误或在一局比赛中连续两次接发球。

（6）一局胜方的任一运动员可在下一局先发球；一局负方的任一运动员可在下一局先接发球。

## 四、发　球

（1）合法发球。

① 一旦发球员和接发球员做好准备，任何一方不得延误发球。

② 发球员的球拍头完成后摆，任何对发球开始的延误都是延误。

③ 发球员和接发球员应站在斜对角的发球区内，脚不得触及发球区和接发球区的界线。

④ 从发球开始，至发球结束前，发球员和接发球员的两脚都必须有一部分与场地的地面接触，不得移动。

⑤ 发球员的球拍应首先击中球拍。

⑥ 发球员的球拍击中球的瞬间，整个球应低于发球员的腰部。腰指的是发球员最低肋骨下缘的水平切线。

⑦ 发球员的球拍击中球的瞬间，拍杆和拍头应指向下方。

⑧ 发球开始后，发球员必须连续向前挥拍，直至将球发出。

⑨ 发出的球应向上飞行过网，如果未被拦截，球应落在规定的接发球区内。

⑩ 发球员发球时，应击中球。

（2）一旦运动员站好位置准备发球，发球员的球拍头开始向前挥动，即为发球开始。

（3）一旦发球开始，发球员的球拍击中球或未能击中球，均为发球结束。

（4）发球员应在接发球员准备好后才能发球，如果接发球员已试图接发球，即被视为已做好准备。

双打比赛发球时，发球员和接发球员的同伴应在各自的场区内。其站位不限，但不得阻碍对方发球员或接发球员的视线。

### 思考题

1. 试述正手发球动作要领。
2. 试述后场正手击高远球的动作要领。
3. 羽毛球的基本步法有哪些？
4. 羽毛球单打、双打的基本战术有哪些？
5. 简述羽毛球常见的计分方法。

# 第十二章　网　球

引　言

网球的起源可以追溯到12—13世纪的法国，现代网球起源于19世纪的英国。1873年，英国人温菲尔德少校最先对草地网球的玩法作了几条简单的规定，成为网球运动最早的规则。1881年，英国草地网球协会宣告成立，并制定了一系列的规则，使网球成为一项正式的比赛项目。

经常参加网球训练，可以使人的动作敏捷、判断准确、反应灵活，能提高速度、力量、耐力、灵敏等素质，对调节肌肉用力的紧张度与肌肉的感觉有良好的影响，对发展协调性有积极作用。

## 第一节　网球基本技术

网球百科

### 一、握拍方法

现代网球运动握拍方法有四种，即东方式、大陆式、西方式和双手反手握拍。

#### （一）东方式

东方式正手握拍法

**1. 东方式正手握拍法**

左手先握住拍颈，使拍子与地面垂直，然后右手手掌也垂直于地面，在齐腰高的地方与拍子相握。手指朝下，拇指置于中指旁边，食指稍展开。（图 12–1–1）

**2. 东方式反手握拍法**

手掌移到拍柄上部，食指关节跨在右斜面上部，拇指放在拍柄左侧面，能在击球时起到稳定作用。（图 12–1–2）

### （二）大陆式握拍法

大陆式握拍法

与东方式不同之处是，大陆式握拍正、反手击球都无需换握拍，手掌大部分握在拍柄顶部的小右斜面上。（图 12–1–3）

### （三）西方式握拍法

西方式握拍法

这种握拍法俗称“大把抓”，先把球拍平放在地面上，用手在拍柄顶端顺手一把抓起便是。正、反拍是不换的，而且击球都在同一拍面上。（图 12–1–4）

### （四）双手反手握拍握拍法

双手反手握拍法

打球手（右手）采用东方式正手握拍法，右手在下，左手在上。（图 12–1–5）

以上介绍的几种握拍法，各有长处，各有特点，可根据不同的击球技术，采用不同的握拍方法。采用哪种握拍法，要根据各人不同情况，在实践中试验和应用，选择最适合自己的握法。

图 12–1–1

图 12–1–2

图 12–1–3

图 12–1–4

图 12–1–5

## 二、正手击球

正手击球

### （一）准备动作

面对对方场区站立，两脚开立略宽于肩。两膝微屈，上体略前倾，脚跟稍抬起，重心位于两脚掌间。右手握拍柄，左手扶着拍颈部位，持拍于体前。两眼注视来球。（图 12–1–6）

### （二）击球动作

以左脚为轴开始转身并向后拉拍，拍头高于手腕，左臂自然前伸以保持身体平衡。在开始向前挥拍时，左脚向要击球的方向迈步，以肩为轴向前挥拍，拍面在击球时与地面垂直，并尽量使拍面和球有较长时间接触。击球后，球拍应继续随球挥动；挥拍结束时，拍子在左肩上方，右腿摆动跟进，身体恢复准备姿势。（图 12–1–7 ～图 12–1–9）

图 12-1-6

图 12-1-7

图 12-1-8

图 12-1-9

### （三）动作要领

（1）击球全过程眼睛要看球。

（2）击球点在身体右前方。

（3）击球时，紧绷手腕，握紧球拍。

（4）球拍随球送出，随挥动作结束在高处。

## 三、反手击球

反手击球

### （一）单手反手击球

**1. 准备动作**

同正手击球的准备动作。

**2. 击球动作**

向左侧转体、转肩并变换成东方式反手握拍，向后拉拍，右脚向左前方跨步，右肩面对球网，身体重心前移。球拍向前、向上挥拍击球，击球点在右腿前腰部高度，击球时拍面垂直于地面，挥拍轨迹朝目标方向由下至上。随挥动作结束在身体的右前方。（图 12-1-10 ～图 12-1-12）

**3. 动作要领**

（1）转体侧身对网，使用大陆式反手握拍。

（2）击球点在身体左前方。

（3）击球时，紧绷手腕，握住球拍。

（4）眼睛始终紧盯着来球。

（5）随挥动作使球拍结束在右肩上部。

### （二）双手反手击球

**1. 准备动作**

与单手反手击球相同，只是双手握在拍柄上。

**2. 击球动作**

转肩、向后拉拍并变换握拍，身体重心转移到左脚上。球拍拉向后方并低于来球的高度，右脚向来球方向迈出。双手向前挥动并击球，击球点比单手击球略靠后，击球时右臂伸直，拍面垂直于地面。击球后球拍应沿目标方向继续挥出，动作完成时双手高于肩。（图 12–1–13 ～图 12–1–15）

**3. 动作要领**

（1）眼睛始终盯着来球。

（2）击球点在身体左前方。

（3）击球时右臂伸直。

（4）随挥动作结束时双手高于肩。

图 12–1–10

图 12–1–11

图 12–1–12

图 12–1–13

图 12–1–14

图 12–1–15

## 四、截击球

截击球是指来球在空中飞行、还没有落地就加以还击的一种打法。通常在球网与中场之间拦击。

### （一）正手截击球

正手截击球

打截击球应该采用大陆式握拍方法，因为截击球速度快，没有足够的时间变换握拍，所以正反手截击球准备动作相同。

**1. 击球动作**

肩部稍做转动，球拍与肩平行，后拉拍要稳固，不得过肩。在向前挥拍的同时，用左脚朝球飞行的方向迈步，保持手腕固定并在身体前方击球。随挥动作要简短，以便快速回到准备接下一个球的位置。（图 12–1–16 ～图 12–1–18）

图 12–1–16

图 12–1–17

图 12–1–18

2. 动作要领

（1）眼睛盯球。

（2）紧握球拍，绷紧手腕。

（3）在身体前面击球。

（4）用较短的撞击动作击球。

反手截击球

### （二）反手截击球

1. 击球动作

肩部稍微转动，球拍与肩平行；后拉拍要稳固，在向前挥拍时右脚朝球飞行的方向迈出；保持手腕固定，并在身体前方击球；随挥动作要短，以便快速回到准备接下一个球的位置。（图 12-1-19 ～图 12-1-21）

图 12-1-19

图 12-1-20

图 12-1-21

2. 动作要领

（1）眼睛盯球。

（2）手腕绷紧，握紧球拍。

（3）球拍后引要小，跟进动作必须简短。

（4）在身体斜前方击球。

## 五、发　球

发　球

现代网球运动中，发球是最重要的技术之一，是唯一由自己掌握的击球法。1 分的得失常取决于发球的好坏。发球既可以直接得分，又可以为进攻创造条件。

### （一）握　拍

采用东方式正手握拍法。

### （二）准备动作

双脚齐肩宽，在端线后侧身站立。右脚与底线基本平行，左脚正对右网柱。手腕和手臂放松握拍于身体前，左手托球并在拍颈处握住拍。

### （三）抛　球

左臂放松，持球自然、平稳地向上抛球，抛球和挥拍几乎是同时开始的；手臂达到肩部高度时，手指自然松开，球借助惯性自然上升。抛球的高度要合适，以确保能在最高点击球。

**（四）击球动作**

两手臂同时向下和向上运动，球从伸展的左手中向上竖直抛出，在身体前面和左脚上部，持拍臂弯时上举。抛球后，身体开始向前转动，球拍在身后做绕环动作，并最后向前挥动击球。尽量伸展身体，在最高点击球，击球的后部。击球时，身体重心向前转移。随挥动作结束在身体左侧下方。（图 12-1-22 ～图 12-1-27）

图 12-1-22

图 12-1-23

图 12-1-24

图 12-1-25

图 12-1-26

图 12-1-27

**（五）动作要领**

（1）球抛在身体的右前上方。
（2）向上伸展击球时，身体像放开的弹簧。
（3）随挥动作结束在身体左侧下方。

## 六、高压球

高压球

高压球是回击对方挑来的高球加以扣杀的一种技术。

**（一）击球动作**

用大陆式握拍法，抬头盯着球，侧身转体用短促的垫步调整位置，左手高举指向击球点，右手举起球拍向后拉拍，球拍后摆做搔背动作；球拍在右肩的前上方对准球心挥出，击球臂继续伸直跟进摆动，随挥动作结束在身体左侧下方。

**（二）动作要领**

（1）在击球全过程眼睛看球。
（2）用简短的后摆及早做准备。
（3）随挥动作要充分。

挑高球

## 七、挑高球

挑高球可分为防守性挑高球和进攻性挑高球两种：防守性挑高球是为了赢得时间，摆脱困境；进攻性挑高球是在对方上网时，将球挑到对方后场较深处，使之被动或失误。

### （一）击球动作

做击球准备时，使球拍做好充分的后摆。击球时，向上挥拍打球的下部，手腕绷紧，挥拍动作要尽可能地向前、向上送出。

### （二）动作要领

（1）眼睛紧盯来球。
（2）击球时，手腕紧绷。
（3）击球的底部，并延长击球时间。
（4）随挥动作结束在高处。

## 八、放小球

放小球采用大陆式握拍方法。

### （一）击球动作

放小球的准备动作与正反手击球一样。侧身对网，要求更多的手腕动作，利用前臂带动手腕的力量使球沿着球拍的下部切削滑动，缓冲球的前冲作用，使球随着球拍的下切动作急剧向后旋转。正反拍都可以放小球，动作要领相同，最重要的是突然性和隐蔽性，不能让对方看出自己的企图。

### （二）动作要领

（1）眼睛看球。
（2）准备动作和抽击球动作相同。
（3）触球时，减速慢挥拍，使球速降低。

## 九、接发球

接发球是网球运动中较难掌握的一项技术。一次错误的回击常常会失去 1 分。相反，一个巧妙的接发球能打掉发球者进攻的锐气，减少被动，甚至可以转化为主动。

【动作要领】在接发球的全过程中，眼睛始终要注视来球，直到完成回击动作。接发球时不要做大幅度的后摆动作，主要是要控制好拍面的角度，并紧握球拍以免被震而转动。选择好的落点，对控制对手发球后抢攻有重要意义。

# 第二节　网球基本战术

懂得战术并在比赛中聪明地运用，能在同等水平中占优势。学会分析对手，能使自己进步更快，获得更大的成功。

## 一、单打战术

单打战术一般可以分为发球战术、接发球战术、上网战术和底线战术四种。

### （一）发球战术

**1. 发球站位**

在右区发球多是站在靠近中线的附近，一方面是为了便于调整，还击来球；另一方面是为了把球击向对方的反拍，即中线附近。在左区发球的站位多是离开中点线向左边约 1 米的地方，这个位置便于把球发向对方的反拍。尽量对于自己还击对方来球的位置有些偏左，加大一些正手的防守区域，还击时容易上步弥补，这样进攻的作用就增强了。

**2. 第一次发球**

网球比赛规定有两次发球机会，第一次如失误，可以有第二次发球机会。从战术上讲，第一次发球比第二次发球重要得多，因为第一次可以充分运用大力发球，向对方展开猛烈的进攻，对方不得不退到稍后一点的位置接发球。第一次发球时，直线球比斜线球好，因为它可以打在对方的反拍区。打落点主要运用切削发球，把对方拉出场外去接，或者看对方站立接发球位置的破绽，发对方防守差的区域。

**3. 第二次发球**

第二次发球是发球的最后机会，如果失误就要丢分了。因此，首先应把准确性作为前提。第二次发球相对慢些，运用切削或上旋发球，落到对方场区，产生向反拍方向高和远的跳动，给接发球者造成困难，同样也具备进攻的意义；其次，向对方接发球弱的位置发落点，打对方防守差的区域。

**4. 发球上网**

发球上网是获胜的必要手段，而得分才是最终目的，但也绝非发球就能上网，重要的是选择时机，即在条件成熟时上网。

（1）如果采用大力发球，即使没有发出“ACE”球（对方未能触球而直接得分），也具有相当威力。大力发球可迫使对方还击不利，勉强还击会打不正，这是上网的良好机会。

（2）采用急剧旋转发球，如果发球成功便可大胆上网，因为球的旋转强烈，落地后弹跳又高，球的运行时间较长，发球者有充裕的时间上到网前；而对方由于跑动还击又打不出强烈的进攻性球。

## （二）接发球战术

接发球是网球运动中较难掌握的运动技术。一次错误的回击常会失去1分。相反，一个巧妙的接发球能削弱发球者进攻的锐气，减少被动，甚至可以转化为主动。

### 1. 占据有利的位置

接发球时的站位必须从实际出发根据临场的具体情况决定，多数站在底线前后0.5米处，其左右站位应在对方可能发球线路的角平分线上。如果我方正拍有较强的进攻性，不妨把自己的正拍防守范围放大一些，以便组织进攻。

### 2. 充分准备动作

从准备接发球开始，就要集中注视对方的动作，包括对方的站位、拉拍、击球，做到这些才能及早地预测来球，起动，并侧身对网，适时引拍向前迎击球。准备接发球时，应两手持拍置于胸腹前，拍头要上翘些，采用东方式握拍法更灵活，这样引拍前挥的动作都比较小，还击较快，从而缩短了对方的准备时间，迫使对方匆忙还击。

## （三）上网战术

如果在单打中不上网，等于使自己处于被动的地位，对处理对方打来的短球也十分不利。若发球后不上网，如同让对方在毫无压力的情况下接发球，因此，上网战术成了网球比赛中重要的战术之一。上网一般在两种情况下进行：发球上网和抽击上网（包括接发球在内）。

### 1. 发一个外角球

在对方回球来到之前，我方就有足够的时间进入发球区。上网后站在尽可能靠近网的地方，大约离网2米。如果网前技术全面，近网则有利，因为离网近封网角度小，便于向前截击；离网近，相对球网就低，也便于做由上向下的截击动作，使攻击性增强，无论进攻和防守都是近网有利。近网需要有强有力的高压球作为保证和后盾。否则，很容易被对方挑高球得分，因此，要具有全面的网前技术。

### 2. 抽击球上网

上网前的抽击球非常重要，抽击球打出的位置好坏决定着上网的胜负。上网前的抽击球要准、要深，要有一定的角度使球打到对方底线附近，逼迫对方跑动去救球，这样才具有攻击性；也可以打在对方中央地带，这样可以形成反击的最小回击角度。

### 3. 上网的击球

不论采用发球上网或抽击上网，向网前冲去，需在对方击球时，先在发球线后一两步的地方做分腿垫步，以便判断来球的方向；然后再对着球，向前去做网前第一次截击，并打低深球到对方的斜角，而第二次截击打浅斜线到另一边，就可使对方左右前后奔跑。如果对方预料到我方意图而已提前向另一角跑去，第二次再打一个重复球，就会使对方扑空。

当来球较高，可运用高压动作将球扣下，力量和落点要适当结合，并根据对方站位的防守位置而定。上网可能碰到被动情况，如由于准备不及而对方把球打到我方脚下，这时可运用反弹球过渡一下，以落点为主，把球打到对方难以回击的地方，争取第二次主动截击的机会。

### （四）底线战术

在运用底线技术时，要以进攻的打法为前提，以快速、力量、准确和凶狠取胜对方。

**1. 主动进攻的击球**

底线抽击球主动进攻要尽量打深，打出角度，才能使对方被动而出现防守上的漏洞，或攻击对方的弱点，使对方频频失误丧失信心而导致失败，或利用突击以及不同旋转的击球，出奇制胜。

**2. 造成对方战术上的被动**

运动员都各自具有自己的战术特点，要针对对方的弱点进行攻击。对付上网好的运动员，就用落点深的球把他压制在底线，达到不让对方上网的目的。对于不善于上网的运动员，则要运用短球或小斜角球，引他上网或跑出中央基地，再用高球或打空当地带的球制胜。总之，要打对方所不喜欢的球，在战术上压制对方长处，打乱对方阵脚。

**3. 破网球**

破网技术的基础是底线技术，要熟练掌握底线正拍直线、正拍斜线、反拍直线和反拍斜线四条基本路线。破网球过网越低越好，最好是带上旋的急坠球。过网之后，球弹跳不高，又向两边斜出，给上网者造成回击位置和角度上的困难。另外，可运用挑高球破网，破网技术运用得当，同样可以转化为主动。

## 二、双打战术

双打与单打不同，双打要求具有配合默契、高度灵敏的反应以及快速的抢球交叉换位等技术，并具有自己特定的技术。

### （一）发球战术

如果得到选择权，先发球是会有利的。让发球好的队员首先发球，并集中精力把球发好，而不要企图以发球直接得分；要使用稳健的旋转发球，将球发到接发球员的反拍去，以掌握发球上的主动权；发球员的同伴应把守好半边场区，等待对方接发球过来而进行截击或高压。

### （二）接发球战术

双打接发球几乎是不变的和有计划地向发球员回击，绝不应打给网前的对手，如知道对方发球后上网，即应用短低球回击，迫使其把球从低处挑起。

如果对方在网前抢网扑杀，我方打去的斜线球可有三种选择：

（1）把对角球再打得凶狠些，但这样打的冒险性和困难较大。

（2）可打直线球，但若对方在网前不抢网，我方就等于“自杀”。如果对方在网前的对手移位不当，抢网未成，那么我方的直线球肯定得分。

（3）挑一个快速球越过网前对手的头顶，在我方接第二发球时，积极迎上前去，和我方伙伴同时上网。经常在接第一发球时也可以这样做，但为了取胜，宜在第二发球时抢网。

总之，双打与单打不同，需要强调“球感”（即球拍与球接触的感觉），因为双打比赛打落点比猛力击球得分多，单打技术要求猛抽两角深球，但这种打法在双打中极易被网前的对手阻击。双打中要运用“巧打”，多打落点较好的软球，两人要配合默契，争取在双上网情况下进攻得分。

# 第三节　网球比赛规则简介

## 一、选择权

基本比赛规则（比赛方法）

比赛开始前，用抛硬币的方法来决定选择场地、发球权或接发球权。得胜者有权选择或要求对方选择。

## 二、发球员的站位

网球场地

每局开始发球时，发球应先从右区端线后发球，不得踩线。得（失）1分后，应换到左区发球，这样每得（失）1分就换一次发球位置。如果发球位置错误而未察觉，比分仍然有效；一旦察觉，应立即纠正。

发出的球，在对方还击前，应从网上越过落到对角的对方发球区或其周围的线上。

网球装备

发球员有两次发球机会，如果第一次发球失误后，应在原来位置进行第二次发球，第二次发球失误算失1分。

## 三、失　分

比赛过程中，发生下列任何一种情况，均判失分：

（1）击球不过网。

（2）在球第二次着地前未能还击过网。

（3）还击的球触及对方场区界限以外的地面、固定物或其他物体。

（4）还击空中球失败。

（5）故意用球拍托带或接住球，或故意用球拍触球超过一次。

（6）“活球”期间运动员的身体、球拍或穿戴的其他衣物触及球网、网柱、单打支柱、绳或钢丝绳、中心带、网边白布或对方场区以内的地面。

（7）来球尚未过网即在空中还击。

（8）除握在手中的球拍外，以运动员的身体或穿戴物触球。

（9）抛拍击球。

发球规则

失误规则（发球失误）

## 四、有效还击

下列情况都属有效还击：

（1）球触球网、网柱、单打网柱、绳或钢丝绳、中心带或网边白布后，从网上越过落入对方场区内。

（2）对方发出的或还击的球，落在本方有效场区内又反弹回去或被风吹回对方场区上空时，本方运动员挥拍过网击球，球落到对方场区内，其身体、衣服或球拍并未触及球网、网柱、单打支柱、绳或钢丝绳、中心带、网边白布或对方场区的地面。

（3）球从网柱或单打支柱以外还击至对方场区。

（4）合法击球后，球拍随球过网。

（5）对方发出或击出的球，碰到本方区内的另一个球，而还击的运动员仍能将球回到对方场区内。

## 五、胜一局

运动员每胜一球得 1 分，胜第一分计分 15，胜第二分累计分 30，胜第三分累计分 40，先得 4 分者胜一局，但遇到双方各得 3 分时，则为“平分”（40 ∶ 40）。“平分”后，一方先得 1 分时，为“该运动员占先”，占先后再得 1 分，才能胜一局；如一方“占先”后，对方又得 1 分，则仍为“平分”。依此类推，直到一方在“平分”后连胜 2 分结束该局。

## 六、胜一盘

（1）一方先胜 6 局为胜一盘，但遇到双方各得 5 局时，一方必须先净胜 2 局才算胜一盘，这种方法称之为长盘。

（2）决胜局计分制。遇到双方各胜 6 局时，第 13 局采用决胜局计分制，也叫平局决胜制，或叫“抢七局”，即先得 7 分为胜该局即该盘。若分数成 6 平时，比赛须延长到某方净胜 2 分为止。

（3）决胜局比赛方法。该轮及的发球员在右区发第 1 分球后，即改由对方依次在左区和右区发第 2、第 3 分球；此后轮流交替发球，并每人连发 2 分球，其中第 1 分球均应在左区发球。运动员应在双方之和为 6 或 6 的倍数（如 4 ∶ 2，5 ∶ 1，6 ∶ 6，9 ∶ 9）时交换场地。

## 七、最多盘数

一场比赛男子组最多盘数是5盘，女子组最多盘数是3盘。

### 思考题

1. 网球的握拍方法有几种？各有什么特点？
2. 网球有哪些基本技术？
3. 网球单打比赛有哪几种战术？

# 第十三章　游　泳

## 引　言

游泳是国际体育比赛中重要的竞技项目，在奥运会游泳比赛中设有34个项目，金牌之多，仅次于田径运动。在综合运动会中，素有“得田径、游泳者得天下”的说法。我国近代游泳运动是在19世纪中叶，由欧美传入并逐渐流行起来；开始是在中国香港及沿海各省，而后传及内地。1953年第一届国际青年友谊运动会上，我国优秀运动员吴传玉获得男子100米仰泳冠军，中华人民共和国的五星红旗第一次在国际运动场的上空飘扬。1957—1960年，我国著名游泳运动员戚烈云、穆祥雄和莫国雄，先后5次打破男子100米蛙泳世界纪录。进入21世纪后，我国先后出现了罗雪娟、叶诗文、孙杨、徐嘉余等优秀运动员，在奥运会上多次摘金夺银，为国争光。

游泳运动概述

## 第一节　游泳基本泳姿与技术

游泳百科

### 一、熟悉水性练习

熟悉水性是游泳教学中的一个重要环节，是初学者必须经过的一个阶段。其目的是让初学者体会与了解水的浮力、压力、阻力等特性，逐步适应水的环境，消除怕水的心理，培养对游泳的兴趣并掌握一些游泳最基本的动作，如呼吸、浮体、滑行等，为以后学习各种游泳技术打下基础。这里介绍几种典型的熟悉水性练习方法。

熟悉水性

#### （一）池边坐撑打腿

坐在池边，两腿并拢伸直，脚尖绷紧，上身略后倾，两手向后撑直，用力上下打腿，水花越大越好。（图 13-1-1）

### （二）打水仗

把全班分成人数相等的四排，每两排之间间隔 1 米，面对面站齐，听到哨声后用力向对方泼水，要求不准戴泳镜，不准背对对方，老师吹哨叫停时队伍保持整齐者胜，要求负方每人在水下做一个俯卧撑。（图 13–1–2）

图 13–1–1

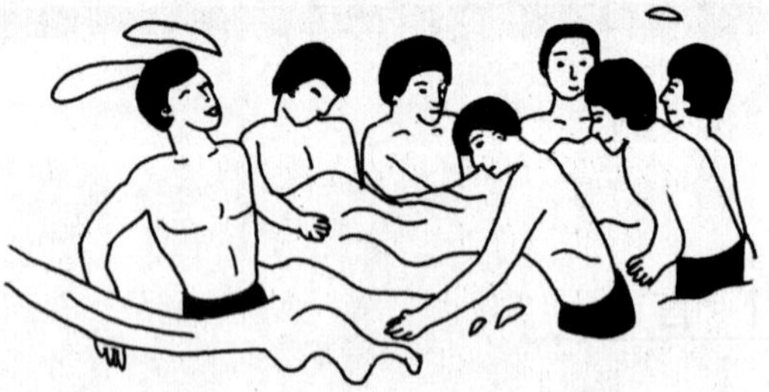

图 13–1–2

### （三）呼　吸

**1. 动作要点**

人们平时的呼吸动作是无意识的，用鼻子吸进呼出。水中呼吸则不同，是嘴吸嘴呼或嘴吸嘴鼻呼。一个呼吸动作是由吸气—憋气—吐气组成的。例如，蛙泳呼吸先慢抬头，嘴露出水面时用力吐气，快速吸气后尽快地低头短暂憋气，然后吐气，气快吐光的时候再抬头，如此循环。

游泳时呼吸最重要的是用力吐气，这是与人们想象不同的一点，因为用力吐气把气吐光之后，造成了一种“被动式”的吸气。介绍一个小窍门：用力张大嘴说一个“啪”字，气就会被自然地吐出来了，同时气也能吸进来。“啪”字是爆破音，越大声喊效果越好。有的人不好意思说，张不开嘴，其实按照老师的提示去做，对于尽快掌握游泳呼吸技术是非常重要的。

**2. 陆上模仿练习（图 13–1–3）**

（1）闭气练习

直立、两手下垂、全身放松。闭气 5 ～ 10 秒后吐气，重复 3 ～ 5 次。

【练习要求】提起一手置于口鼻之间，把它当成水平面，当口鼻低于手臂时闭气，高于手臂时吐气，而且必须口吸口呼。

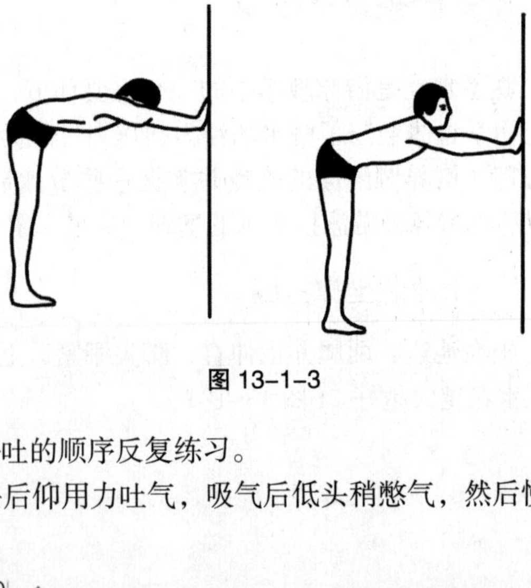

图 13–1–3

（2）换气练习

① 姿势同上一练习，按照吸—憋—吐的顺序反复练习。

② 两臂伸直，头夹在两臂之间，头后仰用力吐气，吸气后低头稍憋气，然后慢慢

换气练习

用力均匀吐气，快吐完时头部后仰用力吐气，并开始下一个循环。

【练习要求】头部动作大，吸气快，吐气用力均匀。

**3. 水中练习（图 13-1-4）**

（1）练习形式

① 双手扶池壁，张嘴吸气后下蹲，水要没过耳朵，憋气 5 秒；然后站立用嘴吐气，重复练习 5 ～ 10 次。

② 吸气下蹲，憋气的同时用手摸池底；然后站立用嘴吐气，左手、右手、双手各一次。

③ 两人一组，扶同伴的手做“跷跷板”练习，10 次。强调呼吸的方式是用口吸气，用口呼气，过程是吸气—闭气—呼气。手把手练习是为了适应游泳时呼吸动作的节奏，不准用手去抹脸上的水。

④ 双手扶大腿，双腿半蹲，两臂伸直，手臂、肩膀平水面，头在水上。吸气后低头稍憋一会儿后用力吐气，吐出来的气要从耳朵两边往上跑，快吐完时头部后仰，嘴露出水面时用力说“啪”字，被动吸气后快速低头（头没入水中，标准是后脑露出水面而非头顶露出水面）并开始下一个循环（图 13-1-4）。注意：身体不能起伏，肘关节不能弯曲，肩部放松且不能露出水面；低头、抬头动作幅度要大，抬头吸气时下颌应紧贴水平面。

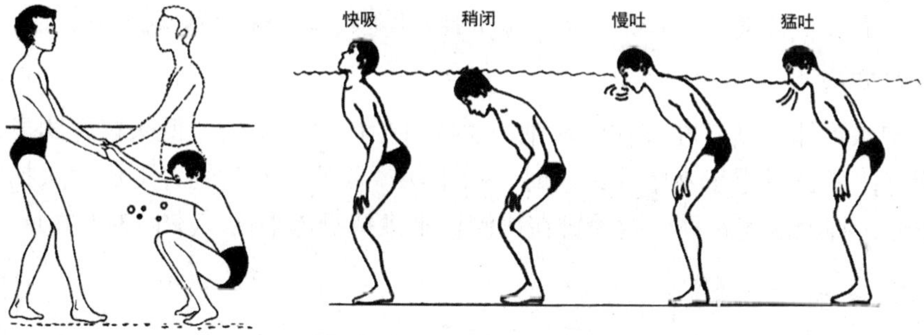


图 13-1-4

（2）常见错误动作分析

① 换气动作过猛：换气时猛抬头、屈肘、整个上半身都露出水面。在做模仿动作的时候要强调：手伸直，肩放松，头后仰，不是压肩抬身体。

② 不敢把气吐尽：有人担心气吐尽了怎么办，仍留着半口气，结果上来把这半口气吐掉后发现不够时间吸气，甚至喝水，只好停下来，这样的呼吸动作称为“假呼吸”。

③ 呼吸时鼻子进水：这是没有掌握正确的呼吸方法，因为水有压力，没有用气“顶住”，鼻子就容易进水。游泳时可以用鼻子呼气，但千万记住不能用鼻子吸气。

有效防止鼻子进水的练习方法——水中仰卧起坐。（图 13-1-5）

做法与陆上仰卧起坐相似，向下仰卧时要注意用鼻子呼气，坐起时张大嘴巴吸气，重点是鼻子呼气。双手抱头，向下仰卧时，身体与池壁的角度大于 90° ，眼睛看天空。

图 13-1-5

④ 换气时间过长：由于在水下没有吐气，在水面上又吐又吸，时间过长。吸气后在水下稍憋气，然后用嘴像吹泡泡一样把气用力吐出来。

### （四）浮体与站立

浮体与站立练习的目的是体会水的浮力，掌握在水中浮体、维持身体平衡和由浮体到站立的方法，进一步消除怕水心理。

**1. 动作要领**

做动作之前一定要吸足气，俯卧于水中时，身体要伸展，手腿伸直，全身放松（初学者往往全身紧张），脚跟尽量朝水面上伸。动作开始的时候由于重力作用会下沉，这时不要害怕，不要马上站起来，应该要憋住气，这样经过短暂下沉后马上就会浮到水面。漂浮在水中要像一根木棍一样，而屈髋、塌腰、缩肩都漂不起来。

**2. 练习方法**

抱膝浮体

（1）抱膝浮体：站立在齐胸深水中，深吸气后闭气，下蹲，低头抱膝团身，重心前移，使身体平稳漂浮于水中。站立时，松手两臂前伸，然后轻轻下压使头抬起，同时两腿下伸，脚触池底站立，两手臂在体侧拨水维持身体平衡。（图 13-1-6）

图 13-1-6

展体浮体

（2）展体浮体：站立在齐胸深水中，两臂放松前伸。深吸气后，身体前倾并低头，屈膝下蹲，两脚轻蹬池底，两腿放松上浮成俯卧展体姿势漂浮于水中（图 13-1-7）。站立时，收腹、屈膝、收腿，两臂向下轻轻压水并抬头，同时两腿下伸，脚触池底站立，两手臂在体侧拨水维持身体平衡。

图 13-1-7

（3）浮体后站立练习：抱膝浮体后，保持低头憋气状态，两手前伸，两腿后伸，全身放松漂浮 3 ～ 5 秒，然后屈膝收大腿（膝关节收向肚子）使身体由俯卧转为垂直，在两腿伸直（展髋、伸膝）、两脚碰到池底时抬头，同时双手向下压水，在池底站立。（图 13-1-8）

仰卧漂浮站立

图 13-1-8

3. 练习提示

（1）在开始做浮体练习时，应相互观察，在同伴有需要时要相互帮助。

（2）在做展体浮体时，身体要展平，肌肉放松。通过调节重心与浮心的位置，使身体平稳地浮于水中。

## （五）滑　行

滑行练习的目的是体会和掌握游泳时身体的水平位置和流线型姿势，提高在水中控制身体的能力，为学习各种泳式打好基础。

1. 练习方法

（1）蹬池底滑行：在齐胸深水中两脚前后开立，两臂前伸，两手并拢。深吸气后上体前倾并屈膝，当头和肩没入水中时前脚掌用力向后下蹬离池底；随后两腿并拢，使身体呈流线型向前滑行。（图 13-1-9）

蹬池底
直体滑行

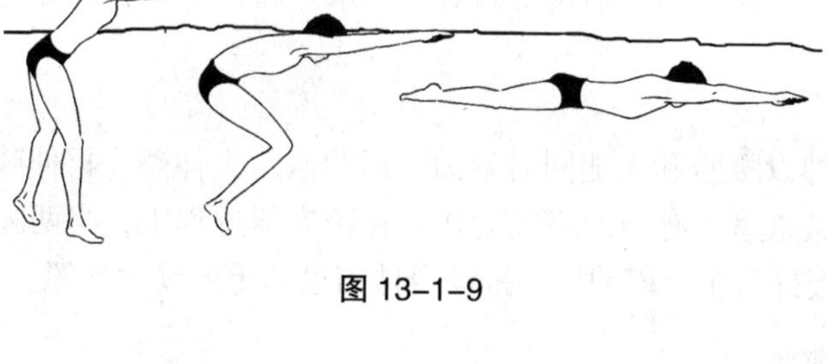

图 13-1-9

蹬池壁滑行

（2）蹬池壁滑行：背对池壁，一手扶池边，一臂前伸，一脚在池底站立，一脚蹬在池壁上。深吸气后低头，上体在水中前倾成俯卧姿势；然后提臂上收支撑腿，两脚贴在池壁，臀部后移，两臂前伸并拢，头夹于两臂之间，两脚用力蹬池壁，使身体呈流线型姿势向前滑行。（图 13-1-10）

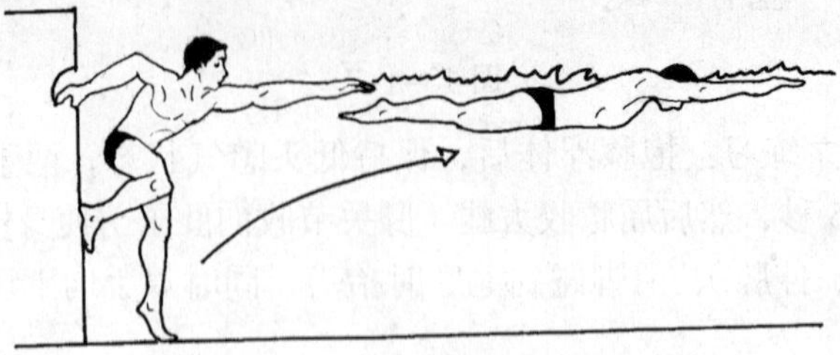

图 13-1-10

2. 练习提示

（1）滑行练习是熟悉水性的重点练习。

（2）滑行时身体应适度紧张，保持流线型姿势。

## 二、蛙　泳

蛙　泳

蛙泳相对于其他竞技游泳姿势来说虽速度较慢，但动作平稳，容易掌握，呼吸便利，适于长距离游泳，便于观察和掌握方向，实用价值较大，是救护、潜泳和泅渡江河湖泊的常用姿势。

### （一）蛙泳技术

1. 腿部动作

蛙泳时腿的技术动作可分为收腿、翻脚、蹬夹腿和滑行，这四个动作紧密相连。

（1）收　腿

开始收腿时，两腿随着吸气的动作自然向下，同时两膝开始弯曲并自然分开，小腿向前回收。回收时，两脚放松，脚踵向臀部靠拢，边收边分。收腿时力量要小，两脚和小腿回收时，要收在大腿的投影截面内。收腿结束时大腿与躯干成 130 ～ 140° 角，两膝内侧与髋关节同宽，为翻脚和蹬夹腿做准备。

（2）翻　脚

收腿将结束时，脚仍向臀部靠近。这时大腿内旋，膝关节稍内收，同时两脚向外侧翻开，勾脚尖，使脚内侧和小腿内侧对好蹬水方向，使腿在蹬夹时有一个良好的对水面。

（3）蹬夹腿

翻脚后，立即以腰腹和大腿同时发力向后蹬水。先伸髋，再伸膝，以大腿、小腿内侧和脚掌向后做急速而有力的蹬夹动作。在蹬夹腿过程中，当两腿并拢时，略向下压，以形成前后鞭打动作，该动作是推动身体前进的重要动力来源。

（4）滑 行

蹬腿结束后，腿处于较低的位置，脚距离水面为 30 ～ 40 厘米。此时，两腿迅速并拢伸直，身体适度紧张，呈流线型，做短暂滑行，准备开始下一个腿部动作周期。

**2. 臂部动作**

蛙泳的臂部动作可分为抓水、划水、收手和向前伸臂，这四个动作紧密相连。

（1）抓 水

从两臂前伸并拢、掌心向下的滑行开始，前臂、上臂立即内旋，掌心转向外斜下方，略屈腕，两手分开向侧斜下压水至两手间距离约为两倍肩宽处，手掌和前臂感到有压力便开始划水。此阶段动作速度较慢。

（2）划 水

当两手做好抓水动作，两臂分至 40 ～ 45° 角时，手腕开始逐渐弯曲。这时两臂、两手逐渐积极地做向侧下后方屈臂划水。划水时肘的最大屈角为 90° 左右，划水时应用力，使上体上升到较高位置，为下一阶段收手、向前伸臂做好充分准备。

（3）收 手

收手是划水阶段的继续，收手过程能产生较大的前进作用和升力。收手时，手臂向里、向上收到头前下方，这时，前臂与肘几乎同时做动作，而且收手时，不应降低划水速度，而是以更快的速度积极完成。收手结束时，肘关节低于手，上臂与前臂成锐角。

（4）向前伸臂

伸臂动作是由伸直肘关节、肩关节来完成的，掌心由朝上逐渐转成向下，手指朝前，同时迅速低头，将头夹于两臂之间。动作完成时，两臂伸直并拢充分伸肩，掌心向下，呈良好的流线型向前滑行。

**3. 蛙泳的完整配合技术**

现代蛙泳完整配合技术多采用一个动作周期呼吸一次的“晚吸气”配合。其技术特点是头部起伏大且位置较高，高肘划水，蹬腿技术也随之变窄、变快，划水幅度小而快，整个动作频率快。在抓水过程中，随着头、肩的上升，嘴露出水面将气吐尽，两腿保持稍紧张的伸直姿势；当划水结束时，头、肩向前上方升至最高位置时快速吸气，同时两膝开始弯曲；当收手并开始向前伸臂时迅速低头闭气，迅速收腿；滑行时在水中呼气。整个动作要协调连贯，使游速更加均匀。

## （二）蛙泳的练习方法

**1. 腿的练习**

陆上腿部练习

（1）陆上模仿练习

① 收腿：边收边分慢收腿。大腿带动小腿屈膝前收。收腿结束时，两膝接近髋下，约与肩同宽。

② 翻脚：翻脚时膝关节稍内扣，勾脚尖，膝关节和踝关节向外转动，使脚内侧和小腿内侧向后对准蹬水方向。

③ 蹬夹腿：用力向后蹬夹腿。大腿用力向后做弧形蹬夹腿，蹬夹动作不要分开。（图 13-1-11）

④ 仰坐练习：模仿腿的动作，按收腿、翻脚、蹬夹腿的要领练习。练习时，上体要保持不动。（图 13-1-12）

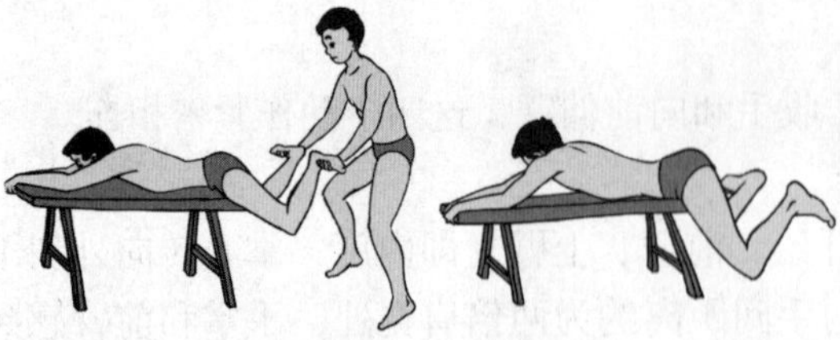

图 13-1-11

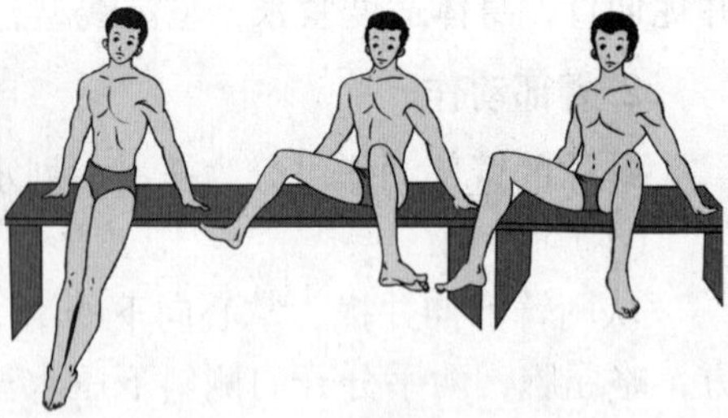

图 13-1-12

（2）水中练习

① 水中腿练习：收腿要慢，蹬夹腿要快而有力，两腿并拢后向前滑行（也可扶池壁、浮板进行练习）。（图 13-1-13）

水中腿部练习

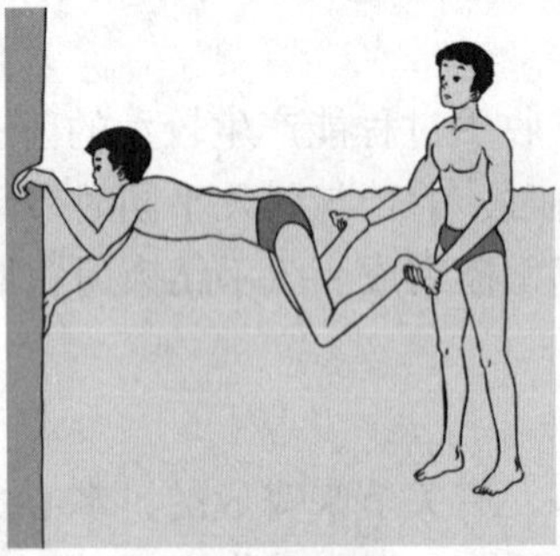

图 13-1-13

② 滑行蹬腿：低头、伸臂、平卧水中，细心体会蹬腿要领。

**2. 臂和呼吸的练习**

（1）划臂练习

两臂伸直，向斜后方边划水边屈臂。当臂划至肩的侧下方时，收手夹肘伸向前。（图 13-1-14）

陆上手臂与呼吸的配合练习

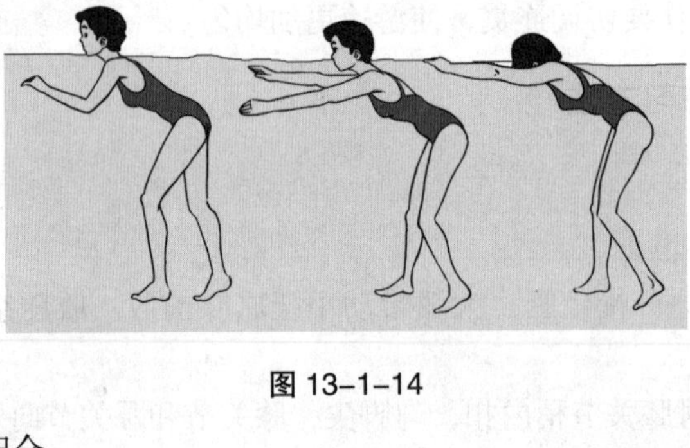

图 13-1-14

水中手臂与呼吸的配合练习

（2）臂和呼吸配合

① 抬头划臂张嘴吸：先抬头，两臂同时向斜后方划水时吸气。抬头不要太高、太猛。

② 用力划臂吸足气：提肘屈臂向后加速划水时，迅速吸气。

③ 收手夹肘闭住气：臂划至肩的侧下方时，收手夹肘将手收至颌下，脸逐渐浸入水中闭气。

④ 两臂前伸慢呼气：臂前伸时，两手自然并拢，掌心转向下方并呼气。

（3）臂腿配合练习

为了掌握臂腿动作要领，可先做闭气、划臂、蹬腿的配合练习，熟练后逐渐过渡到划臂、蹬腿数次，呼吸一次，最后到完整配合。

陆上手臂与腿部的配合练习

**3. 连贯动作的练习**

（1）开始划臂腿不动（准备吸气）

两手分开向斜后方划水，两腿自然伸直，准备收拢，开始抬头。

（2）用力划臂腿前收（吸气）

臂划至肩下时，两腿自然分开，屈膝前收，抬头吸气。

（3）收手夹肘收好腿（闭气）

臂划至肩的侧下方时，收手夹肘将手收至颌下，同时完成收腿动作，头逐渐浸入水中闭气。

（4）伸臂翻脚再蹬腿（呼气）

两臂前伸的同时向外翻脚，立即用力向后做弧形夹水，开始呼气。

（5）身体向前滑一会儿（呼气）

蹬腿结束后，臂腿收拢，将脸浸入水中，配合呼气，向前滑行，然后重复下一个连贯动作。

## （三）蛙泳易犯错误、原因及纠正方法

蛙泳易犯错误、原因及纠正方法见表 13-1-1。

**表 13-1-1　蛙泳易犯错误、原因及纠正方法**

| 部　位 | 易犯错误 | 原　因 | 纠正方法 |
| --- | --- | --- | --- |
| 腿　部 | 蹬腿时不翻脚 | 1. 不会翻脚<br>2. 蹬脚时绷脚尖 | 1. 明确概念及动作要领<br>2. 陆上反复做翻脚练习，注意翻脚时的肌肉感觉<br>3. 勾脚蹬水或由同伴帮助体会正确蹬水动作 |
| | 不收腿，蹬得过宽，蹬夹脱节或只蹬不夹 | 1. 动作概念不清<br>2. 收腿时，两膝向外张<br>3. 旧的动作定型 | 1. 明确概念，陆上多做模仿练习<br>2. 用矫枉过正法，要求收腿时两膝有意内扣或同伴用两手限制其外张 |
| | 收、蹬腿时脚的部位太低 | 1. 头和上体抬得过高<br>2. 收腿时两大腿收得过多，腿未和水面垂直<br>3. 腰部肌肉过于放松 | 1. 低头、提臀，使身体平浮于水面<br>2. 积极收小腿，脚有意识地移向臀部<br>3. 腰、腹肌肉适当紧张，蹬腿时先伸髋 |
| | 收、蹬腿时臀部上下起伏 | 1. 收腿时头肩过低，收腹提臀<br>2. 蹬腿时挺腹 | 1. 头、肩稍抬起，腰腹肌适当紧张，使身体展平，收腿时大腿带小腿慢收<br>2. 蹬腿时躯干不动，用大腿推动小腿向后蹬，不要收腿过快 |

续 表

| 部 位 | 易犯错误 | 原 因 | 纠正方法 |
|---|---|---|---|
| 臂 部 | 划水时手掌平摸，划不到水 | 1. 动作概念和要领不清<br>2. 划水时沉肘，前臂与水平面平行<br>3. 手臂力量差，划水无力 | 1. 明确动作概念和要领<br>2. 划水时掌心向侧外，高肘屈臂小幅度划水<br>3. 加强手臂力量的练习 |
|  | 划水路线太宽，超过了肩的延长线 | 1. 动作概念和要领不清<br>2. 急于通过划水推动身体前进，收手太慢 | 1. 明确动作概念和要领<br>2. 采用小划臂或在腋下放一限制杆的办法 |
| 完整配合 | 划臂的同时蹬腿 | 1. 动作概念和要领不清<br>2. 配合节奏紊乱<br>3. 急于划臂 | 1. 明确动作概念和要领<br>2. 多做模仿练习。先划臂后蹬腿，一次一次地做，不要急于求成<br>3. 划水时腿伸直，蹬腿时手臂伸直，逐渐过渡到正确配合。一次一次按伸、蹬、漂的节奏练习 |
|  | 同时伸臂蹬腿 | 1. 动作配合的概念不清<br>2. 收腿太早、太急<br>3. 收手时在胸前有停顿现象 | 1. 心中默念先伸臂后蹬腿<br>2. 心中默念先伸臂再蹬夹腿，在水中漂一会儿<br>3. 小划臂，伸臂后停一会儿 |
|  | 吸不到气 | 1. 吸气前未吐气<br>2. 抬头过早，吸气时间短 | 1. 必须在水中吐出气<br>2. 在盛水的脸盆或水中原地做水中吐气、抬头吸气练习<br>3. 先抬头再划臂或划臂的同时抬头深吸气 |

## 三、爬 泳

爬 泳

爬泳是身体俯卧于水面，依靠两臂轮流划水而前进的泳姿。因其动作很像爬行，所以称之为爬泳。爬泳是速度最快的一种游泳姿势，在自由泳项目比赛中多采用，故被称为自由泳。爬泳在防洪抢险、横渡急流、抢救溺水者时能发挥其积极作用。

### （一）爬泳技术

**1. 身体姿势**

爬泳时身体要保持几乎水平的俯卧姿势，躯干肌肉适度紧张，呈较好的流线型，身体纵轴与水平面成 3 ～ 5° 。头部应自然地向颈后屈，两眼注视前下方，头的 1/3 露出水面，水平面接近发际。为了争取较好的动作效果，允许双腿暂地下沉。游进中身体可以围绕身体纵轴有节奏地转动，这种转动一般在 35 ～ 45° 。

**2. 腿部动作**

陆上腿部动作练习

爬泳打腿主要是起维持身体平衡的作用，使下肢抬高，保持身体较好的流线型，以及协调配合两臂用力的划水动作，并能提供一定的推动力。

水中打腿练习

打水动作：脚掌伸直并略内转，踝关节自然放松，以髋为支点，动作从髋关节开始，大腿发力稍内旋，带动小腿，力量通过大腿、膝、小腿，最后到足部形成上下鞭打状的打水动作。两腿分开的距离为 30 ～ 40 厘米，向上打水膝关节弯曲 140 ～ 160° ；向下打水结束时，脚离水面 30 ～ 35 厘米。

**3. 臂部动作**

臂划水是爬泳推动身体前进的主要动力。臂的一个划水周期可分为入水、抱水、划水、出水、空中移臂五个部分。

（1）入 水

臂入水时，肘关节略屈并高于手，手指并拢伸直，向斜下方切插入水，或掌心转向外侧切入水中，手掌与水面成 30 ~ 40° 。动作要自然放松，臂入水时处在身体中线与延长线中间。臂的入水顺序为：手—前臂—肘—上臂。

（2）抱 水

臂入水后，手腕自然伸直，掌心转向下，积极插向前下方至有利于抱水的位置。此时前臂和上臂应积极外旋，当手臂接近完全伸直，手臂与水平面成 15 ~ 20° 角时，手腕向下弯曲，同时开始屈肘，使肘高于手。上臂划至与水平面成 30° 角时，手和前臂已经接近垂直水平面，肘关节屈至 150° 左右，手和前臂以较大的横截面积对准划水面，整个手臂像抱着一个大圆球，为划水做准备。

（3）划 水

划水是指手臂在前与水平面成 40° 时起，向后划至与水平面成 150 ~ 200° 为止的动作过程，是产生推进力的主要阶段。这个阶段又分为两个部分，从整个臂部划至肩下方与水面垂直之前被称为拉水，过垂直面后被称为推水。

拉水是从直臂到屈臂的过程。抱水结束时，屈肘为 150° 左右。拉水时，前臂的速度快于上臂，继续屈肘。当臂划至肩下方时，手在体下靠近身体中线，屈肘成 90 ~ 120° 。整个推力过程应保持高肘姿势，使手和前臂能更好地向后划水。

推水是手臂屈与伸的过程，推水中肘关节向上，向体侧靠近。手在拉水结束后即从肩下中线处向后侧划动至大腿旁。推水时，手掌应始终与水平面保持垂直，这有利于推水时产生反作用力而向前推进。

整个划水动作过程，手的轨迹始于肩前，继之到腋下，最后到大腿旁，呈 S 形。

（4）出 水

在划水结束后，臂由于惯性动作而很快地靠近水面。出水时，手臂放松，微屈肘，肘部向上方提起带动前臂出水面，掌心转向上方。手臂出水动作必须迅速、柔和、放松而不停顿。

（5）空中移臂

臂在空中前移的动作是手臂出水的继续。移臂开始时，手掌几乎完全向后提肘向上，手腕放松，手落后于肘关节。当手前摆过肩时，应与肘成一条直线，这时手和前臂逐渐向前伸出，掌心也从后上方转向前下方，接着做准备入水的动作。

**4. 两臂配合技术**

划水时，依照两臂所处的位置不同，可分为三种交叉配合，即前交叉、中交叉和后交叉。

（1）前交叉配合

当一臂入水时，另一臂处于肩前方，与水平面约成 30° 。

（2）中交叉配合

当一臂入水时，另一臂处于肩下垂直部位，与水平面约成 90° 。

（3）后交叉配合

当一臂入水后，另一臂划水至腹部下方，与水平面约成 150° 角。初学者应采用第一种交叉配合，它有利于掌握自由泳的技术和呼吸动作。

陆上手臂与呼吸的配合练习

水中手臂与呼吸的配合练习

**5. 臂、腿与呼吸配合的完整动作**

自由泳采用转头吸气的方法。这里以向右吸气为例，右手入水后，嘴与鼻慢慢呼气。右臂划水至肩下时，头向右侧转，呼气量增大。右臂推水快结束时，用力呼气，直至嘴出水面。右臂出水时吸气，移臂至与肩齐平时吸气结束。随着臂继续向前移动，转头还原闭气。自由泳的呼吸与臂、腿的配合是呼吸 1 次、臂划 2 次、腿打 6 次，即 1 ∶ 2 ∶ 6，但也有 1 ∶ 2 ∶ 4 或 1 ∶ 2 ∶ 2 的配合。

## （二）爬泳的练习方法

**1. 腿的练习**

（1）扶池槽打水

大腿带动小腿交替向后下方打水，向上提腿时放松，向下打水要用力，可结合呼吸练习。（图 13-1-15 ①）

（2）滑行打水

向上提腿时膝关节稍屈，向下打水时，脚面绷直，脚尖稍向内转，打水幅度为 30 ～ 40 厘米。（图 13-1-15 ②）

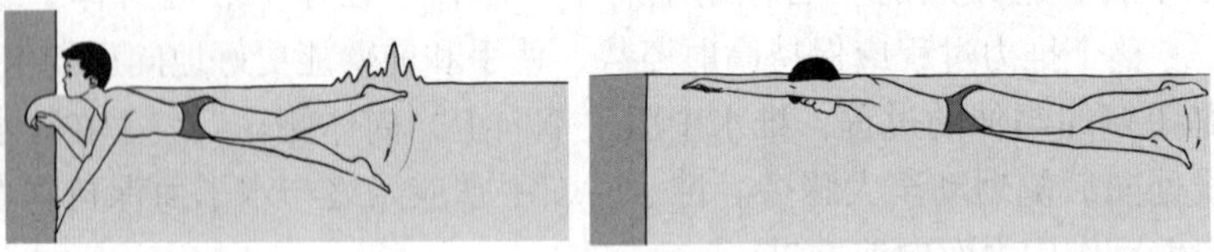

① ②

图 13-1-15

**2. 臂和呼吸的配合**

（1）划臂呼气

以左臂为例，左臂在肩前插入水后，逐渐屈臂向后划水，同时呼气。划臂不要超过身体中线。（图 13-1-16）

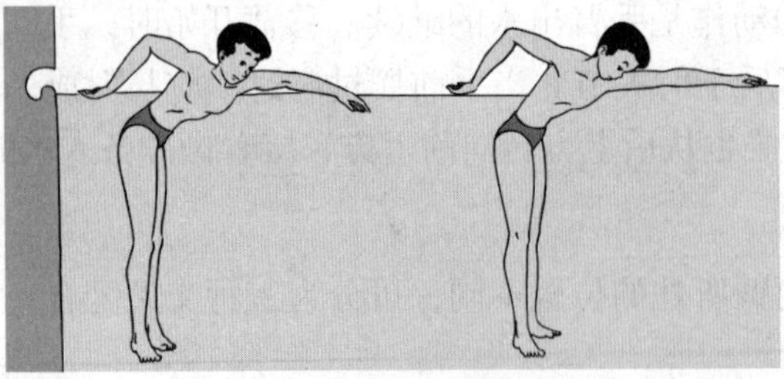

图 13-1-16

（2）推水吸气

左臂向后推水时转头吸气，提肘出水时同时完成吸气动作。抬头不要太高太猛。

（3）移臂闭气

左臂从体侧向前移臂时，头逐渐转入水中闭气。

**3. 单臂划水**

两腿连续打水，一臂前伸一臂划水。两臂交替进行，逐渐过渡到连贯动作。（图 13–1–17）

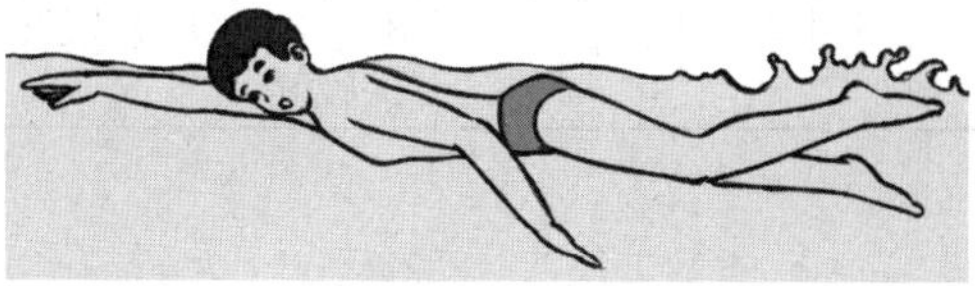

图 13–1–17

**4. 连贯动作**

（1）右臂下滑要伸肩，左臂推至大腿边（呼气）

伸肩：右臂下滑时，尽量向前下方拉开肩带肌肉，掌心向下。

（2）右臂肩前抱好水，左臂提肘出水面（呼气）

抱水：右臂向外提肘屈臂，使手掌和前臂向后抱水。

（3）右臂肩下屈臂划，左臂前伸插入水（呼气）

划水：右臂划至肩下时，上臂与前臂屈成 120° 角左右，加速向前划水。

（4）右臂推至大腿边，左臂下滑要伸肩（转头吸气）

推水：右上臂靠近体侧，前臂用力向后推水。吸气要深、要快。

（5）右臂提肘出水面，左臂肩前抱好水（完成吸气）

出水：右臂利用推水速度的惯性，在腿侧提肘出水向前移臂，肌肉放松。

（6）右臂为伸插入水，左臂肩下屈臂划水（闭气）

入水：右手自然合拢，肘高于手，在肩前部插入水。

## （三）爬泳易犯错误、原因及纠正方法

爬泳易犯错误、原因及纠正方法见表 13–1–2。

**表 13–1–2 爬泳易犯错误、原因及纠正方法**

| 部 位 | 易犯错误 | 原 因 | 纠正方法 |
|---|---|---|---|
| 臂 部 | 小腿打水 | 1. 动作要领不清<br>2. 下打时屈膝太大 | 1. 明确动作要领<br>2. 先用直腿打水，体会用大腿带动小腿打水 |
| | 屈髋打水 | 躯干没充分展开或收腰 | 1. 多做陆上模仿练习，注意大腿上抬或用直腿打水<br>2. 水中练习要展髋，打腿时大腿上摆 |
| | 勾脚打水 | 踝关节灵活性差 | 1. 要求绷直脚尖打水<br>2. 多做踝关节灵活性练习 |
| | 臂入水后向下压水 | 1. 直臂入水<br>2. 过早用力划水 | 1. 入水时手指先入水，此时肘高于手<br>2. 入水后臂向前下方伸，抓到水后再划水 |
| | 手在肩外侧划水和划水路线短 | 1. 手入水点偏外侧，并向外侧划水<br>2. 没有抓水动作 | 1. 屈臂，手沿身体中线做 S 形划水，可要求在肩前入水，划水时向腹下抱向同侧大腿处推水<br>2. 用矫枉过正法，要求在身体中线处入水，超过中线向后划水，划水结束时手触同侧大腿 |

续 表

| 部　位 | 易犯错误 | 原　因 | 纠正方法 |
|---|---|---|---|
| 完整配合 | 抬头吸气 | 1. 动作概念不清<br>2. 怕呛水，不敢抬头 | 1. 明确转头吸气<br>2. 吸气时，绕纵轴转动，转头时做“咬肩”动作 |
| | 吸不进气 | 不会呼吸或不会在水中吐气 | 1. 在水中做呼吸的基本动作<br>2. 强调水中吐气<br>3. 掌握转头吸气的时机，嘴将出水时猛吐、深吸气 |

自由泳

游泳场地设备

游泳装备

出　发

## 第二节　游泳比赛规则简介

### 一、参加办法

参加单位必须按比赛规程规定，确定每项参加的人数和每人参加的项数，并在规定的时间内办理报名手续。

运动员在报名后不得更替或更改项目。

接力比赛以队为单位，每单位可在报名参加比赛的同组运动员中任选 4 人参加。在预赛、决赛中参加者可任意调换，预赛和决赛均须将按接力棒次顺序的运动员名单在该场比赛开始前交检录处，否则以弃权论。在接力比赛中，如颠倒棒次或出现冒名顶替者，应判为犯规。

### 二、出　发

爬泳、蛙泳、蝶泳等各项比赛必须从出发台起跳出发，仰泳项目在水中出发。当听到总裁判发出长哨声信号后，运动员应站到出发台上；仰泳运动员应下水，在总裁判发出第二声长哨时，仰泳运动员应迅速游回池端做好出发准备。当发令员发出“各就位”的口令后，运动员应至少有一只脚立即在出发台的前缘做好出发准备，手臂位置不限；仰泳各项运动员在水中做好出发准备。当所有运动员都处于静止状态时，发令员应发出“出发信号”（鸣枪、电笛、鸣哨或口令），运动员在听到“出发信号”后才能做出发动作。

采用一次出发进行比赛时，运动员如在“出发信号”发出之前出发，应判出发抢码犯规，取消其比赛资格。如果在“出发信号”发出后发现运动员抢码犯规，应继续比赛，在该组比赛结束后取消犯规运动员的录取资格。如果在“出发信号”发出前发现运动员抢码犯规，则不再发“出发信号”，取消抢码犯规运动员比赛资格后再次组织出发。

发令员发现运动员抢码犯规或总裁判判定运动员抢码犯规吹哨后，发令员应连续不断地发出召回信号并放下召回线，直至将运动员召回。

应注意，因裁判员的失误或器材失灵而导致的运动员抢码犯规，发令员应将运动员召回重新出发，不作为一次抢码犯规。

结 束

## 三、蛙泳比赛规则简介

（1）蛙泳在比赛出发和每次转身后，从第一次手臂动作开始，身体应保持俯卧姿势，任何时候不允许成仰卧姿势。

（2）两臂和两腿的所有动作都应同时，而且在同一水平面进行，不能有交替动作。

（3）两手应同时在水面，水下或水面由胸前伸出，并在水面或水下向后划水。除最后一个动作外，在手臂的完整动作中，两肘不得露出水面。除出发和每次转身后第一次划水动作外，两手向后划水不得超过臂线。

（4）在蹬腿过程中，两脚必须做外翻动作，不允许做剪夹，上下交替打水或向下的海豚式打水动作。只要不做向下的海豚式打水动作，允许两脚露出水面。

（5）在每次转身和到达终点时，两手应在水面，水上或水下同时触壁：在触壁前的最后一次向后划水的动作结束后，头可以潜入水中，但在触壁前的一个完整或小完整的配合动作中，头应部分地露出水面。

转 身

## 四、仰泳比赛规则简介

仰泳是四种竞技游泳中唯一在水中出发的姿势，游泳竞赛规则中对仰泳的规定主要有：

（1）出发时面对出发台，两下抓住握手器，两脚（包括脚趾）应在水面下，禁止蹬在水槽内或水槽上，或用脚趾勾住水槽边。

（2）出发和转身后应蹬离池壁并在整个游程中仰卧姿势，除在做转身动作外必须始终仰卧。

（3）在整个游进过程中，身体的某部分必须露出水面。在转身过程中允许全潜入水中，但在出发和每次转身后，潜水距离不得超过 15 米。

（4）在转身过程中，当肩的转动超过垂直面后可以进行一次连续单臂划水或两臂同时划水动作。

（5）在每个以一次划臂和一次蹬腿顺序完成的完整动周期中，头的一部分应露出水面。只有在出发和每次转身后，身体可在水下做一次手臂划到腿部的长划臂动作和蹬腿动作；第二次划水时头必须露出水面。

## 五、爬泳比赛规则简介

（1）根据游泳竞赛规则的规定，爬泳比赛中可采用任何泳式。在转身和达到终点时，可用身体的任何部分触池壁。在整个游程中，身体的一部分必须露出水面。在转身过程中，允许运动员完全潜入水中，但在出发和每次转身后，运动员潜泳距离不得超过 15 米。

（2）在个人混合泳比赛中，运动员应按照蝶泳、仰泳、蛙泳和自由泳的顺序游完全程。

（3）在混合泳接力比赛中，运动员按照仰泳，蛙泳、蝶泳和自由泳的顺序游完全程，这里的自由泳必须是除蝶泳、仰泳和蛙泳以外的任何姿势，比赛中运动员一般都采用爬泳姿势。

**思考题**

1. 游泳运动如何熟悉水性？
2. 简述蛙泳的基本姿势。
3. 简述爬泳的基本姿势。

# 第十四章　传统武术

## 引　言

传统武术是中华民族在长期的社会实践中不断积累和丰富起来的一项宝贵的非物质文化遗产，是以技击动作为主要内容，以套路和格斗为运动形式，注重内外兼修的中华民族传统体育项目。传统武术是以踢、打、摔、拿、击、刺等技击动作为主要内容，通过徒手或借助于器械的身体运动表现攻防格斗的运动形式，有套路，也有散打，既是结合的，又是分离的。这种发展模式，迥然有别于世界上其他技击术。

传统武术在演练方法上注重内外兼修，演练风格上要求神形兼备，无不反映了中国传统技击术的运动特点，与社会学、哲学、中医学、伦理学、兵学、美学、健身气功等多种传统文化思想和文化观念相融合，逐步形成了独具民族风貌的文化体系。

武术概述

## 第一节　初级长拳

初级长拳

### 一、套路简介

初级长拳全套除起势和收势外，共有 32 个动作，包括了拳、掌、勾三种手型；弓、马、仆、虚、歇五种步法；冲、挑、架、推、劈、搂、栽、穿、亮、摆、舞花等手法；顶肘、盘肘等肘法；弹踢、蹬踢、震脚、侧踹等腿法，以及大跃步前穿和腾空飞脚等跳跃动作。从技法上看，初级长拳既有进攻型技法，也有防守型技法，还有缠腕一类的拿法。整个套路集踢、打、拿等为一体，动作舒展大方，风格比较突出。

### 二、动作名称

起　势

1. 并步站立　　2. 虚步亮掌　　3. 并步对拳

第一段

1. 弓步冲拳　2. 弹腿冲拳　3. 马步冲拳　4. 弓步冲拳
5. 弹腿冲拳　6. 大跃步前穿　7. 弓步击掌　8. 马步架掌

第二段

9. 虚步栽拳　10. 提膝穿掌　11. 仆步穿掌　12. 虚步挑掌
13. 马步击掌　14. 叉步双摆掌　15. 弓步击掌
16. 转身踢腿马步盘肘

第三段

17. 歇步抡砸拳　18. 仆步亮掌　19. 弓步劈拳
20. 换跳步弓步冲拳
21. 马步冲拳　22. 弓步下冲拳　23. 叉步亮掌侧踹腿
24. 虚步挑拳

第四段

25. 弓步顶肘　26. 转身左拍脚　27. 右拍脚　28. 腾空飞脚
29. 歇步下冲拳　30. 仆步抡劈拳　31. 提膝挑掌
32. 提膝劈掌弓步冲拳

收　势

1. 虚步亮掌　2. 并步对拳　3. 并步站立

## 三、动作说明

### 起　势

**1. 并步站立**

两脚并步站立，两臂垂于身体两侧，五指并拢，贴靠于腿外侧，眼向前平视。（图 14–1–1）

要点：头要端正，下颌微收，挺胸、塌腰、收腹。

**2. 虚步亮掌**

（1）右脚向右后方撤步成左弓步。右掌向右、向上、向前画弧，掌心向上；左臂屈肘，左掌提至腰侧，掌心向上。目视右掌。（图 14–1–2）

（2）右腿微屈，重心后移。左掌经胸前从右臂上向前穿出伸直；右臂屈肘，右掌收至腰侧，掌心向上。目视左掌。（图 14–1–3）

（3）重心继续后移，左脚稍向右移，脚尖点地，成左虚步。左臂内旋向左、向后画弧成勾手，勾尖向上；右手继续向后、向右、向前上方画弧，屈肘抖腕在头前上方成亮掌（即横掌），手心向前，掌指向左。目视左方。（图 14–1–4）

要点：三个动作必须连贯。成虚步时，重心落于右腿上，右大腿与地面平行，左腿微屈，脚尖点地。

图 14–1–1

图 14–1–2

图 14–1–3

图 14–1–4

3. **并步对拳**

（1）右腿蹬直，左腿提膝，脚尖内扣，上肢姿势不变。（图 14–1–5）

（2）左脚向前落步，重心前移。左臂屈肘，左勾手变掌经左肋前伸；右臂外旋向前下落于左掌右侧，两掌同高，掌心均向上。（图 14–1–6）

（3）右脚向前上一步，两臂下垂后摆。（图 14–1–7）

（4）左脚向右脚并步，两臂向外、向上经胸前屈肘下按，两掌变拳，拳心向下，停于小腹前。目视左侧。（图 14–1–8）

要点：并步后挺胸、塌腰。对拳、并步、转头要同时完成。

图 14–1–5

图 14–1–6

图 14–1–7

图 14–1–8

## 第一段

1. **弓步冲拳**

（1）左脚向左上一步，脚尖向斜前方；右腿微屈，成半马步；左臂向上、向左格打，拳眼向后，拳与肩同高；右拳收至腰侧，拳心向上。目视左拳。（图 14–1–9）

（2）右腿蹬直成左弓步，左拳收至腰侧，拳心向上；右拳向前冲出，高与肩平，拳眼向上。目视右拳。（图 14–1–10）

要点：成弓步时，右腿充分蹬直，脚跟不要离地。冲拳时，尽量转腰顺肩。

2. **弹腿冲拳**

重心前移至左腿，右腿屈膝提起，脚面绷直，猛力向前弹出伸直，高与腰平；右拳收至腰侧，左拳向前冲出。目视前方。（图 14–1–11）

要点：支撑腿可微屈，弹出的腿要有爆发力，力点达于脚尖。

3. **马步冲拳**

右脚向前落步，脚尖内扣，上体左转。左拳收至腰侧，两腿下蹲成马步；右拳向前冲出。目视右拳。（图 14–1–12）

要点：成马步时，大腿要平，两脚平行，脚跟外蹬，挺胸、塌腰。

图 14–1–9

图 14–1–10

图 14–1–11

图 14–1–12

**4. 弓步冲拳**

（1）上体右转 90°，右脚尖外展向斜前方成半马步。右臂屈肘向右格打，拳眼向后。目视右拳。（图 14–1–13）

（2）左腿蹬直成右弓步，右拳收至腰侧；左拳向前冲出。目视左拳。（图 14–1–14）

要点：与前面的弓步冲拳要点相同，唯左右相反。

**5. 弹腿冲拳**

重心前移至左腿，右腿屈膝提起，脚面绷直，猛力向前弹出伸直，高与腰平。左拳收至腰侧，右拳向前冲出。目视前方。（图 14–1–15）

要点：与前面的弹腿冲拳要点相同。

图 14–1–13

图 14–1–14

图 14–1–15

**6. 大跃步前穿**

（1）左腿屈膝，右拳变掌内旋，以手背向下挂至左膝外侧，上体前倾。目视右手。（图 14–1–16）

（2）左脚向前落步，两腿微屈。右掌继续向后挂，左拳变掌，向后、向下伸直。目视左掌。（图 14–1–17）

（3）右腿屈膝向前提起，左腿立即猛力蹬地向前跃出。两掌向前、向上画弧摆起。目视右掌。（图 14–1–18）

图 14–1–16

图 14–1–17

图 14–1–18

（4）右腿落地全蹲，左腿随即落地向前铲出成仆步。右掌变拳抱于腰侧，左掌由上向右、向下画弧成立掌，停于右胸前。目视左脚。（图 14–1–19）

要点：跃步要远，落地要轻，落地后立即接着做下一个动作。

**7. 弓步击掌**

右腿猛力蹬直成左弓步。左掌经左脚面向后画弧至身后成勾手，左臂伸直，勾尖向上；右拳由腰侧变掌向前推出，掌指向上，掌外侧向前，目视右掌。（图 14–1–20）

要点：推掌、勾手要与弓步形成一致。左手向后上勾出不要抬上臂，不要弓腰凸臀，上体不要前倾。

**8. 马步架掌**

（1）重心移至两腿中间，左脚脚尖内扣成马步，上体右转。右臂向左侧平摆，稍屈肘；同时左勾手变掌由后经左腰侧从右臂内向前上穿出，掌心均朝上。目视左手。（图 14–1–21）

（2）右掌立于左胸前；左臂向左上屈肘抖腕亮掌于头部左上方，掌心向前。目视右方。（图 14–1–22）

要点：抖腕、甩头要同时。马步的要求向前。

图 14–1–19　　图 14–1–20　　图 14–1–21　　图 14–1–22

## 第二段

**9. 虚步栽拳**

（1）右脚蹬地，屈膝提起；左腿伸直，以前脚掌为轴向右后转体 180°。右掌由左胸前向下经右腿外侧向后画弧成勾手；左臂随体转动并外旋，使掌心朝右。目视右方。（图 14–1–23）

（2）右脚落地，重心移至右腿上，下蹲成左虚步；左掌变拳下落于左膝上，拳眼向里，掌心向后；右勾手变拳；屈肘向上架于头右上方，拳心向前。目视左方。（图 14–1–24）

要点：右手勾挂要贴近右膝外侧；成虚步右腿要蹲成水平。

**10. 提膝穿掌**

（1）右腿稍伸直，右拳变掌收至腰侧，掌心向上；左拳变掌由下向左、向上画弧盖压于头上方，掌心向前。（图 14–1–25）

（2）右腿蹬直，左腿屈膝提起，脚尖内扣。右掌从腰侧经左臂内向右前上方穿出，掌心向上；左掌收至右胸前成立掌。目视右掌。（图 14–1–26）

要点：支撑腿与右臂充分伸直。

图 14-1-23

图 14-1-24

图 14-1-25

图 14-1-26

**11. 仆步穿掌**

右腿全蹲，左腿向左后方铲出成左仆步。右臂不动，左掌由右胸前向下经左腿内侧向左脚面穿出。目随左掌转视。（图 14-1-27）

要点：穿掌时两臂要基本成一条线，切记右臂不可下垂。成仆步时左脚尖要向内扣紧。

**12. 虚步挑掌**

（1）右腿蹬直，重心前移至左腿成左弓步。右掌稍下降，左掌随重心前移向前挑起。（图 14-1-28）

（2）右脚向左前方上步，左腿半蹲成右虚步。身体随上步左转 180°。在右脚上步的同时，左掌由前向上、向后画弧成立掌，右掌由后向下、向前上挑起成立掌，指尖与眼平。目视右掌。（图 14-1-29）

要点：上步要快，虚步要稳。

**13. 马步击掌**

（1）右脚落实，脚尖外展，重心稍升高并右移，左掌变拳收至腰侧；右掌俯掌向外掳手。（图 14-1-30）

（2）左脚向前上一步，以右脚为轴向右后转体 180°，两腿下蹲成马步。左掌从右臂上成立掌向左侧击出；右掌变拳收至腰侧。目视左掌。（图 14-1-31）

要点：右手做掳手时，先使臂稍内旋，腕伸直，手掌向下、向外转；接着臂外旋，掌心经下向上翻转，同时抓握成拳。收拳和击掌动作要同时进行。

图 14-1-27

图 14-1-28

图 14-1-29

图 14-1-30

图 14-1-31

**14. 叉步双摆掌**

（1）重心稍右移，同时两掌向下、向右摆，掌指均向上。目视右掌。（图 14-1-32）

（2）右脚向左腿后插步，前脚掌着地。两臂继续由右向上、向左摆，停于身体左

侧，均成立掌，右掌停于左肘窝处。目随双掌转视。（图 14-1-33）

要点；两臂要画立圆，幅度要大，摆掌与后插步配合一致。

**15. 弓步击掌**

（1）两腿不动，左掌收至腰侧，掌心向上；右掌向上、向右画弧，掌心向下。（图 14-1-34）

（2）左腿后撤一步成右弓步，右掌向下、向后伸直摆动成勾手，勾尖向上；左掌成立掌向前推出。目视左掌。（图 14-1-35）

要点：左击掌、右勾手与后撤左步、蹬腿成弓步要完整一致。

图 14-1-32

图 14-1-33

图 14-1-34

图 14-1-35

**16. 转身踢腿马步盘肘**

（1）两脚以前脚掌为轴向左后转体 180°，在转体的同时，左臂向上、向前画半立圆，右臂向下、向后画半圆。（图 14-1-36）

（2）上一个动作不停，两脚不动，右臂由后向上、向前画半立圆，左臂由前向下、向后画半立圆。（图 14-1-37）

（3）上一个动作不停，右臂向下成反臂勾手，勾尖向上；左臂向上成亮掌，掌心向前上方；右腿伸直，脚尖勾起，向额前踢。（图 14-1-38）

（4）右脚向前落地，脚尖内扣。右手不动，左臂屈肘下落至胸前，左掌心向下。目视左掌。（图 14-1-39）

（5）上体左转 90°，两腿下蹲成马步；同时左掌向前、向左平掳变拳收至腰侧，右勾手变拳，右臂伸直，由体后向右、向前平摆，至体前时屈肘，肘尖向前，高与肩平，拳心向下。目视肘尖。（图 14-1-40）

要点：两臂抡动时要画立圆，动作连贯。盘肘时要快速有力，右肩前顺。

图 14-1-36

图 14-1-37

图 14-1-38

图 14-1-39

图 14-1-40

**第三段**

**17. 歇步抡砸拳**

（1）重心稍升高，右脚尖外展。右臂由胸前向上、向右抡直；左拳向下、向左，

使臂抡直。目视右拳。（图 14-1-41）

（2）上一个动作不停，两脚以前脚掌为轴，向右后转体 180° 。右臂向下、向后抡摆，左臂向上、向前随身体转动。（图 14-1-42）

（3）紧接上一个动作，两腿全蹲成歇步。左拳随身体下蹲向下平砸，拳心向上，臂部微屈；右臂微屈向上举起。目视左拳。（图 14-1-43）

要点：抡臂动作要连贯完成，画成立圆。歇步要两腿交叉全蹲，左腿大、小腿靠紧，臀部贴于左小腿外侧，膝关节在右小腿外侧，脚跟提起；右脚尖外展，全脚着地。

**18. 仆步亮掌**

（1）左脚由右腿后抽出前上一步，左腿蹬直成右弓步。上体微向右转。左拳收至腰侧，右拳变掌向下经胸前向右横击掌。目视右掌。（图 14-1-44）

（2）左脚蹬地，右腿屈膝提起，上体右转。左拳变掌从右掌上向前穿出，掌心向上；右掌平收至左肘下。（图 14-1-45）

（3）右脚向右落步，屈膝全蹲，左腿伸直成左仆步。左掌向下、向后画弧成勾手，勾尖向上；右掌向右、向上画弧，臂微屈，抖腕成亮掌，掌心向前。头随右手转动，至亮掌。目视左方。（图 14-1-46）

要点：仆步时，左腿充分伸直，脚尖内扣，右腿全蹲，两脚脚掌全部着地。上体挺胸塌腰，稍左转。

图 14-1-41　图 14-1-42　图 14-1-43　图 14-1-44　图 14-1-45　图 14-1-46

**19. 弓步劈拳**

（1）右腿蹬地立起；左腿收回并向左前方上步。右掌变拳收至腰侧，左勾手变掌由下向前上经胸前向左做搂手。（图 14-1-47）

（2）右腿经左腿前方向左绕上一步，左腿蹬直成右弓步。左手向左平搂后再向前挥摆，虎口朝前。（图 14-1-48）

（3）在左手平搂的同时，右拳向后平摆；然后再向前、向上做抡劈拳，拳高与耳平，拳心向上，左掌外旋接扶右前臂。目视右拳。（图 14-1-49）

要点：左脚、右脚上步应稍带弧形。

图 14-1-47　　图 14-1-48　　图 14-1-49

**20. 换跳步弓步冲拳**

（1）重心后移，右脚稍向后移动。右拳变掌，臂内旋，以掌背向下画弧挂至右膝内侧；左掌背贴靠于右肘外侧，掌指向前。目视右掌。（图 14-1-50）

（2）右腿自然上抬，上体稍向左扭转。右掌挂至体左侧，左掌伸向右腋下。目随右掌转视。（图 14-1-51）

（3）右脚以全脚掌用力向下震跺，与此同时，左脚急速离地抬起。右手由左向上、向前掳盖后变拳收至腰侧；左掌伸直向下、向上、向前屈肘下按，掌心向下。上体右转。目视左掌。（图 14-1-52）

（4）左脚向前落步，右腿蹬直成左弓步。右拳向前冲出，拳高与肩平；左掌藏于右腋下，掌背贴靠腋窝。目视右拳。（图 14-1-53）

要点：换跳步动作要连贯、协调。震脚时腿要弯曲，全脚掌着地，左脚离地不可太高。

图 14-1-50　　图 14-1-51　　图 14-1-52　　图 14-1-53

**21. 马步冲拳**

上体右转 90°，重心移至两腿中间成马步。右拳收至腰侧，左掌变拳向左冲出，拳眼向上。目视左拳。（图 14-1-54）

要点：转髋要快，冲拳要有力。

**22. 弓步下冲拳**

右脚蹬直，左腿弯曲，上体稍向左转成左弓步。左拳变掌向下经体前向上架于头左上方，掌心向上，右拳自腰侧向左前斜下方冲出。目视右拳。（图 14-1-55）

要点：成弓步时，右腿充分蹬直，脚跟不要离地。

**23. 叉步亮掌侧踹腿**

（1）上体稍右转。左掌由头上下落于右手腕上，右拳变掌，两手交叉呈十字。目视双手。（图 14-1-56）

图 14–1–54

图 14–1–55

图 14–1–56

（2）右脚蹬地并向左腿后插步，以前脚掌着地。左掌由体前向下、向后画弧成勾手，勾尖向上；右掌由前向右、向上画弧抖腕亮掌，掌心向前。目视左侧。（图 14–1–57）

（3）重心移至右腿，左腿屈膝提起，向左上方猛力蹬出；上肢姿势不变。目视左侧。（图 14–1–58）

要点：插步时上体稍向右倾斜，腿、臂的动作要一致。侧踹腿的高度不能低于腰，大腿内旋，着力点在脚掌外沿。

**24. 虚步挑拳**

（1）左脚在左侧落地。右掌变拳稍后移，左勾手变拳由体后向左上挑，拳背向上。（图 14–1–59）

（2）上体左转 180°，微含胸前俯。左拳继续向前、向上画弧上挑，右拳向下、向前画弧挂至右膝外侧，同时右膝提起。目视右拳。（图 14–1–60）

（3）右脚向左前方上步，脚尖点地，重心落于左脚，左腿下蹲成右虚步。左拳向后画弧收至腰侧，掌心向上；右拳向前屈臂挑出，拳眼斜向上，拳与肩同高。目视右拳。（图 14–1–61）

要点：上步要协调，虚步要稳。

图 14–1–57

图 14–1–58

图 14–1–59

图 14–1–60

图 14–1–61

## 第四段

**25. 弓步顶肘**

（1）重心升高，右脚踏实。右臂内旋向下直臂画弧以拳背下挂至右膝内侧，左拳不变。目视前下方。（图 14–1–62）

（2）左腿蹬直，右腿屈膝上抬。左拳变掌，右拳不变，两臂向前、向上画弧摆起。目随右拳转视，目视左掌。（图 14–1–63）

（3）左脚蹬地起跳，身体腾空，两臂继续画弧至头上方。（图 14–1–64）

（4）右脚先落地，右腿屈膝，左脚向前落步，以前脚掌着地，同时两臂向右、向下屈肘停于右胸前，右拳变掌，左掌变拳，右掌心贴靠左拳面。（图 14–1–65）

（5）左脚向左上一步，左腿屈膝，右腿蹬直成左弓步。右掌推左拳，以左肘尖向左顶出，高与肩平。目视前方。（图 14–1–66）

要点：交换步时不要过高，但要快，两臂抡摆时要成圆弧。

图 14–1–62　图 14–1–63　图 14–1–64　图 14–1–65　图 14–1–66

**26. 转身左拍脚**

（1）以两脚前脚掌为轴向右后转体 180°。随着转体，右臂向右、向上、向下画弧抡臂，同时左拳变掌，向下、向后、向前上抡摆。（图 14–1–67）

（2）左腿伸直向前上踢起，脚面绷平。左掌变拳收至腰侧，右掌由体后向上、向前拍击左脚面。（图 14–1–68）

要点：右掌拍脚时手掌稍横过来，拍脚要准而响亮。

**27. 右拍脚**

（1）左脚向前落地，左拳变掌向下、向后摆，右掌变拳收至腰侧。（图 14–1–69）

（2）右腿伸直向前上踢起，脚面绷平；左拳变掌由后向上、向前拍击右脚面。（图 14–1–70）

要点：与本节的转身左拍脚相同。

图 14–1–67　图 14–1–68　图 14–1–69　图 14–1–70

**28. 腾空飞脚**

（1）右脚落地。（图 14–1–71）

（2）左脚向前摆起，右脚猛力蹬地跳起，左腿屈膝继续前上摆；同时右拳变掌向前、向上摆起，左掌先上摆而后下降拍击右掌背。（图 14–1–72）

（3）右腿继续上摆，脚面绷平；右手拍击右脚面，左掌由体前向后上举。（图 14–1–73）

要点：蹬地要向上，不要太向前冲，左膝尽量上提；击响要在腾空时完成，右臂伸直，呈水平。

**29. 歇步下冲拳**

（1）左脚、右脚先后相继落地；左掌变拳收至腰侧。（图 14–1–74）

（2）身体右转 90°，两腿全蹲成歇步；右掌抓握、外旋变拳收至腰侧；左拳由腰侧向前下方冲出，拳心向下。目视左拳。（图 14–1–75）

要点：歇步要稳，冲拳要脆。

图 14–1–71　图 14–1–72　图 14–1–73　图 14–1–74　图 14–1–75

**30. 仆步抡劈拳**

（1）重心升高，右臂由腰侧向体后伸直，左臂随身体重心升高向上摆起。（图 14–1–76）

（2）以右脚前脚掌为轴，左腿屈膝提起，上体左转 270°。左拳由前向后下画立圆一周；右拳由后向下、向前上画立圆一周。（图 14–1–77）

（3）左腿向后落一步，屈膝全蹲，右腿伸直，脚尖内扣，成右仆步；右拳由上向下抡劈，拳眼向上；左拳后上举，拳眼向上。目视右拳。（图 14–1–78）

要点：抡臂时一定要画立圆。

**31. 提膝挑掌**

（1）重心前移成右弓步；同时右拳变掌由下向上抡摆，左拳变掌稍下落，右掌心向左，左掌心向右。（图 14–1–79）

（2）左臂、右臂在垂直面上由前向后各画立圆一周。右臂伸直停于头上，掌心向左，掌指向上；左臂伸直停于身后成反勾手；同时右腿屈膝提起，左腿挺膝伸直独立。目视前方。（图 14–1–80）

要点：抡臂时要画立圆。

图 14–1–76　图 14–1–77　图 14–1–78　图 14–1–79　图 14–1–80

**32. 提膝劈掌弓步冲拳**

（1）下肢不动。右掌由上向下猛劈伸直，停于右小腿内侧，用力点在小指一侧，左勾手变掌，屈臂向前停于右上臂内侧，掌心向左。目视右掌。（图 14–1–81）

（2）右脚向右后落地，身体右转 90°；同时左掌变拳收至腰侧，右臂内旋向右画弧做掳手。（图 14–1–82）

（3）上一个动作不停，左腿蹬直成右弓步；右手抓握变拳收至腰侧，左拳由腰侧向左前方冲出。目视左拳。（图 14–1–83）

要点：提膝劈掌重心要稳，掳手冲拳劲力要足。

图 14–1–81　　图 14–1–82　　图 14–1–83

### 收　势

**1. 虚步亮掌**

（1）右脚扣于左膝后，两拳变掌，两臂右上左下屈肘交叉于体左前。目视右掌。（图 14–1–84）

（2）右脚向右后落步，重心后移，右腿半蹲，上体稍右转；同时右掌向上、向右、向下画弧停于左腋下；左掌向左、向上画弧停于右臂上与左胸前，两掌心左下右上。目视左方。（图 14–1–85）

（3）左脚尖稍向右移，右腿下蹲成左虚步；左臂伸直向左、向后画弧成反勾手；右臂伸直向下、向右、向上画弧抖腕亮掌，掌心向前。目视左方。（图 14–1–86）

要点：扣腿时做舞花手；右脚后落时两臂分摆（右臂向后）；勾手亮掌与虚步同时完成。

图 14–1–84　　图 14–1–85　　图 14–1–86

**2. 并步对拳**

（1）左腿后撤一步，同时两掌从两腰侧向前穿出伸直，掌心向上。（图 14–1–87）

（2）右腿后撤一步，同时两臂分别向体后下摆。（图 14–1–88）

（3）左脚后退半步向右脚并拢。两臂由后向上经体前屈臂下按，两掌变拳停于腹前，拳心向下，拳面相对。目视左方。（图 14–1–89）

要点：同起势动作 3。

**3. 并步站立**

两臂自然下垂，目视正前方。（图 14–1–90）

图 14–1–87

图 14–1–88

图 14–1–89

图 14–1–90

## 第二节　24 式简化太极拳

24 式简化太极拳是以杨式太极拳为基础，将重复动作与比较复杂的动作删去改编而成。改编后的动作相对简单易学，是目前普及较广泛的套路。全套共分 8 组、24 个动作，所以称为“24 式简化太极拳”。

### 一、动作名称及动作说明

**第一组**

1. 起　势

（1）身体自然直立，两脚平行站立，与肩同宽，两臂自然下垂，两手放在大腿外侧。目平视前方。（图 14–2–1 ①）

（2）两臂慢慢向前平举，两手高与肩平，手心朝下。（图 14–2–1 ② ～ ④）

（3）屈膝下按。上体保持正直，两腿屈膝下蹲，膝关节不要超过脚尖；同时两掌下按，掌心稍向前，两肘下垂与两膝相对。目平视前方。（图 14–2–1 ⑤）

太极拳百科

24 式简化太极拳基本功

24 式简化太极拳完整动作

24 式简化太极拳分解动作

①　②　③　④　⑤

图 14-2-1

**2. 左右野马分鬃**

（1）左丁步右抱球。上体微向右转，重心移至右腿上；同时，右臂收至胸前平屈，手心朝下，左手经体前向右下画弧放在右手下，手心朝上，两手心相对呈抱球状；左脚随即收到右脚内侧，脚尖点地成左丁步。目视右手。（图 14-2-2 ①、②）

（2）左弓步分掌。上体微向左转，左脚向左前方迈出，右脚跟后蹬成左弓步；上体继续左转，左、右手随转体慢慢分别向左上、右下分开，左手高与眼平，手心斜向上，肘微屈；右手落在右胯旁，手心向下，指尖朝前，肘微屈。目视左手。（图 14-2-2 ③ ～ ⑤）

（3）后坐撇脚，右丁步左抱球。上体慢慢后坐，重心移至右腿，左脚尖翘起，微向外撇；随即上体左转，左脚踏实，左腿慢慢前弓，重心移至左腿；同时，左手翻转向下，左臂收至胸前平屈，右手向左上画弧放在左手上，两手心相对呈左抱球状；右脚随之收到左脚内侧，脚尖点地成右丁步。目视左手。（图 14-2-2 ⑥ ～ ⑧）

（4）右弓步分掌。右腿向右前方迈出，左脚跟后蹬成右弓步；同时上体右转，左、右手分别慢慢向左下、右上分开，右手高与眼平，手心斜向上，肘微屈；左手放在左胯旁，手心向下，肘微屈，指尖朝前。目视右手。（图 14-2-2 ⑨、⑩）

（5）与（3）解同，唯左右相反。（图 14-2-2 k ～ ⑬）

（6）与（4）解同，唯左右相反。（图 14-2-2 ⑭、⑮）

①　②　③　④　⑤

⑥　⑦　⑧　⑨　⑩

⑪ ⑫ ⑬ ⑭ ⑮

图 14–2–2

3. 白鹤亮翅

（1）转体抱球

上体稍向左转，左手翻掌向下，左臂胸前平屈，右手向左上画弧，手心转向上，两手心相对呈抱球状。目视左手。（图 14–2–3 ①）

（2）跟步后坐

右脚跟进半步，上体后坐，重心移至右腿，上体向右转，面向左前方。目视左手。（图 14–2–3 ②）

（3）虚步亮掌

左脚稍向前移，脚尖点地成左虚步；同时上体再向左转，面向前方，两手随转体慢慢向右上、左下分开，右手从左手掌外上提停于右额前亮掌，手心向左后方；左手落于左胯前，手心朝下，指尖朝外。目平视前方。（图 14–2–3 ③）

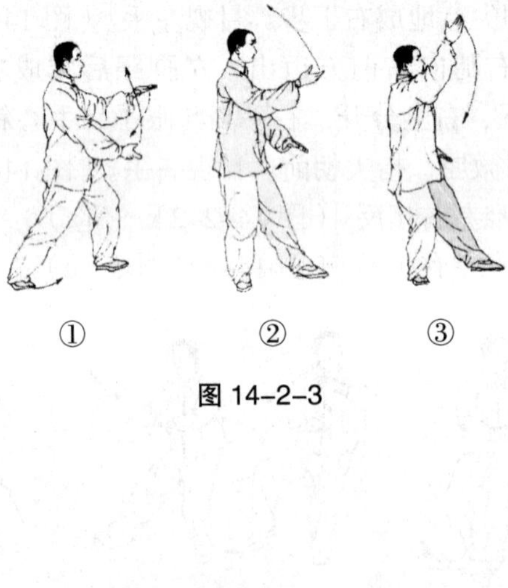

① ② ③

图 14–2–3

## 第二组

1. 左右搂膝拗步

（1）左丁步手画弧。右手从体前下落，由下向后上方画弧至右肩外侧，手与耳同高，手心斜向上，肘微屈；左手由左下向上、向右下方画弧至右胸前，手心斜向下；同时上体先稍向左再向右转，左脚收到右脚内侧，脚尖点地成左丁步。目视右手。（图 14–2–4 ①～③）

（2）左弓步搂膝推掌。上体左转，左脚向左前方迈出成左弓步；同时右手屈回由耳侧向前推出，高与鼻尖平；左手向下左膝前搂过落于左胯旁，指尖朝前，手心朝下。目视右手手指。（图 14–2–4 ④～⑤）

（3）后坐撇脚、右丁步画弧。右腿慢慢屈膝，上体后坐，重心移至右腿，左脚尖翘起，微向外展；随即上体左转，左脚踏实，左腿慢慢前弓，重心移至左腿；右脚收到左脚内侧，脚尖点地成右丁步。

同时左手向外翻掌由左后向上画弧至左肩外侧，手与耳同高，手心斜向上，肘微屈；右手随转体向上、向左下画弧落于左胸前，手心斜下，肘微屈。目视左手。（图 14-2-4 ⑥ ～ ⑧）

（4）右弓步搂膝推掌与左弓步搂膝推掌解同，唯左右相反。（图 14-2-4 ⑨、⑩）

（5）与（2）解同，唯左右相反。（图 14-2-4 ⑪ ～ ⑬）

（6）与（3）解同。（图 14-2-4 ⑭、⑮）

图 14-2-4

**2. 手挥琵琶**

重心前移，右脚跟进半步，上体后坐，重心移至右腿，上体半面向右转，左脚提起稍向前移，脚尖翘起，脚跟着地成左虚步；同时左手由左下弧形向上挑举，高与鼻尖平，掌心向右，肘微屈；右手收回放左臂肘部内侧，掌心向左，肘微屈。目视左手食指。（图 14-2-5 ① ～ ③）

图 14-2-5

**3. 左右倒卷肱**

（1）转体撤手托球。上体左转，右手翻掌经腹前由下向后上方画弧平举，手心朝上，肘微屈，左手随即翻掌向上托球，手与肩平，肘微屈。眼随转体先向右看，再转向前方看左手。（图 14-2-6 ①、②）

（2）退步推掌。右臂屈肘折向前，右手由耳侧向前推掌，掌心朝前；左臂屈肘后撤至左肋外侧，手心朝上；同时左腿轻轻提起向左后退步，脚掌先着地，然后全脚慢慢踏实，重心移到左腿上，成右虚步，右脚随转体以前脚掌为轴扭正。目视右手。（图 14–2–6 ③、④）

（3）左手后上画弧。上体稍向左转，同时左手向后上方画弧平举，手心朝上；右手随即翻掌，掌心朝上。眼随转体先向左看，再转向前方看右手。（图 14–2–6 ⑤）

（4）与（2）解同，唯左右相反。（图 14–2–6 ⑥、⑦）

（5）与（3）解同，唯左右相反。（图 14–2–6 ⑧）

（6）与（2）解同。（图 14–2–6 ⑨、⑩）

（7）与（3）解同。（图 14–2–6 ⑪）

（8）与（2）解同。（图 14–2–6 ⑫、⑬）

图 14–2–6

## 第三组

### 1. 左揽雀尾

（1）转体丁步抱球

上体稍向右转，同时右手向后上方画弧平举，手心朝上；左手放松，手心朝下。目视左手。身体继续向右转，左手自然下落逐渐翻掌经腹前画弧至右肋前，手心朝上；右臂屈肘，手心转向下收至右胸前，两手相对呈抱球状；同时重心落在右腿上，左脚收到右脚内侧，脚尖点地成左丁步。目视右手。（图 14–2–7 ① ～ ③）

（2）转体左弓步

上体左转，左脚向左前方迈出成左弓步；同时左臂向左前方掤出（即左臂平屈成弓形，由前臂外侧和手背向左前方推出），高与肩平，手心向后；右手向右下落于右胯旁，手心朝下，指尖朝前。目视左前臂。（图 14–2–7 ④、⑤）

（3）转体伸臂、后捋

上体稍向左转，左手随即前伸翻掌，手心朝下；右手翻掌，手心朝上，经腹前向上、向前伸至左前臂下方；上与肩平，左臂平屈胸前，手心向后，同时重心移至右腿。

目视右手。（图 14–2–7 ⑥、⑦）

（4）转体弓步挤

上体稍向左转，右臂屈肘折回，右手附于左手腕内侧相距约 5 厘米，上体继续向左转，双手同时向前慢慢挤出，左手心向后，右手心向前，左前臂保持半圆状，重心前移成左弓步。目视左手腕部。（图 14–2–7 ⑧、⑨）

（5）后坐收掌

左手翻掌，手心向下，右手经左手腕上方向前、向右伸出，高与左手平，两手左右分开，与肩同宽；然后右腿屈膝，上体慢慢后坐，重心移至右腿上，左脚尖翘起成左虚步；同时两手屈肘回收至腹前，手心均向前下方。目向前平视。（图 14–2–7 ⑩ ～ ⑫）

（6）左弓步按掌

上动不停，重心慢慢前移，同时两手向前、向上按掌，掌心朝前；左腿前弓成左弓步。目视前方。（图 14–2–7 ⑬）

图 14–2–7

**2. 右揽雀尾**

（1）转体扣脚分手

上体后坐并向右转，重心移至右腿，左脚尖内扣；右手向右平行画弧至右侧。目视右手。（图 14–2–8 ①、②）

（2）右丁步抱球

右手由右侧向下经腹前向左上画弧至左肋前，手心朝上，左臂胸前平屈，手心朝下，与右手呈抱球状；同时重心再移至左腿上，右脚收到左脚内侧，脚尖点地成右丁步。目视左手。（图 14–2–8 ③、④）

（3）转体右弓步掤

与“左揽雀尾”（2）解同，唯左右相反。（图 14–2–8 ⑤、⑥）

（4）转体伸臂、后捋

与“左揽雀尾”（3）解同，唯左右相反。（图 14–2–8 ⑦、⑧）

（5）转体弓步挤

与“左揽雀尾”（4）解同，唯左右相反。（图 14–2–8 ⑨、⑩）

（6）后坐收掌

与“左揽雀尾”（5）解同，唯左右相反。（图 14-2-8 ⑪ ～ ⑬）

（7）右弓步按掌

与“左揽雀尾”（6）解同，唯左右相反。（图 14-2-8 ⑭）

图 14-2-8

**第四组**

1. 单　鞭

（1）转体扣脚运手

上体后坐，重心移至左腿，右脚尖内扣；同时上体左转，两手左高右低向左弧形运转，直至左臂平举伸于身体左侧，手心向左；右手经腹前运至左肋前，手心向后上方。目视左手。（图 14-2-9 ①、②）

（2）转体丁步勾手

重心逐渐移至右腿，上体右转，左脚收到右脚内侧，脚尖点地成左丁步；同时右手向右上方画弧，手心由里转向外右侧方时变勾手，臂与肩平；左手向下经腹前向右上画弧停于右肩前，手心朝里。目视左手。（图 14-2-9 ③、④）

（3）转体左弓步推掌

上体稍向左转，左脚向左前侧方迈出成左弓步；重心移向左腿的同时，左掌随上体继续左转而慢慢翻转向前推出，手心朝前，手指与眼平，肘微屈。目视左手。（图 14-2-9 ⑤、⑥）

图 14-2-9

2. 云 手

（1）转体云手。重心移至右腿，身体渐向右转，左脚尖内扣；左手经腹前向右上画弧至右肩前，手心斜向后，同时右勾手变掌，手心向右前。目视左手。（图 14-2-10 ①～③）

（2）小开步云手。上体慢慢左转，重心随之左移；左手由脸前向左侧运转，手心渐渐转向左方；右手由右下经腹前向左上画弧至左肩前，手心斜向后；同时右脚靠近左脚，相距 10～20 厘米成小开步。目视左手。（图 14-2-10 ④、⑤）

（3）横跨步云手。上体右转，同时左手经腹前向右上画弧至右肩前，手心斜向后；右手向右侧运转，手心翻转向右；随即左腿向左横跨一步。目视右手。（图 14-2-10 ⑥～⑧）

（4）与（2）解同。（图 14-2-10 ⑨、⑩）

（5）与（3）解同。（图 14-2-10 ⑪～⑬）

（6）与（2）解同。（图 14-2-10 ⑭、⑮）

图 14-2-10

3. 单 鞭

（1）转体丁步勾手

上体右转，右手随之向右运转至右侧方时变成勾手；左手经腹前向右上画弧至右肩前，手心向内；重心落在右腿上，左脚尖点地成左丁步。目视左手。（图 14-2-11 ①～③）

（2）转体左弓步推掌

上体稍向左转，左脚向左前侧方迈出成左弓步；重心移向左腿的同时，左掌随上体继续左转而慢慢翻转向前推出，手心朝前，手指与眼平，肘微屈。目视左手。（图 14-2-11 ④、⑤）

图 14–2–11

## 第五组

### 1. 高探马

（1）跟步翻掌

右脚跟进半步，重心逐渐后移到右腿上；右勾变掌，两手心翻转向上，两肘微屈；同时身体稍向右转，左脚跟渐渐离地。目视左前方。（图 14–2–12 ①）

（2）虚步推掌

上体稍向左转，右掌经右耳旁向前推出，掌心朝前，掌指高与眼平；左手收至左侧腰前，手心朝上；同时左脚稍向前移，脚尖点地成左虚步。目视右手。（图 14–2–12 ②）

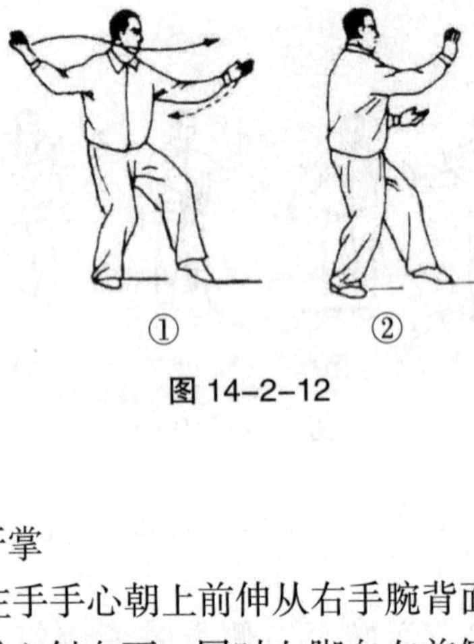

图 14–2–12

### 2. 右蹬脚

（1）提膝穿掌、弓步开掌

左膝稍提起的同时，左手手心朝上前伸从右手腕背面穿出，两手交叉；随即两手向两侧分开并向下画弧，手心斜向下，同时左脚向左前侧方迈步成左弓步，脚尖稍外撇。目视前方。（图 14–2–13 ①～③）

（2）丁步合抱

两手由外圈向里圈画弧交叉合抱于胸前，右手在外，手心均向后；同时右脚收到左脚内侧，脚尖点地成右丁步。目平视右前方。（图 14–2–13 ④）

（3）提膝蹬脚分掌

两臂左右画弧分开平举，肘微屈，两手心均向外；同时右腿屈膝提起，右脚向右前方慢慢蹬出。目视右手。（图 14–2–13 ⑤、⑥）

图 14–2–13

**3. 双峰贯耳**

（1）收腿落手

右腿收回，屈膝平举，左手由后向上、向前下落至体前，两手心均翻转向上并向下画弧分落于右膝盖两侧。目视前方。（图 14–2–14 ①、②）

（2）弓步贯耳

重心渐渐前移，右脚向右前方落步成右弓步，面向右前方；同时两手下落变拳，分别从两侧向上、向前画弧至面部前方呈钳形，两拳相对，相距约 20 厘米，高与耳齐，拳眼均斜向内下。目视右拳。（图 14–2–14 ③、④）

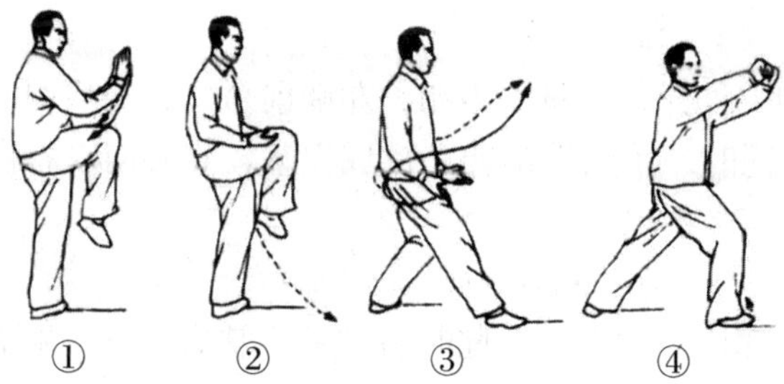

图 14–2–14

**4. 转身左蹬脚**

（1）转体扣脚分手

左腿屈膝后坐，重心移至左腿，上体左转，右脚尖内扣；同时两拳变掌由上向左右画弧分开平举，手心朝前。目视左手。（图 14–2–15 ①、②）

（2）丁步合抱

重心移至右腿，左脚收到右脚内侧，脚尖点地成左丁步；同时两手由外向里画弧合抱于胸前，左手在外，两手心均向后。目平视左前方。（图 14–2–15 ③、④）

（3）提膝蹬脚分掌

两臂左右画弧分开平举，肘微屈，两手心均向外；同时左腿屈膝提起，左脚向左前方慢慢蹬出。目视左手。（图 14–2–15 ⑤、⑥）

14-3-15

## 第六组

### 1. 左下势独立

（1）提膝勾手

左腿收回平屈，上体右转；右掌变成勾手，左掌向上、向右画弧下落，立于右肩前，掌心斜向后。目视右手。（图 14-2-16 ①、②）

（2）仆步穿掌

右腿慢慢屈膝下蹲，左腿由内向左侧偏后伸出成左仆步；左手掌心向外，下落并向左下顺左腿内侧向前穿出。目视左手。（图 14-2-16 ③、④）

（3）弓步挑掌

重心前移，左脚尖外撇，右脚尖内扣，左腿前弓，右腿后蹬，成左弓步；上体微向左转并向前起身；同时左手继续前伸上挑成立掌，掌心向右；右勾手下落，勾尖朝后。目视左手。（图 14-2-16 ⑤）

（4）提膝挑掌

右腿慢慢提起平屈成左独立式；同时右勾手变掌由后下方顺右腿外侧向前弧形摆出，挑掌并屈肘立于右腿上方，肘与膝相对，掌心向左，左手落于左胯旁，手心朝下，指尖朝前。目视右手。（图 14-2-16 ⑥、⑦）

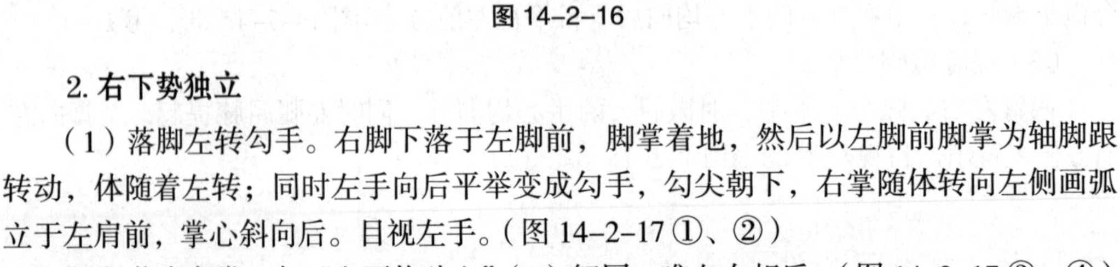

图 14-2-16

### 2. 右下势独立

（1）落脚左转勾手。右脚下落于左脚前，脚掌着地，然后以左脚前脚掌为轴脚跟转动，体随着左转；同时左手向后平举变成勾手，勾尖朝下，右掌随体转向左侧画弧立于左肩前，掌心斜向后。目视左手。（图 14-2-17 ①、②）

（2）仆步穿掌。与“左下势独立”（2）解同，唯左右相反。（图 14-2-17 ③、④）

（3）弓步挑掌。与“左下势独立”（3）解同，唯左右相反。（图 14-2-17 ⑤）

（4）提膝挑掌与“左下势独立”（4）解同，唯左右相反。（图 14-2-17 ⑥、⑦）

图 14-2-17

## 第七组

### 1. 左右穿梭

（1）转体丁步抱球

上体微向左转，左脚尖外展，向前落步，右脚跟离地，两腿屈膝成半坐盘式；同时两手左上右下在左胸前呈抱球状；随即右脚收到左脚内侧，脚尖点地成右丁步。目视左前臂。（图 14-2-18 ①～③）

（2）弓步架推掌

上体右转，右脚向右前方迈出成右弓步；同时右手由脸前向上架掌停在右额前，手心斜向上；左手向左下经体前向前推出，高与鼻尖平，手心朝前。目视左手。（图 14-2-18 ④～⑥）

（3）转体丁步抱球

重心略向后移，右脚尖稍外撇，随即重心再移至右腿，左脚跟进停于右脚内侧，脚尖点地成左丁步；同时两手右上左下在右胸前呈抱球状。目视右前臂。（图 14-2-18 ⑦、⑧）

（4）弓步架推掌

与（2）解同，唯左右相反。（图 14-2-18 ⑨～⑪）

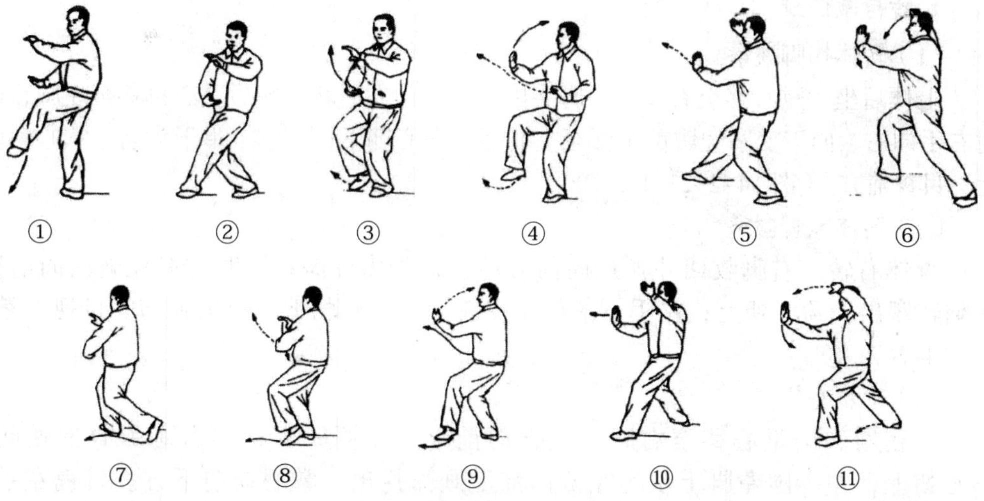

图 14-2-18

**2. 海底针**

（1）跟步提掌

重心前移，右脚向前跟进半步，前脚掌先着地，随后全脚掌着地踏实，重心后移至右腿上；左膝略提起，同时上体稍向右转，右臂屈肘将手向上提至耳侧，左手经体前下落，手心朝下。（图 14–2–19 ①）

（2）虚步插掌

上体稍左转，左脚稍向前落步，脚尖点地成左虚步；同时右手由右耳侧向斜上方插掌，手心向左，指尖斜向下；左手向左下画弧按于左胯旁，手心朝下，指尖朝前。目视前下方。（图 14–2–19 ②）

**3. 闪通臂**

弓步右架左推，上体稍右转，左脚向前迈步成左弓步；右臂屈肘由体前上提至右额前上方架掌；左手上提至胸前向前推出，高与鼻尖平，手心朝前。目视左手。（图 14–2–20 ①～③）

① ② 

图 14–2–19

① ② ③

图 14–2–20

**第八组**

**1. 转身搬拦捶**

（1）转体扣脚握拳

上体后坐，重心移至右腿，左脚尖内扣，体向右后转，转后重心再移至左腿；同时右手向右、向下变拳经腹前画弧至左肋旁，拳心朝下；左掌上举于头前，掌心斜向上。目视前方。（图 14–2–21 ①、②）

（2）转体撇脚搬拳

身体右转，右脚收回并弧形向前方迈步，脚尖外展；同时右拳经胸前向前屈肘翻转搬出，拳心朝上；左手下落按于左胯旁，掌心朝下，指尖朝前。目视右拳。（图 14–2–21 ③）

（3）上步左拦

体稍右转，重心移至右腿，左脚向前上步；同时右拳向右画弧收抱腰间，拳心朝上；左手随左脚上步经左侧向前上画弧拦出，掌心向前下方。目视左手。（图 14–2–21 ④、⑤）

（4）弓步冲拳

左腿前弓成左弓步；同时右拳向前冲出成立拳，高与胸平，拳眼朝上；左手附于

右前臂内侧。目视右拳。（图 14-2-21 ⑥）

① ② ②正面 ③ ④ ⑤ ⑥

图 14-2-21

**2. 如封似闭**

（1）穿掌分手

左手由右肘下向前穿出；右拳变掌，两手逐渐翻转并慢慢分开，手心朝上。目平视。（图 14-2-22 ①、②）

（2）后坐收掌

上体后坐，重心移至右腿，左脚尖翘起成左虚步；同时两臂屈肘，两掌收回于两肋前翻掌。目视前方。（图 14-2-22 ③、④）

（3）弓步推掌

两手向下经腹前向上、向前推出，腕与肩平，手心朝前；同时左腿前弓成左弓步。目视前方。（图 14-2-22 ⑤、⑥）

① ② ③ ④ ⑤ ⑥

图 14-2-22

**3. 十字手**

（1）转体分手

屈膝后坐，重心移至右腿，左脚尖内扣；体向右转，右手随之向右平摆画弧，与左手成两臂侧平举，肘微屈，手心朝前；同时右脚尖稍外撇成右侧弓步。目视右手。（图 14-2-23 ①、②）

（2）收脚合抱

重心慢慢移至左腿，右脚尖内扣，随即向左收回半步，两脚平行开立，与肩同宽；同时两手向下经腹前向上画弧交叉合抱于胸前，两臂撑圆，腕高与肩平；右手在外，成十字手，两手心均朝后。目视前方。（图 14-2-23 ③、④）

图 14-2-23

4. 收　势

两手向外翻掌，手心朝下，两臂慢慢下落停于身体两侧，随之左脚向右脚收步并拢。目向前平视。（图 14-2-24 ①～③）

图 14-2-24

## 二、练习太极拳的注意事项

### （一）心静体松

所谓“心静”，就是在练习太极拳时，应排除一切杂念，不受外界干扰；所谓“体松”，不是全身松懈疲塌，而是指在练拳时保持身体姿势正确的基础上，有意识地让全身关节、肌肉及内脏等达到最大限度的放松状态。

### （二）圆活连贯

“心静体松”是对太极拳练习的基本要求，而是否做到“圆活连贯”才是衡量一个人功夫深浅的主要依据。太极拳练习所要求的“连贯”是指多方面的。一是指肢体的连贯，即所谓的“节节贯穿”。肢体的连贯是以腰为枢纽的，在动作转换过程中，要求：对下肢，是以腰带胯，以胯带膝，以膝带足；对上肢，是以腰带背，以背带肩，以肩带肘，再以肘带手。二是动作与动作之间的衔接，即“势势相连”——前一动作的结束就是下一个动作的开始，式式之间没有间断和停顿，而“圆活”是在连贯基础上的进一步要求，意指活顺、自然。

### （三）虚实分明

要做到“运动如抽丝，迈步似猫行”，首先要注意虚实变换要适当，使肢体各部在运动中没有丝毫不稳定的现象。若不能维持平衡稳定，就做不到“迈步如猫行”。一般来说，下肢以主要支撑体重的腿为实，辅助支撑或移动换步的腿为虚；上肢以体现动作主要内容的手臂为实，辅助配合的手臂为虚。总之，虚实不但要互相依存，还须在意识指导下变化灵活。

### （四）呼吸自然

太极拳练习的呼吸方法有自然呼吸、腹式顺呼吸、腹式逆呼吸和拳势呼吸等。以上几种呼吸方法，不论采用哪一种，都应自然、匀细，徐徐吞吐，与动作自然配合。

散打百科

## 第三节　散　打

散打是两个人在规则的制约下，以踢、打、摔等徒手攻防手段，通过攻、防、进、退、还击和反还击进行格斗的对抗性运动项目。

散打在继承传统武术的基础上，形成了独特的技术风格。它有别于传统的“点到为止”，也不同于“一招制敌”的实用技击技术。比赛双方没有固定的动作顺序，而是以对方技击动作随机应变，斗智较技，以长制短。它要求运动员熟练地掌握技术，具有敏捷的应变能力。

散打是较技、较力、斗智、斗勇、对抗性强的运动项目。它对提高人体的速度、力量、柔韧、耐力等身体素质，提高内脏器官的机能，改善神经系统的灵活性等方面有较大的促进作用；并且能有效地提高人的应变能力，发展思维的敏捷性，增强竞争意识；还能培养顽强果断、勇于进取的意志品质和尊师爱友、讲礼崇德的良好风尚。

### 一、散打入门与基本功

散打的基本功练习是为了增强关节、韧带的柔韧性和灵活性，提高控制能力和协调性，提高专项身体素质；规范散打技术动作，以防止和减少伤害事故的发生，为学习散打技术、提高技击水平打下良好的基础。

#### （一）柔韧性练习

**1. 肩臂柔韧性练习**

肩臂柔韧性练习主要是增进肩关节的柔韧性，加大肩关节的活动范围，提高上肢的敏捷、松长、环转等能力。肩臂练习的方法有压肩、握杆转肩、开肩合肩、单臂绕环、双臂前后绕环、双臂交叉绕环、仆步抡拍等。

**2. 腰部柔韧性练习**

腰部柔韧性练习可提高脊椎及腰部各肌肉群的柔韧性与弹性，加大腰部活动的范围。俗话说：“练拳不活腰，终究艺不高。”腰部柔韧性练习的方法有俯腰、甩腰、晃腰、翻腰、涮腰、下腰等。

3. **腿部柔韧性练习**

腿部柔韧性练习主要是拉长腿部的肌肉和韧带，加大髋关节的活动范围。

（1）压腿：主要有正压腿、侧压腿、后压腿、仆步压腿等。

（2）劈腿：可结合压腿和搬腿进行练习。劈腿的方法有竖叉、横叉两种。

（3）踢腿：主要是通过腿部的动力性练习，提高腿部的柔韧、灵敏、速度等素质。踢腿的方法有正踢、侧踢、斜踢、里合、外摆、后踢等。

### （二）力量性练习

1. **上肢力量练习**

（1）俯卧撑：掌式、拳式、指式、单臂等。

（2）杠铃练习：握杠铃屈伸、站立推举、坐姿推举、仰卧推举、提拉杠铃等。

（3）其他：引体向上、双杠臂屈伸、爬杠、爬绳、靠墙倒立推手、手握哑铃冲拳、推小车等。

2. **下肢力量练习**

下肢力量练习主要有负重深蹲、负重登台阶、负重半蹲跳、负重全蹲跳、负重马步跳、负重跳换腿、跳绳、腿绑沙袋的各种练习、蛙跳、矮子步走等。

3. **躯干力量练习**

躯干力量练习主要有负重转腰、（负重）仰卧起坐、（负重）俯卧体后屈、两头起、立卧撑、悬垂举腿等。

### （三）抗击打练习

抗击打能力是人的机体各组织对外界击打的承受能力。

1. **肩、臂、背的靠撞练习**

（1）单人练习：可对着沙袋、木桩、墙等物体进行身体各部位的靠撞练习。

（2）双人练习：有臂对臂、肩对肩、胸对胸、背对背等的靠撞练习。

2. **排打练习**

排打主要是采用一定的器具对身体各部位进行击打，以增强身体各部位抗击打能力的练习。

### （四）跌扑滚翻练习

跌扑滚翻练习可以改善身体内脏器官的承受能力，起到自我保护的作用，提高身体的协调、灵敏、力量等素质。其主要内容有前滚翻、后滚翻、栽碑、后倒、扑虎、盘腿跌、抢背、鲤鱼打挺等。

## 二、散打基本技战术

### （一）基本技术

基本技术是指在实战中完成进攻与防守动作的方法，是竞技水平的重要体现。其主要内容有基本姿势、基本步法、基本拳法、基本腿法、基本摔法和基本防守技术等。

**1. 基本姿势**

两脚前后开立，距离稍宽于肩；两脚尖微内扣，脚后跟稍离地；两膝微屈，身体重心落在两腿之间；两臂弯曲，左臂屈肘约呈 90°，肘尖下垂，左拳置于体前，拳眼斜朝上，高与鼻平；右臂屈肘小于 90°，右拳置于右肋前，略高于下颌部，上臂内侧紧贴右侧肋部，肘自然下垂。胸、背保持自然，下颌微收，两眼平视前方。左脚在前称“正架”，右脚在前称“反架”。（图 14–3–1）

图 14–3–1

基本姿势

**2. 基本步法**

（1）前进步：基本姿势站立（以下均同），前脚先向前进半步，后脚紧接着跟进半步。（图 14–3–2）

要点：步幅不宜过大，上体姿势不变，跟步要快速、紧凑。

（2）后退步：后脚先向后退半步，前脚紧接着向后回收半步。（图 14–3–3）

要点：同前进步。

前进步

后腿步

图 14–3–2

图 14–3–3

（3）上步：后脚向前上一步，左右拳前后交换成右脚在前的反架实战姿势，两眼平视前方。（图 14–3–4）

要点：身体重心平稳，移动迅速，前后脚保持适当距离。

（4）撤步：左脚向后撤一步，成右脚在前、左脚在后，左脚跟离地，右脚尖外展，重心偏于右脚。（图 14–3–5）

要点：与上步同。

（5）垫步：后脚蹬地向前脚内侧并拢，同时前腿屈膝提起。（图 14–3–6）

要点：后脚向前脚并拢要迅速，垫步与提膝不可脱节、停顿；身体向前移动时，不能向上腾空。

上　步

撤　步

垫　步

图 14-3-4

图 14-3-5

图 14-3-6

插 步

（6）插步：重心前移，同时后脚经前脚后面前插，两脚呈交叉状，随之前脚向前上步。（图 14-3-7）

要点：插步时上体略右转，插步后前脚上步要快，迅速还原成基本姿势。

（7）闪步：左脚向左侧移半步，右脚随之向左滑步；同时身体向右转动约 90°。（图 14-3-8）

右侧与左侧相同，只是方向相反。

闪 步

要点：步法灵活，躲闪快速、敏捷。

（8）纵步：① 单腿纵步：前腿屈膝上提，后腿连续蹬地向前移动（图 14-3-9）。② 双腿纵步：两脚同时蹬地，使身体向上或向前、后、左、右跳跃移动（图 14-3-10）。

纵 步

要点：腰胯紧收，上体正直，腾空不宜过高。

图 14-3-7

图 14-3-8

图 14-3-9

图 14-3-10

（9）环绕步：右（左）脚蹬地，左（右）脚向左（右）斜前（后）方滑移，着地后右（左）脚也向左（右）斜前（后）方滑移。（图 14-3-11、图 14-3-12）

环绕步

要点：连续滑移，步子应成弧形环绕，后脚步幅稍大于前脚，上体和上肢姿势不变。

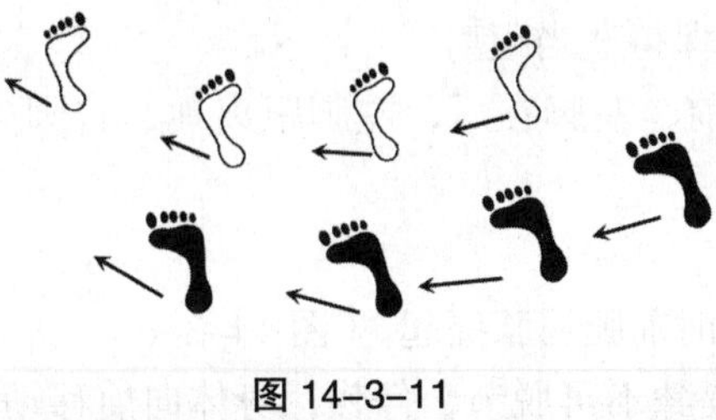
图 14-3-11

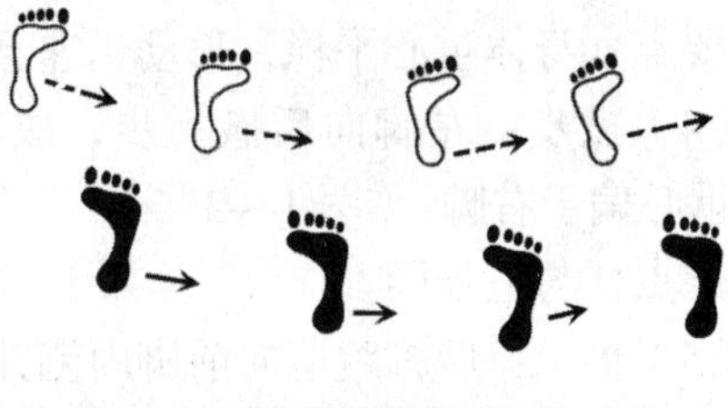
图 14-3-12

**3. 基本拳法**

（1）冲　拳

左冲拳

① 左冲拳：基本姿势站立，右脚蹬地，上体微右转；同时左拳内旋，直线向前冲

出，力达拳面，右拳收至下颌处。（图 14–3–13）

② 右冲拳：右脚蹬地，并以前脚掌向内转，转腰送肩，上体左转；同时右拳内旋，直线向前冲出，力达拳面。左拳收至右肩前。（图 14–3–14）

要点：冲拳时，上体不可前倾，腰要拧转；上臂催动前臂，不可先向后引拳再冲出。

（2）掼　拳

① 左掼拳：上体微右转，同时左臂内旋，抬肘至水平，使拳向外、向前、向内成平面弧形横击，臂微屈，拳心朝下，力达拳面。（图 14–3–15）

② 右掼拳：右脚蹬地，上体左转，同时右臂内旋，抬肘至水平，使右拳向外、向前、向内成平面弧形横击，拳心朝下，力达拳面。（图 14–3–16）

要点：击打要借助转体的力量，转腰、发力协调一致，上体保持正直；不可掀肘，拳走弧形。

（3）抄　拳

① 左抄拳：上体先向左转，重心微下沉；随即左膝及上体瞬间挺伸，并向右转体；同时左臂外旋，左拳由下向前上方勾起，拳心朝里，力达拳面。（图 14–3–17）

② 右抄拳：右脚蹬地，扣膝合胯，腰稍右转；同时右臂外旋，右拳由下向前上方勾起，拳心朝里，力达拳面。（图 14–3–18）

要点：发力时，上体不可后仰、挺腹；重心下沉，脚蹬地拧转，上体跟着拧转，以加大抄拳力量。动作要连贯顺达，用力由下至上，发力短促。

右冲拳

左掼拳

右掼拳

左抄拳

右抄拳

图 14–3–13

图 14–3–14

图 14–3–15

图 14–3–16

图 14–3–17

图 14–3–18

**4. 基本腿法**

（1）蹬　腿

① 左蹬腿：右腿直立或微屈支撑，左腿屈膝前抬，脚尖勾起，当膝高于髋关节时，膝关节快速蹬伸，力达脚跟；也可送髋，脚掌下压，力达前脚掌。（图 14–3–19）

② 右蹬腿：重心前移，左腿直立或微屈支撑，右腿屈膝向前抬起，勾脚，膝关节快速蹬伸，力达脚跟；也可送髋，脚掌下压，力达前脚掌。（图 14–3–20）

左蹬腿

右蹬腿

图 14-3-19

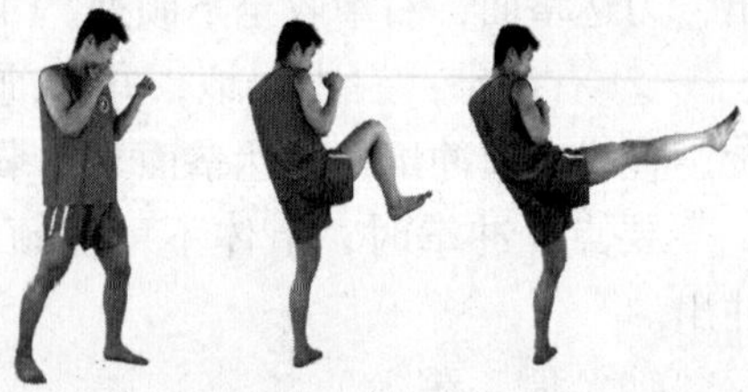

图 14-3-20

要点：上体不可过于后仰，屈膝高抬，爆发用力，快速连贯。

（2）侧踹腿

左侧踹腿

右侧踹腿

① 左侧踹腿：重心右移，右腿直立或微屈支撑；同时左腿屈膝抬起与髋同高，小腿外翻，脚尖勾起，展髋、挺膝向前踹出，上体微侧倾，力达脚底。（图 14-3-21）

② 右侧踹腿：身体左转 180°，重心移至左腿，左腿直立或微屈支撑；同时右腿屈膝抬起与髋同高，小腿外翻，脚尖勾起，展髋、挺膝向前踹出，上体微侧倾，力达脚底。（图 14-3-22）

图 14-3-21

图 14-3-22

要点：上体、大腿、小腿和脚要成一条直线，大腿带动小腿直线用力。

（3）鞭　腿

左鞭腿

右鞭腿

勾踢腿

① 左鞭腿：重心后移，右腿直立或微屈支撑，上体稍右转并侧倾，右脚跟内转；同时左腿屈膝内扣、绷脚背向左侧提起，随即伸髋、挺膝、向前鞭甩小腿，脚面绷平，小趾外侧朝上，力达脚背。（图 14-3-23）

② 右鞭腿：重心移至左腿，上体向左转，左脚跟内转；同时，右腿扣膝、绷脚背向右侧摆起，随即右腿经外向斜上、向里、向前鞭甩小腿，脚面绷平，小趾外侧朝上，力达脚背。（图 14-3-24）

要点：扣膝，绷脚背，发力时大腿带动小腿，力点准确。

（4）勾踢腿

左腿稍屈支撑，上体左转；同时右脚尖勾紧，大腿带动小腿以踝关节与脚背接合部为力点，向前弧形勾踢，脚底内侧贴地面擦行，右手向右斜下拨搂对方颈部。（图 14-3-25）

要点：勾踢腿不可向后预摆；勾踢时接触用力，上下肢协调配合。

图 14-3-23

图 14-3-24

图 14-3-25

**5. 基本摔法**

（1）抱腿前顶：基本姿势，上左步，身体下潜，双手抱住对手的双腿，用力回拉；同时用左肩前顶对手的大腿或腹部，将对手摔倒。（图 14-3-26）

要点：抱腿要紧，两臂和肩向相反方向协调用力。

（2）夹颈过背：右臂夹住对手颈部，右侧髋部贴紧对手小腹，两腿屈膝；随即两腿蹬直，向下弓腰、低头，将对手背起后摔倒。（图 14-3-27）

要点：夹颈牢固，屈膝、蹬伸、弓腰、低头协调连贯。

图 14-3-26

图 14-3-27

（3）夹颈打腿：左手夹住对手颈部，同时右脚变步与左脚平行；随即右转体，用左小腿向后横打对手左小腿外侧，将对手摔倒。（图 14-3-28）

要点：夹颈牢固，身体贴对手，打腿与转体协调一致。

（4）抱单别腿摔：抱住对手左腿后，用左腿别住对手右腿腘窝，用胸肩贴住对手左腿向前下靠压。（图 14-3-29）

要点：靠压有力，腿要别紧，不能让对手右腿有活动的余地。

图 14-3-28

图 14-3-29

（5）接腿勾踢：左手抄抱住对手右腿，右手向对手颈部下压，右脚勾踢对手左脚；同时上体右转，右手回拉，将对手摔倒。（图 14-3-30）

要点：接抱腿准确；转腰、压颈、勾踢动作要协调有力、快速完整。

（6）接腿上托：两手抓住对手的脚后跟，屈臂上抬，两手迅速上托并向前上方推送，使对手向后倒地。（图 14-3-31）

抱腿前顶

夹颈过背

抱腰摔

过腰摔

接腿勾踢

接腿上托

要点：抓脚准而牢，推托动作快速、连贯。

图 14-3-30

图 14-3-31

防守技术

6. **基本防守技术**

（1）后闪：重心后移，上体略后仰闪躲。（图 14-3-32）

（2）侧闪：两膝微屈，俯身，上体向左侧或右侧闪躲。（图 14-3-33）

（3）下躲闪：两腿屈膝下蹲，同时缩头、含胸、收下颌，弧形向下躲闪，眼看对手。（图 14-3-34）

（4）拍挡：左手以掌心为力点向里横向拍挡。（图 14-3-35）

图 14-3-32

图 14-3-33

图 14-3-34

图 14-3-35

（5）外格：左前臂边内旋边向左斜举，以前臂为力点向外格挡。（图 14-3-36）

（6）拍压：左拳变掌以掌心或掌根为力点由上向前下方拍压。（图 14-3-37）

（7）勾挂：左臂以肘关节为轴，由上向下、向外伸肘下挂于身体左侧；随即前臂内旋以前臂和勾手勾挂住对手的来腿。（图 14-3-38）

（8）前抄抱：左手由上向下、向右上屈肘画弧，掌心向上，以前臂内侧部位为接触点，向上抄抱对手的来腿；同时，右臂贴腹夹紧，以掌心为接触点向前推抱。（图 14-3-39）

图 14-3-36

图 14-3-37

图 14-3-38

图 14-3-39

（9）侧抄抱：身体左转，右肩前领；左手由下向左上伸肘，左臂屈肘置于胸前，前臂内旋，手心向外；两肘关节相对靠近，以两前臂和掌心为接触点，同时合抱来腿。（图 14-3-40）

（10）阻挡：两脚蹬地，重心稍前移，以肩部和手心阻挡对手直线形拳法的进攻，以臂部阻挡对手直线形腿法的进攻。（图 14-3-41）

图 14-3-40

图 14-3-41

### （二）基本战术

散打战术是运动员运用攻守原则和方法的总称。战术的目的就是针对比赛双方的各种具体情况，确定运用技术的方法和形式，以便能充分发挥自己的特长，抑制对方技术水平的发挥，减少自身体力的消耗和无效行动。散打战术的作用在于把已经获得的技能、体能、智能等，在比赛中最优化地运用，取得“制人而不制于人”的效果，造成对自己有利的局势，掌握比赛的主动权。

**散打的战术形式**

1. 直攻战术；　2. 强攻战术；　3. 佯攻战术；　4. 迂回战术；
5. 制长战术；　6. 制短战术；　7. 多点战术；　8. 重创战术；
9. 突袭战术；　10. 反击战术；　11. 下台战术；　12. 边角战术；
13. 体力战术；　14. 心理战术。

## 三、散打比赛规则

散打分团体比赛和个人比赛两种，竞赛赛判通常采用循环赛、单败淘汰赛和双败淘汰赛。每场比赛采用三局两胜制。每局净打 2 分钟，局间休息 1 分钟。

散打比赛时，服装护具分为全护型和点护型两种：全护型运动员应戴拳套、护头、护齿、护胸、护裆、护腿，赤脚穿护脚背；点护型运动员只戴拳套、护齿和护裆。运动员必须穿与比赛护具颜色相同的背心和短裤，护裆必须穿在短裤内。

比赛时，后脑、颈部、裆部为禁击部位。头部、躯干、大腿和小腿为得分部位。禁用头、肘、膝和反关节的动作进攻对方；禁用迫使对方头部先着地的摔法或有意砸压对方；禁用腿法攻击倒地者的头部。

胜负的评定如下：

（1）点数胜：在一场比赛结束时，被多数边裁判员判为胜方的运动员获胜。

（2）优势胜：

① 比赛中，双方实力相差悬殊，台上裁判员征得裁判长的同意，判技术强者为该场胜方。

② 击倒对方获胜：如果一名运动员受重击倒地，在 10 秒内不能重新比赛，或 10 秒内站起后明显丧失比赛能力，判对方为该场胜方。

③ 因对方被强制读秒获胜：一场比赛中，被重击强制读秒达 3 次，判对方为该场胜方。

④ 因对方被取消资格而获胜：一方运动员因犯规或诈伤等原因被取消资格，另一方即为该场胜方。

## 思考题

1. 初级长拳的运动特点是什么？
2. 24 式简化太极拳的动作名称有哪些？
3. 简述散打的技战术。

# 运动技能拓展篇

# 第十五章　跆拳道

## 引　言

跆拳道是朝鲜半岛较普遍流行的一项传统运动（类似中国的武术），是一项以用脚踢、踹为主，用手击打为辅进行格斗的体育项目。它由套路（品势）、对抗、击破、特技等部分内容组成，具有较高的防身自卫与强壮体魄的实用价值。由于两大组织的文化不同，跆拳道形成了两大体系，即世界跆拳道联盟（简称WTF）体系和国际跆拳道联盟（简称ITF）体系。除此之外还有其他一些民间的跆拳道组织。奥运会中的跆拳道属于WTF体系。

## 第一节　跆拳道基本技术

### 一、准备姿势

两脚自然分开与肩同宽，前后站立，前脚掌向前微内扣，后脚掌向前内扣30～60°。膝盖微屈，保持弹性和灵活。身体侧面对敌，向前呈30～45°，前手低、后手高，呈防御状态，也有的习惯于前手高、后手低的风格。前手上臂与前臂自然弯曲前伸，前、左、右三个方向防御，拳的高度大约在脖颈或肩膀的位置。后手护住胸腹和下巴，拳的高度在下巴位置。双手之间配合防御，不要在胸腹处漏出大空当。

### 二、基本步法

#### （一）前滑步（后撤步）

前脚先动，向前小距离迈步，后脚迅速跟进，注意是有力而有弹性地跟进，而非

跆拳道百科

跆拳道概述

准备姿势

前滑步

后撤步

被前脚拖进；后滑步反之。此步法用于敌我距离较近、要谨慎而迅速地接近或离开对手时，属于较高程度的保持防御的前进或后撤步法。

#### （二）前垫步（后垫步）

前垫步

前垫步与前滑步相反，后脚先动，向前有力而弹性地垫向前脚，同时前脚迅速向前小距离迈步，感觉就像后脚撞击前脚有弹性地前进；后垫步反之。此步法用于迅速前进并直接用前脚攻击时，属于前进和攻击一气呵成的腿法。当发现对手有薄弱空当时，可迅速前进攻击。

后垫步

#### （三）前进步和后退步

前进步属于大距离前进的步法。前脚后拉半小步，后腿迅速越过前脚，交叉大跨步前进（原理：前脚之所以后拉半步，是为了保持重心，否则后退交叉大跨步向前进时，容易使重心过于前冲，因此前脚在后拉瞬间，重心稍微后移，利于身体前后平衡）；后退步反之。此步法用于敌我双方距离过大，需要大距离地快速接近对手时，但要注意，此步法的防御和攻击程度较低，因此贴近对手后，应迅速换成前滑步防御前进或前垫步前进攻击。

前进步

后退步

#### （四）侧闪步

侧闪步与前滑步类似，区别在于是向左右移动。向左移则左脚先动，向右移则右脚先动。此步法用于左右闪躲，可配合攻击。

侧闪步

## 三、基本腿法

竞技跆拳道有七种基本腿法：前踢、横踢、后踢、下劈、侧踢、摆踢、推踢。

#### （一）前　踢

前　踢

前踢是学习横踢的基础，在品势中常被使用。（图 15-1-1）

**1. 动作过程**

（1）左架站立，重心移至左腿。

（2）提起右大腿同时髋部略向左转，膝盖朝前，脚面稍绷直，双手握拳自然垂放在身体两侧。

（3）继续将髋关节前送，右大腿向前抬提，当大腿抬至水平或稍高时，向前弹出小腿，用脚面击打目标。

（4）直接向右转髋使右小腿折叠快收回原位，然后后撤右腿，还原成左架准备姿势。

**2. 动作要领**

（1）提起右腿时，两大腿内侧之间的距离应尽量小，即右腿尽量直线出腿。

（2）为保持重心，躯干可稍向后倾，尽量将髋部向前送出，若是高前踢，髋部则要尽量向上向前送。

（3）击打时脚面绷直。

（4）小腿弹出后，在弹直的一刹那，要有一个制动的过程，使脚产生鞭打的效果。

（5）脚尖的方向向前上方。

（6）用前踢主要攻击对方的面部、下颌。

图 15–1–1

## （二）横 踢

横踢是跆拳道比赛中最为常用的动作之一，也是运动员得分的主要技术。（图 15–1–2）

### 1. 动作过程

（1）左架站立，重心移至左腿。

（2）提起右大腿同时髋部略向左转，膝盖朝前，大小腿折叠，脚面绷直。

（3）继续将右大腿向前提高，左脚向外侧转动，右腿快速鞭打踢出小腿，膝盖朝向左侧。

（4）用脚面击打对方胸腹部、面部和两肋部（或是所有被护具包围的部位，以下同）

（5）击打后，右脚自然落下成左架，然后后撤右脚，还原成左架准备姿势。

### 2. 动作要领

（1）横踢和前踢类似，区别在于横踢腿的膝盖方向在击打的一刹那，是瞬间转髋朝向对方的腹部，而前踢腿的膝盖方向是向前上方。

（2）提起右腿时，两大腿内侧之间的距离应尽量小，即右腿直线出击。

（3）为保持重心，躯干稍向左后倾以配合快速转髋。

（4）击打时脚面绷直，但踝关节要放松。

（5）腿弹出后，在弹直的一刹那，要有一个制动的过程，使脚产生鞭打的效果。

（6）提膝应尽量随着转髋同时进行，不能完全转髋后再提膝，这样会造成膝盖过早偏向左侧。

（7）左脚应积极配合髋部的转动，转动时脚后跟稍提起。

（8）用横踢主要攻击对方的胸腹部、面部和两肋部。

横 踢

图 15-1-2

3. 延伸动作

（1）前横踢

前横踢

前横踢是横踢的延伸动作，是跆拳道比赛中较为常用的动作之一，也是运动员得分的主要技术。（图 15-1-3）

① 动作过程

右架站立，左脚向前站立，将身体重心移至左腿。提起右腿，向前送髋，大小腿稍折叠。绷紧脚面，右膝内向，快速弹出小腿。右脚自然落下，两脚同时后撤一步，还原成右架准备姿势。

② 动作要领

前横踢与横踢相似，由于用前腿击打，距离对方近，动作较隐蔽，很难使对方察觉，缺点是击打力度小。后脚一定要配合，积极向前移动。左腿的小腿要快速弹出，尽量增加鞭打力量。在击打的一刹那，膝盖方向朝向对方的腹部。小腿弹出后，在弹直的一刹那，要有一个制动的过程，使脚产生鞭打的效果。用前横踢主要攻击对方的胸腹部、面部和两肋部。

图 15-1-3

（2）旋风踢

旋风踢

旋风踢也称后转体横踢，是横踢的延伸动作，是跆拳道比赛中常用的动作之一。（图 15-1-4）

① 动作过程

右架站立，以左脚前脚掌为轴脚后跟外旋，重心移至左腿。身体右后转约 360°，右腿也随着向后转动。身体稍后仰，右腿下落的同时左脚蹬地使用左腿横踢技术。击打后，两脚自然落下成右架准备姿势。

② 动作要领

旋风踢主要在中远距离时使用。提起右腿向后转动时，右腿围绕着左腿转动，两大腿内侧之间的距离不应过大。为保持重心，躯干应稍向后倾。击打时左脚脚面稍绷直，但踝关节要放松。左小腿弹出后，在弹直的一刹那，要有一个制动的过程，使脚产生鞭打的效果。左脚应积极配合身体的转动，以左脚前掌为轴转动。用旋风踢主要攻击对方的胸腹部、面部和两肋部。

图 15–1–4

（3）双飞踢

双飞踢（简称双飞）是横踢的延伸动作，是跆拳道比赛中较为常用的动作之一，也是运动员得分的主要技术。（图 15–1–5）

双飞踢

① 动作过程

右架站立，重心移至左腿。提起右大腿使用横踢，然后在右脚未落下时，立即提左腿使用横踢，也就是连续使用两个横踢。击打后，两脚自然落下，还原成右架准备姿势。

② 动作要领

一般来说在中远距离时是使用双飞踢的较好时机，双飞踢中的第一个横踢常常是为了找到合适的距离或破坏对方的进攻，以利于第二个横踢。击打第一个横踢时，身体可稍后倾，以利于第二个横踢。两腿交换之间，髋部要快速扭转。用双飞踢主要攻击对方的胸腹部、两肋部和面部。

图 15–1–5

## （三）后 踢

后 踢

后踢是跆拳道比赛中最为常用的动作之一，也是运动员反击对方进攻的主要技术。（图 15–1–6）

**1. 动作过程**

（1）左架站立，重心移至左腿。

（2）以左脚尖为轴，左脚跟外旋，身体向右后方转动，同时提起右大腿，使大小腿几乎折叠，脚尖勾起，头部稍向右后方转动。

（3）右腿向后平伸后蹬，在蹬直时膝盖稍外翻（向右侧）。

（4）右脚跟部位击打对方的腹部和胸部。

（5）击打后，右脚自然落下成左架，然后后撤右脚，还原成左架准备姿势。

**2. 动作要领**

（1）身体向右后方向转动时要快速提起右膝。

（2）身体转到背朝对方时要制动，同时右脚后蹬，此时身体不应再有转动，膝盖此时的方向应与左腿膝盖方向一致。

（3）在提起右腿时，两大腿内侧之间的距离尽量小，即右腿“擦”着左腿起腿。

（4）身体转动时，头部配合同向转动。

（5）为保持重心，躯干在向下弯曲的同时可稍挺胸。

（6）动作熟练时，转身与后蹬应是同时进行的。

（7）最后再练习后踢击头（高后踢）。

（8）左脚应积极配合髋部的转动，调整好身体重心。

（9）由于对方进攻常常是侧向，后踢的方向应在正前方稍偏向右侧。

（10）用后踢主要攻击对方的胸腹部、头部和两肋部。

图 15–1–6

下　劈

## （四）下　劈

下劈也称劈腿，是跆拳道比赛中常用的动作之一，也是进攻和反击对方进攻的主要技术。（图 15–1–7）

**1. 动作过程**

（1）左架站立，重心先移至左腿。

（2）提起右大腿，同时略转髋向左并向上送髋，使右腿膝盖与胸部尽量贴近，身体重心向上。

（3）右脚高举过头，右腿伸直贴紧上体，上体保持正直或稍前俯，重心向上。

（4）右脚脚面稍绷直，右腿快速下压（如刀劈木块一样），用脚掌或脚后跟下砸对方的头部，身体重心前移至右腿上，身体要稍后仰来控制重心。

（5）击打后，右脚自然落下成左架，然后后撤右脚，还原成左架准备姿势。

**2. 动作要领**

（1）劈腿与中国武术中的正踢腿相似，区别在于劈腿稍有一点转髋，并且提腿向上时，要向上积极送髋，大小腿之间也可以有一定的弯曲度。

（2）在下劈时，身体重心向前移。

（3）上提右腿时，右脚脚面不需要绷直，应自然放松，而下劈腿时要稍绷直。

（4）也可直接用前腿（左腿）使用劈腿，右脚进行跟步（即随着身体重心向前移动而向前跳动）。

（5）左脚应积极配合身体的向前移动，调整好身体重心。

图 15-1-7

### （五）侧　踢

侧踢

侧踢主要用来阻挡对方的进攻，不是主要的得分动作。（图 15-1-8）

1. 动作过程

（1）左架准备姿势站立，将重心移至左腿，同时以左脚前掌为轴，脚跟内旋。

（2）直线提起右大腿，弯曲小腿同时向左转髋，身体右侧侧对对方。

（3）膝盖方向朝内，勾脚面，展髋，走直线平蹬出右腿，用脚掌外侧攻击对方。

（4）右腿自然落下，并撤回原位。

2. 动作要领

（1）侧踢同中国散手中的侧踹。

（2）也可用前腿（左腿）直接侧踢对方。

（3）左脚一定要配合，积极向前移动。

（4）用侧踢主要攻击对方的两肋部和胸腹部。

图 15-1-8

### （六）摆　踢

摆踢

摆踢主要是用前腿击打，在跆拳道比赛中属于不常用的动作。（图 15-1-9）

1. 动作过程

（1）左架站立，重心移至左腿，以左脚前脚掌为轴，脚跟内旋。

（2）身体向左方转动，同时提起右大腿向前，头部向左方转动。

（3）右腿膝盖朝左内扣，右小腿由外向内有一定弧度地摆动并伸小腿，身体随之侧倾。

（4）突然屈膝，用脚掌向右横着鞭打对方面部。

（5）击打后，右脚自然落下，还原成左架准备姿势。

2. 动作要领

（1）为增加击打力度，右腿应先由外向内有一定弧度地摆动，再突然向右方鞭打。

（2）击打时，小腿和脚尽量横着鞭打。

（3）身体转动时，头部配合同向转动。

（4）在开始时小腿要自然放松，在接触对方头部前再瞬时绷紧脚面，用脚掌击打。

（5）左脚应积极配合髋部的转动，调整好身体重心。

（6）用鞭打主要击打对方的面部。

图 15–1–9

后旋踢

腾空劈腿

### （七）后旋踢（是摆踢的延伸动作）

后旋踢（简称后旋）是摆踢的延伸动作，是跆拳道比赛中常用的动作之一，也是运动员反击对方进攻的主要技术。（图 15–1–10）

**1. 动作过程**

（1）左架站立，以左脚尖为轴，左脚跟外旋，重心移至左腿。

（2）身体向右后方转动，同时提起右大腿向斜后方向 40° 左右蹬伸，头部向右后方转动。

（3）身体继续旋转，右腿借旋转的力，向后画一个半圆形的水平弧线，快速屈膝用脚掌击打对方头部。

（4）击打后，身体重心依然在左腿上，右脚自然落下，还原成左架准备姿势。

**2. 动作要领**

（1）右腿并不是抡圆了画弧，在开始时有一个向斜后方向蹬伸的动作。

（2）身体向右后方向转动的同时要快速提起右腿。

（3）身体转动时，头部配合同向转动。

（4）小腿在开始时要自然放松，在接触对方头部前再瞬时绷紧脚面，用脚掌呈水平弧线鞭打。

（5）动作熟练时，转身与后蹬接摆应是同时进行的。

（6）左脚应积极配合髋部的转动，在完成整个动作之前，重心一直落在左脚前脚掌。

（7）用后旋踢主要攻击对方的面部。

图 15-1-10

### （八）推　踢

推踢是跆拳道比赛中常用的动作之一，可以在防守的过程中抓好出腿时机转变为进攻。（图 15-1-11）

**1. 动作过程**

（1）左实战姿势，右脚蹬地，重心前移至左脚。

（2）左脚的脚掌为轴外旋约 120° ，右脚屈膝提起。

（3）随即重心前压，右脚直线向前推踢出，力达脚掌或脚跟。

（4）推踢后迅速屈膝，重心前落成异侧实战姿势。

（5）推踢主要攻击对方腹部。

**2. 动作要领**

（1）提膝时尽量收紧小腿。

（2）重心前移、充分利用身体的重量，提高打击力度。

（3）推踢时送髋，腿往前伸展。

（4）推踢的方向为水平向前。

图 15-1-11

## 第二节　跆拳道比赛规则简介

### 一、比赛场地

（1）比赛场在长宽均为 10 米的平坦、无障碍物的正方形场地上进行。

（2）比赛场地应铺设有弹性的、平整的经比赛组织方监制或指定的专用比赛垫。

推　踢

直　拳

上格挡

上段外格挡

中段外格挡

下段外格挡

跆拳道推广操

必要时，比赛场地可根据实际需要置于高出地面 0.5 ～ 1 米的平台上。为保证运动员的安全，边界线外应有与地面夹角小于 30° 的斜坡。

## 二、比赛的种类和方法

### （一）比赛种类

1. 个人赛

个人赛一般在同级别体重的运动员之间进行。必要时，可把相邻两个级别合并产生一个新的级别。任何运动员在一次赛事中只允许参加 1 个级别的比赛。

2. 团体赛

团体赛按体重级别可分 5 人制、8 人制和 4 人制（将 8 个体重级别中相邻的两个级别合并成为 4 个级别）的团体赛。五人制团体赛的体重级别设置如下。（表 15–2–1）

表 15–2–1　五人制团体赛的体重级别

| 男　子 | 女　子 |
|---|---|
| 54公斤以下 | 47公斤以下 |
| 54～63公斤 | 47～54公斤 |
| 63～72公斤 | 54～61公斤 |
| 72～82公斤 | 61～68公斤 |
| 82公斤以上 | 68公斤以上 |

### （二）比赛方法

（1）单败淘汰赛。

（2）循环赛。

## 三、比赛时间

每场比赛为 3 局，每局比赛 2 分钟，局间休息 1 分钟；青少年比赛时间可根据实际情况适当调整。

## 四、允许的技术和攻击的部位

### （一）允许的技术

（1）拳的技术：使用直拳技术攻击。

（2）脚的技术：使用踝骨以下脚的部位攻击。

### （二）允许攻击的部位

**1. 躯　干**

允许使用拳和脚的技术攻击躯干被护具包裹的部分，但禁止攻击脊柱。

**2. 头　部**

除后脑外的整个头部，只允许使用脚的技术攻击。

【解释 1】

拳的技术：韩文术语为“Pa-run-ju-mok”，可理解为正确紧握的拳。因此，使用正确紧握的拳的正面部分攻击是允许的，无论角度、轨迹和拳攻击的位置。

【解释 2】

脚的技术：任何使用踝骨以下脚的部位攻击的技术都是合法的；而使用踝骨以上腿的部位，如小腿、膝关节等，是不允许的。

## 五、犯规行为及判罚

### （一）扣分原则

（1）任何犯规行为将由主裁判员判罚。

（2）处罚分为“警告”（Kyong-go）和“扣分”（Gam-jeom）。两次警告扣 1 分（–1），警告次数为奇数时，最后一次不计；一次“扣分”扣 1 分（–1）。

### （二）判罚“警告”的犯规行为

（1）越出边界线。

（2）倒地、伪装受伤、转身背向对手逃避进攻等回避比赛的行为。

（3）抓、搂抱或推对手，用膝部顶撞对手、用拳攻击对手头面部或用脚攻击腰以下部位。

（4）教练员或运动员有不良言行。

### （三）判罚“扣分”的犯规行为

（1）主裁判员发出“暂停”（Kal-yeo）口令后攻击对手或攻击已倒地的对手。

（2）抓住对手进攻的脚将其摔倒，或用手推倒对手。

（3）故意用拳攻击对手头面部。

（4）教练员或运动员打断比赛进程或使用过激言语，出现严重违反体育道德精神的行为。

（5）两次警告扣 1 分（–1），警告次数为奇数时，最后一次不计。

（6）一次“扣分”扣 1 分（–1）。

（7）运动员违背竞赛规则或故意不服从主裁判员时，主裁判员可直接判其“犯规败”。

（8）犯规累计扣 4 分（–4）者，判其“犯规败”。

（9）警告和扣分按三局累计。

（10）主裁判员下达“警告”（Kyong-go）或“扣分”（Gam-jeom）指令而暂停比赛时，比赛时间根据主裁判员发出“暂停”（Kal-yeo）口令时间而暂停，直到主裁判员发出“继续”（Kye-sok）口令时，比赛继续进行。

## 六、获胜方式

（1）击倒胜（KO胜）。

（2）主裁判终止比赛胜（RSC胜）。

（3）比分或优势胜。

① 比赛最终比分胜。

② 比赛分差胜：当双方运动员比分分差达到7分（含扣分），比赛结束，比分多者获胜。

③ 顶分制胜：当一方运动员比分先达到12分（含扣分），比赛结束，比分多者获胜。

（4）弃权胜。

（5）失去资格胜。

（6）主裁判员判罚犯规胜。

### 思考题

1. 简述跆拳道的基本步法。
2. 跆拳道主要有哪几种腿法？
3. 简述跆拳道比赛的基本规则。

# 第十六章　健美操

## 引　言

健美操源于英文“Aerobics”，意为“有氧运动”。健美操最早是由美国人库帕博士于20世纪60年代为太空总署设计的体能训练内容。随着健美操的发展其作为一项独立的运动项目逐渐受到大众的欢迎，美国影视明星简·方达是具体的代表人物。

20世纪80年代初，健美操传入我国，当时在北京、上海、广州等地相继举办了各种健美操培训班。健美操迅速在高校和社会普及开来，受到了青年学生的喜爱。

长期进行健美操运动不仅能增强体质，还能培养健美的体形，塑造优美的体态，缓解人的精神压力。因此，健美操是一项既注重外在美的塑造，又强调内在美的培养，对人的身心健康发展具有良好作用的运动。

## 第一节　健美操基本动作

健美操概述

### 一、健美操的基本步法

基本步法是构成健美操动作组合的最小单位，是组成组合动作和成套动作的基础。通过基本步法的练习，能培养练习者的协调性、节奏感和韵律感。

根据人体运动时对地面的冲击力大小，健美操基本步法分为无冲击步法、低冲击步法和高冲击步法三大类。

#### （一）无冲击步法

无冲击步法是指两只脚始终接触地面的动作，包括：① 弹动；② 半蹲；③ 弓步；④ 提踵。

#### （二）低冲击步法

低冲击步法是指有一只脚始终接触地面的步法。它又包括踏步类、点地类、迈步类和单腿抬起类步法。

踏步类

点地类

迈步类

单腿抬起类

**1. 踏步类**

踏步类动作是指两脚依次抬起，在下落时膝关节、踝关节有弹性地缓冲。包括：①踏步；②走步；③一字步；④V字步；⑤漫步。

**2. 点地类**

点地类动作是指两腿有弹性地屈伸，点地时，主力腿稍屈，另一条腿伸直（脚尖或脚跟点地），包括：①脚尖前点地；②脚跟前点地；③脚尖侧点地；④脚尖后点地。

**3. 迈步类**

迈步类动作是指一只脚先迈出一步，同时移动身体重心，另一只脚点地、并步或抬起的动作，包括：①并步；②迈步点地；③迈步屈腿；④迈步吸腿；⑤迈步弹踢；⑥侧交叉步。

**4. 单腿抬起类**

单腿抬起类动作是指支撑腿有控制地稍屈膝弹动，另一条腿以不同形式抬起，同时收腹、立腰，包括：①吸腿；②踢腿；③弹踢腿；④后屈腿。

### （三）高冲击步法

迈步跳起类

双脚跳起类

单腿起跳类

后踢腿跑类

高冲击步法指两脚同时离地，有腾空动作的步法。

**1. 迈步跳起类**

迈步跳起类动作是指一只脚迈出，重心移动、跳起，单脚或双脚落地，包括：①并步跳；②迈步吸腿跳；③迈步后屈腿跳。

**2. 双脚跳起类**

双脚跳起类动作是指两脚起跳，两脚落地的动作，包括：①并腿纵跳；②分腿半蹲跳；③开合跳；④并腿滑雪跳；⑤弓步跳。

**3. 单腿起跳类**

单腿起跳类动作是指先抬起一条腿，另一条腿再跳起的动作，包括：①吸腿跳；②后屈腿跳；③弹踢腿跳；④摆腿跳。

**4. 后踢腿跑类**

后踢腿跑类动作是指两脚依次蹬离地面，轻快跑跳的动作，包括：①后踢腿跑；②侧并腿小跳（小马跳）。

## 二、健美操的手型

手型－掌

健美操手型是从爵士舞、芭蕾舞、西班牙舞、武术等手型中吸收和发展来的，常见的手型有掌和拳。

（1）掌：并掌、开掌、花掌、立掌、芭蕾舞式掌。

（2）拳：实心拳、空心拳。

手型－拳

## 第二节　健美操二级套路（第三套）

二级套路（第三套）完整示范

《全国大众健美操第三套二级规定动作》教学提示与动作图解。

（1）难度：中级。

（2）动作节拍：成套动作共 32 拍（4×8 拍），前奏 2×8 拍。

（3）重点：健美操步法与上肢动作的协调。

（4）难点：跳操时的表现力与脚步动作的弹动性。

（5）动作示图与要领（图示都为第一个面即 12 点钟方向）。

二级套路（第三套）完整示范

### 组合一

| 动作 | |  | |
|---|---|---|---|
| 节 | 拍 | 下肢步法 | 上肢动作 |
| 一 | 1～4 | 右脚十字步 | 1 拍右臂侧举，2 拍左臂侧举，3 拍两臂上举，4 拍下举 |
| | 5～8 | 向后走 4 步 | 屈臂自然摆动，7～8 拍动作同 5～6 拍 |
| 二 | 1～8 | 第二个八拍动作同第一个八拍，但向前走 4 步 | |

| | | | |
|---|---|---|---|
| 动　作 | | <br>1～2　3　4～5　6　7～8 | |
| 节　拍 | | 下肢步法 | 上肢动作 |
| 三 | 1～6 | 右脚开始 6 拍漫步 | 1、2 拍右手前举，3 拍两手叉腰，4～5 拍左手前举，6 拍两手胸前交叉 |
| | 7～8 | 右脚向后 1/2 后漫步 | 两臂侧后下举 |
| 动　作 | | <br>1　～　2　3<br><br>～　4　5～6　7～8 | |
| 节　拍 | | 下肢步法 | 上肢动作 |
| 四 | 1～2 | 右脚向右并步跳 | 屈左臂自然摆动 |
| | 3～8 | 右脚向右前方做前、侧、后 6 拍漫步 | 3、4 拍前平举弹动 2 次，5～6 拍侧平举，7～8 拍斜下举 |
| 第五至第八个八拍动作同第一至第四个八拍，但方向相反 | | | |

## 组合二

动 作

1～2　3～4　5　6　7　8

| 节拍 | | 下肢步法 | 上肢动作 |
|---|---|---|---|
| 一 | 1～2 | 右脚向右侧滑步 | 右臂侧上举，左臂侧平举 |
| | 3～4 | 1/2 后漫步 | 两臂屈臂后摆 |
| | 5～6 | 左脚向左前方做并步 | 击掌 3 次 |
| | 7～8 | 右脚向右后方做并步 | 两手叉腰 |

动 作

1　2　3　4　5～6　7～8

| 节拍 | | 下肢步法 | 上肢动作 |
|---|---|---|---|
| 二 | 1～2 | 左脚向左后方做并步 | 击掌 3 次 |
| | 3～4 | 右脚向右前方做并步 | 两手叉腰 |
| | 5～6 | 左脚向左侧滑步 | 左臂侧上举，右臂侧平举 |
| | 7～8 | 1/2 后漫步 | 两臂屈臂后摆 |

动 作

1　2　3　4　5　6　7　8

| 节拍 | | 下肢步法 | 上肢动作 |
|---|---|---|---|
| 三 | 1～4 | 右转 90°，左脚上步吸腿 2 次 | 两臂向前冲拳、向后下冲拳 2 次 |
| | 5～8 | 左脚 V 字步左转 90° | 两臂由右向左水平摆动 |

| | | | |
|---|---|---|---|
| 动 作 | <br>1 2 3 4 5 6 7 8 | | |
| 节 拍 | | 下肢步法 | 上肢动作 |
| 四 | 1～4 | 左脚吸腿（侧点地）2 次 | 1 拍臂胸前平屈，2 拍左臂上举，3 拍同 1 拍动作，4 拍还原 |
| | 5～8 | 5～8 拍同 1～4 拍动作，但方向相反 | |
| 第五至第八个八拍动作同第一至第四个八拍，但方向相反 | | | |

## 组合三

| | | | |
|---|---|---|---|
| 动 作 | <br>1 2 3 4 5 6 7 8 | | |
| 节 拍 | | 下肢步法 | 上肢动作 |
| 一 | 1～4 | 右脚侧并步跳，4 拍时右转 90° | 两臂上举、下拉 |
| | 5～8 | 左脚侧交叉步 | 两臂屈臂前后摆动，8 拍时，上体向左扭转 90°，朝正前方，两臂侧下举 |
| 动 作 | 1～4 拍动作同上 1～4 拍，但方向相反<br><br>5 6 7 8 | | |
| 节 拍 | | 下肢步法 | 上肢动作 |
| 二 | 1～4 | 向右侧并步跳，4 拍时左转 90° | 两臂上举、下拉 |
| | 5～8 | 左脚开始侧并步 2 次 | 5～6 拍右臂前下举，7～8 拍左臂前下举 |

| | | | |
|---|---|---|---|
| 动 作 | | <br>1 2 3 4 5～6 7～8 | |
| 节 拍 | | 下肢步法 | 上肢动作 |
| 三 | 1～4 | 左脚向前一字步 | 1 拍双臂肩上屈，2 拍两臂下举，3～4 拍两臂肩前屈 |
| | 5～8 | 左、右依次分并腿 | 5～6 拍两臂上举，掌心朝前，7～8 拍两手放膝上 |
| 动 作 | | <br>1 2 3 4 5 6 7 8 | |
| 节 拍 | | 下肢步法 | 上肢动作 |
| 四 | 1～4 | 左脚向后一字步 | 1～2 拍手侧下举，3～4 拍胸前交叉 |
| | 5～8 | 左、右依次分并腿 2 次 | 两臂经胸前交叉侧上举 1 次，侧下举 1 次 |
| 第五至第八个八拍动作同第一至第四个八拍，但方向相反 | | | |

## 组合四

| | | | |
|---|---|---|---|
| 动 作 | | <br>1 2 3～4 5～8 同 1～4 | |
| 节 拍 | | 下肢步法 | 上肢动作 |
| 一 | 1～8 | 1～8 拍右脚开始小马跳 4 次，向侧向前成梯形 | 1～2 拍右臂体侧向内绕环，3～4 拍换左臂，5～8 拍同 1～4 拍动作 |

| 节拍 | | 下肢步法 | 上肢动作 |
|---|---|---|---|
| 动 作 | | 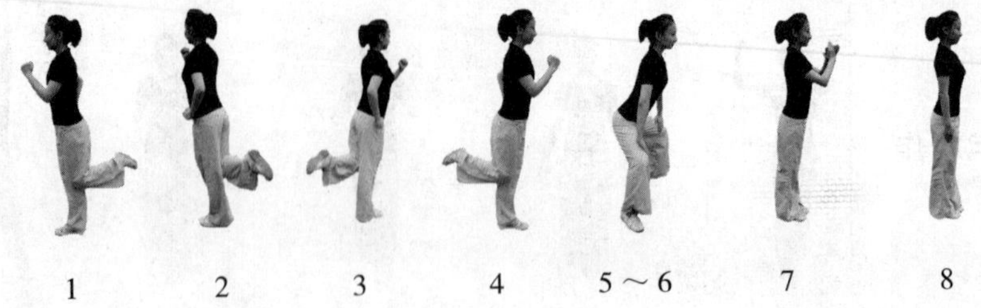 | |
| 节 拍 | | 下肢步法 | 上肢动作 |
| 二 | 1～4 | 右脚开始弧形跑 4 步，右转 270° | 屈臂自然摆动 |
| | 5～8 | 开合跳 1 次 | 5～6 拍双手放腿上，7 拍击掌，8 拍放于体侧 |
| 动 作 | |  | |
| 节 拍 | | 下肢步法 | 上肢动作 |
| 三 | 1～4 | 右脚向右前上步后屈腿 | 1 拍两臂胸前交叉，2 拍右臂侧举，左臂上举，3 拍同 1 拍动作，4 拍两手叉腰 |
| | 5～8 | 右转 90°，左脚向前上步后屈腿 | 动作同 1～4 拍，但方向相反 |
| 动 作 | |  | |
| 节 拍 | | 下肢步法 | 上肢动作 |
| 四 | 1～4 | 右、左侧点地各 2 次 | 1 拍右手左前下举，2 拍两手叉腰，3～4 拍动作相同，但方向相反 |
| | 5～8 | 右脚上步向前转脚跟，还原 | 5 拍两臂胸前平屈，6 拍前推，7 拍同 5 拍动作，8 拍放于体侧 |
| 第五至第八个八拍动作同第一至第四个八拍，但方向相反 | | | |

# 第三节　竞技健美操比赛规则简介

## 一、竞技健美操的定义

竞技健美操是一项在音乐的伴奏下，能够表现连续、复杂、高强度成套动作的运动项目，该项目起源于传统的有氧健身运动：成套动作必须通过连续的动作组合，展示运动员的柔韧性和力量、七种步伐的多样性揉化动作组合、结合难度动作完成成套动作的竞技能力。

操化动作组合是指以健美操基本步法与手臂动作结合的形式，伴随音乐，创造出动感的、有节奏的、连续的包含高低不同强度的一连串动作。成套动作应达到高强度的训练水平。

## 二、比赛场地

赛台高 80 ~ 140 厘米，后面有背景遮挡。赛台不得小于 14 米 ×14 米。竞赛地板必须是 12 米 ×12 米，并清楚地标出 10 米 ×10 米的成年组各项目比赛场地（年龄组某些项目比赛使用 7 米 ×7 米）。标记带是场地的一部分。

所用地板必须符合国际体操联合体的标准，只有经国际体操联合体认可方可用于正式比赛。

## 三、竞赛项目

健美操世界锦标赛包括以下项目：竞技健美操（包括女子单人、男子单人、混合双人、三人、集体五人）、有氧舞蹈和有氧踏板。

各项目运动员人数和性别如下。

（1）女子单人：1 名女运动员。

（2）男子单人：1 名男运动员。

（3）混合双人：1 名男运动员和 1 名女运动员。

（4）三人：3 名运动员（男子/女子/混合）。

（5）集体五人：5 名运动员（男子/女子/混合）。

（6）有氧舞蹈：8 名运动员（男子/女子/混合）。

（7）有氧踏板：8 名运动员（男子/女子/混合）。

## 四、竞赛服装

运动员的着装必须符合竞技健美操项目的规定与要求。运动员外表应给人留下整洁、合体的总体印象。对于不正确的着装将由裁判长扣分（每出现一处扣 0.2 分）。

### （一）女　装

（1）女运动员必须身着一件带有肉色或者透明裤袜的比赛服或者连体衣（连体衣从颈部到脚踝是一体的），允许有亮片。

（2）紧身衣前后领口的开口必须得体，前面不得低于胸骨的中部，后面不得低于肩胛骨的下缘。

（3）腿部上缘的开口必须在腰部以下并且要遮住髂骨。比赛服必须完全遮住臀纹线。女装的两袖（1 个或 2 个均可）可有可无，长袖袖口止于手腕处。

（4）袖子可以使用透明材料制作。

（5）长裤袜和连体紧身衣都是允许的。

### （二）男　装

（1）男运动员必须着一件长款紧身比赛服或短裤配以合体上衣或配以适当装饰物（如腰带等）的紧身连体裤。

（2）服装前后都不能有开口。

（3）袖口处不得在肩胛骨下有开口（无袖）。

（4）不允许有任何亮片。

（5）3/4 的裤长、长体操裤（紧身服 + 裤子）、一件套连体服等都是允许的。

### （三）正确着装

头发必须固定在头上；参赛运动员必须穿着让所有裁判员都能清晰辨认的白色健美操鞋和运动袜；只有女运动员才可化妆，且必须是淡妆；比赛服上禁止佩戴松散或多余的装饰；禁止佩戴珠宝首饰；比赛时，不允许穿有破损的衣服且不得露出内衣或打底衣；比赛服不允许使用透明材料制作，女款比赛服的袖子除外；不允许穿有描绘战争、暴力、宗教信仰为主题的比赛服；运动员身体禁止涂抹油彩；服装要符合健美操运动特质。

## 五、成套内容

（1）音乐伴奏下的成套健美操动作由操化动作、难度动作、过渡与连接动作、托举动作（混双/三人/五人）和动力性配合/团队协作（混双/三人/五人）组成。成套动作中各要素的使用必须要均衡。所有动作必须要展示出清晰、准确的身体形态。

（2）所有成套动作的完成时间都为 1 分 20 秒，有加减 5 秒的宽容度（不包括提示音）。

（3）必须配合音乐完整地表演成套动作。任何适合竞技健美操运动的音乐风格均可采用。

## 六、评 分

### （一）艺 术

在秉承竞技健美操特质的基础上，成套创编所有内容必须完美融合为一体，将竞技健美操这一体育运动转化为一种富有创造性和独特性的艺术体现。

艺术性的评分标准包括音乐和乐感、操化内容、主体内容、空间运用和表现的艺术性五项，每项最高 2 分。

### （二）完 成

整套动作必须表现出最高的准确性且无失误。

完成的评分标准包括难度动作（难度和技巧）、操化动作、过渡与连接动作、托举动作、配合及团队协作与一致性。

轻微偏离完美的完成属于小错误，每次减 0.1 分；明显偏离完美的完成属于中错误，每次减 0.3 分；错误的技术，包括多个错误叠加、触地等属于不可接受的错误，每次减 0.5 分；掉落或完全没有控制地跌落到地板上每次减 1 分。

### （三）难 度

难度动作体系包括动力性力量动作、静力性力量动作、跳与跃类动作、平衡与柔韧类动作，难度分值从 0.1 到 1.0 不等。成套动作中不同分值的难度动作可任意选择，但在成年组的国际赛事中，0.1 ～ 0.2 分的动作不计入有分值的有效难度。

对于难度动作有如下要求：

（1）女单、男单项目成套动作中最多允许做 10 个难度动作。

（2）混双、三人或五人项目中成套动作中最多允许做 9 个难度动作。

（3）对于所有项目，成套动作中 9 个或 10 个不同根命组难度动作必须源于规则中的难度表，难度表中任选 3 个组别，每个组别至少一个；成套动作中最多允许有三个 C 组难度动作落地成俯撑及/或劈腿。

（4）对于混双和三人、五人项目，完成难度动作时不能与同伴发生身体接触。所有运动员必须同时或依次、相同或不同方向完成相同的难度动作。

（5）对于五人项目（成套动作中最多允许出现一次），运动员可以同时完成两个难度动作，分值较低的难度计入成套动作。

最多 3 个动作可以连接在一起完成（技巧动作与难度动作的连接、难度动作的连接），超过 3 个动作的连接将会被减分。2 个技巧动作的连接是不允许的。混双、三人、五人项目中所有运动员必须同时完成相同的 2 个或 3 个动作的连接，这样才能得到难度动作分值以及连接加分。2 个或 3 个动作的连接在成套动作中最多允许出现 2 次。

### （四）出 界

标志带是比赛场地的一部分，因此触线是允许的，但身体任何部分接触标志带以外的场地将被减分。每名运动员每次出界减 0.1 分。

### （五）裁判长减分

裁判长减分项目包括多余的托举动作（每个 0.5 分）、没有托举动作（0.5 分）、违例动作（每次 0.5 分）、动作中断（每次 0.5 分）、动作停止（每次 2 分）、20 秒内未出场（0.5 分）、不当出场举止（每次 0.2 分）和错误着装（每处 0.2 分）等。运动员 60 秒内未出场，由裁判长取消其参赛资格。

### （六）得　分

艺术分、完成分与难度分相加为总分。从总分中减去难度裁判、视线裁判和裁判长减分为最后得分。

**思考题**

1. 简述健美操的起源与发展。
2. 健美操的健身价值有哪些？
3. 简述竞技健美操比赛的基本规则。

全民健身操有氧舞蹈二级套路－完整动作

全民健身操有氧舞蹈二级套路－分解动作

# 第十七章 瑜 伽

## 引 言

瑜伽起源于印度，流行于世界，是东方最古老的强身术之一，也是目前最时尚的健身运动方式之一。

瑜伽以其独特的、温和的运动方式能达到较佳的健身效果。练习者在宁静的心境下练习瑜伽，能排除杂念，放松肌肉，舒展肢体，安静神经，塑身美体，给练习者以长远的身心影响。

## 第一节 瑜伽基础知识

### 一、瑜伽的呼吸法

瑜伽百科

#### （一）腹式呼吸

仰卧，把左手或右手轻轻地放在肚脐上。吸气时，腹部抬起，吸气越深，腹部抬起越高，随着腹部扩张，横膈膜就向下降。呼气时，腹部向内朝脊柱方向收入；尽量收缩腹部，把所有的气体呼出双肺之外，横膈膜就自然而然地升起。

呼 吸

#### （二）胸式呼吸

仰卧或伸直脊背坐着，深深吸气，但不要让腹部扩张，代替腹部扩张的是把空气直接吸入胸部区域。在胸式呼吸时，胸部区域扩张，吸气越深，腹部则向内朝脊柱方向收入。用这种方式吸气时，肋骨是向外和向上扩张的。呼气时，肋骨向下并向内收。

腹式呼吸

#### （三）完全呼吸

完全呼吸是把腹式和胸式呼吸结合起来的呼吸方法。

缓缓吸气，首先吸向腹部区域。在腹部鼓起的时候，气就开始充满胸部区域的下半部分再充满胸部的上半部分，尽量将胸部吸满空气而扩张到最大限度，吸气达到双肺的最大容量；然后，缓缓地呼气，先放松胸部，再放松腹部，用收缩腹部肌肉的方法结束呼气。

## 二、瑜伽的静坐冥想

许多人都喜欢以休闲娱乐的方式来消除身体的疲劳和缓解压力，结果却不理想，而静坐冥想能直接影响人的自主神经，是非常有效的放松精神和肉体的训练方法。

自主神经的正副交感神经能自行调节内脏的活动，但它们很容易受到情绪的干扰。烦恼、忧郁、焦虑等不良情绪会导致自主神经系统失调，进而导致内分泌系统失调，引发身体疾病。静坐冥想能排解人的忧虑，使正副交感神经系统平衡起来，使人的身心结合得更加和谐、完美。

### （一）瑜伽静坐冥想的坐式

**1. 简易坐（散盘坐）**

做法：两腿交叉，左脚压在右腿下方，或右脚压在左腿下方。挺直腰背，收紧下颌。（图 17–1–1）

简易坐

**2. 金刚坐**

做法：屈起两腿，将臀部坐在脚跟上。放松肩部，收紧下颌，挺直腰背，这样能减轻腿部的压力。（图 17–1–2）

**3. 半莲花坐**

做法：坐正，两腿向前伸直；屈起右腿，将右脚顶在左大腿内侧；再屈起左腿，将左脚放在右大腿上方。挺直腰背，收紧下颌。（图 17–1–3）

半莲花坐

**4. 莲花坐**

做法：坐正，两腿向前伸直。屈起右腿，将右脚放在左大腿上，脚心朝上；再屈起左腿，将左脚放在右大腿上，脚心朝上。挺直腰背，收紧下颌。（图 17–1–4）

莲花坐

### （二）瑜伽静坐冥想的手势——瑜伽手印

**1. 秦手印**

做法：选一种瑜伽静坐姿势坐好，两眼微闭，双手的拇指和食指相抵，其余三个手指伸直放松，手放在膝上，掌心朝上。（图 17–1–5）

**2. 智慧手印**

做法：手势同秦手印一样，只是双手掌心朝下，置于两膝上。

图 17-1-1

图 17-1-2

图 17-1-3

图 17-1-4

图 17-1-5

### （三）“无空”式（完全放松式）

在做瑜伽练习时，被伸展和被刺激的部位也有轻微的拉伸感和紧张感，因此做完每一个姿势后，都要做“无空”式来彻底松弛自己，缓解之前产生的肌肉紧张和不适感，同时加快的呼吸节奏也会逐渐减缓。待身心完全放松后，再进入另一个瑜伽姿势的练习，这样可以使每一个姿势都能专注地完成，并且有较高的质量。

做法：仰卧，两腿自然分开，两臂摊开于体侧，掌心朝上，闭上眼睛，停止一切动作，把意识集中到自己的呼吸上，使身体所有的重量都卸到地面上，感觉自己的身体很松、很沉；同时，做 10 ～ 15 次瑜伽完全呼吸，待身体完全放松、心律减缓后，再继续下一个姿势的练习。

## 第二节 瑜伽基本练习

### 一、拜日十二式

拜日十二式，是向太阳致敬的 12 个姿势。据说古印度人清晨起床后，面对冉冉升起的太阳，为表达心中的膜拜之情创造了 12 个姿势，以感激太阳赐予人类光明和能量。因此在做拜日式时，心中要满怀感激之情。

拜日式组合

拜日十二式是一种很有效的热身运动，世界各地的瑜伽爱好者都喜欢把拜日十二式当成瑜伽练习的热身操来做。

刚开始练习拜日十二式时，可放慢动作，一个一个地做，待熟练以后，再把这 12 个动作配合呼吸，一气呵成地做下来。

（1）两脚并拢直立，两手合十置于胸前，呈祈祷姿势，深呼吸两次。（图 17-2-1）

（2）吸气，上身缓缓地向后仰，髋部朝前挺，臀部收紧，同时两臂向后伸直。（图 17-2-2）

（3）呼气，身体慢慢向前屈，两手于脚两侧触地，放松颈部，垂头，尽量使额头贴近两腿前侧。（图 17-2-3）

（4）吸气，左腿向前屈，呈前弓步；右腿向后伸直，小腿触地；头和上体向后仰。（图 17-2-4）

图 17-2-1

图 17-2-2

图 17-2-3

图 17-2-4

（5）两手撑地，右腿绷直，左腿向后伸展与右腿并拢，屏住呼吸，收紧腹肌、臀肌，挺直腰背。（图 17-2-5）

（6）呼气，屈肘，胸、下颌、膝盖同时着地，臀部翘起。（图 17-2-6）

（7）吸气，两手于胸前两侧撑起上半身，并向后仰头，挺起胸部。（图 17-2-7）

（8）呼气，两脚前脚掌踩地，臀部把身体带起来；放松头、颈部，向下压肩、背部；同时两脚脚跟尽量踩地，拉伸两侧腿后侧，身体从侧面看呈三角形。（图 17-2-8）

图 17-2-5

图 17-2-6

图 17-2-7

图 17-2-8

（9）吸气，左腿向前屈，成前弓步；右腿向后伸直，小腿触地；头部和上体向后仰。（图 17-2-9）

（10）呼气，两腿伸直立起，两腿并拢，上体慢慢前屈，两手于脚两侧触地，放松颈部，垂头，让额头尽量贴近两腿前侧。（图 17-2-10）

（11）吸气，上体慢慢抬起，两脚并拢，上体后仰，手臂向后伸直。（图 17-2-11）

（12）呼气，两腿慢慢还原直立，双手合十置于胸前，回到祈祷姿势。（图 17-2-12）

图 17-2-9

图 17-2-10

图 17-2-11

17-2-12

## 二、美颈六式

### （一）敬礼式

（1）两脚分开，蹲下，双手合十置于胸前，调整呼吸。

（2）吸气，头部向后仰，伸展颈部前侧，同时两肘把两膝向外撑开，保持 3 ～ 5 次自然呼吸。（图 17–2–13）

（3）呼气，手臂向前伸直，双手仍合十。（图 17–2–14）

（4）两膝向内并拢。（图 17–2–15）

（5）上身前倾，手臂向前伸直，下颌贴膝，放松颈部、头部，保持 5 ～ 8 次自然呼吸。（图 17–2–16）

（6）按以上顺序反过来做，完成后回到起始的合十蹲姿。

如上动作反复做 3 ～ 5 次。

效果：美化、修长颈部，活化颈椎，并伸展、放松背肌和肩关节，强化腿部肌肉、膝关节。

图 17–2–13

图 17–2–14

图 17–2–15

图 17–2–16

### （二）腹部按摩式

（1）蹲下，双手扶于膝上。（图 17–2–17）

（2）左腿跪下，臀部坐于左脚上。（图 17–2–18）

（3）呼气，双手、两膝保持不动，尽量将上身扭转向右侧，下颌尽量去触右肩，两眼看后方，保持 3 ～ 5 次自然呼吸。

（4）上身慢慢转回，左腿回到蹲下的姿势，吸气。换右腿跪下，呼气，上半身再扭转向左侧。

如上动作左、右侧各做 3 ～ 5 次。

效果：减少颈部赘肉，活化颈椎，放松颈部周围僵硬的肌肉，按摩腹内脏器，刺激肠胃蠕动，预防便秘。

### （三）猫伸展式

（1）两手、两膝和小腿着地，成动物爬行姿势。

（2）吸气，抬头上看，收紧背肌，腰部下沉，翘起臀部，保持 3 ～ 5 次自然呼吸。（图 17–2–19）

（3）呼气，放松颈部，垂头、含胸、收缩腹肌，拱起后背，保持 3 ～ 5 次自然

猫 式

呼吸。（图 17-2-20）

如上动作反复做 4 ～ 8 次。

效果：活化整个脊柱，放松肩部和颈部，收紧腹肌，调整理痛经、月经不调和子宫下垂。

图 17-2-17

图 17-2-18

图 17-2-19

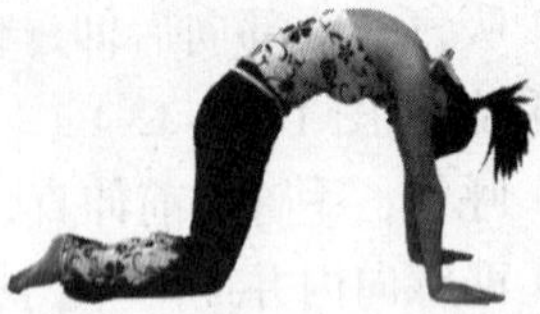

图 17-2-20

## （四）眼镜蛇扭动式

眼镜蛇式

（1）俯卧，两手撑地置于胸前两侧。（图 17-2-21）

（2）吸气，两臂伸直，上身撑起，头向后仰，眼看上方。（图 17-2-22）

（3）呼气，头部慢慢转向右侧，两眼注视左脚跟，保持 3 ～ 5 次自然呼吸。（图 17-2-23）

（4）吸气，还原。

（5）呼气，头部再转向左侧，两眼注视右脚跟，保持 3 ～ 5 次自然呼吸。（图 17-2-24）

如上动作反复做 3 ～ 5 次。

效果：活化颈椎，减少颈部脂肪，挤压、按摩腹内脏器。

图 17-2-21

图 17-2-22

图 17-2-23

图 17-2-24

## （五）仰卧婴儿式

婴儿式

（1）仰卧，调整呼吸。（图 17-2-25）

（2）吸气，屈右腿，双手抱住右腿。（图 17-2-26）

（3）呼气，双手用力压右腿，贴近胸、腹部。（图 17-2-27）

（4）先吸气，然后呼气，同时抬起头部，让下颌贴膝。（图 17-2-28）

（5）过渡到鼻尖贴膝，保持几秒钟。

（6）还原后，换腿再做。左、右腿各做 3 ～ 5 次。

（7）吸气，屈起两腿，双手抱住，呼气，压向胸部。（图 17-2-29）

（8）先吸气，再呼气，同时抬头贴膝，再过渡到鼻尖贴膝。（图 17-2-30）

如上动作反复做 3 ～ 5 次。

效果：伸展颈部后侧，加强颈部肌肉力量，排出腹部胀气，减缓便秘症状。

图 17-2-25

图 17-2-26

图 17-2-27

图 17-2-28

图 17-2-29

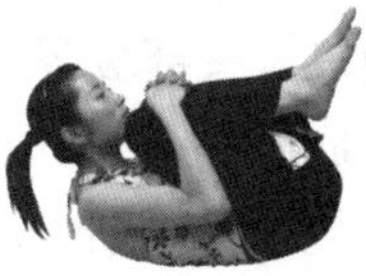
图 17-2-30

#### （六）半脊柱扭动式

（1）坐正，两腿向前伸直，然后屈左腿，将左脚放于右大腿上方，脚心朝上。（图 17-2-31）

（2）呼气，左臂前伸，左手抓住右脚。（图 17-2-32）

（3）上身转向右边，将右臂尽量收向背部。（图 17-2-33）

（4）右手揽住腰的左侧。

（5）先吸气，然后呼气，同时头部和上身躯干尽量向右转，保持 5 ～ 8 次自然呼吸。

换腿再做。如上动作反复做 3 ～ 5 次。

替代做法：如果手无法抓住脚，可以借助毛巾或绳子。

效果：伸展、强化颈部肌肉，放松肩关节，拉伸脊柱，预防背痛。

图 17-2-31

图 17-2-32

图 17-2-33

### 三、细臂六式

#### （一）牛面式

牛面式

（1）金刚坐，调整呼吸。

（2）吸气，右臂上伸，屈肘；呼气，左手扳右肘，尽量让右手放到两个肩胛骨之间。（图 17-2-34）

（3）左臂向背后屈起，两手手指相叩。（图 17–2–35）

（4）挺直腰背，目光平视，保持 5 ～ 8 次自然呼吸。

（5）松手，甩动放松，换另一侧再做。左、右侧各做 3 ～ 5 次。

替代做法：如果肩部僵硬，双手无法互扣，可以用抓住毛巾两头的方法来代替。

效果：加强臂部肌肉，使腕关节、肘关节、肩关节灵活，矫正肩背的歪斜，扩展胸部。

### （二）鹫变化式

（1）金刚坐，前屈两臂，左肘压右肘。（图 17–2–36）

（2）双手腕相绕，双手相叩。（图 17–2–37）

（3）吸气，头部缓缓后仰，呼气，手臂尽量向后伸送，保持数秒。（图 17–2–38）

（4）还原，松手，甩臂放松，换手再做。左、右各做 3 ～ 5 次。

效果：使手臂纤细，使肘关节、腕关节和肩关节灵活，矫正驼背。

图 17–2–34

图 17–2–35

图 17–2–36

图 17–2–37

图 17–2–38

### （三）开肩式

（1）金刚坐，调整呼吸。吸气，五指体后交叉，两臂绷直。（图 17–2–39）

（2）呼气，上身缓缓前倾至头触地，两臂尽量带动肩关节伸展向上、向前。保持 5 ～ 8 次自然呼吸。（图 17–2–40）

（3）还原，松手，甩动放松。

效果：伸展臂部肌肉，美化手臂线条，使肩关节灵活，预防肩周炎。

图 17–2–39

图 17–2–40

### （四）前伸展式

前曲伸展式

（1）坐正，两腿向前伸直，调整呼吸。（图 17–2–41）

（2）双手于体后撑地，吸气。（图 17–2–42）

（3）呼气，收紧腹肌，缓缓让身体抬离地面，手臂伸直，全身重量落在手和脚上。（图 17–2–43）

（4）吸气，头部后仰，保持 5 ～ 8 次自然呼吸。

（5）身体慢慢落地还原。

如上动作反复做 3 ～ 5 次。

效果：加强手臂、手腕、脚踝的力量，收紧臂部肌肉，伸展身体前侧，强化臀部、腰背肌的力量。

图 17-2-41

图 17-2-42

图 17-2-43

### （五）鹫　式

（1）身体站直，两臂前伸，左肘压右肘。（图 17-2-44）

（2）两肘屈。（图 17-2-45）

（3）两手腕相绕，然后手心相对合十。

（4）两膝微屈，右膝搭左膝上。（图 17-2-46）

（5）右小腿和右脚向后绕过左小腿，并用脚尖勾住。降低重心，保持 5 ～ 8 次自然呼吸。

（6）放松两腿、两臂，还原成直立姿态。

换腿再做。如上动作反复做 3 ～ 5 次。

效果：使腕关节、肘关节、膝关节和肩关节灵活，手臂纤细，强化腿部力量，提高平衡能力。

图 17-2-44

图 17-2-45

图 17-2-46

### （六）瑜伽身印式

（1）将两腿盘成莲花坐或半莲花坐。（图 17-2-47）

（2）两臂背后屈起，双手合十。

（3）吸气，头向后仰。（图 17-2-48）

（4）呼气，上身缓缓前倾，前额贴地，保持 5 ～ 8 次自然的呼吸。（图 17-2-49）

（5）直起上身，还原，放松手臂和腿部。交换腿的上下位置再做。

如上动作反复做 3 ～ 5 次。

效果：强化手臂肌肉，使肩关节、肘关节、腕关节灵活，活化髋关节、膝关节、踝关节，并且有安定神经、减缓心率的作用。

图 17-2-47

图 17-2-48

图 17-2-49

## 四、健胸十式

### （一）丰满式

（1）金刚坐，调整好呼吸。

（2）吸气，双手抱肘于头后，用力拉肘向后，扩张胸部，使肩胛骨向脊柱方向并拢。（图 17-2-50）

（3）呼气，两臂上伸，突出胸部，保持 3 ～ 5 次自然呼吸。（图 17-2-51）

（4）垂下手臂，放松。

如上动作反复做 3 ～ 5 次。

效果：扩展胸部，增进深呼吸能力，愉悦心情，美化胸部曲线，使肩关节灵活。

### （二）握手式

（1）站姿、坐姿均可。

（2）双手于胸前合十，深吸气。

（3）屏住呼吸数秒，双手用力对压，体会胸部肌肉的紧张感。（图 17-2-52）

（4）呼气，放松。

如上动作反复做 3 ～ 5 次。

效果：强化手臂和胸部肌肉，使乳房坚挺、不松弛。

图 17-2-50

图 17-2-51

图 17-2-52

### （三）金刚坐后仰式

（1）金刚坐，调整呼吸，然后吸气；呼气，两臂于体后撑住地，两臂绷直，两肩胛骨向脊柱方向并拢，挺胸。（图 17-2-53）

（2）吸气，头向后仰，腰部、髋部向前推送，突出胸部，保持 5 ～ 8 次自然呼吸。（图 17-2-54）

（3）慢慢吸气，还原。

重复上述动作做 3 ～ 5 次。

替代做法：如果腰部僵硬，两手离身体较远处着地也可以。

效果：扩展胸部，强化胸部肌肉，美化胸部曲线，矫正驼背、高低肩等不良体态，修长颈部线条，并强化臂部肌肉，收紧腰部。

图 17-2-53

图 17-2-54

### （四）骆驼式

（1）两腿微微分开，跪于地上。（图 17-2-55）

（2）吸气，上体慢慢向后仰。（图 17-2-56）

（3）呼气，两手扶脚跟，放松颈部，头向后仰，髋部前送，脊柱向前推，尽量让大腿同地面垂直，保持数秒，自然呼吸。（图 17-2-57）

（4）还原，放松。如此反复做 3 ～ 5 次。

替代做法：如果腰部僵硬，手够不到脚跟，可以用两手托腰后仰的动作来替代。

效果：扩展胸部，预防乳房下垂，矫正佝肩驼背，使肩关节柔软，伸展身体前侧。

骆驼式

### （五）英雄式

（1）两腿开立，左腿在前，吸气，两臂伸直上举。（图 17-2-58）

（2）呼气，左膝弯曲，尽量让右大腿与小腿成直角；左腿绷直，脚跟着地，头部后仰；目视手掌，扩展胸部，保持 8 ～ 10 次自然的呼吸。（图 17-2-59）

（3）还原后，换腿再做。

如上动作反复做 3 ～ 5 次。

效果：扩展胸腔，健美胸部，增进深呼吸能力，对肺部有益，强壮大腿和膝关节、踝关节。

英雄式

图 17-2-55

图 17-2-56

图 17-2-57

图 17-2-58

图 17-2-59

### （六）树　式

（1）站正，调整呼吸。

（2）屈右腿，右手抓右脚踝，让右脚贴于左大腿内侧。（图 17-2-60）

（3）站稳后，双手于胸前合十，吸气。（图 17-2-61）

（4）呼气，两臂缓缓向上伸直，放松肩部，挺直腰背，收紧腹部，意守丹田穴（肚脐下 5 厘米的地方），目光平视前方，均匀、自然地呼吸，保持 30 ～ 60 秒。（图 17-2-62）

树　式

（5）双手下降至胸前，松腿，还原。换腿再做。

图 17-2-60

图 17-2-61

图 17-2-62

替代做法：如果脚贴大腿内侧站不稳，可以将脚贴于另一侧腿的小腿内侧或膝部内侧。

效果：美化提升胸部曲线，扩展胸部，增进深呼吸，对肺部有益。增强腿部力量，增强平衡感和专注力。

### （七）战士一式

战士一式

（1）山式站立。

（2）两脚分开约两肩半宽。

（3）吸气，转向右侧，同时右脚右转 90°，左脚内收 60°，两臂经身体两侧抬起至头顶合掌。

（4）呼气，弯曲右膝直到右大腿与地面平行，保持中正，弯曲的膝盖不要超过脚尖，屈右膝呈 90°，脊柱延展，完全伸展左腿，保持 3 ～ 5 次呼吸，然后还原。换另一侧再做。

效果：胸部得到完全的扩展，缓解肩部和背部的僵硬，增强髋关节、膝关节、踝关节的稳定性。

### （八）幻椅式

幻椅式

（1）山式站立。

（2）吸气，两臂从两侧上举至头顶合掌。

（3）呼气，屈膝、大腿与地面平行，手臂、背部保持平直，保持 5 ～ 8 次自然呼吸。

（4）吸气，伸直两腿，手臂放下，回到山式。

效果：缓解背部不适，矫正不良姿势，增强脚踝、腿部肌肉，伸展背部，扩展胸腔。

### （九）鱼　式

鱼　式

（1）仰卧。

（2）手肘内收，下压支撑地面。

（3）吸气胸腔上提，颈部后仰，头要顶地，两腿伸直，脚面绷直，整个背部成弓形，保持 3 ～ 5 次自然呼吸，呼气还原。

效果：舒展胸部和颈部，强化肩部、背部肌群，使胸部得到充分的扩展。

### （十）上犬式

（1）俯卧。

（2）两脚分开与髋同宽，屈两肘，两手指尖向前置于胸腔前两侧。

（3）吸气，抬起头和躯干，完全伸展手臂。

（4）呼气，尽量把头部和身体向后仰，膝盖不要放在地面上，腿部绷直，膝盖绷紧，脚背下压贴地，保持 3 ～ 5 次自然的呼吸，屈肘，放松身体还原。

效果：扩张胸腔，舒展肩背，拉伸腹部，缓解压力。

上犬式

## 五、瘦腰七式

### （一）三角伸展式

#### 1. 三角伸展式

（1）两腿开立，宽于肩，两臂侧平举，吸气。（图 17-2-63）

（2）呼气，上身缓缓向左侧屈，到极限后，左手扶左侧小腿或左脚脚跟，右臂向上伸直，尽量保持两臂呈一条直线，眼睛注视右手指尖，保持 5 ～ 8 次自然呼吸。（图 17-2-64）

（3）慢慢还原，换侧再做。左、右两侧各做 3 ～ 5 次。

效果：减少腰部脂肪，强化腰背肌群、腹外斜肌，活化身体侧面和脊柱。

三角伸展式

图 17-2-63

图 17-2-64

#### 2. 加强三角伸展式

（1）两腿开立约一条腿的距离，两臂侧平展开，右脚尖转向右侧，吸气。（图 17-2-65）

（2）呼气，屈右膝。（图 17-2-66）

（3）上身缓缓向右侧弯曲，右手在右脚后侧扶地，左臂向上伸直，尽量保持两臂呈一条直线。（图 17-2-67）

（4）左臂尽量向侧平伸，同左侧腰部、髋部形成一条直线，保持 8 ～ 10 次自然呼吸。（图 17-2-68）

（5）慢慢还原成直立姿态，换另一侧再做。左、右两侧各做 3 ～ 5 次。

效果：伸展并收紧侧腰部，刺激并按摩腹部，帮助消化，加强腿部力量。

图 17-2-65　图 17-2-66　图 17-2-67　图 17-2-68

## (二)扫地式

(1)两腿开立，略宽于肩，吸气，两臂上伸。(图 17-2-69)

(2)呼气，上身向左侧 45° 角方向前倾。(图 17-2-70)

(3)前倾到极限时，两手扶地(如果无法扶地，两臂自然下垂也可以)。(图 17-2-71)

(4)吸气，上身和两臂横移至身体右侧。(图 17-2-72)

(5)呼气，两臂伸直，和上身一起沿右侧 45° 角方向抬起。(图 17-2-73)

(6)还原到起始姿态，反方向按顺序再做一遍。左、右两侧各做 3 ~ 5 次。

效果：使腰椎灵活，消减腰部脂肪，伸展、放松背部肌肉，活化脊柱。

图 17-2-69　图 17-2-70　图 17-2-71　图 17-2-72　图 17-2-73

## (三)风吹树式

(1)吸气，双腿开立，与肩同宽，两臂向上伸直，五指交叉，挺直腰背，踮起脚跟。(图 17-2-74)

(2)呼气，身体向左侧弯曲到最大限度，脚跟不落地，保持数秒。(图 17-2-75)

(3)吸气，还原。

(4)呼气，再屈向右侧。

如上动作反复做 5 ~ 8 次。

效果：消减腰部、腹部的多余脂肪，拉伸脊柱，增强小腿肌肉和脚踝的力量。

## (四)拉弓式

(1)侧卧，吸气，右臂向上方伸直，弯曲左腿，左手抓住左脚。(图 17-2-76)

(2)呼气，上身、头部尽量上抬，左手将左脚抬高，收紧腰部、腹部，注视左脚底。(图 17-2-77)

（3）保持 5 ～ 8 次自然呼吸。

（4）还原，放松两腿，换腿再做。左右两腿各做 3 ～ 5 次。

效果：减少腰部、髋部、臀部的脂肪，美化臀部曲线。

图 17-2-74

图 17-2-75

图 17-2-76

图 17-2-77

## （五）门闩式

（1）右腿跪撑于地面上，左腿向外侧伸直，右膝、左脚在一条直线上，两臂侧平伸直。（图 17-2-78）

（2）呼气，身体慢慢向左侧屈，左手扶于左腿上，慢慢向下滑去。（图 17-2-79）

（3）手臂下滑到极限后，放松，头部、颈部去贴左上臂，右臂向左下侧伸出，贴紧头部，双手交扣，保持 5 ～ 8 次自然呼吸。（图 17-2-80）

（4）还原后，换另一侧再做。

如上动作反复做 3 ～ 5 次。

效果：伸展腰肌，减少腰部、腹部、髋部脂肪，活化、柔软脊柱。

门闩式

图 17-2-78

图 17-2-79

图 17-2-80

## （六）鸽子式

（1）屈右膝，左腿伸直，成侧弓步坐好后，抬起左小腿用左手揽住。（图 17-2-81）

（2）左手和右手在体前相扣。（图 17-2-82）

（3）左脚固定在左肘屈处，保持不动，两臂保持相扣的环状伸向头后，吸气。（图 17-2-83）

（4）呼气，头向右侧转，挺胸，收紧侧腰肌，保持 5 ～ 8 次自然呼吸。

（5）还原放松，换另一侧再做。

注：如果觉得（3）（4）的动作难以完成，则做到左右手于体前相扣即可。

效果：强化侧腰肌、臀大肌，减少腰部、臀部、髋部脂肪，使肩关节柔软，臂部肌肉伸展。

图 17-2-81

图 17-2-82

图 17-2-83

树式变体

### （七）树式变体

（1）山式站立。

（2）左脚掌均匀踩实地面，膝部伸直，屈右膝将右脚掌平踩在左大腿内侧根部中线处。

（3）吸气，两手打开侧平举，左手掌心向上，举过头顶，手臂自然伸直。

（4）呼气，两肩下沉，核心部位收紧，右拇指与食指相贴，其余三指伸展，贴于右膝上。

（5）吸气，展开胸腔，胸腔上提，左手指尖带动脊柱向头顶方向延伸。

（6）呼气，左手带动上半身向右侧弯曲延伸，眼睛顺势看向左上臂内侧的上空方向，保持 3 ～ 5 次自然呼吸，还原，换另一侧做。

效果：帮助塑造侧腰线条，提升专注力和平衡力。

## 六、紧腹六式

船　式

### （一）船　式

（1）仰卧，两臂置于体侧，调整呼吸。（图 17-2-84）

（2）吸气，两臂、头部、颈部、上身和两腿向上抬起，头部和两脚离地约 30 厘米，两臂伸直与地面平行。保持这个姿势做 5 ～ 8 次自然呼吸。（图 17-2-85）

（3）呼气，上体和两腿慢慢着地，还原放松。

如上动作反复做 5 ～ 10 次。

效果：加强腹直肌和腰部肌肉力量，挤压、按摩腹部内脏器，促进消化。

图 17-2-84

图 17-2-85

### （二）蹬车式

（1）仰卧，两腿举起，做向前蹬车的动作，反复做 10 ～ 15 次。（图 17-2-86）

（2）再做向后蹬车的动作 10 ～ 15 次。（图 17-2-87）

（3）两腿并拢，向前蹬 10 ～ 15 次。（图 17–2–88）

（4）再向后蹬 10 ～ 15 次。（图 17–2–89）

如上动作反复做 3 ～ 5 组。

效果：加强腹部力量，特别是下腹部肌肉力量，消减少腰部、腹部和髋部脂肪堆积。

图 17–2–86

图 17–2–87

图 17–2–88

图 17–2–89

## （三）船头式

（1）坐直，两腿向前伸直，调整呼吸。（图 17–2–90）

（2）两手交叉扶于颈后，吸气，上身和两腿抬起约 60 厘米，上身和双腿成V字形，保持 5 ～ 8 次自然呼吸。（图 17–2–91）

（3）呼气，慢慢还原。

如上动作反复做 3 ～ 5 次。

替代做法：如果腹肌无力，可做成双手抱腿的姿势。（图 17–2–92）

效果：加强腹肌和腰背肌力量，增强肝脏和肾脏功能。

图 17–2–90

图 17–2–91

图 17–2–92

## （四）推展式

（1）坐直，两腿向前伸直，调整呼吸。

（2）吸气，屈两膝，两膝尽量贴近胸部，以臀部作为支撑点。（图 17–2–93）

（3）呼气，上身后仰，两臂向前推直，两腿伸直，身体呈船形，头和脚离地约 30 厘米，保持 3 ～ 5 次自然呼吸。（图 17–2–94）

如上动作反复做 10 ～ 15 次。

效果：增强腹肌力量，挤压、按摩腹内脏器，帮助消化，增强肾脏功能。

图 17–2–93

图 17–2–94

### （五）摆腿式

（1）仰卧，两臂置于体侧，调整呼吸。（图 17-2-95）

（2）吸气，两腿抬起同地面垂直。（图 17-2-96）

（3）呼气，两腿倒向左侧，左腿着地。（图 17-2-97）

（4）吸气，两腿再举起，同地面垂直。（图 17-2-98）

（5）呼气，慢慢倒向右侧，右腿着地。

两侧交替进行，反复做 5 ～ 10 次。

效果：加强腹肌和腰肌少量，消减腰部、腹部赘肉堆积，按摩腹部内脏器官，促进消化，预防便秘。

图 17-2-95

图 17-2-96

图 17-2-97

图 17-2-98

### （六）箱舟式

（1）莲花坐，调整呼吸。（图 17-2-99）

（2）用前臂和臀部做支撑点，身体慢慢向后倒，两腿抬起，大腿同地面成 90° 角，保持 5 ～ 8 次自然呼吸。（图 17-2-100）

（3）腰部慢慢地触地，松开腿部，仰卧放松。反复做 3 ～ 5 次。

效果：加强腹肌，刺激肠胃，提高消化能力，拉伸下肢的关节。

图 17-2-99

图 17-2-100

## 七、塑臀六式

### （一）拱桥式

**做法一：**

（1）仰卧，两臂置于体侧，调整呼吸。

（2）吸气，屈两膝，脚跟尽量接近臀部。（图 17-2-101）

（3）呼气，两手抱脚踝，缓缓地把身体抬离地面，收紧臀部肌肉，保持 8 ～ 10

次自然呼吸。（图 17–2–102）

（4）慢慢呼气，身体落下还原到仰卧姿势，再重复一遍。

替代做法：如果手够不到脚踝，可以让双手平放在地上。

效果：收紧臀部肌肉，美化臀部曲线，伸展身体前侧。

**做法二：**

（1）如做法一那样边吸气，边将身体抬起来，双手托腰，上臂支撑于地。（图 17–2–103）

（2）呼气，两脚缓缓向下滑动，直到双腿伸直；然后收紧臀肌，保持 3 ～ 5 次自然呼吸（腰部有伤病的人不能做此姿势）。（图 17–2–104）

（3）缓慢还原，再重复一遍。

效果：收紧臀形，伸展并修长腿部线条，强化手臂力量。

**做法三：**

（1）如做法一那样边吸气，边将身体抬起来，双手托腰，上臂支撑于地。（图 17–2–105）

（2）呼气，将脚跟抬起，膝盖并拢，大腿内侧肌肉夹紧。

（3）先吸气，再呼气；同时右腿向上伸直，保持 3 ～ 5 次自然呼吸。（图 17–2–106）

（4）吸气，右腿落下，支撑；呼气，右腿向上伸直，保持数秒自然呼吸。

（5）左右两腿各做 3 次，然后放松还原。

效果：美化臀形，加强腿部肌肉力量和脚踝力量。

图 17–2–101

图 17–2–102

图 17–2–103

图 17–2–104

图 17–2–105

图 17–2–106

### （二）侧举腿式

（1）侧卧，身体呈一条直线，两手体前扶地，调整呼吸。（图 17–2–107）

（2）吸气，收紧臀肌和侧腰肌，两腿并拢向上方抬起，保持 3 ～ 5 次自然呼吸。（图 17–2–108）

（3）呼气，两腿落下还原，做 5 ～ 8 次后，换另一侧再做。

效果：加强臀部肌肉、侧腰肌、腹外斜肌的力量，减少腰腹部的脂肪堆积。

## （三）虎　式

虎　式

（1）跪撑，两手两膝着地，成动物爬行姿势，调整呼吸。

（2）吸气，头部和右腿缓慢地向上抬起。（图 17–2–109）

（3）呼气，松颈垂头，拱起后背，收紧腹部，右腿落下屈膝，左膝前顶，下颌尽量去触右膝，保持数秒。（图 17–2–110）

（4）如此反复，做 5 ～ 10 次后，换腿再做。

效果：活化脊柱，补养脊柱神经，减少臀部、腿部脂肪堆积，美化臀形。

图 17–2–107

图 17–2–108

图 17–2–109

图 17–2–110

## （四）半蝗虫式

（1）俯卧，下颌着地，两手握拳置于体侧。

（2）拳心朝上，放于大腿根处。（图 17–2–111）

（3）吸气，收紧臀肌，用力向上抬高两腿，额头贴地，两臂用力压地。保持 5 ～ 8 次自然呼吸。（图 17–2–112）

（4）呼气，腿落下还原，下颌着地，深呼吸一次。反复做 3 ～ 5 次。

效果：提臀，收紧臀肌，加强腰、背部肌肉。

## （五）飞鸟式

（1）俯卧，两臂向头前方张开，调整呼吸。（图 17–2–113）

（2）吸气，上身、两臂和两腿向上抬起，收紧腰部、背部和臀部肌肉，保持 5 ～ 8 次自然呼吸。（图 17–2–114）

（3）呼气，腿落下还原。反复做 3 ～ 5 次。

效果：强化腰部、背部、臀部肌肉，收紧臀部，放松肩关节。

图 17–2–111

图 17–2–112

图 17–2–113

图 17–2–114

## （六）舞王式

（1）站正，调整呼吸。

（2）吸气，屈左腿向上抬，左手抓住左脚，右臂向上伸直。（图 17–2–115）

（3）呼气，左手拉起左腿向上伸展，右臂向前伸维持平衡，保持 5 ～ 8 次自然呼吸。（图 17–2–116）

（4）呼气，还原站立，回到站姿，再换腿做。左右两腿各做 3 ～ 5 次。

效果：提臀，收紧腰部部、腹部、臀部肌肉，增强腿部力量和平衡能力。

图 17-2-115

图 17-2-116

## 八、美腿十一式

### （一）细腿式

（1）坐正，两腿向前伸直。（图 17-2-117）

（2）上体向后送，前臂支撑住上体。

（3）两腿举起同地面垂直，膝关节、脚面绷直，自然地呼吸，两腿前后交替摆动 15 ～ 20 次。（图 17-2-118）

（4）两腿左右交叉摆动 15 ～ 20 次。

效果：减少腿部、腹部脂肪，收紧腿部肌肉，美化腿部线条，增强腹肌力量。

### （二）鹭鸶式

（1）坐正，两腿向前伸直后，双手抱右脚掌，使右脚跟尽量贴近臀部，吸气。（图 17-2-119）

（2）呼气，同时伸直、抬起右腿，再吸气。（图 17-2-120）

（3）呼气后，腰背尽量挺直，把右腿慢慢拉近身体，保持 8 ～ 10 次自然呼吸。

（4）还原，换腿再做。左右两腿各做 3 ～ 5 次。

效果：彻底地伸展腿部韧带，增加腿部弹性，预防小腿抽筋。

图 17-2-117

图 17-2-118

图 17-2-119

图 17-2-120

## （三）V字平衡

（1）坐正，两腿向前伸直后，调整呼吸；吸气，屈起两腿，两手抱脚。（图 17-2-121）

（2）吸气，同时慢慢伸直两腿，尽量贴近身体，同时腰背挺直，收紧腹部，保持 5 ～ 8 次自然呼吸。（图 17-2-122）

（3）还原后，再做一遍。

效果：伸展腿部肌肉、韧带，减少腿部、髋部脂肪，增强腹肌和腰背肌的力量，增强平衡感。

图 17-2-121

图 17-2-122

## （四）神猴式

（1）左腿跪于地上，右腿屈膝成弓步，双手于右腿两侧扶地。（图 17-2-123）

（2）上体重心落到右腿上，左腿伸直置于地面。（图 17-2-124）

（3）上体的重心收回，让腰背垂直于地面，两臂回到体侧，两手撑地，再缓缓地将右腿伸直。（图 17-2-125）

（4）将双手在胸前合十，保持 8 ～ 10 次自然呼吸。（图 17-2-126）

（5）换腿再做。左右两侧各做 3 ～ 5 次。

效果：伸展腿部后侧肌肉和韧带，使腿部修长。

图 17-2-123

图 17-2-124

图 17-2-125

图 17-2-126

## （五）蹲　式

（1）两腿开立，两脚相距 60 厘米，双手五指体前交叉，放松两肩，挺直后背，调整呼吸。（图 17-2-127）

（2）吸气后，在缓缓呼气的同时，身体慢慢地下蹲 30 厘米的距离；吸气，直立还原。（图 17-2-128）

（3）呼气，再慢慢下蹲，两脚相距 60 厘米；吸气，直立还原。（图 17-2-129）

（4）呼气，完全蹲到自己的最大限度；吸气，还原。（图 17-2-130）

如上动作反复做 3 ～ 5 次。

效果：增强大腿肌肉和膝关节的力量，并收紧臀部，强壮子宫肌肉。

图 17-2-127

图 17-2-128

图 17-2-129

图 17-2-130

## （六）天鹅式

（1）两脚并拢站直后，调整呼吸；左手叉腰，吸气，屈起右腿，右手抓住右脚。（图 17-2-131）

（2）呼气，右臂和右腿向右前方伸出，绷直，保持数秒，再吸气。（图 17-2-132）

（3）呼气，将右腿拉向身体右侧，收紧腹部，挺直腰背。（图 17-2-133）

（4）慢慢地将腿向右上方伸展、抬高；同时左臂向侧伸出，帮助维持身体平衡，将身体重心尽量向上提，保持 8 ～ 10 次自然呼吸。（图 17-2-134）

（5）还原成直立起始姿势，换腿再做。左右两侧各做 3 ～ 5 次。

效果：强化腿部力量，提高平衡能力，使小腿和脚踝纤细，调整自主神经。

图 17-2-131

图 17-2-132

图 17-2-133

图 17-2-134

## （七）战士二式

（1）山式站立。

（2）两腿开立，约同肩宽。

（3）吸气，两臂侧平举与肩齐，手掌向下。

（4）右脚右转 90°，左脚稍右转。

（5）呼气，弯曲右膝直到右大腿与地面平行，与右小腿成直角，弯曲的膝盖不要超过脚尖，两臂侧平举；延展脊柱，头转向右侧，目视右手中指，保持 3 ～ 5 次自然呼吸，然后还原，换另一侧再做。

战士二式

## （八）战士三式

（1）山式站立。

（2）吸气，两手经体侧向上至头顶上方合掌。

（3）呼气，髋屈曲，同时左腿向后伸展，与躯干、手臂成一条直线，平行于地

战士三式

面，脚尖指向后方，目视地面，伸展两臂和左腿，保持 3 ～ 5 次自然呼吸；还原，换另一侧再做。

效果：使腿部肌肉更为匀称和强健，增强腿部、臀部、背部、肩部的肌肉力量，提高平衡能力。

半月式

### （九）半月式

（1）山式站立。

（2）两脚分开约两肩宽，右脚向右转 90°，左脚内收约 30°，两臂侧平举，屈右膝，躯干向右侧延伸弯曲，右手放在右脚尖前方约 30 厘米处，右手位于右肩的正下方。

（3）吸气，右腿充分伸直。

（4）呼气，左腿抬平伸直转髋，左右手成一条直线，转头目视左手，保持 3 ～ 5 次自然呼吸，然后还原，换另一侧再做。

效果：强化腿部力量，提高平衡和协调能力。

下犬式

### （十）下犬式

（1）俯卧，两脚分开约 30 厘米。

（2）两掌放于胸侧，手指伸直，指尖指向头部方向。

（3）呼气，身体从地面抬起，手臂伸直，头向内，朝着脚的方向移动，头顶着地，肘部伸直，伸展背部。

（4）呼气，腿部绷直，膝盖不要弯曲，脚跟下压，保持 3 ～ 5 次自然呼吸，降低身体，轻柔地回到地面放松。

效果：增强脚踝力量，使腿部更匀称，缓解肩关节的炎症。

三角扭转式

### （十一）三角扭转式

（1）山式站立。

（2）两脚分开约两肩宽。

（3）右脚向右转 90°，左脚内收 60°，吸气，向右转髋，保持中正，左臂经体侧向上伸展。

（4）呼气，髋屈曲，手置于右脚外侧，扭转脊柱，右臂向上伸展，与左臂成一条直线，目视右手指尖，保持 3 ～ 5 次自然呼吸，然后还原，再做另一侧。

效果：加强躯干两侧、背部与两腿后侧肌肉，脊柱灵活，按摩腹部。

# 第三节 练习瑜伽的注意事项

## 一、了解自己的极限

练习者不必为了获得最大程度的功效或做到完全标准的姿势，就刻意把身子弯曲或伸展到身体承受不了的程度。练习时不要过分勉强，要在自己所能承受的范围内完成体式，使被伸展的部位有少许拉伸的感觉即可，从而保证每个动作舒适且安全的完成。

## 二、认真领悟来自身体的感觉

如果完成体式时，身体某处产生剧痛，应立即停止；若再次尝试，在同样地方再次产生这种剧痛，应停止继续该体式的练习。练习时，要量力而行，将注意力集中在不同体式对身体产生的感觉上即可，切勿勉强。

## 三、慢与放松的艺术

每组练习都应做得缓慢、步骤鲜明，不要匆忙地完毕。每做完几组体式或感到需要休息时，应做短暂（5～60 秒）的仰卧放松。

## 四、异 响

练习时，某些体式会使骨关节发出“喀喀”的声响，这其实是身体正在变得柔软、松动、灵活的信号。

## 五、场 地

瑜伽练习应在地板或地面上进行，应铺上专用的瑜伽垫，以免使身体受伤或受凉。

## 六、服 装

瑜伽服要宽松、吸汗，且应光脚练习。练习之前应先除掉皮带、领带、首饰、胸衣等，并将头发束好，在做躺下的动作时应先将束发绳散开。

## 七、清　体

在做体位法练习之前应先排净大小便，如能全身沐浴更佳。

## 八、呼　吸

绝大多数瑜伽体位法都要用鼻呼吸，而不是用嘴。

## 九、按摩辅助

如肌肉痉挛或酸痛，应加以按摩，以减少受伤的概率。

## 十、经期卫生

月经期间可以选择一些较轻松的姿势来做，不要做犁式、肩立式或一些会增加腹压的姿势。

**思考题**

1. 瑜伽的基本练习有哪些？
2. 瑜伽练习时，应注意哪些问题？

# 第十八章　体育舞蹈

## 引　言

体育舞蹈也称国际标准交谊舞，它的前身即社交舞（也称交谊舞），起源于14—15世纪的意大利，16世纪末传入法国。经过不断加工，汲取各类舞蹈的精华，体育舞蹈逐渐形成了当今的各种流派。体育舞蹈的发展过程经历了原始舞蹈—公众舞—民间舞—宫廷舞—社交舞—新旧国际标准交际舞等发展阶段。

体育舞蹈教学视频

体育舞蹈百科

## 第一节　体育舞蹈简介

### 一、体育舞蹈入门知识

#### （一）体育舞蹈的分类

体育舞蹈可以分为以下几类。（图 18-1-1）

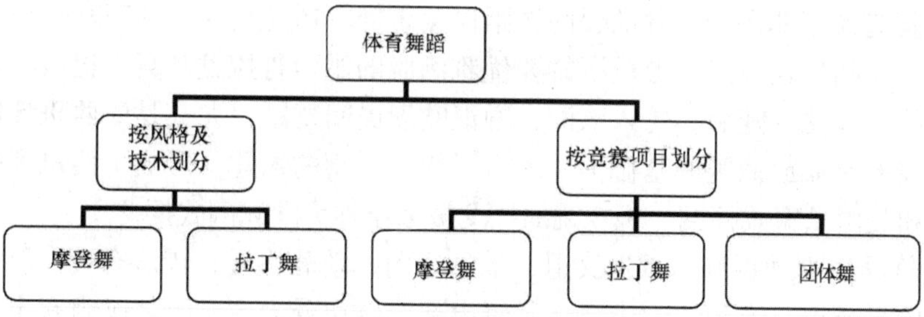


图 18-1-1　体育舞蹈分类

### （二）体育舞蹈的舞种

体育舞蹈可分为摩登舞和拉丁舞两种项群。（表 18–1–1）

表 18–1–1 体育舞蹈的舞种

| 分类 | 舞种 |
|---|---|
| 摩登舞 | 华尔兹、探戈、狐步舞、快步舞、维也纳华尔兹 |
| 拉丁舞 | 伦巴、恰恰恰、桑巴、斗牛舞、牛仔舞 |

**1. 摩登舞**

摩登舞又称现代舞，起源于欧洲，具有端庄、含蓄、稳重、典雅的风格和绅士风度。舞步流畅，轻柔洒脱，舞姿优美，起伏有序，音乐节奏清晰，舞蹈富于技巧性，是老少皆宜的舞系。

**2. 拉丁舞**

拉丁舞起源于非洲和拉丁美洲，具有热情、奔放、浪漫的风格特点。舞蹈动作豪放粗犷，速度多变，手势和脚步内容丰富，充满激情，音乐节奏鲜明强烈，尤其受到中青年人的喜爱。

### （三）各种舞蹈的风格特点

**1. 华尔兹舞**

华尔兹舞亦称圆舞，是现代舞中历史最悠久，生命力最强的舞蹈形式。12 世纪在德国巴伐利亚和奥地利维也纳地区的农民中流行；17 世纪进入维也纳宫廷；18 世纪被誉为“欧洲宫廷舞之王”；19 世纪初传入美国波士顿；20 世纪重返欧洲，并以新的“慢华尔兹”的形式席卷欧洲大陆。

华尔兹的风格特点是庄重典雅，华丽多彩。其动作流畅起伏，婉转多变；舞姿飘逸优美，文静柔和。舞蹈时，男伴似王子气宇轩昂，女伴似公主温文尔雅，雍容大方。华尔兹音乐$\frac{3}{4}$节拍，节奏中等，每分钟 28 ～ 30 小节。

**2. 探戈舞**

探戈舞起源于非洲中西部的民间舞蹈探戈诺舞。16 世纪末至 17 世纪初进入美洲，融合了拉美民间舞蹈风格，形成了舞姿优雅洒脱的墨西哥探戈和舞姿挺拔、舞步豪放健美的阿根廷探戈。随后，传入欧洲，融汇欧洲民间舞蹈，尤其是受西班牙民间舞蹈的影响，在原有豪放洒脱的基础上，渗入了优雅含蓄的情趣，形成了西班牙探戈、意大利探戈和英国皇家式探戈。现今跳的探戈被大家称为欧洲闪式探戈。

探戈舞动作刚劲锐利，欲进又退，欲退还前，动静快慢，错落有致，沉稳中见奔放，闪烁中显顿挫，音乐速度中庸，气氛肃穆，以切分为主，听之铿锵有声，振奋精神。探戈舞音乐$\frac{2}{4}$拍节奏，每分钟 30 ～ 34 小节。

**3. 狐步舞**

狐步舞起源于美国黑人舞蹈。1914 年夏，美国演员哈利 · 福克斯模仿马在慢步行走时的动作，设计了这种舞蹈形式，迅速在全美风行，因此人们称狐步为福克斯。

狐步舞的风格特点除具有华尔兹的典雅大方、舒展流畅和轻盈飘逸之外，更具有狐步舞独有的平稳大方，悠闲自在，从容恬适的韵味。狐步舞音乐为$\frac{4}{4}$拍，速度适中，节奏明快。

**4. 快步舞**

快步舞从美国民间舞改编而成，早期快步舞吸收了快狐步动作，后又引入芭蕾的小动作，使动作更显轻快灵巧。现今大家跳的是英国式的快步舞。

快步舞的风格特点是轻快活泼，富于激情。舞步洒脱自由，饱含动力感和表现力。快步舞音乐为$\frac{4}{4}$拍，每分钟 50 ～ 52 小节。

**5. 维也纳华尔兹**

维也纳华尔兹起源于奥地利北部山区农民舞，是历史最悠久的舞蹈。其风格特点是动作舒展大方，连绵起伏，节奏清晰，舞姿 优美，舞步轻快流畅，旋转性强。维也纳华尔兹舞的音乐为$\frac{3}{4}$拍，每分钟 56 ～ 60 小节。

**6. 伦　巴**

伦巴是由古巴舞蹈吸收 16 世纪非洲黑人舞蹈和西班牙“波莱罗”舞蹈逐渐完善而成，20 世纪 20—50 年代其又受美国爵士乐和舞蹈的影响趋于成熟。

伦巴的音乐缠绵、浪漫，舞蹈风格柔媚、抒情，是表现爱情的舞蹈。与其他拉丁舞特点不同的是，在舞步运行中，髋部富有魅力地扭摆，上身自由舒展，在抑扬的韵律节奏下，具有文静、含蓄、柔媚的风格，被誉为“拉丁舞之魂”。伦巴音乐节奏为$\frac{4}{4}$拍，每分钟 27 ～ 29 小节。

**7. 恰恰恰**

恰恰恰由非洲传入拉美后，在古巴获得很大发展，它是模仿企鹅姿态创编的舞蹈。在动作编排上，其一反男子领舞的习惯，男女动作不求统一整齐，且多半是男子随后。

恰恰恰舞曲热情奔放，舞步花哨利落、步频较快，诙谐风趣。音乐曲调欢快有趣，节奏为$\frac{4}{4}$拍，每分钟 30 ～ 32 小节。

**8. 桑巴舞**

桑巴舞是从巴西农村的摇摆桑巴舞传入城市演变而来的，后在里约热内卢狂欢节上公开表演后，以它微妙的节奏和强烈的情感倾倒了巴西人，逐步形成为巴西的民族舞，是巴西音乐和舞蹈的灵魂。21 世纪 20—30 年代桑巴舞传入欧美。

桑巴舞的风格特点是动作粗犷，起伏强烈，舞步奔放、敏捷，富有强烈的感染力。桑巴舞音乐节奏为$\frac{2}{4}$拍，每分钟 52 ～ 54 小节。

**9. 斗牛舞**

斗牛舞起源于西班牙，是模仿西班牙斗牛士动作，由西班牙风格的进行曲伴舞的一种拉丁舞。

斗牛舞动静鲜明，力度感强，发力迅速，收步敏捷顿挫。在舞蹈中，男为斗牛士，气宇轩昂，刚劲威猛；女为红色斗篷，英姿飒爽，柔美多变。斗牛舞音乐节奏为$\frac{2}{4}$拍，每分钟 60 ～ 62 小节，一拍跳一步。

10. 牛仔舞

牛仔舞源于美国，是美国西部牛仔跳的踢踏舞，20 世纪 50 年代爵士乐的流行完善了这种舞蹈，但风格上还保持美国西部牛仔舞刚健、浪漫、豪爽的气派。

牛仔舞的特点是舞步敏捷、跳跃，舞姿轻松、热情、欢快，具有独特的魅力。牛仔舞音乐节奏为 $\frac{4}{4}$ 拍，每分钟 42 ～ 44 小节。

## 二、体育舞蹈基本知识

### （一）舞程向

在一个舞池中，为避免互相碰撞而严格规定舞者必须按逆时针方向行进，这个行进方向叫舞程向。

### （二）舞程线

沿舞程向方向行进的路线，跳舞者必须沿逆时针方向围绕的舞池中央的行进线叫舞程线。（图 18–1–2）

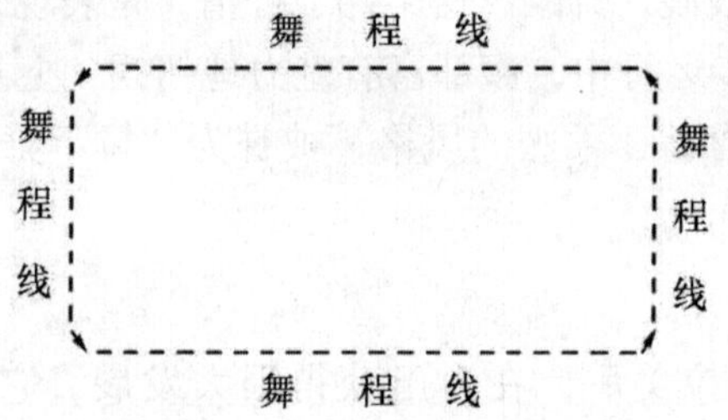


图 18–1–2

### （三）舞　姿

舞姿泛指舞者跳舞时两人相对的位置和姿态，包括合对位舞姿（闭式位舞姿）、侧行位舞姿、外侧位舞姿、并肩位舞姿、影子位舞姿、反侧行步、斜角位、并退位反身动作位置、反并退位升降动作（起与伏）、扇形位摆荡动作和分式位倾斜动作等 11 种舞姿。

### （四）技术动作术语

体育舞蹈的技术动作术语包括：准线、平衡、基本舞步、滑步、脚跟转、脚跟轴转、踌躇步、逗留步、开式转、轴转、摆荡、追步、步位、刷步、升降和锁步。

### （五）角度、方位、赛场

体育舞蹈对于每个舞步开始、结束时所站立的方向，运步、旋转过程中的方位、角度都有相应的规定。

1. 旋转角度的认定

旋转时以每转 360° 为 1 周；旋转 45° 为 1/8 周；旋转 90° 为 1/4 周；旋转

135° 为 3/8 周；旋转 180° 为 1/2 周；旋转 225° 为 5/8 周；旋转 270° 为 3/4 周；旋转 315° 为 7/8 周。在记录旋转动作时，应先标明旋转的方向，即左转或右转，再标明角度。（图 18–1–3）

**2. 方位的确定**

为了便于在舞蹈进行中正确地辨别方位和检查旋转的角度，根据国际上记录各种舞蹈的惯例，在舞场上要规定一定的方位。一般情况下，多以乐队演奏台的一面为规定方位的基点，定为“1 点”（也可在场地中任选一个面定为“1 点”）每向顺时针方向转动 45° 则变动一个方位。依此类推 2、3、4 等 8 个点。因此，一个场地中的 4 个面为 1、3、5、7 点，4 个角为 2、4、6、8 点。（图 18–1–4）

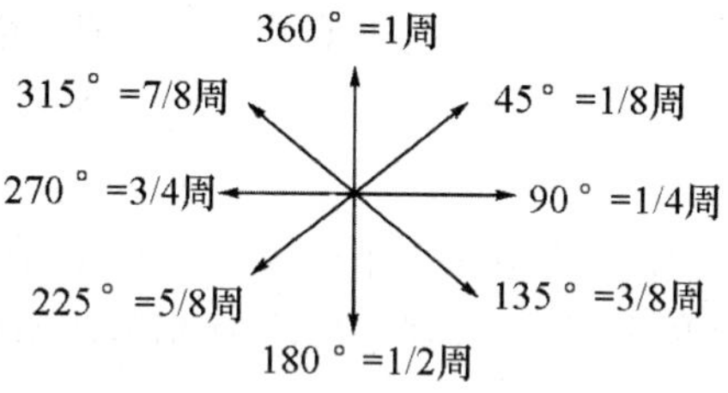


图 18–1–3

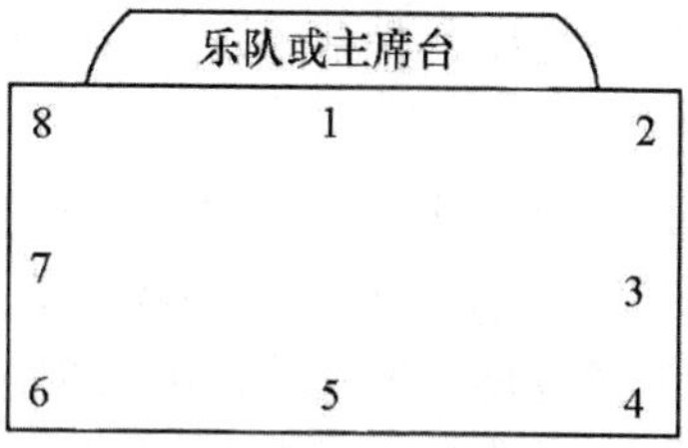


图 18–1–4

以上所讲的方位是在一个固定的位置时用的。如果舞蹈者按舞程线不断变换方位，向前移动，则又要和舞程线发生联系。因此，又规定了几条线来指示舞蹈者每个舞步的行进方向。

在国际体育舞蹈中规定了 8 个方向：1 面对舞程线；2 面对斜墙壁；3 面对墙壁；4 背对斜中央；5 背对舞程线；6 背对斜墙壁；7 背对墙壁；8 面对斜中央。（图 18–1–5）

**3. 赛　场**

体育舞蹈比赛的场地是有一定规格的，一般赛场地面应平整光滑，长为 23 米，宽为 15 米。赛场长的两边叫 A 线，短的两条边线叫 B 线（图 18–1–6）。比赛选手所编的套路应按两条线的长短不同，安排适当的动作，不断沿两条线按舞程线方向循序而进。

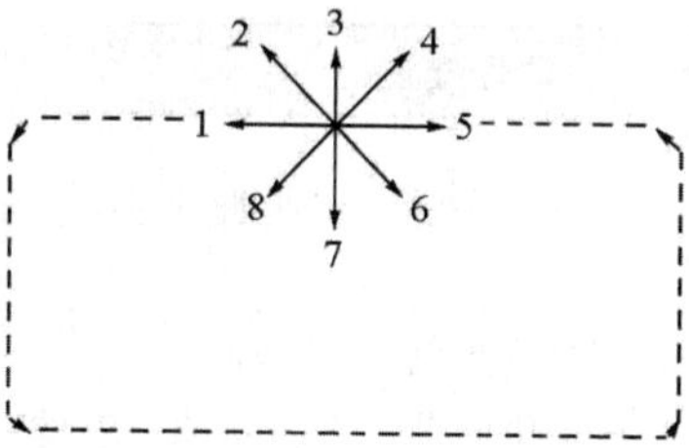


图 18–1–5

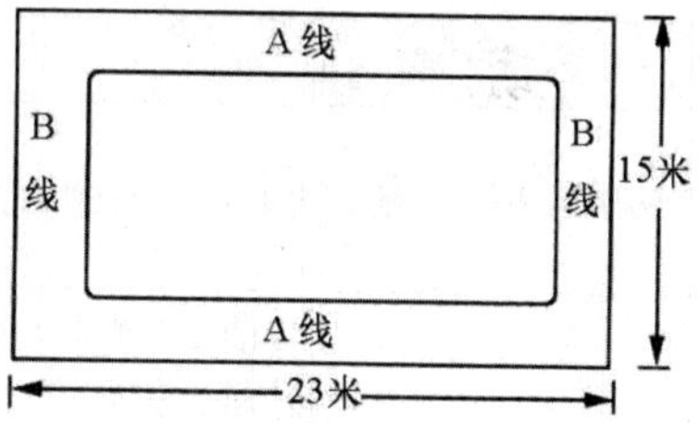


图 18–1–6

# 第二节　体育舞蹈基本技术

伦巴一级套路完整示范

## 一、伦　巴

伦巴与西班牙和非洲的舞蹈有密切关系。16 世纪，随着殖民主义者贩卖黑奴而将非洲舞蹈传人拉丁美洲后在古巴得到发展，因此其又叫古巴伦巴。伦巴的特点是音乐上缠绵深情，舞步上婀娜多姿，风格上柔美抒情，使舞蹈充满了浪漫情调，令人陶醉。

节拍：$\frac{4}{4}$ 拍。

速度：每分钟 27 ~ 29 小节。

基本节奏：快、快、慢。第一步占 1 拍，第二步占 1 拍，第三步占 2 拍。其运步方法与众不同，要“先出胯，后出步”，呼数为“2、3、4、1”，胯部摆动三次。

### （一）伦巴的身体形态和技术要领

（1）两脚自然、轻松地靠拢站好。

（2）挺胸、脊椎骨伸直，不可耸肩。

（3）任意一脚向侧跨出一步，支撑重心的另一只脚伸直，并将身体重心全部移到这只脚上，以使骨盆可以往侧后方移动，因而感觉上重量放在支撑脚的脚跟，其膝关节要向后锁紧，骨盆移动的幅度要以不影响上身的姿势为原则。

### （二）伦巴基本技术动作

#### 1. 基本动作

伦巴的基本动作就是指伦巴最基本的舞步，很多步子都是在此基础上发展起来的，初学者务必熟练地掌握它，并能与音乐合拍。

律　动

（1）基本律动（表 18-2-1）

表 18-2-1　基本律动

| 序　号 | 节　奏 | 动作描述 |
|---|---|---|
| 预备姿势：两脚合并在原地，重心放在右脚上，右胯在后、左胯在前；左脚脚掌点地，左膝弯曲 | | |
| 1 | 2 | 1. 前 1/2 拍重心移到左脚，左脚踩地板，两腿伸直<br>2. 后 1/2 拍左胯位向后，右胯位向前；右膝弯曲，左膝向后伸展 |
| 2 | 3 | 1. 前 1/2 拍重心移到右脚，右脚踩地板，两腿伸直<br>2. 后 1/2 拍右胯位向后，左胯位向前；左膝弯曲，右膝向后锁直 |
| 3 | 4.1 | 动作同节奏 2，时值延长 |

（2）左右移动（表 18-2-2）

左右移动

**表 18-2-2 左右移动**

| 序 号 | 节 奏 | 动作描述 |
| --- | --- | --- |
| 预备姿势：重心放在右脚上，左脚停留在左侧，左胯在后、右胯在前；左脚脚尖外转、点地，并向地板施加一定压力 | | |
| 1 | 2 | 1. 脚步：前 1/2 拍左脚并合右脚，脚掌平伏，后 1/2 拍左脚踩地板，两腿伸直。<br>2. 身体动作：重心落在左脚脚掌，右胯在后、左胯在前 |
| 2 | 3 | 1. 脚步：两脚并合，脚跟靠拢，右膝弯曲后锁直<br>2. 身体动作：左胯在后右胯在前 |
| 3 | 4.1 | 左腿弯曲后重心向左侧移动，脚掌平伏，右脚停留在右侧，右胯在后、左胯在前，右脚脚尖外转、点地，并向地板施加一定压力 |

（3）前后移动（表 18-2-3）

前进后退步

**表 18-2-3 前后移动**

| 序 号 | 节 奏 | 动作描述 |
| --- | --- | --- |
| 预备姿势：重心放在右脚上，左脚在后点地，右胯在后、左胯在前；左脚脚尖外转，并向地板施加一定的压力，两腿膝关节伸直，保持两脚在一条直线上 | | |
| 1 | 2 | 1. 脚步：左脚向前，脚掌平伏<br>2. 身体动作：出脚前先摆动胯部向前，让身体重心向前移动，接着转动身体右侧与胯部向后，带动左腿收回，弯曲左腿膝关节，左腿经过右腿向前移动，慢慢伸直膝关节，以脚尖、脚掌、脚跟的顺序着地；同时右脚脚跟离地，身体重心继续前移至大部分重心到达左脚 |
| 2 | 3 | 1. 脚步：重心由左脚移至右脚，左脚向前点地，左腿与左脚脚跟内转、收紧，并向地板施加一定的压力<br>2. 身体动作：先转动身体左侧和跨位向后，右腿膝关节向左腿靠拢，将胯部摆动到左侧，并保持右腿外旋的姿势；右脚脚掌撑地，踝关节向内下压，左脚推地板带动身体重心移至右脚 |
| 3 | 4 .1 | 1. 脚步：重心由左脚移至右脚，左脚向前点地，左脚脚跟内转、收紧，并向地板施加一定的压力<br>2. 身体动作：先转动身体左侧和胯部向后，右脚膝关节向左腿靠拢，将胯部摆动到左侧，并保持右腿外旋的姿势；右脚脚掌撑地，踝关节向内下压，左脚推地板带动身体重心移至右脚 |

方形步

（4）方形步（表 18-2-4）

表 18-2-4　方形步

| 序　号 | 节　奏 | 动作描述 |
| --- | --- | --- |
| 预备姿势：重心放在右脚上，左脚停留在左侧，左胯在后、右胯在前；左脚脚尖外转、点地，并向地板施加一定压力 | | |
| 1 | 2 | 1. 脚步：左脚经过右脚向前，脚掌平伏<br>2. 身体动作：出脚前先摆动右胯部向后，让身体重心向前移动；接着转动身体右侧与胯部向后，带动左腿收回，弯曲左腿膝关节，左腿经右腿向前移动，慢慢伸直膝关节，以脚尖、脚掌、脚跟的顺序着地；同时右脚脚跟离地，身体重心继续前移至大部分重心到达左脚 |
| 2 | 3 | 1. 脚步：重心由左脚移至右脚，左脚向前点地，左腿与左脚脚跟内转收紧，并向地板施加一定的压力<br>2. 身体动作：先转动身体左侧和胯部向后，右腿膝关节向左腿靠拢，将胯部摆动到左侧，并保持右腿外旋的姿势；右脚脚掌撑地，踝关节向内下压，左脚推地板带动身体重心移到右脚 |
| 3 | 4.1 | 1. 左脚经过右脚向侧，脚掌平伏<br>2. 先摆动右胯部向后，收回左脚，脚尖擦地，膝关节弯曲，经过右腿向旁侧继续延伸；当左脚到达位置后，落下左脚脚掌内侧和脚跟，左腿慢慢伸直，将大部分重心移至左脚 |
| 4 | 2 | 1. 右脚经过左脚后退，脚掌平伏<br>2. 先摆动左胯部向后，收回右脚，脚尖擦地，膝关节弯曲，经过左腿向后继续延伸，当右脚到达位置后，落下右脚脚跟，膝关节慢慢伸直；右大腿和脚尖自然地向外转约 1/16 周，大部分重心落在右脚 |
| 5 | 3 | 1. 脚步：重心由右脚推至左脚，右脚后点地，右脚脚跟内转、收紧，并向地板施加一定的压力<br>2. 身体动作：先转动身体右侧和胯部向后，右脚推动地板将身体重心推至左脚，将胯部摆动到右胯在后、左胯在前 |
| 6 | 4.1 | 1. 右脚经过左脚向侧，脚掌平伏<br>2. 先摆动左跨部向后，收回右脚，脚尖擦地，膝关节弯曲，经过左腿向侧继续延伸；当右脚到达位置后，落下右脚脚掌内侧和脚跟，右腿慢慢伸直，将大部分重心移至右脚 |

（5）四分之一转（表 18-2-5）

四分之一转

**表 18-2-5　四分之一转**

| 序　号 | 节　奏 | 动作描述 |
|---|---|---|
| 预备姿势：重心放在右脚上，左脚停留在左侧，左胯在后、右胯在前，左脚脚尖外转开、点地，并向地板施加一定压力 | | |
| 1 | 2 | 1. 脚步：左脚向前，脚掌平伏<br>2. 身体动作：出脚前先摆动胯部向前，让身体重心向前移动；接着转动右侧身体与胯部向后，带动左腿收回，弯曲左腿膝关节，左腿经过右腿向前移动，慢慢伸直左腿，以脚尖、脚掌、脚跟的顺序着地；同时右脚脚跟离地，身体重心继续前移至大部分重心到达左脚 |
| 2 | 3 | 1. 脚步：重心由左脚推至右脚，左脚向前点地，左脚脚跟内转、收紧，并向地板施加一定的压力<br>2. 身体动作：先转动身体左侧和胯部向后，右腿膝关节向左腿靠拢，将胯部摆动到左侧，并保持右腿外旋的姿势；右脚脚掌撑地，踝关节向内下压，左脚推地板带动身体重心移到右脚 |
| 3 | 4.1 | 1. 左脚向旁，身体向左转 1/4，脚掌平伏<br>2. 先摆动右胯部向后，收回左脚，脚尖擦地，膝关节弯曲，经过右腿向旁继续延伸，身体左转 1/4；当左脚到达位置后，落下左脚脚跟，左腿慢慢伸直，右脚在旁点地 |

（6）库克洛恰（表 18-2-6）

库克洛恰

**表 18-2-6　库克洛恰**

| 序　号 | 节　奏 | 动作描述 |
|---|---|---|
| 预备姿势：两脚合并在原地，重心放在右脚上，右胯在后、左胯在前，左脚脚掌点地，左腿膝关节弯曲 | | |
| 1 | 2 | 1. 左脚向侧，部分重心，脚掌平伏，下压侧向步<br>2. 右脚向左脚推动部分重心，保持右脚脚跟停留在地面，其余动作同侧向步 |
| 2 | 3 | 1. 右脚在原地，脚掌平伏，重心原地转移<br>2. 前 1/2 拍左脚推动重心向右脚移动，重心由右脚内侧边缘滚动到中间，后 1/2 拍右胯与右腿大腿肌肉由前经侧向后进行转动，将重心下压，并带动左腿收回 |
| 3 | 4.1 | 1. 左脚向侧，并合右脚，脚掌平伏<br>2. 两脚并合，做原地重心的转移 |

## 二、恰恰恰

恰恰恰完整示范

恰恰恰起源于中美洲的墨西哥、古巴，原是模仿企鹅在生活中的各种姿态而创造出来的舞蹈。其舞曲热情奔放，舞步花哨利落、诙谐俏皮，步频较快，是所有拉丁舞中最受欢迎的舞蹈。

基本节奏：第一步占 1 拍，第二步占 1 拍，第三步和第四步各占半拍，第五步占 1 拍，呼数为“2、3、4 & 1”。

恰恰恰音乐的节奏是$\frac{4}{4}$拍，每小节 4 拍，重音落在第 1 拍。恰恰恰的基本舞步有 5 步，步法节奏为慢、慢、快、快、慢，慢步一拍一步，快步一拍两步。步法与音乐的关系是第一步踏在舞曲每小节的第 2 拍，第 5 步踏在舞曲下一小节的第 1 拍。

### （一）恰恰恰的持握姿势

**1. 闭式相握姿势**

男、女相对站立，相距约 20 厘米，重心可在任意一只脚上。男士的右手放在女士的左肩胛骨上，女士的左臂轻放在男士的右臂上，男士的左臂稍抬起，与眼睛齐平，女士的右手轻放在男士的左手中。（图 18–2–1）

**2. 开式相握姿势**

男、女相距约一臂距离，面对面站立，重心可落在任意一只脚上。两人相握的手平举于胸骨略下的位置，微微弯曲；另一只手臂自然侧举。（图 18–2–2）

**3. 扇形姿势**

女士在男士左侧约一臂距离。女士的身体重心落于左脚，男士的身体重心落于右脚。男士的左手轻握在女士的右手手背上。（图 18–2–3）

图 18–2–1

图 18–2–2

图 18–2–3

恰恰铜牌套路

### （二）恰恰恰的单元舞步练习

**1. 恰恰恰双人铜牌套路组合**

（1）前进后退锁步（表 18–2–7）

以男步右脚开始。

恰恰恰前进后退恰恰锁步

表 18-2-7 前进后退锁步

| 序 号 | 节 奏 | 动作描述 |
| --- | --- | --- |
| 准备姿势：男女开式位 | | |
| 1 | 2 | 男步：右脚后退，脚掌平伏，胯部移至右侧<br>女步：左脚前进，脚掌平伏，胯部移至左侧 |
| 2 | 3 | 男步：重心转移至左脚，左脚脚掌平伏，右脚脚尖点地<br>女步：重心转移至右脚，右脚脚掌平伏，左脚脚尖点地 |
| 3 | 4 | 男步：右脚前进，小步，脚掌平伏，右侧身体带领，左腿伸直，胯部开始移至右侧<br>女步：左脚后退，小步，脚掌支撑，左侧身体带领，右腿伸直，胯部开始移至左侧 |
| 4 | & | 男步：左脚交叉在右脚后，脚尖点地<br>女步：右脚交叉在左脚前，脚掌平伏，形成古巴交叉，两腿自然弯曲，胯部移回中央 |
| 5 | 1 | 男步：右脚前进，脚掌平伏，两膝伸直，胯部移至右侧。<br>女步：右脚后退，脚掌平伏 |

男步左脚开始同上，男女步动作互换。

（2）左右恰恰合并步（表 18-2-8）

以男步右脚开始。

左右恰恰合并步

表 18-2-8 左右恰恰合并步

| 序 号 | 节 奏 | 动作描述 |
| --- | --- | --- |
| 准备姿势：男女闭式位 | | |
| 1 | 2 | 男步：右脚后退，脚掌平伏<br>女步：左脚前进 |
| 2 | 3 | 男步：重心移至左脚<br>女步：重心移回右脚 |
| 3 | 4 | 男步：右脚经过左脚向侧落地，小步，部分重心移至右脚<br>女步：左脚经过右脚向侧落到，小步，部分重心移至左脚 |
| 4 | & | 男步：左脚并合右脚，右腿伸直，左腿弯曲<br>女步：右脚并合左脚，左脚伸直，右腿弯曲 |
| 5 | 1 | 男步：右脚向侧，脚掌平伏，两腿伸直，胯部移至右侧<br>女步：左脚后侧，脚掌平伏，两腿伸直，胯部移至左侧 |

男步左脚开始同上，男女步动作互换。

（3）扇形步（表 18-2-9）

前进后退锁步。

恰恰恰扇形步

表 18-2-9　扇形步

| 序　号 | 节　奏 | 动作描述 |
| --- | --- | --- |
| 准备姿势：男女闭式位 | | |
| 1 | 2 | 男步：右脚后退，脚掌平伏，胯部移至右侧<br>女步：左脚前进，拉丁交叉 |
| 2 | 3 | 男步：重心移至左脚，脚掌平伏，右脚点地<br>女步：重心移至右脚，脚掌平伏，胯部在右侧，左脚向前点地，身体左转 1/4 |
| 3 | 4 | 男步：右脚移向右侧，小步，脚尖点地，左膝腿伸直，胯部开始移至右侧<br>女步：左脚后退，小步，脚掌支撑，左侧身体带领，左膝伸直，胯部开始移至左侧 |
| 4 | & | 男步：左脚合并右脚，左腿弯曲，右腿伸直<br>女步：右脚交叉在左脚前，脚掌平伏，形成古巴交叉，两膝腿自然弯曲，胯部移回中央 |
| 5 | 1 | 男步：右脚右旁打开，脚掌平伏，俩膝伸直，胯部移至右侧<br>女步：左脚后退，脚掌平伏，结束在左右开式位 |

（4）曲棍球步（表 18-2-10）

恰恰恰<br>曲棍球步

表 18-2-10　曲棍球步

| 序　号 | 节　奏 | 动作描述 |
| --- | --- | --- |
| 准备姿势：男女闭式位 | | |
| 1 | 2 | 男步：左脚前进<br>女步：右脚收并左脚，拧胯，重心移至右脚 |
| 2 | 3 | 男步： 原地重心后移至右脚<br>女步：左脚前进 |
| 3 | 4 | 男步：左脚横步<br>女步：右脚前进 |
| 4 | & | 男步：右脚并左脚，左臂上抬<br>女步：左脚掌踏在右脚后 |
| 5 | 1 | 男步：左脚横步<br>女步：右脚前进 |
| 6 | 2 | 男步：右脚后退，略向右转<br>女步：左脚前进 |

续　表

| 序　号 | 节　奏 | 动作描述 |
|---|---|---|
| 7 | 3 | 男步：左脚原地踏，并向右转，与前一步共转 1/8 周，左手带女士在后半拍向左转<br>女步：右脚前进，后半拍左转 1/2 周 |
| 8 | 4 | 男步：右脚前进<br>女步：左脚横步 |
| 9 | & | 男步：左脚掌并在右脚跟后<br>女步：右脚后退交叉于左脚前 |
| 10 | 1 | 男步：右脚前进，直膝<br>女步：左脚后退，直膝 |

（5）定点转（表 18-2-11）

定点转

表 18-2-11　定点转

| 序　号 | 节　奏 | 动作描述 |
|---|---|---|
| 准备姿势：男女开式位 | | |
| 1 | 2 | 男步：前 1/2 拍左脚经过右脚右转 1/8 周，形成反身位置，后 1/2 拍身体再转 1/2 周<br>女步：同上，脚相反 |
| 2 | 3 | 男步：重心移至右脚，右脚平伏<br>女步：重心移回左脚，左脚平伏 |
| 3 | 4 | 男步：左脚经过右脚向侧，小步，部分重心移至右脚，身体右转 3/8 周<br>女步：同上，脚相反 |
| 4 | & | 男步：右脚并合左脚，左腿伸直，右腿弯曲<br>女步：左脚并合右脚，右脚伸直，左腿弯曲 |
| 5 | 1 | 男步：左脚向侧，脚掌平伏，两腿伸直，胯部移至左侧<br>女步：右脚向侧，脚掌平伏，两腿伸直，胯部移至右侧 |

（6）手接手（表达 8-2-12）

手接手

表 18-2-12　手接手

| 序　号 | 节　奏 | 动作描述 |
|---|---|---|
| 准备姿势：男女开式位 | | |
| 1 | 2 | 男步：左转 1/4 周，左脚后退，左手向旁打开与女士成右肩并肩位<br>女步：右转 1/4 周，右脚后退，右手向旁打开成右肩并肩位 |
| 2 | 3 | 男步：右脚原地踏一步，在后半拍时准备右转<br>女步：左脚原地踏一步，在后半拍时准备左转 |

续 表

| 序　号 | 节　奏 | 动作描述 |
|---|---|---|
| 3 | 4 | 男步：右转 1/4 周，左脚横步，左手与女士右手相拉或指尖向上，掌心相贴<br>女步：左转 1/4 周，右脚横步，右手与男士左手相拉或指尖向上，掌心相贴 |
| 4 | & | 男步：右脚并左脚<br>女步：左脚并右脚 |
| 5 | 1 | 男步：左脚小横步<br>女步：右脚小横步 |

男步左脚同上，男女步动作互换。

恰恰恰纽约步

（7）纽约步（表 18-2-13）

以男士右脚开始。

表 18-2-13　纽约步

| 序　号 | 节　奏 | 动作描述 |
|---|---|---|
| 准备姿势：男女开式位 | | |
| 1 | 2 | 男步：右转 1/4 周，左脚前进，左肩并肩位<br>女步：左转 1/4 周，右脚前进，左肩并肩位 |
| 2 | 3 | 男步：右脚原地踏一步，后半拍准备左转<br>女步：左脚原地踏一步，后半拍准备右转 |
| 3 | 4 | 男步：左转 1/4 周，左脚横步<br>女步：右转 1/4 周，右脚横步 |
| 4 | & | 男步：右脚并左脚<br>女步：左脚并右脚 |
| 5 | 1 | 男步：左脚小横步<br>女步：右脚小横步 |

男步左脚同上，男女步动作互换。

## 第三节　体育舞蹈比赛规则简介

体育舞蹈装备

### 一、比赛特点

体育舞蹈是从文艺活动转变而来的项目，因此在比赛中既有文艺的体现，又具有体育的特点。

### （一）主持人制

主持人制是指体育舞蹈比赛自始至终都是在主持人的指挥和控制下进行的形式。主持人既是司仪、广播员，又是调动现场气氛的关键，是赛场上的重要人物。

### （二）比赛和表演结合

体育舞蹈比赛的中间或结尾经常穿插国内外优秀选手的表演项目，使比赛更加丰富多彩、气氛热烈，也使裁判员、选手和记分组工作人员得以休息和准备下一轮的工作或比赛。

### （三）评分特点

体育舞蹈比赛评议时，每个评委要在 1.5 ～ 2.5 分钟从 6 ～ 20 对选手中确定人选或名次顺序。

## 二、场地和音乐

体育舞蹈比赛场地长为 23 米，宽为 15 米，地板要不反光、防滑、平整，场地四周画有边界线。选手按逆时针方向运动，交换舞程线时应过中心线。决赛时，音乐每曲时长 2 分 30 秒，其他赛时音乐每曲时长不少于 1 分 30 秒。

## 三、裁判组的组成及其工作

裁判组通常设裁判长 1 名、裁判员若干名。上场裁判必须是单数，全国性、国际大赛设裁判员 7 ～ 11 名。裁判员身份在裁判评分时用英文字母 A、B、C、D……代表。

## 四、评　判

### （一）评判要素

#### 1. 基本技术

脚部动作、姿态、平衡稳定、移动。

#### 2. 音乐表现力

节奏、风格的理解和体现。

#### 3. 舞蹈风格

细微区分各种不同舞种之间的风格和韵味的差别，个人风格的展现。

#### 4. 动作编排

动作流畅新颖，运用自如；体现各舞种的基本风韵，并有一定的技术难度；动作与音乐密切配合，发挥音乐效果；编排有章法，能充分利用场地。

**5. 临场表现**

赛场上的应变能力、良好的竞技状态，专注、自信，能自我控制临场发挥的水平。

**6. 赛场效果**

赛场效果指舞者的风度、气质、仪表及出场、入场的总体形象。

以上六项要素中，前三项主要是就选手的技术水平而言，后三项是就选手的艺术魅力而论。在第一、第二次预赛中，裁判员着重于对前三条要素的评判；在半决赛时，则着重于对后三条要素的评判；在决赛中，应全面地评判选手各项要素的表现情况。

## （二）服　装

（1）比赛服装规定：摩登舞的男选手穿燕尾服，女选手着不超过脚踝的长裙；拉丁舞服装应有拉美风格，男、女选手服装必须相互协调，男选手穿下身紧身裤或“萝卜”裤，上身穿宽松式长袖衣，女子穿露背、露腿的短裙；男、女舞鞋应与服装颜色一致。摩登舞男选手一般穿黑色舞鞋，女选手穿 5 ～ 8 厘米高的高跟鞋，鞋面可加亮饰；男选手的拉丁舞鞋同摩登舞鞋，女选手可穿高跟且有襻凉鞋，鞋亦可加亮饰。

（2）男选手可留分头，头发前不遮耳、后不过领，不能留长发、长须；女选手可留短发或长发盘髻，可加头饰，不可披长发。服装的样式、色彩随时代的发展而不断变化。

（3）专业选手背号为黑底白字，业余选手背号为白底黑字。

## （三）对选手的规定

（1）不允许在同类舞场中交换舞伴。

（2）准时入场，否则按弃权论处。

（3）编组后不能改变组别。

（4）摩登舞比赛必须男、女交手跳舞；拉丁舞比赛不允许出现托举上肩、跪腿等动作。

### 思考题

1. 简述体育舞蹈各舞种的特点。
2. 体育舞蹈的步法练习具有哪些特点？
3. 简述体育舞蹈比赛的基本规则。

# 第十九章　健身健美

## 引　言

现代健身健美运动起源于欧洲文艺复兴时期，20世纪30年代以后，男子健美运动风靡全球，一时间在欧美各国发展迅速，逐步扩展到亚洲、非洲和大洋洲等地区，同一时期传入中国，受当时环境和条件的限制，只局限于上海、广州等沿海大城市。随着人们生活水平的提高，健美运动在我国迅速发展，但相比国外仍然相对缓慢。1995年《全民健身计划纲要》的颁布实施，使全国掀起了全民健身运动的热潮。

随着社会的不断发展，人们对健康的重视程度越来越高，拥有健康、健美的身体已经成为现代社会人们普遍追求的目标。而高校教育改革的不断发展，也促使社会对高校的影响力不断增加，健康健美的观念逐渐得到大学生的普遍认同，健身健美运动在近10年来已经成为大学生喜爱的体育运动。健身健美运动不仅具有运动的健身功能，还具有形体锻炼的美学功能，更具有增强大学生交际能力、社会适应能力等社会功能，是适应现代大学生身心发展需要的项目，在高校开展是十分必要的。

## 第一节　健身健美训练的基本原则

健身健美训练作为特殊的、有专门组织的、有明确目标的一种教育过程，它具备与其他教育过程活动不同的特点，必须遵循和贯彻以下几条训练原则。

### 一、渐进训练的原则

人的认识是由简到繁、由浅到深、由未知到已知逐步形成的，条件反射也是由简单到复杂、由低级到高级逐步形成的。同样，人体各器官机能的改善、肌肉的发展和竞赛技术动作的形成都要经过一个逐步提高的过程，只有循序渐进地进行训练，才能收到良好的效果，否则，只能是欲速则不达，适得其反。所以，在参加健美锻炼时，必须遵循渐进训练的原则，要针对个人体质情况，由小到大逐步增强锻炼的难度和负荷量。

## 二、全面训练和专项训练相结合的原则

身体全面训练与专项训练密切联系与结合，是健美训练的主要特点。要想使身体发展协调、匀称，全身各部位肌肉都应得到锻炼，除采用多种多样的锻炼方式与方法外，还应进行全面身体素质训练（力量、耐力、速度、灵敏和柔韧等）。全面身体训练对打好专项基础、弥补专项训练的不足，可以起到促进作用。因此，在进行专项训练的同时，要与全面身体训练结合起来，这样才能收到良好的效果。

## 三、区别对待的原则

健身健美训练要遵循区别对待原则，因为个体之间存在着各种差异，如性别、年龄、体质、素质、体形特点等。

## 四、全面训练与分部位训练相结合的原则

要使全身各部位肌肉群高度发达，就必须将全面训练与分部位训练相结合。前者是基础，后者是提高，两者有机结合起来，是取得良好效果的关键所在。

## 五、不间断性的原则

根据有机体的超量恢复原理，锻炼和恢复要经历四个阶段。第一阶段为工作阶段，由于体内能量物质被消耗，各器官系统的机能随之逐渐下降，从而造成机体工作能力下降和疲劳的出现；第二阶段为工作后的恢复阶段，随着各器官系统机能的恢复和能量物质的补充，机体工作能力又逐渐恢复到工作前的状态；第三阶段为超量恢复阶段，由于运动负荷造成的机体的异化作用刺激了同化作用的加强，加上食物营养的及时补充，机体的能量储备和机能会超过锻炼前的水平，这就是健美锻炼的精髓所在；如果在超量恢复阶段不持续进行锻炼，机体就会进入第四个阶段——复原阶段，机体原先获得的锻炼效果就会消失，由此可见，健美锻炼最忌“三天打鱼，两天晒网”。也就是说，健美锻炼者要想获得理想的锻炼效果，必须持之以恒。

# 第二节　健身健美训练的方法

## 一、腿部肌群

两腿是人体的基座，承担着整个身体的重量，如果两腿无力，将会给日常生活和

工作带来不便，更谈不上健美。人的衰老从腿开始，两腿无力，行走活动减少，会导致心肺功能下降，所以应重视腿部肌群的锻炼。

### （一）股四头肌、臀大肌

#### 1. 负重深蹲

在动作过程中，应始终抬头、挺胸、紧腰，使杠铃垂直上升，意念集中在股四头肌、臀大肌上。（图 19-2-1）

俯立飞鸟

#### 2. 跨　举

下蹲和起立时，腰背要挺直，两臂伸直，不能屈臂和耸肩。起立时应完全靠腿部力量。屈膝下蹲时，不可突然下蹲，应以股四头肌、臀大肌的力量控制杠铃缓缓下降，意念集中在股四头肌、臀大肌上。（图 19-2-2）

图 19-2-1

图 19-2-2

### （二）股二头肌

#### 1. 俯卧腿弯举

做俯卧腿弯举时，腹部要始终紧贴凳面，臀部不能撅起，意念集中在股二头肌上。（图 19-2-3）

俯卧弯举

#### 2. 立姿腿弯举

动作不可太快，待股二头肌极力收缩后，稍停，再缓缓地放下。意念始终集中在股二头肌上。（图 19-2-4）

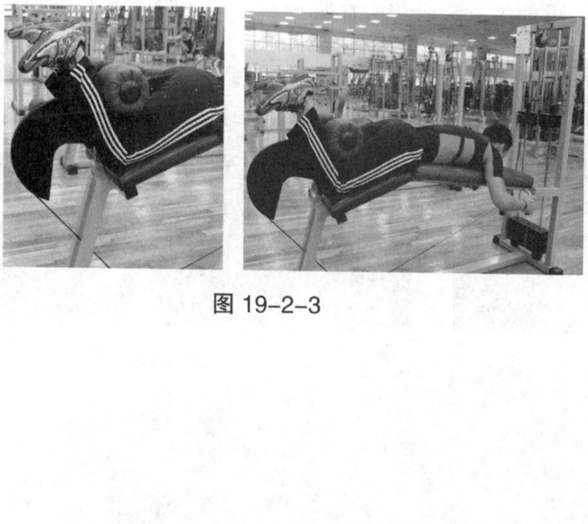

图 19-2-3

图 19-2-4

### （三）小腿肌群

**1. 立姿提踵**

做动作时，要保持重心稳定，下降时，脚跟要低于垫物面。意念集中在小腿肌群上。（图 19–2–5）

**2. 坐姿提踵**

在做动作的过程中，杠铃横杠的位置要正对脚跟，脚跟下降时，要低于垫物面。意念集中在小腿肌群上。（图 19–2–6）

图 19–2–5

图 19–2–6

斜卧推举

平板卧推

上斜飞鸟

仰卧飞鸟

## 二、胸部肌群

胸部肌群包括位于胸前皮下的胸大肌、位于胸廓上部前外侧胸大肌深层的胸小肌和位于胸廓外侧面的前锯肌。在锻炼胸肌时，需要采用不同的动作从不同的角度对胸肌进行不同的刺激，才能使胸部肌肉练得既发达又有线条。

### （一）杠铃平卧推举

要求上推路线垂直。意念集中在胸大肌上。（图 19–2–7）

### （二）仰卧飞鸟

要求肩、肘、腕始终在同一垂面内。意念集中在胸大肌和三角肌前束上。（图 19–2–8）

图 19–2–7

图 19–2–8

## 三、背部肌群

背部肌群主要由上背部斜方肌、中背部背阔肌和下背部骶棘肌三部分组成。强壮发达的背部肌肉，使上体成V字形，并能使腰背挺直，塑造良好的身材。

### （一）直立耸肩

在动作过程中，两臂不得上提杠铃，臂部和两手仅起固定杠铃的作用。耸肩时，不得弯腰、弯背。意念始终集中在斜方肌上。（图 19-2-9）

### （二）单杠引体向上

在动作过程中，身体不能摆动，向上拉时不能借用蹬腿的力量，拉得越高越好。意念始终集中在背阔肌上。（图 19-2-10）

图 19-2-9

图 19-2-10

## 四、肩部三角肌

肩部是否健美，主要看三角肌是否发达。三角肌位于肩部皮下，呈三角形，底向上，尖向下，从前后外侧包裹着肩关节，它的最前部和最后部的肌纤维呈梭形，而中部肌纤维呈多羽状，这种结构使三角肌具有较大的力量。

### （一）颈前推举

要求上体保持正直，不得借助腰部、腿部的力量。意念集中在三角肌前束上。（图 19-2-11）

### （二）颈后推举

要求两肘始终保持外展，杠铃垂直需要向上推。意念集中在三角肌后束上。（图 19-2-12）

坐姿划船

引体向上

站姿提踵上拉

哑铃前平举

哑铃侧平举

颈后推举

站姿侧平举

坐姿托肘固定弯举

反握引体向上

屈臂上拉

站姿前平举

站姿反握弯举

图 19-2-11

图 19-2-12

## 五、臂部肌群

臂部肌群分上臂肌和前臂肌。上臂肌主要是肱肌、肱二头肌和肱三头肌。前臂肌主要是旋前圆肌、屈手肌、伸手肌、手肌。

### （一）上臂肌群

**1. 杠铃弯举**

弯臂时，上体不要前后摆动。意念集中在肱肌、肱二头肌上。（图 19-2-13）

**2. 反握引体向上**

在上拉过程中，不得借助腰、腹的振摆来做动作。意念集中在肱二头肌上。（图 19-2-14）

图 19-2-13

图 19-2-14

### （二）前臂肌群

反握腕弯举：手腕向上弯曲时，要尽量收缩前臂肌。意念集中在前臂屈肌群上。（图 19-2-15）

图 19-2-15

## 六、腹部肌群

腹部肌群由腹直肌、腹外斜肌和

腹内斜肌构成。

### （一）单杠悬垂举腿

做动作时不得借助身体摆动的助力。意念集中在下腹部。（图 19–2–16）

### （二）仰卧起坐

做上体前屈时动作要慢，不得后仰助力。意念集中在腹直肌上。（图 19–2–17）

图 19–2–16

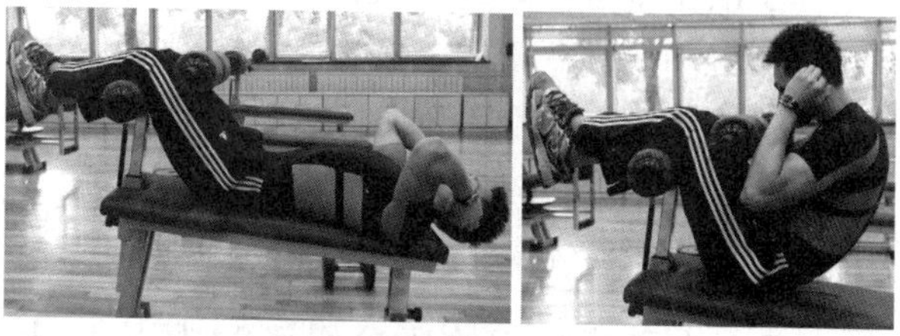

图 19–2–17

斜板卷腹

仰卧起坐

腹部练习

## 第三节 健身健美比赛规则简介

### 一、比赛类别

比赛规则

#### （一）按性别分组

健美比赛按性别可分为男子个人、女子个人、男女混合双人，还可增设男子集体造型和女子双人的表演赛。

全国健美冠军赛，可组织全场冠军比赛，并增设下列特别奖的比赛：“最佳胸肌奖”“最佳臂肌奖”“最佳三角肌奖”“最佳腹肌奖”“最佳背阔肌奖”“最佳小腿三头肌奖”“进步最快奖”“最佳配乐表演奖”。

#### （二）按年龄分组

按年龄可分为少年组，18 ～ 19 周岁（以生日为准）；青年组，21 周岁以下；成年组，21 周岁以上；元老组，男子 40 周岁以上，女子 35 周岁以上。

## 二、体重分级

### （一）男子成年组体重分级（21周岁以上）

男子成年组按体重分为8个等级（含60公斤）。

（1）羽量级：体重在60公斤以下。

（2）雏量级：体重在60.01～65公斤。

（3）轻量级：体重在65.01～70公斤。

（4）次中量级：体重在70.01～75公斤。

（5）轻中量级：体重在75.01～80公斤。

（6）中量级：体重在80.01～85公斤。

（7）轻重量级：体重在85.01～90公斤。

（8）重量级：体重在90公斤以上。

### （二）女子成年组体重分级（21周岁以上）

女子成年组按体重分为6个等级。

（1）羽量级：体重在46公斤以下（含46公斤）。

（2）雏量级：体重在46.01～49公斤。

（3）轻量级：体重在49.01～52公斤。

（4）次中量级：体重在52.01～55公斤。

（5）中量级：体重在55.01～58公斤。

（6）重量级：体重在58公斤以上。

男女混合双人和元老组不分体重级别。

## 三、运动员服饰

（1）男运动员必须穿规定式样的比赛三角裤。

（2）女运动员必须穿单色不耀眼的、能完全显露出腹部和背部肌肉的“比基尼”赛服。不能带有花纹图案、商标和任何附加的装饰品，也不能带有金、银闪光色亮片。

（3）运动员的号码牌须牢固地挂在或缝在比赛裤的左前侧。

（4）运动员在比赛中不准穿鞋、袜，不准戴手表、戒指、手镯、脚镯、项链、耳环、假发和其他装饰品；不准吃糖和吸烟；身上不准贴胶布或裹绷带；身上不准有刺青。女运动员的头发披下不能超过肩部。

## 四、抽签和称量体重

称量体重是在预赛前一天进行。称体重时，运动员必须穿比赛服，女运动员需有性别证明，以便接受裁判组检查。称体重后，须交自选动作音乐带（盘）。

## 五、比赛时间

男子个人为 60 秒；女子个人为 90 秒；男女混合双人为 120 秒；集体造型为 60 秒；女子双人为 120 秒。

## 六、计分方法与名次评定

健美比赛评分方法

### （一）预赛的评选方法

预赛采取不评分方法，只根据规定人数挑选。每一级别参加的复赛运动员不得超过 15 人。如参加该级别运动员不足 15 人，其复赛入选数量最多不超过参赛人数的 2/3。若不足 6 人，可不经预赛，直接进入复赛，打两次分，从中选出 3 人参加决赛。

### （二）复赛（半决赛）的评分方法

复赛分第一轮和第二轮。经两轮复赛，并通过“比较”评分评出每个参赛运动员的名次分。把他（她）们中间最好的排为第一（即“1”分），次于第一的列为第二（即“2”分），一直排到最后一位。把 9 位裁判员评分中两个最高分和两个最低分去掉，将其余 5 位裁判员的分相加，即为每一位运动员的复赛得分。

### （三）决赛的评分方法

裁判员根据预赛和复赛两个赛程的综合观察，对参加决赛的 6 名运动员，分别评出第 1 ～ 6 名的名次分。计算方法同复赛。

### （四）决赛的总分计算方法

把参赛运动员的复赛得分和决赛得分相加即为该运动员的决赛总分。分值小者名次列前。如遇决赛总分相等时，应以复赛和决赛评分中小分值多者名次列前。全场冠军的计分方法与其他级别决赛计分相同。

**思考题**

1. 健身健美训练的基本原则有哪些？
2. 三角肌的训练方法有哪些？
3. 健身健美竞赛中，女子成年组的体重分级包含几个级别？

# 第二十章　定向越野

**引　言**

定向运动就是利用地图和指北针依次到达地图上所标示的各个地点，以最短时间到达所有地点者为胜。定向运动通常在森林、郊区和城市公园里进行，也可以在大学校园里进行。定向越野是定向运动的一种。

## 第一节　定向越野技能训练

### 一、定向越野基础知识

定向越野概述

#### （一）定向地图

定向地图（图 20-1-1）是建立在地形图基础之上的运动用图，它利用等高线表示山的形状和高度，利用各种颜色表示前进的难易程度、植物分布，利用各种符号表示地面的特征。

定向百科

图 20-1-1

器材和地图

1.定向地图的比例尺

定向地图的比例尺主要作用是量算实地距离，还可以用来了解地图的精细度。1 ∶ 1000 可用于百米定向；1 ∶ 5000 可用于公园定向；1 ∶ 10000 可用于标准距离定向。

2. 定向地图的符号

（1）地物符号

定向地图地物符号由图形和颜色组成。

黑色：人造景观。建筑物，道路，小径和岩石（大石头，悬崖峭壁）。

棕色：地形。用等高线显示地貌，用符号表示山丘、小坑。

蓝色：水。有水的地方（湖泊，溪流，泥沼）。

绿色：植被。较难通过（绿色越深，越难通过）。

白色：普通林区。易通过。

黄色：空旷地。易奔跑。

紫色：线路。

（2）地貌符号

定向地图的地貌符号用棕色等高线表示。这类符号还包括小丘、小洼地、土崖、冲沟、陡坡和土垣等表示地面详细形态的专门符号。

3.地图上的线路

定向运动地图识图是基础，用图是关键。在使用地图时，先图外后图内、先地物后地貌、先注记后符号、先主要后次要。（图 20–1–2）

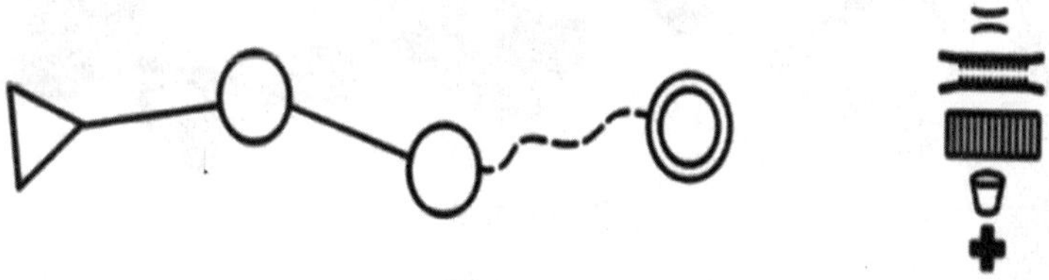

图 20–1–2

## （二）指北针、检查卡和点标

1. 指北针

指北针（图 20–1–3）。是定向运动中的合法工具，其主要作用是辨别方向、标定地图、确定站立点与目标点的方向。使用指北针时，必须要水平放置。

2.检查卡

检查卡是选手达到点标的凭据（图 20–1–4）。有机械和电子两种。指卡是电子计时系统中选手身份的唯一标识，选手将其佩戴在手指上，用来记录选手在各点标的信息。

3.点　标

点标是在特征物、特征点或其附近放置了点标旗（图 20–1–5）。机械打卡器（图 20–1–6）或点签器（图 20–1–7）的地方。

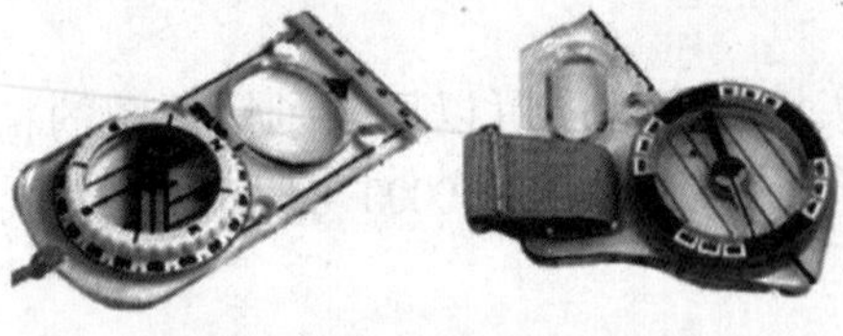

图 20-1-3

图 20-1-4

图 20-1-5

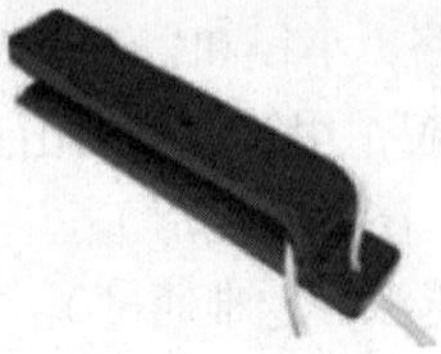

图 20-1-6

图 20-1-7

**4. 电子计时系统**

电子计时系统的形式和器材。（图 20-1-8）

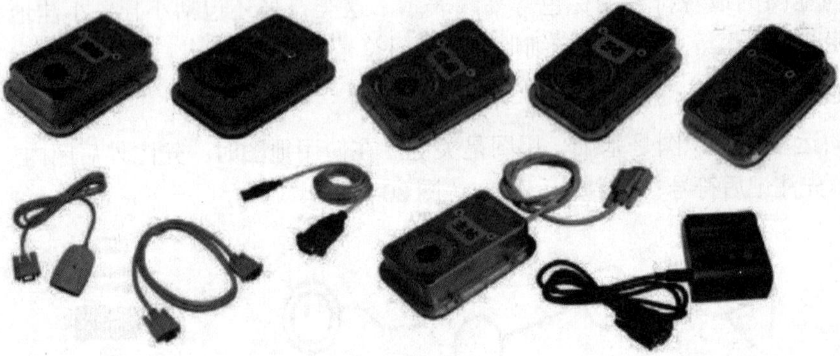

图 20-1-8

## 二、定向越野基本技能

定向越野基本技能包括运动员正确定位与定向、快速行进、捕捉点标、选择路线和越野跑等技能。

### （一）定位与定向

定向越野的实质就是用最短的时间到达规定的目标点。要想尽快到达目标点，首先，要会辨明方向、判定方向，即了解自己实地所在的位置，并能够在地图上找到自己站立点位置。在此基础上确定目标点的方向和位置，迅速找到目标点。

**1. 判定方位**

判定方位是指辨明方向，了解实地的方位是使用地图的前提。在野外，我们可以利用指北针、地物、太阳与手表等来判定方位。

定向越野
入门技术

定向越野
常用技术

**2. 标定地图**

给地图定向就是标定地图，使地图的方位与实地的方位一致。通过标定地图，就可以将地图上的地物地貌符号与实物的地物地貌一一对应。常用的标定地图的方法有概略标定、利用指北针标定和利用地物标定等。

（1）概略标定地图

实地正确地辨别了方向之后，将地图的上方对向实地的北方，地图即已标定。

（2）利用指北针标定地图

利用指北针标定地图时，通过转动地图，使指北针的红色指针与磁北线的方向吻合或平行。

（3）利用地物标定地图

① 利用直长地物标定地图：直长地物是指较长的线状地物，如铁路、公路、土垣、沟渠和高压线等。

② 利用明显地形点标定地图：在实地找出一个与地图上地物符号对应的明显地物，如小桥、亭子和独立的建筑等，然后转动地图使图上的站立点至目标的连线与实地的站立点至目标的连线重合。

**3. 确定站立点**

确定站立点在地图上的位置是从事定向运动的一项基本技能。其主要方法是通过标定地图，将地图与实地的地物、地貌进行逐一对照，以确定自己的方位。

（1）直接确定

当自己所处位置在明显地形点上时，只要从地图上找出该地形点，站立点即可确定。这是最常用的确定方位的方法。

（2）利用位置关系确定

当站立点位于明显地形点附近时，可以利用相对位置关系来确定。利用位置关系确定站立点主要依据两个要素：一是站立点至明显点的方向，二是站立点至明显点的距离。在地形起伏明显的地方，还可以结合高差情况进行判定。

（3）利用“交会法”确定

当站立点附近无明显地形点时，可以利用“交会法”确定站立点位置。按不同情况，“交会法”又可以具体分为90° 法、截线法、连线法、后方交会法和磁方位交会法等。这些方法的优点是不需要判断或测量距离也能确定出较为准确的站立点位置。

当站在线状地物上时，可以利用90° 法、截线法和连线法来确定站立点位置。

**4. 确定目标点**

在进行地图与实地对照以及在运动中需要明确运动方向和运动路线时，都要确定目标点的图上位置。

（1）目估法

当目标点在明显地形点上时，从图上找出该明显地形点，即为目标点在图上的位置。

（2）关系法

当目标较多，附近没有明显地形点时，多采用关系法确定目标点的图上位置。

（3）前方交会法

当目标点较远且附近又无明显地形点时，可在两个站立点上用前方交会法确定目标点在图上的位置。

**（二）快速行进**

**1.用拇指辅行法行进**

在运动过程中，不断转动地图，使地图与实地方向一致，并将手指压在站立点上，做到“人在地上走，指在图上移”。（图 20–1–9）

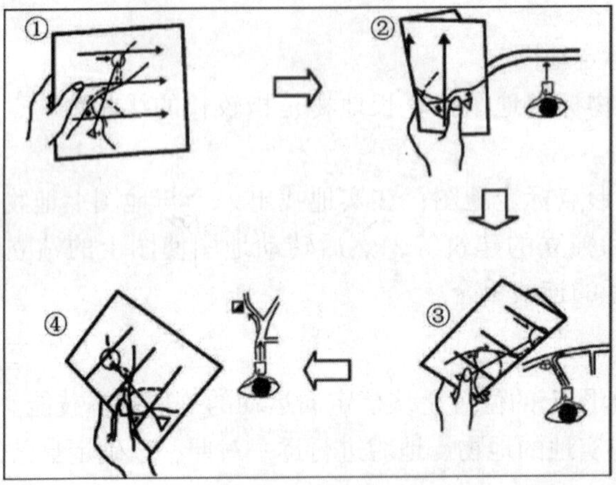


图 20–1–9

**2.沿地形地貌行进**

选择参照物，如河流、小路、围墙、房屋、独立树、石碑以及等高线等，可以提供安全、快捷的路线。其方法是按所跑路线的顺序，分段、连续或一次性地记住前进方向上经过的地形点、两侧的特征物等内容，使实地的情景不断地与记忆内容“叠印”，做到“人在地上跑，心在图上移”。

**3.行进技巧**

（1）借线法行进

利用道路、围栏和高压线等线状地物，将它们作为行进的“导引”。由于沿着线状地物行走犹如扶着楼梯的扶手行走，因此，有人称此方法为“扶手法”。（图 20–1–10）

（2）借点法行进

借点法行进就是利用明显的地物地貌点控制方向向前行进。当点标附近有高大、明显的参照物时，可采用此方法。（图 20–1–11）

（3）水平位移法行进

当站立点与点标在同一高度上时，可沿等高线行进，但要确定站立点与检查点之间可否通行。（图 20–1–12）

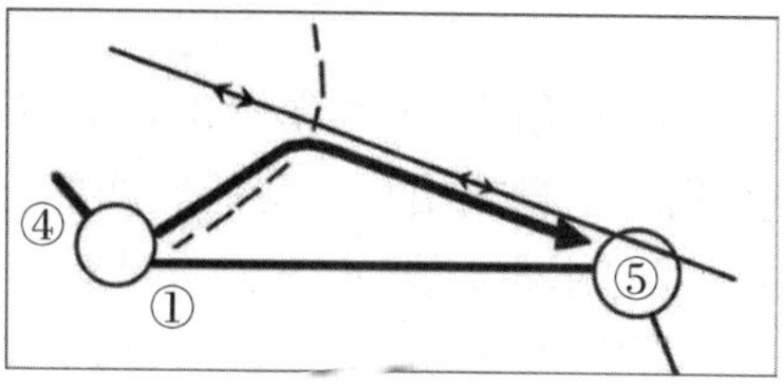

图 20-1-10

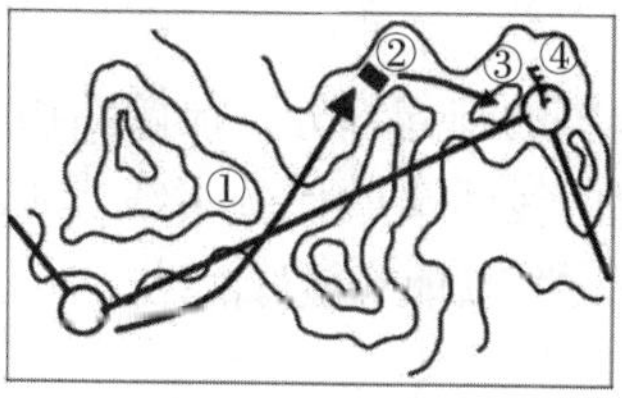

图 20-1-11

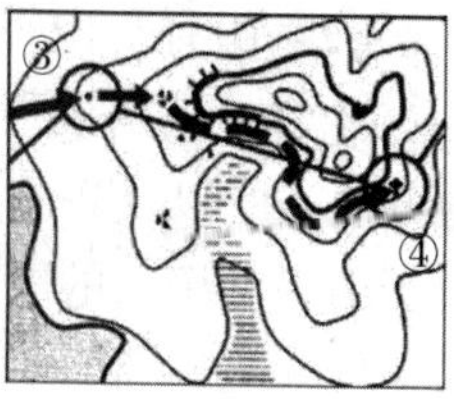

图 20-1-12

（4）提前绕行法行进

当点标之间有较大的障碍时，可提前选择最佳路线。直线跑，上山过山顶，下山找目标，缺点是要艰难地翻过山顶。（图 20-1-13）提前绕：沿着山向前跑，虽然路线较长，但不必爬山；沿着山脊向前跑，虽然路线比直线长些，但不需要太多的攀爬。（图 20-1-14）

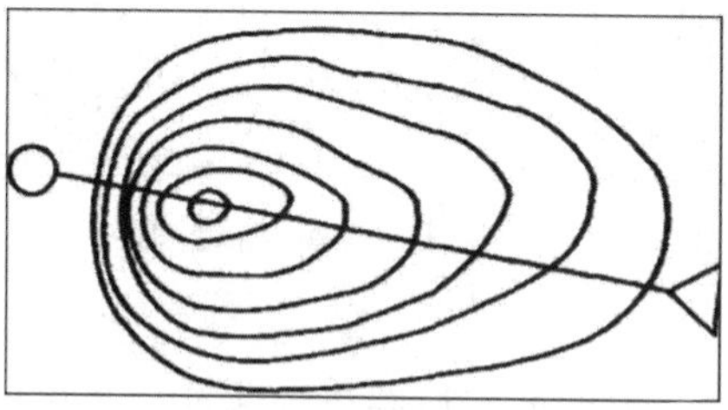
图 20-1-13

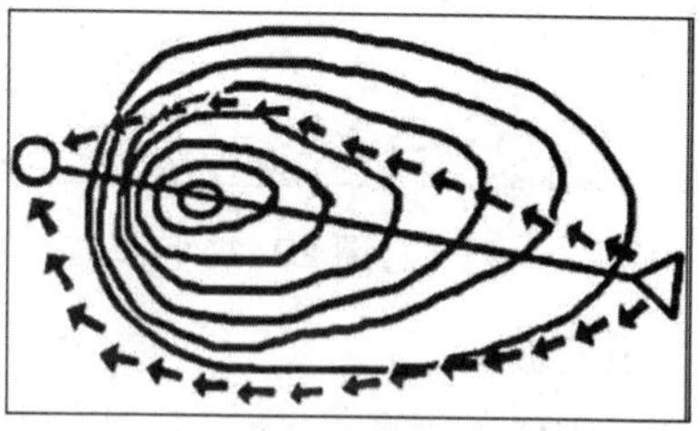
图 20-1-14

**4.行进中应注意的问题**

① 经过岔路口、道路转弯点和居民地进出口时，应对照地形；② 遇到实地地形变化与地图不一致时，应仔细对照全貌，分析地形的变化和位置关系，然后准确地判定站立点的位置和行进方向，做到有疑虑不走、有矛盾不走和方向不明不走；③ 发现走错了路时，应立即对照地形，回忆所走过的路，判明是从什么地方走错的、偏离原定路线有多远，再根据情况另选迂回路线或返回后再继续前进。

## （三）判读地貌

通过地图上的等高线以及相关的注记，可以了解很多地貌的信息。例如，通过等高线可以了解山坡的陡缓，通过高程注记可以了解山体的高度，通过等高线图形还可以判断出地貌的主要形态和特征。

**1. 山的各部形态**

地貌千姿百态、千差万别，但都是由某些基本形态组成的。这些基本形态包括山顶、凹地、山脊、山谷、鞍部和斜面等。

（1）山顶与凹地

比周围地面突高隆起的部分叫作山，山的最高部位叫作山顶。表示山顶的等高线呈小的闭合环圈。山顶依其形态可分为尖顶、圆顶和平顶三种。

比周围地面凹陷，且经常无水的低地叫作凹地，大面积的凹地称为盆地。表示凹地的等高线是一个或数个小闭合环圈。为了区别凹地与山顶，表示凹地的环圈都有加绘示坡线，示坡线是指示斜坡降落方向的棕色短线。（图 20-1-15）

（2）山脊与山谷

山脊是从山顶到山脚的凸起部分，很像动物的脊背。下雨时，雨水落在山脊上向两边分流，所以最高凸起的棱线又叫作分水线。山谷是相邻山脊或山脊之间的低凹部分，由于山谷是聚水的地方，所以地势最低的凹入部分的底线叫作合水线。（图 20–1–15）

（3）鞍　部

鞍部是相连两山顶间的凹下部分，其形如马鞍。鞍部由一对表示山脊和一对表示山谷的等高线表示。（图 20–1–16）

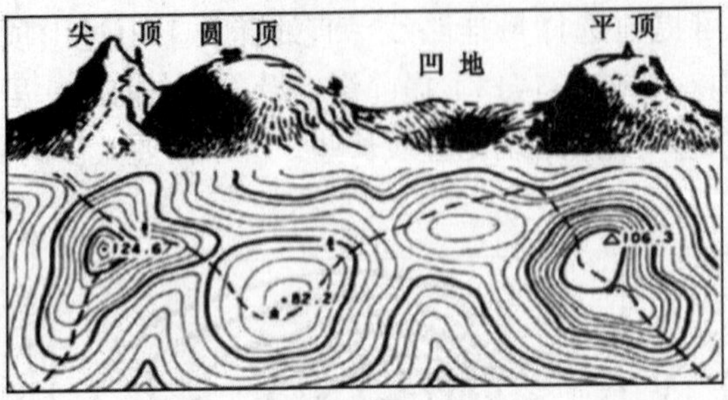

图 20–1–15

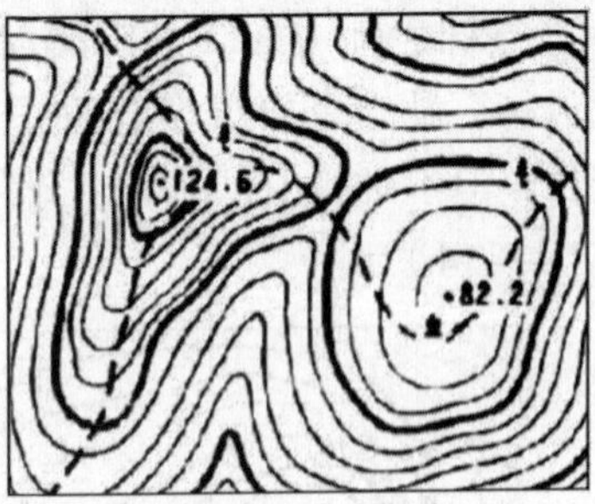

图 20–1–16

（4）山　坡

山坡是山体的倾斜部分，近似一个斜面，根据外形可分为等齐坡、凸形坡、凹形坡和阶状坡等。

（5）小　丘

小丘是体积较小、只能以一条等高线表示的小山包。

**2. 地貌起伏的判断（上坡与下坡）**

根据等高线图形的形状来判断山体的坡向。山脊、山垄等地面隆起部分的等高线图形，其突出部分总是朝着下坡，而山谷、凹地的等高线图形相反，总是朝着上坡。等高线图形由疏变密为上坡，等高线图形由密变疏为下坡。根据等高线的示坡线来判断斜坡的坡向，顺示坡线方向为下坡，逆示坡线方向为上坡。根据等高线的注记来判断斜坡的坡向，朝字头方向为上坡，背着字头方向为下坡。

## （四）选择路线

定向地图上各点标的连线是提供方位的直线，然而，沿这条方位直线一般是不可能直接到达的，必须依照地图上各种符号和色彩的提示，进行路线选择。不同的人技术水平不同、体能状况不同，所选择的路线也不尽相同。

**1. 选择路线的标准**

省体力、省时间、最稳妥和最能发挥自己的特长、尽量不失误或减少失误，并且顺利完成赛程最终夺取胜利，是选择路线的基本标准。

**2. 选择路线的原则**

（1）有路不越野

比赛地图现实性强，道路表示较详细。利用道路有利于运动中图地对照，有利于运动中随时明确站立点的图上位置，不易迷失方向，同时还可省力节时。如图

20-1-17 所示，最佳的运动路线是：从出发点出发，先沿大车路向东到岔路口，然后向北沿小路到第 1 号点标，而不应翻越山顶运动，但利用道路运动要考虑距离。

（2）选近不选远

如图 20-1-18 所示，虽然从第 1 号点标到第 2 号点标有路可选，但距离太远，因此，不宜采用。两点标之间，地形较平坦，树木不多，直接越野为最佳路线。

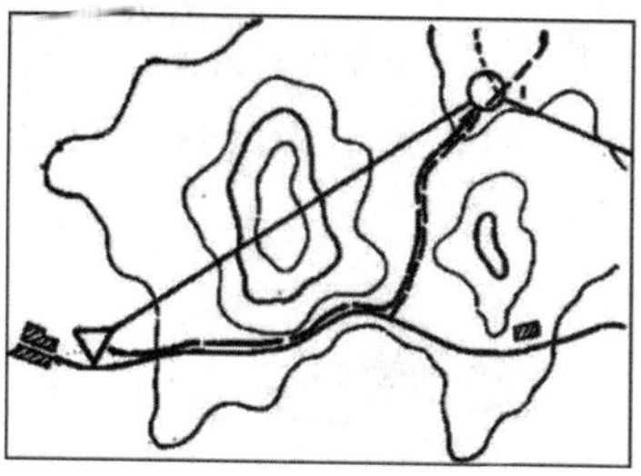

图 20-1-17

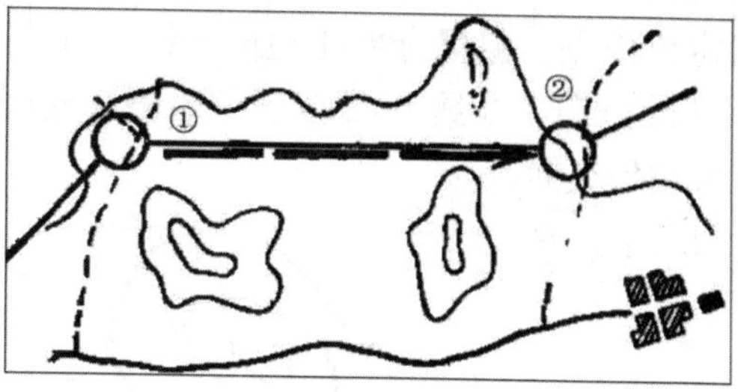


图 20-1-18

（3）统观全局，提前绕行

如图 20-1-19 所示，从第 2 号点标到第 3 号点标，既无道路可利用，又因途中有陡坎、大水塘以及难攀登的高地。因此，在选择运动路线时，要分析整个地形，尽量避开这些不能通过的地段，提前做好绕行准备。

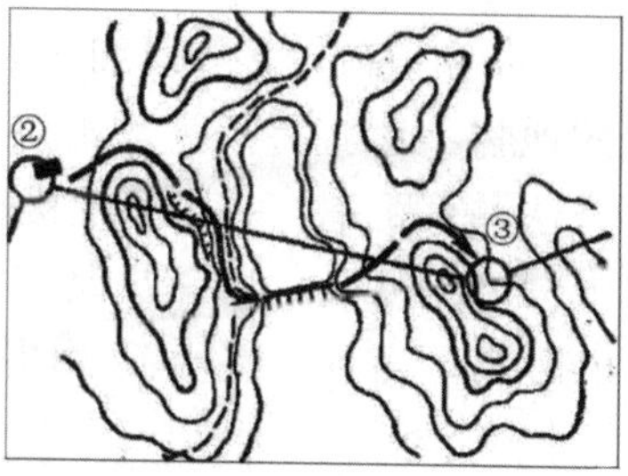


图 20-1-19

（4）走高不走低

路线选择时，若选择了越野，则应遵守尽量在高处行进，避免在低处行进。这是因为地势高，视野好，便于确定站立点和保持行进方向；高处通风、干燥，荆棘、杂草、虫害及其他危险少；人们都习惯在高处行走，常常会有行人踏出的小路，利用它便于提高行进速度。

### （五）捕捉点标

捕捉点标是参加定向越野比赛决定胜负的一项关键性的技能。当接近点标时，应对点标的实地准确位置作出分析和判断，并考虑采用何种方法去捕捉它。常用的方法有定点攻击法、偏向瞄准法、距离定点法和地貌分析法等。

**1. 定点攻击法**

当点标设在明显、较大的地物、地貌点上或附近时，可采用这种方法。首先将这些明显的地物、地貌设为攻击点，然后根据这一攻击点与点标的相对方位、距离关系寻找点标。如图 20-1-20 所示，3 号点到 4 号点，沿着小路行进，目标是建筑物，找到建筑物后，在建筑物的北面就能找到点标。

2. 偏向瞄准法

当点标设在线状地物如大路、沟渠和河流的一侧时，可用此方法。首先根据地形条件，选择线状物为目标点，然后提前偏离点标，跑到线状物上，再根据线状物与点标的位置关系找到点标。如图 20-1-21 所示，点标为山脚下的小屋，可以用指北针直接定位该点，但很有可能跑偏而错过目的地。相反，用指北针定位在小屋偏右、两山鞍部的方向，当跑到山脚下，地势开始明显升高时，再沿等高线向左边水平位移，就可找到点标。

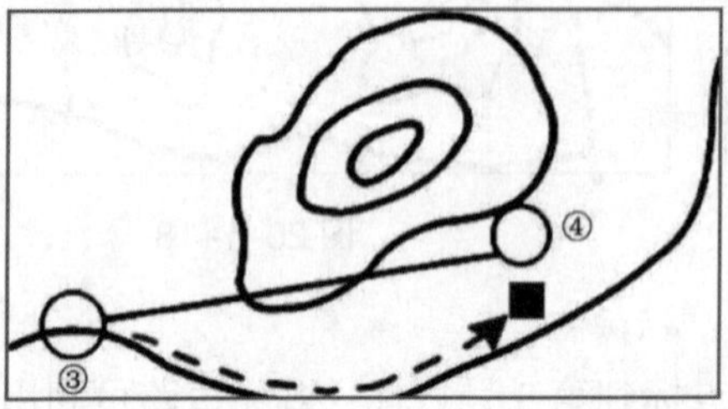


图 20-1-20

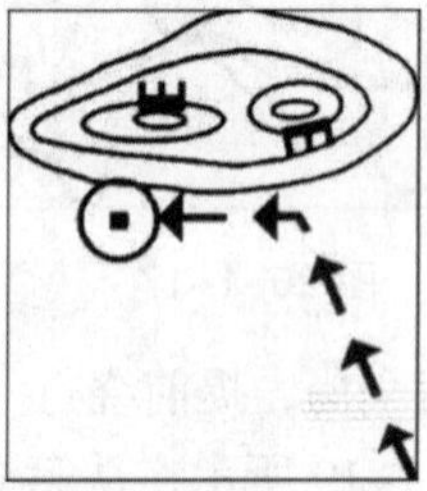

图 20-1-21

3. 距离定点法

当点标处于地势较平坦、无路和植被较多等以细碎为特征的地貌中时，可以采用距离定点法。首先要以周围的地物、地貌特征为攻击点，利用指北针瞄准目标点方向，然后结合步测、目测等方法测算距离，一步步地接近点标。如图 20-1-22 所示，点标位于细碎的地貌特征之中，情况复杂。选择小路交会处作为攻击点，沿小路到达攻击点，图上量出至点标的距离（换算成复步），用指北针仔细地测定点标的方向，沿此方向捕捉 5 号点标。

4. 地貌分析法

在地貌有一定起伏的地域内，点标设在低小地物附近时，采用此方法。采用这种方法时，首先根据地图上点标与地貌的关系位置，分析出实地相对应的关系位置，再依据这种关系位置来寻找到点标。如图 20-1-23 所示，首先跑到点标西南山顶，在山顶位置通过地图与实地对照，判定出点标在山脊，然后沿山脊下山寻找，即可发现第 9 号点标。

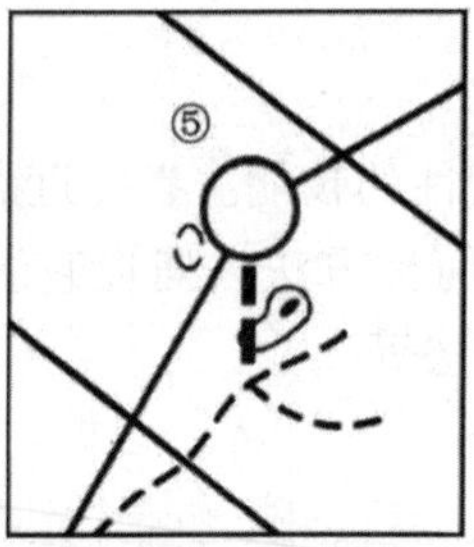


图 20-1-22

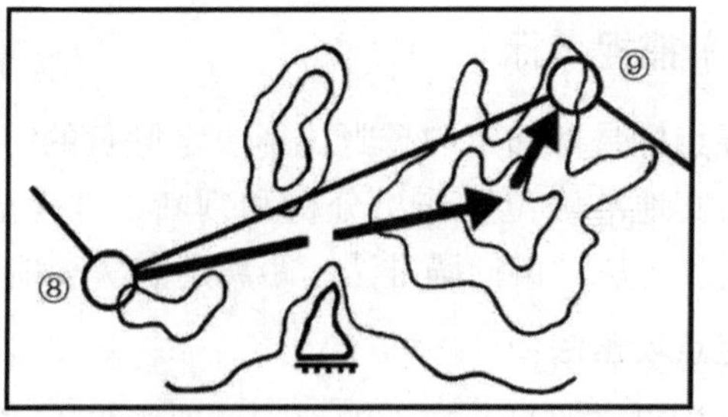


图 20-1-23

### （六）越野跑

掌握越野跑的技术也是决定定向运动成绩优劣的重要因素之一。定向运动中的越野跑实际上是一种长距离的间歇跑。由于在途中常常需要停下来看图和辨别方向，在崎岖的道路上不可能始终保持均匀的跑速，越野跑总是体现出走、跑和停相互交替的间歇跑的特点。

## 三、定向越野技能练习

赛 前

赛 中

赛 后

### （一）实地识图练习

#### 1. 图例认知练习

（1）2人1组，1张定向地图，1份图例。
（2）A从地图里找出某符号来，B说出该符号的中文意思。
（3）A说出某一符号的中文意思，B在地图里找出此符号若干。
（4）互换角色，反复练习。

#### 2. 图地对照练习

（1）2人1组，1张定向地图。
（2）在实地上走，A指出图中的某符号，B找出实地上该符号的实物。
（3）A指定地上的实物，B在地图上找出该实物的符号。
（4）互换角色，反复练习。

#### 3. 简化地图练习

（1）2人1组，1张有线路的地图。
（2）A用3～5秒时间读图，闭上眼睛回忆所选择的攻击点，然后在白纸上画出特征物。
（3）依次将整条线路的特征简化成草图。
（4）B将其草图与原图进行评价。
（5）互换角色，反复练习。

#### 4. 路线选择练习

（1）2人1组，1张定向地图，两人互相设计线路。
（2）A用3～5秒时间读图，闭上眼睛回忆所选择的攻击点2～3个，然后告诉B。
（3）B对其所选择路线进行评价。
（4）互换角色，反复练习。

### （二）检查点捕捉技术练习

#### 1. 攻击点的选择练习

（1）2人1组，1张定向地图，两人互相设计检查点。
（2）A用3秒时间读图，撤掉地图后马上告诉B选择的攻击点。

（3）B对其所选择攻击点是否为最佳进行评价。

（4）互换角色，反复练习。

**2. 检查点具体位置判断练习**

（1）2人1组，1张定向地图，两人互相设计检查点。

（2）A用3～5秒时间读图，撤掉地图后马上告诉B检查点具体位置。

（3）B对其所描述准确性进行评价。

（4）互换角色，反复练习。

### （三）重新定位练习

**1. 利用明显特征物判断站立点练习**

（1）2人1组，1张定向地图。

（2）A先读图，带着B跑一段距离后将地图交给B。

（3）B马上在地图上寻找身边明显特征物的符号，确定站立点。

（4）互换角色，反复练习。

**2. 后方交会法练习**

（1）2人1组，1张定向地图。

（2）A先读图，带着B跑一段距离后将地图交给B。

（3）B马上选择一个明显地形点，用指北针的直长边缘一端固定于图上的明显地形点上。

（4）标定地图。

（5）转动指北针，使其直长边对准该地形点。

（6）沿指北针的直长边向后画方向线。

（7）再选择一个图上与实地都有的明显地形点，重复上一步。

（8）两条方向线的交点，即是站立点。

（9）互换角色，反复练习。

# 第二节　定向越野竞赛规则简介与欣赏

## 一、竞赛规则简介

### （一）犯　规

有下列行为之一者即为犯规，应取消比赛资格。

（1）有意妨碍他人比赛（包括犯有同一性质的其他任何不良言行）者。

（2）蓄意损坏点标、点签和其他比赛设施者。

定向装备

（3）比赛中搭乘交通工具行进者。

（4）未通过全部检查点，而又伪造点签图案者。

### （二）违　例

有下列行为之一者被视为违例，应给予警告。裁判人员将根据违例的性质和程度，采取从降低成绩直至取消比赛资格的处罚。

（1）在出发区越位（提前）取图和抢先出发者。

（2）接受别人的帮助，如指路、寻找点标、使用点签者。

（3）为别人提供帮助，如指路、寻找点标、使用点签者。

（4）为从对手的技术中获利，故意在比赛中与对手同路或跟进者。

（5）故意不按比赛规定顺序行进者。

（6）不按规定位置佩戴号码布者。

（7）有其他违反比赛规则行为者。

### （三）成绩无效

有下述情况之一者，比赛成绩将被判为无效。

（1）有证据表明在比赛前勘察过路线者。

（2）未通过全部检查点，即检查卡片上点签图案不全者。

（3）点签图案模糊不清，确实无法辨认者。

（4）在检查卡片上不按规定位置使用点签者。

（5）在比赛结束（指终点关闭）前不交回检查卡片者。

（6）超过比赛规定的终点关闭时间（检查点一般也在同一时间撤收）而尚未返回会场者（如确系迷失方向，应向附近任意一条大路或原检查点位置靠拢，等候工作人员的处置）

（7）有意无意地造成国家或他人的重大经济损失和破坏自然环境者。由此带来的一切后果，责任由肇事者承担。

### （四）特殊情况的处置办法

在定向运动比赛中，下述特殊的情况是可能出现的。

（1）检查点被无关人员拿走或遭自然破坏。

（2）检查点的位置与图上的位置不符。

（3）比赛中出现个人或团体的成绩完全相等。

对于上述问题，通常应在比赛前的准备阶段由筹备组长领导各委员仔细研究，确定处置办法，形成文字，由技术委员在制订比赛规程时列入。如果这些问题是出现在比赛的过程中，则应由裁判长决定处置办法。当某个领导小组成员对裁判长的决定有异议时，应经比赛领导小组组长同意，召集全体成员，以举手表决的方式另行选择处置办法，但必须获得 3/4 以上的多数通过。对于在比赛后提交到领导小组的申诉，原则上也应按此办法处理。

## 二、比赛欣赏

定向越野欣赏

定向越野是一项益智、时尚，极具挑战性、娱乐性、刺激性的户外休闲运动项目，它以其独特的开展方式，特有的运动魅力，越来越多地受到广大户外爱好者的关注和喜爱。

随着定向越野的发展，尤其是百米定向（或叫“微型定向”）的出现，极大地解决了定向越野推广的局限性和观赏性。目前，主要从两个方面对定向越野比赛进行欣赏。

### （一）比赛的地图、实地地形欣赏

一场定向越野比赛能否成功举办，能否最大地体现和发挥运动员定向越野竞技水平与能力，与实地比赛地形选择有关，与定向地图的制作有关，与比赛路线设置有关，与场地裁判员现场执裁有关。一场成功的定向越野比赛，对于运动员来说是一次真正的美的体验，他们在比赛中，尽情地穿梭于丛林野外，尽情于体能与智能的较量和挑战当中。好的比赛地形，好的比赛地图，好的路线设置将给运动员、裁判员和教练员带来定向越野美的享受与刺激。

### （二）比赛项目及技术特点欣赏

定向越野比赛，是运动员体力、智力、心理素质、反应和果断的决断能力、判断能力的较量，是力与美的结合，是人与自然的结合。运动员在美丽的比赛场地上奔跑、穿梭本身就是一种美的过程，是一次自我欣赏的过程。

1. 个人项目

欣赏运动员的技术发挥，欣赏运动员对地形的认知能力，欣赏运动员在比赛场地的奔跑、停顿、徘徊，欣赏运动员的自信、执着、勇敢。个人项目中最适合欣赏的是百米定向赛，百米定向赛的出现，极大地推动了定向越野对外的推广与传播，百米定向赛中，运动员所有的比赛场景、裁判员大部分的执裁过程都可以得到极大的展示，观众、媒体可以从各自需要的角度出发，去欣赏定向越野开展的全部过程。部分百米定向比赛，赛事组织者为了增加比赛的观赏性，在比赛现场还添加了音乐效果，运动员在高昂、激进的音乐声中奔跑、竞技，给观众以美的享受。

2. 团队项目

欣赏运动员的团队协作与互助，欣赏运动员的分点的果断、接力赛的期盼，欣赏运动员在终点的兴奋、激动与焦虑，欣赏运动员临近终点时你追我赶的激烈场面。

# 第三节　安全与防范

我们应该掌握定向越野中的安全常识，在整个训练和比赛中，从准备工作开始，就应该把安全列入计划之中。特别是怎样预防运动损伤和出现运动损伤后怎样处理，或者说在训练和比赛中，特别是在遭遇兽、虫、蛇咬伤后怎样迅速处理伤害事故，则是参与者必须掌握的基本安全常识。

## 一、运动前的热身活动

准备活动的内容，一般有快走、慢跑以及原地连续性徒手操等全身性活动形式。在开始运动前，首先应进行身体全面的、一般性的准备活动，如身体自上而下的各关节活动，包括绕环、拉伸等。这些准备活动能使四肢关节活动度加强，肌肉的黏滞性降低，有助于运动能力的提高。热身活动的目的就在于让身体的各个运动器官、内脏器官做好准备，使机体逐步地进入活动状态，并在此基础上通过各种预备练习，进一步提高中枢神经系统的兴奋性，使身体发热，达到适宜的运动水平，同时也可以有效地预防运动损伤的发生，从而达到较好的效果。

然后要进行一些专项准备活动，如起动步法及前后左右各方向的跑步练习，还有就是专项的加速跑等。准备活动的量与时间要控制好，不能不动，也不能太剧烈，应以身体觉得发热、微微出汗为最佳。通长时间一般安排 20 ～ 40 分钟为宜。准备活动做完后，离比赛开始或锻炼的间歇时间不能太长，否则会失去准备活动的意义。

最后，运动后的整理活动也是十分重要的一个环节，运动后就直接回去了，其实这是极不科学的。运动后进行适当的整理活动，可以加速运动过程中代产物的清除，加速体力恢复，使身体有一个逐步恢复到正常状态的过程。整理活动的内容一般可以进行慢跑或者步行，也可进行一些全身的伸展练习，还可以做一些自我抖动肌肉的放松动作。

总之，运动前的准备活动和运动后的整理活动都是参与定向运动中十分关键的环节，应该引起大家的重视。

### （一）肌肉放松练习

用 5 ～ 10 分钟来活动肌肉和关节，尤其是感到冷的时候或在车里太久了。动作要慢，控制好动作节奏，身体各个部位要在不同的方向活动多次，直到身体每个肌肉和关节都舒展开来。

（1）踝关节练习：先按顺时针方向扭动踝关节，然后逆时针方向，接着再换另一只脚。无论你是站着还是坐着都可以开展练习。

（2）髋部运动：可利用支撑物单腿站立，另一条腿稍微抬起膝关节向内转动，带动髋部向内转动，接着同一只脚再向外转动，尽量加大幅度。做完之后，再换另一条腿做。

（3）背部运动：两脚分开站立，与肩同宽，向右缓慢扭动上体，然后向左。髋部始终对着身体前面，两脚跟不能离地。两个方向重复旋转。

（4）提踵练习：两脚分开站立，与肩同宽，轮流抬起两脚脚跟，脚尖不能离地，缓慢地提高动作速度，直至达到慢跑的速度，保持 30 秒。

### （二）走和慢跑

在此过程中，要通过走和慢跑来提高心率，增加肌肉供血量，升高体温。如果可能的话，可以去赛场的途中做这些准备活动。注意要循序渐进，逐步提高走、跑的速度，在这个阶段里，不可以以比赛的速度来跑。

### （三）静力性伸展运动

这是比赛前所要进行的最后一部分活动，这应该是养成习惯性的动作，不要到最后临近比赛时才做，时间太短就不能充分做好伸展运动。

拉伸的目的是伸展肌肉并消除肌肉紧张。身体必须在充分伸展后，才可以参加比赛，否则会很容易受伤。充分的伸展肌肉可以减少比赛中受伤的风险。在拉伸肌肉的过程中，动作要缓慢，不要过于用力，一般持续 30 秒。不要时间太长，防止产生疼痛，避免剧烈运动，否则会导致肌肉或关节损伤。

动作要领：在运动前拉伸肌肉可以消除肌肉紧张，起到放松的作用。无论是否运动，都可以尝试着每天做拉伸练习。

小腿拉伸：倾斜靠在支撑物上，前脚离支撑物 45 厘米，后脚向后 60 厘米，后背绷直，向前移动臀部直到感觉小腿有不适感。静止片刻，慢慢回到开始位置。两条腿分别重复练习。

大腿拉伸：两手臂支撑身体重量，左腿向前移动直到膝盖位于脚踝的正上方，后腿膝盖着地。前腿大腿向前移动并静止片刻，然后慢慢回到开始位置，重复练习。做完之后，再换另一条腿练习。

腿部韧带拉伸：坐在地上，伸出右腿，左脚自然放在右腿旁。右脚踝着地，用两手抓住靠近脚踝部位，以髋部为轴，上体前倾。腿要伸直直到感觉到大腿背面被拉长。静止片刻，缓慢恢复到开始位置，然后重复这个动作。换一条腿练习。腿始终要保持绷直状态。

大腿屈肌群拉伸：单膝跪地，慢慢向前移动髋部，直到感觉大腿背面肌肉被充分拉伸，始终保持前腿膝盖在脚的上方，静止片刻，按这个动作两腿分别重复练习。

股四头肌拉伸：单腿站立，另一只脚弯曲，并且用手抓住脚踝，身体不要前倾，脚贴近臀部。保持膝盖正直，不要歪向一边。做完之后，另一只脚重复练习。

## 二、运动损伤的预防

定向运动是一项比较安全的体育运动，但时常也会发生伤害事故。我们要把伤害事故发生的概率和程度减小到最小。定向运动的伤害事故一般分为两类：过度训练和外伤性损伤。

过度训练一般对初学者没有影响，因为它是损伤积累而成的。它是由于不断重复同一动作，使身体某些部位过度压迫而引起的。过度损伤的影响因素包括：穿过度磨损或不合脚的鞋、突然增加跑距或改变跑步的地形。只要感觉哪个部位疼痛，在参加涉及这个部分的运动之前，应该参考一下医生建议。

外伤性损伤是突发性的，往往是因为一些小事故造成的。包括：脚踝扭伤、肌肉拉伤、擦伤和关节损伤。这些伤害通常是因为过分拉长肌肉、扭动关节和摔倒而产生的。

下面就对定向运动中常见运动损伤的预防和处置做一介绍。

### （一）肌肉韧带拉伤

内因：训练水平不够、柔韧、力量、协调性差，生理结构不佳。

外因：准备活动不充分，场地、气温、湿度、教练专业水平不够。

预防：选教练、场地，在正常天气情况下锻炼，准备活动充分、循序渐进。

### （二）关节扭伤

内因：技术掌握不好、协调性差，关节周围肌肉力量小，生理结构不佳，由于疲劳等因素产生体力差。

外因：准备活动充分，场地滑，器材使用不当，训练内容不好（运动速度快，转、跳过多）

预防：准备活动充分，了解设备的使用，循序渐进地提高训练强度

### （三）运动疲劳

表现：心悸、心动过速，运动后血压、脉搏恢复慢，内脏器官不适、血尿等。

原因：训练方法不对，缺乏循序渐进、系统训练，运动量过大、训练时间过长、休息不充分等。

预防：合理安排训练时间、计划，注意劳逸结合。

### （四）运动腹痛

原因：肝脾淤血、慢性腹部疾病，呼吸肌痉挛（准备活动不够，肺透气低，运动与呼吸不协调），胃肠痉挛（运动前吃得过饱，饭后过早运动，空腹或喝水太多）

预防：运动前健康检查，合理安排运动伙食，饭后 1 小时开始运动，不空腹运动，喝水适量。

### （五）脚底筋膜炎和神经刺痛

原因：脚底频繁压力过多产生的疼痛。原因是道路不合适、鞋子问题、脚的生理结构不好。钙沉淀在脚跟骨上、脚底筋膜炎和神经刺痛。

预防：准备活动要充分（包括脚部的准备活动）。

### （六）肌腱、小腿肌痛

原因：经常提脚踵造成的。

预防：运动前后的准备活动和放松要多伸展肌腱、小腿肌肉等，可以预防损伤和减轻伤痛。

### （七）半月板症

原因：半月板症一般是由于跑步、蹲跳等过度的膝部动作造成的，半月板症常会

有咔的响声。

预防：减少过多的膝部动作，减少转体、蹲跳等动作。

### （八）关节炎、黏液囊炎

原因：过度训练。骨关节炎是由于软骨的磨损，使关节肿大、水肿。风湿性关节炎是由于人体的免疫系统的疾病引起的。

处理：休息和看医生。

### （九）胫骨骨膜炎

表现：胫骨前骨膜与骨有剥离的感觉，产生疲劳、酸痛。

原因：练习方法不对，地面不平等，小腿的肌肉发展不平衡，突然的压力。

预防：学习正确的锻炼方法（如：不要长时间做连续性跳跃动作、上下踏板动作）

## 三、野外伤病的急救

在野外，经常会遇到一些意外的受伤和突发的疾病。我们必须对这些病人或伤员采取临时的处理措施。为此，我们必须了解一些有关的急救知识和方法。下面就介绍一些常用的伤病急救。

### （一）突发昏厥的防治

在野外，由于饮食不均或营养不均而造成突然晕厥的现象时常发生。这与疲劳过度、出汗较多、血糖过低有关。如果发生这类事件，应立即补充高糖食物，如喝些糖水，吃几粒巧克力等，便可缓解症状。

另外，由于暂时性脑缺血引起短时间丧失意识的现象，表现为：突然性的衰弱无力，眼前发黑，脸部和口唇发白，全身发冷、出虚汗等。在这种情况下，应将患者头低脚高卧平，让血液回流，改善脑供血。同时解开患者的领口和腰带，注意保暖，再喝些热茶和糖水，休息一会儿即可恢复知觉。

应该注意的是：对突然昏厥的病人，不要随意托扶，应先观察其呼吸、心跳是否正常，然后再采取相应的措施。

为了避免晕厥，在野外一定要注意饮食，要吃好、吃饱，并随身携带一些水果糖、巧克力糖等高糖食品。如果感到饥饿头昏、心慌出汗时，应立即补充糖分和水分。

### （二）急性呕吐、腹泻的防治

在野外，有些人适应能力较差，特别是由于当地的水和食物中所含微量元素不同，引起腹胀和腹泻，这属于非细菌性吐泻，它对身体危害不大，只需稍加休息便可适应。

由于饮食不卫生，暴饮暴食，引起肠胃炎而造成腹痛、呕吐、腹泻，还伴有发热，严重者可致脱水和电解质紊乱，这必须加以重视，立即采取救治措施。首先应禁食，饮些糖水和盐水，服用黄连素片、泻痢停等药物，并注意防止脱水。

病从口入，在野外，一定要注意饮食卫生，绝不吃变质、变味的食物。

### （三）高原反应的防治

高原反应是在海拔高、空气稀薄、气压低、空气中氧气较少的情况下，人体出现的不适感觉和症状。如当进入高原地区（海拔为2000米以上）时就会感到气短、呼吸加快。随着高度的增加，继而出现头昏、胸闷、恶心、呕吐、四肢无力等症状。一般来说，人的适应能力是很强的，出现高原反应症状后不需任何治疗，2～3天便可自然恢复。

克服高原反应的方法有：

（1）多吃巧克力、糖等高热能食物，以利于克服缺氧造成的不良影响。

（2）如果出现头昏、恶心等轻微的症状，可适当饮用些酸性饮料。

（3）禁止喝酒，以避免增加氧的消耗量。

（4）注意防冻保暖，避免上呼吸道感染。

### （四）中暑的防治

在夏天，如果长时间在高温下活动，就会出现头晕眼花、耳鸣、四肢无力、皮肤干热、抽筋，甚至昏倒，严重者还会导致死亡，这是由于体内的热能不能及时散发所在造成的。

如果在高温下活动一段时间后出现头疼、头昏、耳鸣、眼花、恶心、无力、口渴、大量出汗，这就是中暑的先兆，应及时离开高温环境，到通风、阴凉的地方休息。服用十滴水或其他解暑的药物，多饮水（最好是淡盐水），经过短暂的休息，症状便可消失。如果症状严重，出现肌肉痉挛、昏迷，则应立即将病人抬到阴凉处，解开衣服、腰带，让病人平卧，用冷毛巾或冰水冷敷、擦身以降温，并服用人丹、十滴水、盐开水等。对昏迷的病人可用针刺或手按压人中、内关、足三里等穴位。

为了防止中暑，在夏天安排野外活动时，因尽量避免长时间在闷热的环境和强烈的阳光下开展活动。服装应为浅色、质薄、宽松、透气、吸汗，头上应戴太阳帽或其他遮阳用具；带足水或饮料，以保证及时补充水分；随身携带人丹、十滴水等防暑药品。

### （五）被狗咬伤的防治

伤口局部会出现红肿、疼痛，严重的可引起淋巴管炎、淋巴结炎或蜂窝组织炎。被狗咬伤后，不管是疯狗还是正常的狗，都应以最快的速度清洗伤口。狗咬伤的伤口往往是外口小而里面深，这就要求冲洗的时候尽可能把伤口扩大。若伤口流血，只要不是流血太多，就不要着急止血，因为流出的血液可将伤口残留狗的唾液冲走，可起到一定的消毒作用。如果没有血出来，就要从近心端向伤口处挤压出血，设法把污染在伤口上的狗的唾液冲洗干净，有利于排毒。若伤口出血过多，应立即上止血带，然后再送医院急救。记住：此时伤口可让其裸露，不要包扎伤口！送医院后由医生根据病情给伤者注射抗生素或破伤风抗毒素血清。对于其他部位被狗抓伤、舔吮以及唾液污染的新旧伤口，均应该按照咬伤同等处理。

### （六）被虫叮咬的防治

在野外时常会遇到一些讨厌的昆虫的袭击，如蚊子、跳蚤、臭虫的叮咬；野蜂、毛毛虫的蜇伤；以及蜈蚣、蚂蟥的咬伤等。这些小的昆虫，除个别的外，一般不会有太大的毒素，不会对人造成危险，一般情况下，涂上风油精、万精油、肥皂水，便能起到消炎、止痒的作用。

如果被蜜蜂蜇伤，首先应检查蜂尾部的毒腺及螯针是否还在伤口上，如果在，应用小镊子或小钳子连根拔除，不要用手掐。然后用酸醋擦涂伤口，以消肿止痛。还可以用野菊花叶、夏枯草捣烂敷伤口。

如果被蚂蟥叮了千万不要硬往外拉，以免拉断，因为蚂蟥的前端有一吸盘，吸附在人的皮肤上，钻入皮肉内，吮吸血液。若把吸盘留在伤口内，会引起伤口发炎、溃烂。只要用拳头在旁边猛击两下，蚂蟥受到惊吓就会自动掉下来。也可以用风油精、食盐抹在蚂蟥身上。

如果遇到毛毛虫的侵害，毛毛虫身上的毒毛触到人的皮肤，皮肤会感到辣、痒、刺痛，并且会红肿。这时不要乱挠或乱摸。首先要细心地把毛毛虫从身上清除，再用胶布粘在皮肤上，除去毒毛。在野外，还可以采些马齿苋、蒲公英、野菊花等清热解毒的草药揉烂后涂擦或外敷。如果全身出现皮疹，可服用扑尔敏等抗过敏药。

毒蝎子、毒蜈蚣的毒性较大，遇到袭击后，应用对付蛇咬的方法进行处理。

### （七）被蛇咬伤的防治

如果被蛇咬伤，首先要判断蛇是否有毒，毒蛇与无毒蛇的区别如下：

（1）毒蛇一般头部颈细，头呈三角形，尾短而突然变细，表皮花纹比较鲜艳。无毒蛇一般头呈圆形，颈不细，尾部细长，体表花纹多半不明显。

（2）被毒蛇咬伤的伤口留下的牙印上还留下两颗毒牙齿的大牙印，而无毒蛇则仅留下一排整齐的牙印。

（3）如果被蛇咬后 15 分钟，伤口出现红肿并且疼痛，则有可能是被毒蛇咬了，若伤口无红肿及疼痛，则可能属非毒蛇咬伤。

如果不能判断是否被毒蛇咬伤，可一律采取以下措施：

① 保持镇静，就地休息，避免或减少运动，以防毒素向全身扩散。

② 用止血带、橡胶带，或随身带的绳子、带子等在伤口的上方扎紧，以阻断静脉血和淋巴液的回流，防止毒素扩散。

③ 用生理盐水、冷开水、矿泉水冲洗伤口，有条件可用双氧水或 0.1% 的高锰酸钾溶液冲洗，还可以用肥皂水清洗。如果伤口上留有毒牙，应立即拔出。

④ 排毒、吸毒。用双手在伤口处挤压或利用各种吸引器在伤口处吸毒。在紧急情况下可用嘴吸吮（口腔、牙龈应无破损）边吸边吐，再用清水、盐水或酒漱口。如果吸毒不明显，可将伤口以十字型切开后再吸。

⑤ 口服或外用随身携带的蛇药。如南通蛇药（又名季德胜蛇药）、群生蛇药、上海蛇药、湛江蛇药等。具体用法可见说明书。值得注意的是：蛇药应早用，咬伤超过 24 小时后则效果不佳。在服药的同时，可将药片用白酒加开水溶化后涂在伤口的周

围，这样效果更好。

### （八）怎样急救溺水者

如果发生淹溺，或不慎落水，千万不要紧张，首先应想办法自救，也就是尽量让自己浮在水面上，其方法可采用仰泳的姿势，做深呼吸，寻找并抓住水面上的漂浮物来增加自己的浮力；还可以做像踩自行车那样的踩水动作，并用双手不断划水，屏住气，利用头部露出水面的机会换气，再屏住气，如此重复，不会沉入水底。许多溺水而死的人，都是因为过于紧张，喝水太多，无法呼吸造成的。因此溺水时，要保持浮姿，任水漂流，不要勉强与水流相抵抗。

在岸边的急救者可向水中投掷木板、竹竿、绳索或其他救生器材，让溺水者抓住这些器具游上岸。如果发现溺水者已开始下沉，水性好的抢救者应立即考虑下水急救，但要注意，不可从正面接近溺水者，应从侧面托住溺水者的腋窝或下颌，然后将溺水者拖出水面。

抢救上岸后，要立即采取抢救措施，具体方法是：

（1）清除溺水者口腔、鼻腔中的杂物，并把舌头拉出，解开衣领。

（2）控水：方法是救护人员一腿跪地，另一腿屈膝，让溺水者仰卧于大腿上，头部下垂，以膝抵住溺水者的腹部，再按压其背，让呼吸道及胃中的水从口腔控出。如果溺水者还有知觉，可用手指刺激其喉咙，排出胃中的积水。

（3）如果溺水者的呼吸、心跳停止，应迅速进行人工呼吸和胸外心脏按压等抢救措施，并立即送往医院。

## 思考题

1. 如何寻找定向越野的路线？
2. 参加定向越野前如何做准备活动？
3. 如何欣赏定向越野比赛？
4. 简述定向越野的竞赛规则。
5. 简述定向越野过程中运动损伤的防治。

# 第二十一章 射 击

引 言

射击运动是一项紧张而刺激的竞技项目，具有悠久的历史，从第1届奥林匹克运动会开始，射击就成为比赛项目之一，射击运动主要包括手枪项目和步枪项目。射击运动对运动员的心理调整具有很高的要求，应加强训练。射击运动是我国争金夺银的重点项目，著名射击运动员许海峰为我国获得了首枚奥运金牌。

## 第一节 射击的起源与发展

### 一、世界射击运动的起源与发展

#### （一）射击运动的起源

据历史记载，射击运动最早起源于狩猎和军事活动。早在15世纪，瑞士就曾经举办过火绳枪射击比赛。500多年前，斯堪的纳维亚半岛就兴起了跑鹿射击的游戏活动。19世纪初期，欧洲一些国家还举行过对活鸽子射击的游戏，这些都是现代射击比赛的雏形。

1896年第1届现代奥林匹克运动会之前，欧洲不少国家已经成立了射击协会等组织，并相继举行过射击比赛。1897年举行了首届世界射击锦标赛。国际射击运动联合会建立于1907年，原名为“国家射击联合会和协会的国际联盟”，期间数次更名。1998年7月15日正式命名为“国际射击运动联合会”（International Shooting Sport Federation），简称为“ISSF”。国际射联是国际奥委会正式承认的国际业余射击运动在国际和世界水平比赛中唯一的管理机构。

### （二）射击运动的发展

在现代奥运史上，除了 1904 年第 3 届奥运会和 1928 年第 8 届奥运会外，射击在其余各届奥运会中都是正式比赛项目。1896 年在雅典举行的第 1 届奥运会上，射击比赛设 5 个项目。1920 年第 7 届奥运会上增加到 21 个项目，也是迄今为止历届奥运会中射击设项最多的一次。2008 年北京奥运会，射击项目设置了 15 个比赛项目。

从 1968 年起，允许女子运动员参加奥运会射击比赛，但当时并没有设专门的女子项目，她们可与男子同场竞技。从 1984 年奥运会起，开始设立部分女子项目，1996 年奥运会开始将男、女射击比赛完全分开。

射击项目在世界上居于领先地位的国家有中国、美国、俄罗斯和德国等国家。

## 二、我国射击运动的发展

### （一）我国射击运动的概况

1984 年第 23 届奥运会上，射击运动员许海峰获得冠军，取得了中国奥运史上的第一枚金牌，他是在男子自选手枪比赛中获得的。雅典奥运会上，中国射击队获取 4 枚金牌，并获取 2 银 3 铜，共同 9 枚金牌。2008 年北京奥运会上，中国射击队更是历史性地获得了 5 枚金牌，同时摘取 2 银 1 铜。2012 年伦敦奥运会上，中国射击队获得 2 金 2 银 3 铜。2016 年里约奥运会上，中国射击队获得 1 金 2 银 4 铜。在世界射击锦标赛、射击世界杯、世界飞碟射击锦标赛中，中国射击队也获得过优异的成绩，确立了世界射击劲旅的地位。

中国射击队是中国射击运动的全国性群众组织，是中华全国体育总会领导下的单项运动协会之一，1956 年成立。

中国射击队自成立以来，经常组织教练员、裁判员研究射击技术和训练方法，修改射击竞赛规则，评选国家级教练员和裁判员，并协助国家体委举办各种竞赛活动。中国射击队还多次组织射击代表队参加各种国际竞赛活动，并接待了许多国外射击队的来访，密切了与各国协会之间的友好联系。中国射击队现任主席是梁纯。

### （二）我国著名射击运动员简介

许海峰，1957 年 8 月 1 日出生于福建漳州，安徽马鞍山和县人，中国男子射击队运动员，奥运冠军。1984 年 7 月 29 日许海峰在第 23 届奥运会上，获男子手枪 60 发慢射冠军，是中国奥运会历史上的首位冠军得主，打破了中国奥运史上金牌“零”的纪录。1990 年，北京举行的第 11 届亚运会获得男子团体自选手枪慢射 60 发冠军。1994 年 7 月，意大利米兰举行的第 46 届射击世界锦标赛获得男子 10 米气手枪团体冠军。1994 年 9 月，日本广岛举行的第 12 届亚运会上获得男子手枪慢射团体冠军。被评为“全国十佳运动员”“全国新长征突击手”“全国劳模”等荣誉。2016 年 7 月 18 日，里约热内卢奥运会中国奥运代表团成立，许海峰作为现代五项领队身份名列出征名单。

王义夫，1960 年 12 月 4 日出生于辽宁辽阳，中国男子射击运动员，1978 年初进入辽宁省队，1979 年入选国家队。从 1984 年开始到 2004 年连续 6 次参加奥运会，1992 年，在巴塞罗那奥运会上，王义夫在男子 10 米气手枪夺得人生中的第一枚奥运金牌。1992 年西班牙巴塞罗那第 25 届奥运会、2004 年希腊雅典第 28 届奥运会分别获得男子气手枪冠军。2014 年 12 月 3 日，王义夫在慕尼黑召开的国际射击运动联合会大会上，当选国际射联副主席。被誉为“六朝元老”“中国射击教父”。

杜丽，1982 年生，中国女子射击运动员，山东淄博沂源人，2004 年雅典奥运会首金获得者和 2008 年北京奥运会 50 米运动步枪三姿冠军。2009 年 11 月 29 日，杜丽和庞伟在河北保定举办婚礼，这对被誉为中国射击界金童玉女的恋人，成为中国体育史上第一对奥运冠军夫妇。2016 年 3 月 28 日里约奥运选拔赛结束，时隔 8 年再次获得女子 10 米气步枪奥运会参赛资格。

庞伟，1986 年 7 月 19 日出生于河北省保定市，中国男子射击队运动员。2000 年 14 岁的庞伟开始练习射击项目；2006 年，庞伟获得萨格勒布世界锦标赛男子团赛 10 米气手枪金牌；2008 年，第 29 届北京奥运会男子 10 米气手枪夺得金牌；2014 年，仁川亚运会获得男子 50 米手枪慢射团体赛金牌。2016 年 3 月 28 日结束的奥运选拔赛中名列第一，顺利获得里约奥运会男子 50 米手枪慢射的入场券。北京时间 2016 年 8 月 7 日，中国选手庞伟在里约奥运会男子 10 米气手枪决赛上打出 180.4 环的成绩，获得第三名。

## 第二节　射击的基本动作要领

### 一、手枪项目的基本动作要领

手枪完整动作

电子激光手枪动作项目的基本要领：

举枪、瞄准、击发是相互联系和相互影响的动作，稳固持久的举枪、正确一致的瞄准、均匀正直的击发，三者正确的结合，是准确射击的关键手枪射击通常是单手悬臂举枪，缩小枪身晃动、增强举枪稳固是准确射击的基础。而举枪稳固的关键不在于臂力的大小，主要取决于用力是否平衡，臂力大只是有利因素。因此，举枪时要围绕用力平衡，具体做到这样五个字，即站、握、挺、伸、转。

#### （一）站立姿势

手枪站立姿势

站立时，两脚成八字形，分开稍宽于肩。两腿自然伸直，上体保持正直，左臂自然下垂或左手叉于腰际。身体侧线与射击方向成 140 ～ 160° ，以保证抬臂时武器能自然指向目标。若不能指向目标时，不可强扭身体或手腕，应移动脚或手臂调整。

### （二）握把动作

手枪握把动作

右手虎口对正握把，虎口上平面与握把弯曲部上沿平齐，用手掌肉厚的部分、虎口和余指的合力握住握把，拇指自然伸直，食指的第一节靠在扳机上，食指内侧与枪之间应留有不大的空隙。

### （三）手腕动作

手枪手腕动作

在正确握枪的基础上，手腕自然挺住，使枪身轴线与右臂轴线在同一垂直面内，并保持握枪力量不变。在击发瞬间保持正确一致的挺腕动作，是手枪准确射击的关键。

### （四）手臂动作

手枪手臂动作

右臂自然伸直，将枪概略地指向目标。枪身约与肩同高，枪面平正。此时，腹部放松，上体自然下塌并稍后仰，后仰的角度不应超过 15°，体重大部落于左脚。

### （五）转

手枪转

头部稍向右转动，使眼球处于正视的位置。做到了这五个字也就掌握了举枪的动作要领。

### （六）瞄　准

手枪瞄准

手枪射击是单手悬臂举枪，稳定性较差，要想瞄准一点保持不动是不可能的。因此，为了使射弹准确地命中目标，射击时，要根据目标的距离、大小和弹道高度，选择一个适当的瞄准点，并以该点为中心确定相应的瞄准区。在 25 米距离上它的弹道高约为 5 厘米，在瞄准时，我们就可以选择 10 环的下环线或直接瞄准 10 环这两个点，并围绕这两点确定相应的瞄准区，只要在瞄准区内击发就都可以命中目标。瞄准时应注意三点事项：一是保持准星、缺口的平正关系；二是做到运枪速度要均匀；三是从运枪开始就要均匀正直地预压扳机。三者紧密结合，融为一体。同时，还应注意排除准星与缺口上的荧光点的影响，用真正的准星与缺口去瞄准。击发时，用右手食指第一节均匀正直地向后扣压扳机，余指力量不变。

## 二、步枪项目的基本动作要领

步枪完整动作

电子激光步枪项目的基本动作要领：

### （一）下肢动作

步枪下肢动作

一般左脚在前，左脚在射面上，重心靠近左脚，左脚和地面基本上是垂直的。右脚在后，右腿是倾斜的，用力伸直。两腿距离一般与肩同宽，两脚不能呈内八或外八，两脚平行。

### （二）腰部动作

步枪腰部动作

上体是向右后倾斜的，腰部系皮带处（第三腰椎）有向后方平行移动的感觉，把脊柱左侧的韧带拉长到最大限度，使之充分发挥控制力帮助保持上体姿势的作用。

步枪左臂动作

### （三）左臂动作

左臂是支撑枪支的重要部位，使左臂受力部位和枪的重心尽量接近身体的重心。左上臂和左肘分别依托在左胸和髂脊（胯骨）的内侧，肱三头肌放松，左肩下沉。左肘抵胯骨的动作要与转体、塌腰的动作同时做；左上臂的肱三头肌从胸的中上部向左下滑到定位，才能贴紧胸。前臂和地面垂线的夹角大小与上体向右后的倾斜度成正比，倾斜度越大，夹角随之加大，反之则小。左手成拳或用手掌支撑枪身，使枪镜口、眼睛、靶机成一条直线。左手以拳支撑时，最好戴手套，保护手在长时间支撑时不造成伤害。

步枪抵肩

### （四）抵　肩

抬臂含胸，右臂要抬到与肩齐平或超过肩的高度，抵肩时右手用力带枪，把托底钣紧紧抵在三角肌上，枪托下部贴在胸上，然后右臂可以在不改变抵肩松紧的前提下，轻轻放下一些，肩和胸部把枪托紧紧包住。

步枪握把

### （五）握　把

手稍用力带枪，手指放松，击发的时候，食指轻轻扣动扳机。

步枪贴腮

### （六）贴　腮

贴腮时头部应先向左转，然后再正直地向下贴，不要歪着头往枪托上靠。下贴直至眼睛与枪镜口成一条直线。

步枪瞄准

### （七）瞄　准

贴腮后降低呼吸强度直到屏气，眼睛观察枪的晃动规律，枪从左向右（或从右向左）晃动 2 ～ 3 次以后，一般在黑环下沿有个短暂的停顿时间（第一稳定期），要注意掌握好时机，在枪停下之前击发（即平正准星进入瞄准区的边缘就击发）效果最好；对初学射手要提倡“晃动中击发”，对稳定性好的射手要提倡“稳定前期击发”或“枪稳即扣响”的打法。射击时切忌苛求瞄准点，越苛求就越容易错过击发时机。在贴腮后 10 秒以内把这一发打出去，时间过长成绩会不理想。10 秒未击发，应把枪放下重新调整状态。

# 第三节 射击比赛规则简介

## 一、射击运动的设备器材

### （一）射击靶

奥运会手枪项目和步枪项目都采用国际射联认可的电子靶。在飞碟项目中，碟靶的直径为 110 毫米，厚度为 25 ～ 26 毫米，重量为 105 克，颜色为白、黄或橙色等鲜艳颜色，决赛中必须使用闪光靶。

电子靶

### （二）着 装

**1. 步枪项目**

参加步枪项目的射手必须遵照国际射联的规定进行着装，包括射击上衣、射击裤、射击鞋、射击手套和射击皮带等。比赛前需进行检查，确保着装符合规则要求。

**2. 手枪项目**

射手们不需要特殊着装，允许穿专用射击鞋，这种鞋稳定性强，鞋底坚硬，面料为皮革制品或纤维制品。

### （三）枪 支

射手们竞赛时使用步枪或手枪。

**1. 步 枪**

步枪分为气步枪、小口径步枪和猎枪三种。气步枪用于 10 米项目；小口径步枪用于 50 米项目；猎枪用于飞碟项目。

步 枪

**2. 手 枪**

手枪分为气手枪和小口径手枪。气手枪用于 10 米项目；小口径手枪用于 25 米和 50 米项目。

手 枪

### （四）子　弹

用于 10 米项目的手枪和步枪子弹为 4.5 毫米；25 米和 50 米项目为 5.6 毫米。对于飞碟项目，通常使用的 12 号猎枪弹，弹丸的装填量不得超过 24.5 克。

## 二、射击运动电子激光项目的基本比赛规则

射击运动电子激光项目分为 10 米电子激光手枪和 10 米电子激光步枪两种。赛制分为个人赛和团队赛，团队赛的成绩由个人赛所获成绩相加。

**1. 电子激光步枪项目**

（1）男子 10 米电子激光步枪 60 发

资格赛中，射手在距离靶子 10 米处，采用立姿，在 105 分钟内射击 60 发子弹。试射（均为 15 分钟，同下文所提试射）没有子弹数量的限制。在资格赛中排名前 8 名的射手进入决赛。在决赛中，每位射手射击 10 发子弹，每发子弹的规定时间为 75 秒。

（2）女子 10 米电子激光步枪 40 发

资格赛中，射手在距离靶子 10 米处，采用立姿，在 75 分钟内射击 40 发子弹，试射没有子弹数量的限制。排名前 8 名的射手进入决赛。在决赛中，每位射手射击 10 发子弹。每发子弹的规定时间为 75 秒。

**2. 电子激光手枪项目**

（1）男子 10 米电子激光手枪 60 发

资格赛中，射手在距离靶子 10 米处，在 105 分钟内射击 60 发子弹。在正式计分前，可以进行不限制子弹数量的试射。资格赛中排名前 8 名的射手进入决赛。决赛中，每位射手射击 10 发子弹，每发子弹的规定时间为 75 秒。

（2）女子 10 米电子激光手枪 40 发

资格赛中，射手在距离靶子 10 米处，在 75 分钟内射击 40 发子弹。正式记分射开始前，可以进行不限制子弹数量的试射。资格赛中排名前 8 名的射手进入决赛。决赛中，每位射手射击 10 发子弹，每发子弹的规定时间为 75 秒。

注意事项：

（1）开始计分射后的任何上膛击发，只要靶上没有弹着，不管是否成功上膛，均计脱靶。

（2）在比赛期间，未经裁判允许，不得将枪支携离射击位置。

（3）射手只能在射击地线上，并得到“开始”的口令、信号后才能上膛；“停放”口令下达后，射手必须立即停止射击，并把枪放下。如果射手在“开始”的口令发出前或“停放”的口令发出后射击或未经裁判员允许仍触摸枪支，可以取消其比赛资格。

（4）射手在打完最后一发离开射击地线前，必须经裁判员检查枪支，以确保安全。

（5）空枪练习必须经裁判员同意，并只能在射击地线或指定地点进行，当前面有人时，必须放下枪支。

（6）在比赛区域内，运动员不能使用移动电话等通话设备。

（7）射手身体的任何部分不得接触或超过地线，否则默认比赛结束。

（8）在比赛场内禁止喧哗或大声说话。

（9）射手要携带经过检验的枪支、装备在指定的时间进入比赛场地。

（10）在比赛中禁止任何人以任何方式对在射击位置上的射手进行指导，射手只能同裁判员讲话。射手希望与人谈话，放下枪支，报告裁判员后，方可离开射击地线，但不得影响其他射手。

（11）在比赛过程中，步枪枪支偏离度数不得超过 45°，手枪因需要上膛，左右偏离不得超过 45°。

（12）如果教练员希望同射手谈话，应先征得裁判员同意，待射手离开射击地线后方可进行。不允许直接和与线上的射手谈话，否则进行第一次警告，再有违犯，则从谈话射手的成绩中扣除 2 环，并让违规教练离开射击地线附近。

（13）违反有关枪支、服装、姿势等规定，给予黄牌警告，如果在规定的时间内仍未改正，则向运动员出示绿牌，并从其成绩中扣除 2 环；如果射手仍不改正，则向射手出示红牌，取消其比赛资格。

（14）如果违反规则且有意隐瞒，应立即取消其比赛资格。

（15）如果射手妨碍他人射击，应扣除 2 环；如果再发生，则取消其比赛资格。

（16）射手违反安全规则，可取消其比赛资格。射手故意耽搁比赛时间，并想从中得利，先提出警告，如果再犯，则从射手成绩中扣除 2 环。

## 第四节　射击心理学

### 一、射击运动心理训练

#### （一）射击运动心理训练概述

**1. 心理训练的意义**

心理训练是现代运动训练的一个重要组成部分，是有意识、有目的地采用一定的方法和手段对运动员的心理施加影响，以使运动员形成良好的心理状态。心理训练的目的是培养并发展运动员在紧张的训练和比赛中所必需的心理品质及个性心理特征，使运动员学会控制和调节自己的心理状态，取得良好的训练效果和优异的比赛成绩。进行心理训练是适应当代运动技术水平发展的需要。射击是属于个人间接对抗的以静力性运动为主的活动。射击时，由于发射弹数多，持续时间长，动作规范要求高，所以对运动员的心理稳定性要求极高。射击训练的核心内容是技术训练。随着现代科学技术的发展，对运动训练的质量要求越来越高，因此提出训练科学化。就运动心理来说，合理应用心理学的理论与方法，对运动员进行心理训练，是现化运动训练科学化不可缺少的一环。进行心理训练有助于挖掘运动员的心理潜能，促进人格发展，提高适应能力。进行心理训练，一方面可以促使运动员提高射击技术水平，在训练和比赛中得到充分发挥，取得较好成绩；另一方面，心理训练的深层意义在于帮助运动员发掘自己心理的潜力，发展心理能力，呈现良好的个性特征和强大的心理优势。

**2. 心理训练的作用**

首先，心理训练有助于帮助掌握和改进技术动作；其次，心理训练有助于控制和调节心理状态；再次，心理训练有助于疲劳的消除和恢复进程的加快；同时，成功的心理训练对提高运动员的身心健康水平也有很大的帮助。

**3. 青少年心理特征分析**

首先，青少年增强了自我意识。随着年龄增长，他们不断增强了自我意识，独立倾向非常明显，非常重视自我的表现，非常在意别人的评价，乐于接受赞美，开始抵触他人的批评，因此，在增强了自我意识的同时，强大的心理抵抗能力也是不能缺少的。一旦不能正确引导他们的自我意识，就会导致他们的抗压能力降低。

其次，丰富多变的情感。随着青少年生理的不断变化，从不成熟过渡到成熟，在此阶段中，他们会时常表现出激动的情绪，在酝酿和爆发情感上都非常强烈，多种情绪并存的情况会时常发生，并且一种极端情绪往另一种极端情绪蔓延非常迅速，在此阶段中，他们非常容易发脾气。

再次，较强的求知欲，不断提升思维能力。他们在此阶段中，记忆能力非常强，好奇于一些新鲜的事物，经常会将一个陌生的问题搞明白。其次，通过成长和不断的学习，随着知识的不断积累和视野的不断拓展，在很大程度上会提升他们的思维能力，开始能够用实然和应然区分对事情的判断，明显提升了自身的抽象思维能力。

最后，控制应激能力不强。应激往往会引起许多负面因素，应激心理往往表现为紧张，青少年射击运动员出现紧张状态多是因为在比赛时有强大的刺激影响到他们，产生了较大的心理负担，进而就会出现应激心理状态，适当的应激能让身体将更多的能量释放出来，进而对机体目前的需求进行应对。体现在：提升了反应速度，头脑清醒，动作灵敏等。紧张过度，能够使射击运动员控制过程失掉平衡，大脑过度兴奋，进而思维效能就会降低下来，阻碍正常的分析，出现消极思维。

**4. 高水平射击运动员赛前心理训练的方法**

（1）意志训练

① 激发高水平射击运动员的强烈愿望，树立战胜困难的信心；② 采用逐步加大困难的方法进行练习；③ 加强对高水平射击运动员的严格要求；④ 发展持久性的意志努力。

（2）念动训练

念动训练不仅可以促进高水平射击运动员战术的形成与巩固，而且能有效地集中注意力，消除心理障碍，增强信心，使高水平射击运动员从紧张和焦虑中解放出来。如果射击运动员能在赛前的“一瞬间”想象出自己创造优异成绩的最佳情境，就越能激发他们增力情绪的增长，充分发挥运动水平。

（3）自信心训练

射击运动员具备的最重要的自信心不是相信他们将总是胜利或永不出错，而是相信他们能够获得最好成绩。在此基础上采用目标设置法，根据射击运动员能达到的具体环数来设置，在训练和比赛中不断调整目标，使他们逐步建立良好的自信心，并以这种良好的自信心投入到训练当中去。具体训练方法有：一是建立正确的参赛心理定向；二是制订比赛方案。

（4）注意力集中训练

其中主要包括：视觉守点法、视觉追踪法、意守法、低声发令法、认知训练法、注意力训练法、放松训练法等方法。

（5）模拟训练

模拟训练是一种适应性训练，是使高水平射击运动员对于容易引起精神紧张和动作失调的各种刺激逐步适应，从而提高高水平射击运动员在比赛中的抗干扰能力，使他们形成较稳定的情绪状态，更有信心地迎接比赛。为此，射击队每月要进行一次考核，所有枪种同时进行，一切比赛程序、规则均按《射击竞赛规则》进行。

（6）自我暗示训练

通过对射击运动员的心理施加积极影响的暗示语来进行自我谈话、自我控制，形成积极的思维定势。特别是在出现疲劳、挫折的时候，运用自我暗示来鼓励自己，可以增强自信心，调整心理状态，例如“准备动作放松自然，持枪动作要协调，精力集中，看好靶，自然流畅，果断扣扳机”。

**5.结　语**

通过对射击运动员心理训练的相关阐述，我们不难发现，心理因素是决定比赛成绩的一个非常重要的因素，也是强化训练效果的关键要素。然而心理训练是一项复杂而又长期的工作，因此，运动员自身要积极地进行自我训练，形成健康向上的心理素质，充分发挥自身潜力，最大限度上保证在比赛中能够稳定发挥出自己的技战术水平。

## （二）射击比赛的心理指导

射击比赛中运动员的心理素质是影响比赛成绩的一个重要因素。我们将就这一影响因素进行分析，首先阐述射击比赛的心理特点，继而就整个射击比赛中如何进行心理调整分赛前、赛中、赛后三个阶段进行详尽讨论，并在此基础上提出了每个阶段射击运动员进行心理调整的具体方法。

**1.射击比赛的心理特点**

任何一项体育比赛都是非常紧张和激烈的，射击赛场也同样如此，虽然射击比赛现场没有一般比赛项目的观众多，现场非常安静，但是教练员与运动员承受的心理压力和紧张程度并不亚于一般比赛项目的教练员和运动员。由于射击比赛过程漫长，时间久，给予运动员思考的时间也比较多，因此运动员很难较好并且持久地控制好自己的思维；同时比赛本身要求具有很高的精度，比赛成绩非常接近，一两环甚至零点几环的差异就能决定胜负，竞争非常激烈；此外，运动员能在非常短的时间内获知每一次射击的成绩，往往会导致运动员情绪发生很大变化，难以进行良好的心理控制；射击比赛数十发上百发子弹发射过程中，注意力要高度集中，运动员的体力和精力消耗很大，注意力持续集中的难度大；在极度紧张、激烈和艰难的射击比赛中，运动员独立作战，要求具有很高的自我控制能力和良好的心理承受能力，在国际射联制定的新规则下，射击的决赛阶段更是如此；射击比赛运动员的外形动作变化微小，可供教练员准确判断分析的线索不多，临场指挥不易准确把握；射击比赛运动员之间没有直接的对比，比赛过程中运动员面前并没有一个可以看得见的对手，然而都能意识到最主要的对手正是自我，射击比赛很大程度上是挑战自我、战胜自我、超越自我。所有这些，构成了射击比赛的心理特点。

**2.赛前心理准备**

所谓赛前，可以理解为正式比赛开始前的一个短暂的时期，也可以理解为一次比赛之后到下一次比赛之间的整个时期。系统的心理准备将取后一种理解，亦即不只是在临近重大比赛的时刻才进行，而是将它贯穿于整个训练的过程。但是，在不同的时期，其心理准备的任务、措施和内容应各有所侧重。射击比赛中经常见到这样的现象：一名运动员一次比赛中打得十分出色，但可能在下一次比赛中的发挥又令人失望，反映出心理状态的不稳定。赛前良好的心理准备能够有助于运动员赛中的心理控制，有优势而无准备不是真正的优势，因此，对于射击比赛而言，赛前心理准备具有非常重要的作用与意义。赛前心理准备通过充分调动运动员的各种心理能力，提高运动员的适应性和稳定性，从而达到形成良好竞技状态的目的，将运动员自己身体、技术、战术的最高水平甚至超水平发挥到比赛中来。

**3.比赛期间心理建设**

运动员比赛期间心理状态调整的基本目的是增强训练的稳定性，消除各种心理障碍和精神负担，建立积极的心理定向，形成有利于技能发挥的训练状态。当运动员心理状态出现异常，就需要运用各种方法及时进行调整和指导。

**4.交　谈**

运动员赛前心理状态表现出来的问题是多方面的，很多情况下，仅仅以讲大道理的方法是无法解决的，而应以同情、关心和体谅的态度通过交谈的方式进行启发和帮助，共同分析问题的症结所在，提高运动员的认识水平，确定合理的期望值，解除种种心理负担。交谈是一门艺术，掌握好这门艺术有助于与运动员之间情感与认识上的认同。

**5.呼吸调整**

在上场前或感到精神紧张时，可以做几次腹式深呼吸，以缓解紧张情绪。当情绪低落时，可采用吸气与有力呼气的练习，以提高情绪。

**6.静坐养神**

赛场上的各种信息，有的可能使运动员情绪波动，可以让运动员找一个安静的地方闭目养神。回忆过去成功时的体验，或者什么都不想。这样一方面可以起到回避信息和防止外界干扰的作用；另一方面也能保持和积蓄能量来准备比赛。

**7.心理定向**

比赛前运动员如何确立正确的心理定向，将成为至关重要的问题。一般都会告诫运动员，少想成绩，少想比赛的结果，应该多想动作，注意力放在比赛的过程上，但又发现一个月难以做到。这时因为比赛总要分出胜负，运动员容易偏向关注比赛结果而忽视把握过程。其实成绩和胜负都只有一种结果。比赛的真正意义是运动员身体、技术、战术以及心理等方面的各种能力的较量，挑战自我和战胜自我才是强者的追求，成绩和胜负不过是能力的综合体现，竞技场上一是参与，二是拼搏，如果能形成这样的心理定向，运动员在比赛中就不会有那么多的精神负担，特别是输赢的负担。这样运动员就能在运动场上充分表现自己的各种能力，即使没能拿金牌，也是成功者。

**8. 进入最佳状态**

最佳状态又称最佳准备状态。其表现为有正确的比赛动机和良好的比赛情绪，对面临的比赛任务有清楚的理解，对自己的能力和技术充满信心，有全力以赴参加比赛和夺取胜利的期望，从而形成最佳的竞技状态。最佳竞技状态，包括最佳身体状态、最佳技术状态和最佳心理状态三个方面。赛前最佳心理状态是镇静的、战斗的、有信心的状态，其主要标志为：① 比较稳定的自信心，相信自己的技术和能力；② 适度的情绪状态，适宜的神经系统的激活水平；③ 顽强的意志和坚定的取胜志向；④ 良好的抗干扰能力和自我控制能力，能够高度集中注意力，主动地处理好各种信息。运动员比赛中出现最佳发挥时常常能体验到一种特别“流畅”的感觉，这种奇妙的心理体验主要是：精神和身体非常协调的感觉；思想高度集中，无抑制感；动作自然、轻松、无费力感；无焦虑感和无恐惧感；有创造感和表现欲。虽然最佳竞技状态往往难以有意识地加以重现，但仍是有规律可循，并且可以通过提高运动员的心理调控能力来增加比赛达到最佳竞技状态的可能性。

**9. 自信心的建立**

自信心是射击运动员非常可贵的心理品质。自信是人生的一种生活态度。有自信的人总是从积极的方面来看待事物，对自己的能力有恰当的认识，表现出一种进取的精神，这恰恰是一名优秀射击运动员所需要的。自信心是对一件具体事物有把握或获得成功的确信程度。自信心不是凭空产生的，它的建立必须有一定的物质基础。射击运动员对比赛的自信心，首先应建立在自己能力的基础上；其次应建立在对比赛态势的分析、周密的赛前准备和现实的比赛目标的基础上。比赛的信心还可以来自过去成功的经验、队友的成功以及教练员与同伴的信任等。

**10. 赛后心理调整**

（1）赛后运动员情绪体验的特点

赛后运动员无论是成功还是失利都会产生一种特殊的情绪体验。这种特殊的情绪体验会对赛后的训练以至比赛产生深远的影响。

（2）比赛获胜时的情绪体验

运动员比赛成功或获胜无疑会产生积极的情绪体验，表现为对自己能力的满意度，对成功、获胜的优越感、愉悦感、振奋感和强烈的荣誉感、自豪感。对自己充满信心，对未来的训练、比赛寄予更大的期望。比赛的成功与获胜也会给运动员带来负面的效应，表现为骄傲自满，盲目自信，过高估计自己的能力，轻视他人，进取心减弱，对以后的训练漠不关心，产生懈怠和松散等消极情绪。

**11. 比赛失利时的情绪体验**

比赛失利的运动员会产生消极的情绪体验，表现为患得患失，怨天尤人，丧失信心，沮丧、呆滞和自暴自弃等。然而失败也并不见得全是坏事，运动员失败后也可以产生积极的情绪体验，表现为从失败中吸取教训，找到存在的问题，看到失败中的成功，激发训练的热情，争取未来的比赛胜利。值得一提的是，运动员对胜负所产生的情绪体验，与意识倾向和认知方式有着密切的联系。具有集体主义观念和积极认知方式的运动员，获胜时会从中得到鼓舞，继续前进；失败时也会从中吸取教训，更加奋发图强，刻苦训练，不会失去奋斗目标。而带着有个人狭隘意识倾向和消极认知方式的运动员，胜利时容易骄傲自满，甚至狂妄自大；失败时则垂头丧气，失去信心。因此，提高运动员的思想意识水平，改进思维方式，才能促进积极情绪体验的产生。

**12. 赛后心理调整**

运动员比赛时出现心理紧张情绪，赛后虽然一下子放松了，但由于比赛中精神的高度集中，赛后并不是马上就恢复到正常平静的心理状态。所以，赛后必须对运动员的心理进行调整训练。

**13. 迅速消除比赛成绩的干扰，正确看待胜负**

比赛成绩对运动员的心理是一个强刺激，比赛成绩在运动大脑皮质中的痕迹作用可达 1 ～ 3 个月。优胜者常常陶醉于欣喜兴奋之中，失利者往往陷入沮丧苦恼境地。所以，赛后必须引导运动员正确对待比赛胜负，使之迅速摆脱比赛成绩的影响。

**14. 消除不正常的攻击心理**

竞赛是一种激烈的竞争行为，需要运动员具备强烈的竞争意识和进取精神。赛后由于多种因素，影响了运动员心理的平衡，特别是在比赛中遭受挫折的运动员，容易将不平衡心理转化为矛头指向自己、同伴、教练员或裁判员的不正常的攻击心理。这种心理会严重影响运动员的训练和以后的发展。因此，赛后必须尽快消除这种不正常的攻击心理。

**15. 防止丧失自信心**

在运动过程中运动员的自信心是非常宝贵和重要的，然而比赛失利后，运动员往往产生丧失自信心的现象。运动员自信心丧失，会使以前在自己头脑中建立的自我意向发生改变或动摇，思维陷入错误的判断之中，认为自己一无所长，是一个失败者。如果这些不正常的心理状态发展下去，会对赛后运动员的日常生活、训练和人际关系等产生不利的影响。同时，还会产生各种心理障碍，出现劣等感、逃避感、反抗、满不在乎、敌对和以我为中心等心理状态，对此必须采用教育与训练的手段，使运动员正确对待自我，重新构筑自信和成功的自我意象。

**16. 消除比赛后的紧张情绪**

运动员参加重大或重要的比赛后，紧张激烈的情绪不会马上消失，比赛中的极度紧张、焦虑、悔恨、遗憾和兴奋等情绪还会持续一段时间，这种情绪会影响和妨碍运动员赛后转入正常的训练，所以，还需要一定的手段消除运动员赛后的紧张情绪。

# 第五节　射击身体素质训练

## 一、力量训练

（1）俯卧撑——手臂力量。
（2）平板支撑——腰腹力量。
（3）高抬腿——腿部力量。
（4）仰卧起坐——腰部力量。
（5）哑铃平举——手臂力量。
（6）慢跑练习——身体放松。
（7）放松练习。
（8）长跑练习。
（9）顶膝练习。

## 二、平衡训练

金鸡独立：闭眼，双手抬平，单脚提离地面。时长为 1 分钟。

燕式平衡：脚向后抬起，保持两脚绷直，两手打开似燕翅。两腿交换进行各 1 分钟。

直立前抬腿：两手平举，闭眼，两腿绷直，向前抬腿至两腿保持 45° ，双腿交换各 2 分钟。

前后脚直线平衡

金鸡独立

燕式平衡

直立前抬腿

**思考题**

1. 我国著名射击运动员有哪些？
2. 手枪项目的基本动作要领包括哪些？
3. 射击比赛中运动员如何做心理调整？

# 第二十二章　射　箭

## 第一节　丰富多彩的射箭竞赛

射箭概述

射箭运动虽然经历了漫长的发展过程，但是，现代射箭运动是从20世纪20年代才逐渐开展起来的。目前国际射箭联合会（以下简称国际箭联）规定的正式比赛项目有射准射箭、野外射箭、越野射箭、地靶射箭、滑雪射箭、射远射箭等。

### 一、射准射箭

射箭装备

射箭比赛中除个别项目外，大多数都是以射准为目的的比赛。射准射箭是国际箭联开展的主要项目，也是世界上开展最广泛、历史最悠久、参加国家和人数最多的项目。射准射箭比赛分为室外射准射箭比赛和室内射准射箭比赛两大类，都是在一定的距离，射向一定目标（靶），比命中率、准确度的比赛。射箭的靶纸由内向外分为黄色、红色、蓝色、黑色、白色5个环区，每个环区占2环，如黄心为10环、9环，红色为8环、7环等。

#### （一）室外射准射箭比赛

室外射准射箭比赛是国际箭联规定的一项主要竞赛项目，也是各国开展的主要比赛项目。奥运会射箭的比赛项目就是室外射准项目，每四年举行一次。室外射准射箭比赛分为轮赛和淘汰赛两大类。

**1. 国际箭联轮赛**

轮赛是国际上采用时间较长的赛制，1904年第3届至1984年第23届的夏季奥运会、1931年第1届至1985年第33届的世界射箭室外锦标赛，采用的大多数是轮赛。国际箭联轮赛分单轮比赛与双轮比赛。

**2. 国际箭联淘汰赛**

国际箭联淘汰赛是目前世界上最重要的射箭比赛形式，从1992年巴塞罗那奥运会开始正式采用国际箭联淘汰赛。

国际箭联淘汰赛又分为两种赛制，分别被世界锦标赛和奥运会比赛所采用。

奥运会所采用的淘汰赛赛制比赛为 6 天。个人比赛时，通过在奥运会举办前一年的世界锦标赛、各大州的洲际比赛等奥运会预选赛选拔出全世界男、女各 64 名射手，均在 70 米射程上进行每人射 72 支箭的排名赛，排出从第 1 名到第 64 名的种子选手，然后按第 1 名对第 64 名、第 2 名对第 63 名、第 3 名对第 62 名……的顺序排出 32 对选手，每人射 18 支箭进行 1/32 的淘汰赛，这种单淘汰赛从 1/32 到 1/16 再到 1/8，剩下的男、女各 8 名选手，每人射 12 支箭进行决赛，直至决出冠军。

从 2010 年 4 月 1 日起，奥运会比赛个人赛改为“局胜制”，以每场对抗赛运动员在每局中所获得的累积得分决定胜负。每局获胜的运动员积 2 分，打平各积 1 分，输者积零分。

具体比赛方法：在 1/32 至 1/8 淘汰赛阶段，采用三局两胜的方式。每局每位运动员射 6 支箭，如打满 3 局，两名运动员的积分相同(各积 3 分)，则进行附加赛决定胜者。在 1/4 决赛至奖牌决赛阶段，每局 3 支箭，如 5 局比赛后，积分仍然相同，则进行附加赛决定胜负。运动员交替发射时，每支箭发射时限为 20 秒。如环值相等采用附加赛打破平局，即每名运动员各射 1 支箭，环值高者获胜；如环值相等，拥有距黄心最近的箭的运动员获胜；如仍相等，再进行距黄心最近的箭的附加赛，直至打破平局。

团体比赛时，在排名赛中获男、女前 16 名的队，按第 1 名对第 16 名，第 2 名对第 15 名，第 3 名对第 14 名……的顺序排出 8 对相互对抗的队，每队 3 名队员，分四组，每人每组射 2 支箭，共射 8 支箭，3 人共射 24 支箭进行 1/16 的淘汰赛。与个人比赛相同，这种单淘汰赛从 1/16、到 1/8、1/4、1/2（半决赛），直至决出冠军。

### （二）室内射准射箭比赛

1991 年国际箭联举行了第 1 届室内射箭世界锦标赛。室内比赛一般在较大的体育馆举行。与大多数室外比赛不同的是，室内比赛所用靶纸去掉了外围的 1 ～ 5 环，即靶纸上的最低环数为 6 环。室内比赛分为反曲弓和复合弓两大类，比赛距离为 18 米。

## 二、野外射箭

野外射箭比赛是国际箭联开展的主要比赛项目之一，是最能体现原始射箭风格的射箭比赛形式。与射准射箭在体育场或专门的射箭场上比赛不同的是，它是利用山区或野外自然环境进行的射箭比赛。野外射箭分为反曲弓、复合弓、光弓和非锦标赛四个级别，包括标明距离和不标明距离两个类别。比赛所用靶纸为 6 个有效环区，从内到外分别为 6、5、4、3、2、1 环。比赛靶子可设置在瞄准困难和发射困难的地形或环境中，有的从山底往上仰射，有的从高处俯角往下射，有的靶设在河对面、要求射手在河的另一边发射等。

## 三、越野射箭

越野射箭是近年来逐渐兴起的一种将越野跑与射箭结合起来的比赛，也是国际箭联规定的正式比赛项目之一。比赛时，射手在 250 ～ 300 米长的几个环行通道中跑。射手从起点出发，在特定的跑道上，沿着射箭场跑，通过 A、B、C、D、E门，到达终点。射箭的距离是 20 米，射 20 个靶群，每个靶群含 4 个下坠的靶。靶的直径分别为 23 厘米、20 厘米、17 厘米、14 厘米。如果射手选择射直径小的靶，以提高环数和少跑距离的话，就要冒脱靶的风险。如果射手选择射直径大的靶，就会降低环数和跑更远的距离。

## 四、地靶射箭

地靶射箭比赛是国际箭联所开展的竞赛项目之一，地靶为圆形，画在地上，直径为 15 米，从内向外共分 5 个环区。靶中心竖一个圆柱，上面插小旗，射中圆柱、小旗或射在 5 环区内均计为 5 环。

## 五、滑雪射箭

滑雪射箭是一项将滑雪与射箭结合在一起的运动项目，一般都在寒冷地区开展。比赛时，既比运动员的滑雪速度，又比射箭的命中率。目前国际射箭联合会和国际冬季两项联盟（IBU）正共同致力于滑雪射箭项目进入冬季奥运会的有关事宜。

## 六、射远射箭

射远射箭与其他射箭比赛不同的是，它以比谁射得远为目的。比赛分为反曲弓、传统射远弓、美式长弓、英式长弓、复合弓和足弓六大类。射远比赛以 6 支箭为一组，以最远的一支箭计算成绩。

# 第二节　射箭的基本技术

## 一、静心与自信

射箭完整动作

静心即心境平静不躁。射箭之前要先端正自己的心态，保持清净无为、游刃有余、举重若轻、信心百倍的平常心态和精神境界。自信是个人对自己所做各种准备的感性评估，是一种信念，是发自内心的自我肯定与相信。在射箭中要保持自信，深信自己能完美地射好一支箭，实现所追求的目标。

## 二、站　立

射箭时，两脚分跨在起射线上，两脚相距与肩同宽或稍宽于肩。站立姿势有三种：平行式（侧立式）、暴露式（开放式）和隐蔽式，要找到最适合自己的站立姿势。

站立－平行式

站立－暴露式

站立－隐蔽式

## 三、搭　箭

搭箭的方法多种多样，这里主要介绍两种方法：① 先将箭尾槽插入弓弦的箭巢部位，并将箭杆置于箭台上，然后把箭杆压入信号片下。② 先将箭杆压入信号片下，然后将箭杆置于箭台上，最后将箭尾槽插入弓弦的箭巢处。

注意务必使主羽与瞄准窗右侧相垂直。

## 四、推弓（推弓手的位置）

推弓的位置是在一张弓的中心点，推弓点及推弓手施加到这点上的压力对撒放时弓的运动方向将产生巨大影响。作用在弓上的这个点，是所有力作用的结果，如上升、下降、左右不平衡，都与力的方向、推弓手的位置，以及其与推把接触的程度是相一致的。特别是使用响片后，沿直线方向继续用力拉弓，以便完成撒放时，会在用力的方向上产生许多变化因素，而影响箭的发射。推弓常见的手法有：中推法、高推法、浅推法、深推法。所有推弓手法的共同特点都是用力点十分清晰，不该用力之处都处于放松状态；推弓的 45° 角摆得恰到好处；整个持弓臂动作的用力十分流畅。

推弓－高推法

推弓－中推法

推弓－低推法

## 五、勾　弦

勾弦动作由食指、中指、无名指完成。拇指和小指不参与勾弦，为防止其干扰，拇指应自然弯曲指向掌心，小指可自然弯曲或自然伸直靠在无名指上。手腕要放松并与手背连成一条直线。

## 六、转　头

做好推弓和勾弦动作后，在保持身体姿势不变的情况下，头部自然转向靶面。在选择头部最佳位置时，运动员除要考虑自己的特点外（如鼻子的高低、下巴的长短等），还要注意下列两点：① 转头后眼睛自然平视箭靶。② 颈部肌肉要自然放松，否则会对背部和肩带肌肉用力产生不良影响。

举弓、开弓

## 七、举 弓

左手持弓，右手勾弦，头部自然转向靶面，眼睛平视前方。两臂举起，高度一般使拉弓臂前臂在眼睛的水平线上为宜。弓与地面垂直，箭要水平并与拉弓臂的前臂连成一条直线，两肩自然下沉，调整呼吸，准星对准黄心或黄心垂直线上方某一个固定的位置。举弓是开弓前的预备动作，其动作质量的优劣会影响到后续的其他动作。因此高质量的举弓动作是正确拉弓的基础。

## 八、开 弓

开弓是借助持弓臂的伸展和拉弓臂肩带（肩胛骨）内收的力量将弓拉开，持弓臂对准靶心直推，拉弓臂在前者的同一延长线上直拉。开弓的具体方法：在开弓过程中，眼睛不要离开准星，以检查准星是否偏离了黄心的垂直线，是否已接近黄心，以使在弓弦到位的同时，准星也进入黄心区域。

靠 弦

## 九、靠 弦

弓弦应位于面部的稍外侧而不是下颌的正中间，此时弦正好通过鼻子的中间。如果弦的位置太偏右，远离鼻子的中间，弦在瞄准视窗范围内可见的直线位置就会偏外（就会要求头部有一个补偿动作）。因此，当满弓时，弦轻靠在下颌侧面，对高质量的撒放有很大帮助，因为这有助于形成一条水平面上的“拉力线”。

## 十、瞄 准

正确的瞄准方法：运动员的视线通过瞄准器的准星将焦点聚在靶面上（黄心）。

瞄准的要求：① 目光聚焦靶心，注意指向身体内部；② 眼睛看清靶心，但不苛求瞄准精度；③ 比赛紧张程度高时，可适当扩大瞄准区域。瞄准应在弓的平面上进行，因为准星这一点并不能决定平面在空间的位置，可根据弓、弦的垂直位置来确定。利用弓弦的瞄准可分为弦内瞄准（通过弓弦的右侧）和弦外瞄准（通过弓弦的左侧）两种，但不论采用哪种方法，都应在瞄准的全过程中保持不变。

## 十一、信号片的使用

### （一）拉弓时看箭头移动的方法

（1）拉弓时射手从响片正面观察箭头运动，直到剩余 1 ～ 3 毫米。

（2）当射手保持眼睛观察响片时，应确保瞄准准星在箭靶中心区域；射手此时应非常小心，动作未充分准备好之前，不允许箭头滑出响片。

（3）保持瞄准时准星在箭靶的中心区域并继续保持对称直线用力。

（4）响片落下的同时进行撒放，不能有任何延迟，同时整个动作要做到自然、放松。

优点：射手满弓时，知道箭头与响片的相对位置。当射手看到箭头应到达的准确位置时，其拉距是固定的，从此开始继续用力阶段。

缺点：当进入满弓状态、射手的视觉从箭头移向瞄准准星时，往往会产生一种拉弓力松弛、箭杆稍微向前移的现象，出现了一定的"合力"，针对此点，射手必须积极继续用力进入流畅的对称用力运动状态。

### （二）拉弓时不看箭头移动的方法

（1）使用此种方法前，应确信箭杆的长度是精确的。为确保箭杆长度的正确，射手应闭上眼睛拉满弓，然后射手能舒适地继续用力拉弓，这样就可测试箭支的合适长度。此种方法需要反复实践多次，确保获得正确的箭杆长度。

（2）射手拉弓到触发响片还有 1 ～ 3 毫米时，注意力的重点是瞄准箭靶的中心。

（3）射手继续保持对称用力的同时，要保持瞄准的注意力。

优点：射手能轻易获得自己的感觉，继续用力的动作易于自如发挥。

缺点：由于射手的自身条件，可能导致拉距长度的不一致，或者由于气候、刮风等因素导致射手产生不一致、不规则的拉距长度。

## 十二、持续用力

弓弦到位的同时，箭头也到达预期的准确位置，开弓动作完成，这时拉弓用力必须完成两个"转移"。即拉弓用力由"前"向"后"转移和由"外"向"内"转移，这两步动作完成以后进入继续用力阶段，这时用力的特点必须是对称的，这基本上就形成了一种"内力"运动，从此刻开始就无法再观察到弓弦的移动了。

## 十三、撒 放

撒 放

正确撒放的动作要求：推弓和拉弓所产生的两个相反的力要对称、协调，以勾弦点为中心左右均匀分开的过程，持弓臂随箭射出的方向沿直线向前运动，勾弦手沿箭的延伸线正直向后运动，形成了一个自然、协调、对称力极强的撒放动作。

## 十四、动作暂留

动作暂留是撒放动作的一部分，还可以说撒放是动作暂留的一部分，撒放与动作暂留是一个不可分割的整体，这种理念必须明确，否则会带来一系列问题。撒放后保持动作的姿势很重要，其中不仅指站位姿势，还包括身体结构、视觉、心理和呼吸等动作的暂留。射手应深刻理解"动作暂留"的意义和充分的心理准备，这不是可有可无，而是一个非常重要的技术环节，这将帮助射手获得较好的撤放动作，也有利获得完美的继续用力过程。

## 十五、收　势

课程考试

收势是指一支箭起射过程全部结束后，将弓放下，使身体恢复到站立时的姿势。做两次深呼吸，把全身放松一下，缓解在比赛过程中产生的紧张情绪。

### 思考题

1. 国际箭联的正式射箭比赛项目有哪些？
2. 射箭运动的基本技术有哪些？